기독교문서선교회 (Christian Literature Center: 약칭 CLC)는 1941년 영국 콜체스터에서 켄 아담스에 의해 시작되었으며 국제 본부는 미국 필라델피아에 있습니다.
국제 CLC는 59개 나라에서 180개의 본부를 두고, 약 650여 명의 선교사들이 이동도서차량 40대를 이용하여 문서 보급에 힘쓰고 있으며 이메일 주문을 통해 130여 국으로 책을 공급하고 있습니다. 한국 CLC는 청교도적 복음주의 신학과 신앙서적을 출판하는 문서선교기관으로서, 한 영혼이라도 구원되길 소망하면서 주님이 오시는 그날까지 최선을 다할 것입니다.

추천사

이 성 민 박사
감리교신학대학교 설교학 교수

설교의 본질은 무엇인가?
설교자는 무엇을, 어떻게 말하려고 강단에 서는가?
단순히 청중의 귀를 즐겁게 해주기 위한 것이 아니라, 청중에게 살아 계신 하나님의 말씀을 전하는 것은 어떻게 가능한 것인가?
오늘날 개신교 설교자들은 이런 도전을 받고 있다. 설교자들은 너무 자주 설교를 하고, 듣고 있지만 어떤 설교가 "올바른" 설교인지 혼란스럽기까지 한 것이 오늘의 현실이다. 이런 상황 속에서 미국 설교학의 대표적인 학자 중 한 명인 토마스 G. 롱(Tomas G. Long)의 『증언 설교』(The Witness of Preaching, 제3판)가 나오게 된 것을 다행으로 생각하며, 출판을 위해 애쓴 저자와 기독교문서선교회(CLC)에 감사의 마음을 전한다. 토마스 G. 롱은 미국 장로교 계열의 콜럼비아신학교와 프린스톤신학교에서 설교학을 가르쳤고, 현재는 감리교 계열의 에모리대학교 캔들러신학교에서 설교학을 가르치고 있다. 그는 설교학을 가르치면서 설교자들을 위한 성경 주석을 쓰기도 하는 학자이다.
롱의 설교학 이론은 복음주의를 표방하는 신학교와 에큐메니컬 정신을 추구하는 신학교 모두에서 그 학문적 탁월성을 인정받고 있다. 복음주의는 인문학적 연구를 소홀히 한다는 비판을 받을 수 있으며, 에큐메니컬 정신은 기독교 정통을 무시한다는 지적을 받게 된다. 그러나 롱의 인문학적 탐구에 진력하면서 동시에 성경과 교회의 전통을 진지하게 받아들이는, 달리 말하자면 기독교의 정통성을 주장하면서 여기에 머물지 않고 인문학적 대화를 신학의 핵심 방법론으로 사용하는 학자이자 설교자라고 할 수 있다.
이러한 그의 설교학적 안목은 『증언 설교』(제3판)에 녹아 있다. 이 책은 교회의 전통을 통해 계승되어 온 "성경적 설교"(biblical preaching)를 설교의 본래적인 모델로 강조한다. 더 나아가 성경적 설교를 선언적인 차원에서 주장하는 것에 머물지 않고, 성경적 설교의 구체적이고 세밀한 방법을 제시하고 있다. 성경적 설교란 성경 속에만 맴도는 것이 아니라, 성경의 텍스트가 오늘의 현실에 비추어지는 살아 있는 텍스트로 경험되는 설교를 말한다. 롱은 이러한 성경적 설교의 실제적인 방법을 과학적인 설명을 통해 설교자들에게 제안한다.

『증언 설교』(제3판)를 한국의 설교자들에게 추천하는 이유가 여기에 있다. 많은 설교자들이 성경적 설교를 한다고 하면서 성경적 설교에 대해 오해하고 있기 때문이다. 이들은 성경 구절들을 단순히 인용하면서 그것이 성경적 설교라고 생각하고 있는 것이다. 어떤 설교자들은 성경 본문을 정당하게 주석하지 않고 본문을 설교의 주제에 억지로 꿰맞추어 해석함으로 오히려 본문을 왜곡하는 설교를 하고 있다. 이런 설교자들을 위해 『증언 설교』(제3판)에서 롱은 성경적 설교의 본질이 무엇인지 분명하고 세밀하게 설명해 주고 있는 것이다.

설교는 "경전 해석" 그 이상도, 그 이하도 아니다. 성경은 하나님이 교회에 주신 "경전"이며, 설교는 오래 전에 믿음의 사람들에게 주어졌던 이 선물을 오늘의 하나님의 백성을 위한 것으로 전환하는 사역일 뿐이다. 『증언 설교』(제3판)를 통해 한국 설교자들이 설교의 본질을 이해하고 성경을 해석하는 구체적인 방법들을 배울 수 있는 기회가 되기를 바란다.

권 호 박사
합동신학대학원대학교 설교학 교수

토마스 G. 롱의 책은 늘 학문적 깊이와 사색적 통찰을 준다. 내가 롱을 좋아하는 이유는 그가 성경의 본문을 존중할 줄 아는 설교학자이기 때문이다. 그의 방법론은 본문에 뿌리를 내리고 있고, 내용과 형식까지 본문에서 찾으려는 시도를 보인다. 특별히 설교자를 단순히 커뮤니케이터로 보지 않고 진리의 증언자로 제시한 것은 그의 설교철학이 얼마나 건강하면서도 깊은지를 보여 주는 대표적인 예이다. 나는 『증언 설교』(*The Witness of Preaching*, 제3판)를 주저 없이 성경적 설교(biblical preaching)의 철학과 주요 방법론을 익히는 설교학 교과서의 클래식으로 추천한다.

김 대 혁 박사
총신대학교 설교학 교수

토마스 G. 롱의 『증언 설교』(The Witness of Preaching)(제1, 2, 3판까지 증보 출간됨)는 오랫동안 사용되고 사랑받는 설교학 교과서로 손꼽힌다. 30여 년의 시간을 걸쳐 증보판이 나온다는 것 자체가 이 책의 가치를 증명한다. 특별히 이 책은 통합과 균형을 이루어 '제3의 길'을 설득력 있게 찾아가는 소위 '중용'의 책이다. '말씀-선포'가 이루어지도록 설교 '내용'에 충실할 것을 강조하는 전통적 설교학의 장점과 '말씀-사건'이 되기 위해 설교 '형식'에 관심을 둔 새로운 설교학의 장점을 솔기 없이 엮어서 한 책에 담아놓았다. 따라서 현대 설교 이론의 흐름과 발전을 이해하고, 설교 실제에서 내용과 형식, 본문과 청중, 선포와 설득에 대한 통합과 균형점을 찾고자 하는 설교자에게 이 책은 나침반과 같은 책이다.

임 도 균 박사
침례신학대학교 설교학 교수

토마스 G. 롱은 신학적 스펙트럼(theological spectrum)이 넓은 설교학자이다. 본인은 미국 유학 시절 보수적이고 복음주의적 신학 배경을 가진 신학교에서 학업을 했다. 그런데 본인이 수학했던 신학교의 대학채플에 한번은 토마스 롱 박사가 초청되어 설교를 한 적이 있었다. 롱 박사의 설교는 성경적이면서도 예술적이었다. 또한, 명료하면서도 우아한 설교였다!

롱의 설교 이론은 복음주의적 교단(evangelical denomination)에서부터 진보적인 신학입장(moderate theological spectrum)을 가진 교단에 이르기까지 받아들여졌다. 그 이유는 그가 지향하는 설교는 "증언"으로 설교의 본질을 다루고, 문학적이면서도 세련된 현대 감각을 겸비했기 때문이다. 보수와 진보를 아우르고, 본질과 현실을 소홀히 하지 않으며, 증언과 소통이 절묘하게 균형을 이룬다.

『증언 설교』(The Witness of Preaching, 제3판)는 1989년 초판이 출판되었다. 30년이 지나도 많은 설교자들에게 도움을 주는 안내서이다. 세 번째 증보판으로 한국에 다시 번역되어 소개되었다. 오랫동안 사랑 받는 설교학의 고전(classic)이 되어감을 우리는 목격하고 있는 것이다. 폭넓은 설교를 꿈꾸는 설교자들에게 유익한 도움이 되길 소망하며 이 책을 추천한다.

The Witness of Preaching, Third Edition
Written by Thomas G. Long
Translated by Wooje Lee & Euimu Whang

Copyright © 1989, 2005, 2016 Thomas G. Long
Originally published in English under the title
The Witness of Preaching, Third Edition
by Westminster John Knox Press,
100 Witherspoon Street, Louisville, Kentucky 40202-1396, U.S.A.
All rights reserved.

Translated and printed by permission of Westminster John Knox Press.
Korean Edition Copyright © 2019 by Christian Literature Center, Seoul, Republic of Korea.

증언 설교

2019년 11월 16일 초판 발행
2024년 08월 30일 초판 2쇄 발행

지은이	|	토마스 G. 롱
옮긴이	|	이우제, 황의무

편집	|	변길용
디자인	|	전지혜
펴낸곳	|	(사)기독교문서선교회
등록	|	제16-25호(1980.1.18.)
주소	|	서울특별시 동대문구 천호대로71길 39
전화	|	02-586-8761~3(본사) 031-942-8761(영업부)
팩스	|	02-523-0131(본사) 031-942-8763(영업부)
이메일	|	clckor@gmail.com
홈페이지	|	www.clcbook.com
송금계좌	|	기업은행 073-000308-04-020 (사)기독교문서선교회

ISBN 978-89-341-1995-1 (93230)

이 한국어판 저작권은 Westminster John Knox Press과 독점 계약한 (사)기독교문서선교회가 소유합니다.
신저작권법에 의하여 한국 내에서 보호를 받는 저작물이므로 무단 전재와 무단 복제를 금합니다.

제3판
증언 설교

제3판

The Witness of Preaching

증언 설교

토마스 G. 롱 지음　　이우제, 황의무 옮김

CLC

목차

추천사   1
이 성 민 박사_감리교신학대학교 설교학 교수
권 호 박사_합동신학대학원대학교 설교학 교수
김 대 혁 박사_총신대학교 설교학 교수
임 도 균 박사_ 침례신학대학교 설교학 교수

저자 서문   10
역자 서문   15

서론   18

제1장	설교란 무엇인가?	34
제2장	성경적 설교	109
제3장	설교를 위한 본문 석의	136
제4장	설교의 초점과 기능	193
제5장	설교의 기본 형식	228
제6장	형식 다듬기	281
제7장	설교의 시작과 연결 및 끝맺음	318
제8장	설교에 있어서 이미지와 경험	363
제9장	설교와 표절	410
제10장	책상에서 강단으로	423
제11장	순례자의 여정에서 나누는 대화	438

제3판
저자 서문

토마스 G. 롱 박사
Candler School of Theology Emory University

나는 1980년대 후반 『증언 설교』(*The Witness of Preaching*) 초판을 집필하면서 기존의 방식과 새로운 방식의 두 가지 차원에서 접근하였다. "기존의 방식"이란 설교를 배우는 학생들을 위한 개론서이자 현직 설교자들을 위한 재충전 자료로서, 기독교 설교에 관한 또 하나의 입문서를 만드는 것이었다.

적어도 5세기 이후, 어거스틴의 『기독교 교리에 관하여』(*On Christian Doctrine*)의 설교에 관한 내용이 세인의 관심을 끌면서, 교회 내의 모든 세대는 시대마다 설교와 관련된 저서를 내게 되었는데 이 책 역시 이 긴 대열의 한 목록으로 추가되었을 뿐이다. 이러한 입문서는 이 책이 출간되기 전에도 수백 권이나 있었으며 그 후에도 새로운 책이 엄청나게 쏟아져 나왔다. 이 책이 이들 저서와 다른 점이 있다면 그것은 필자가 본문 해석으로부터 설교를 통한 구두 전달에 이르기까지 모든 설교 구성 과정에 복음에 대한 증언이라는 신학적 이미지를 적용하고 체계화하였다는 점이다.

"새로운 방식"이란 설교 분야에서 제기되는 여러 가지 다른 의견이나 주장에 대해 솔직한 대화의 창구를 열어 놓은 교재를 만드는 것이었다. 대부분의 역사에서 설교학은 소위 실천 학문에 속한 다른 과목들처럼 응용신학으로 분류되었다. 말하자면 "진정한" 신학은 조직신학이나 성경 과목에서 배우고 설교학 시간에는 이와 같이 다른 과목을 통해 습득한 신학을 설교에 적용하기 위한 방법이나 기술을 습득하는 데 소진되었다는 것이다. 따라서 설교학 교재는 주로 효과적인 설교 비법이나 기술 및 잔지식이 풍부한 설교의 대가들이 쓴 책이 대부분이었다. 이들 저서 가운데는 매우 지적이고 유익한 책도 있지만 대부분의 경우 극히 폐쇄적이어서 다른 주장이나 관점에 대해서는 거의 찾아볼 수 없다. 요컨대 그들은 "이것이 나만의 비법이다. 나를 본받으라"고 말한다.

그러나 이 책의 초판이 나오자 설교학을 비롯한 실천신학 전반을 향해 바라보는 눈이 크게 달라졌다. 실천신학은 단순한 응용신학이 아니라 그 자체로서 하나의 역동적인 신학의 한 분야로 당당히 자리매김하기 시작한 것이다. 교회나 다른 공동체에서 종교적 의식이나 예배를 통하여, 그리고 사회와의 관계에서 드러난 신실한 성도들의 실제적인 산 경험은 이제 단순한 목표가 아니라(사실 지금까지 이 과녁을 향해 날렸던 모든 신학적 화살은 어딘가 잘못 연마한 것들이었다) 점차 신학적 지식의 원천이 되었다.

우리는 교회가 역사적으로 설교해 오던 방법이 성만찬을 기념하거나 나그네를 대접하는 방법과 마찬가지로 단순한 응용신학이 아니라 삶 가운데 깊이 내재된, 살아 있는 신학 자체임을 인식하기 시작한 것이다. 따라서 실천신학자들은 더 이상 형식적 신학을 대량 시장에 한 묶음으로 소매하거나 교회에서 가시적인 결과를 얻기 위한 도움이나 암시를 주는 대신에, 각각의 주장과 상호 영향력을 가진 각종 교리와 교회 예배와 "세상"학문이라는 복잡한 삼거리의 한복판에 서서 교통을 정리하는 신호등의 역할을 해야 한다는 사실을 깨달았다.

이러한 실천신학에 대한 재정의로 나타난 결과 가운데 하나는 설교학이 점차 창조적이며 복잡한 이론을 가진 학문으로 발전되었다는 것이다.

1980년대 후반까지 설교학은 신학 및 다른 학문과의 활발한 교류가 진행되고 많은 학자들이 이 논쟁에 참여하였으며, 우리는 비로소 또 하나의 "나만의 비법"이라는 수준을 넘어서게 된 것이다. 이제는 설교학 분야에도 모든 주장과 의견에 문호를 활짝 열어 놓고 독자들을 그 현장 한가운데로 이끌어 갈 수 있는 교재가 나올 때도 되었다고 생각한다.

설교학 교재를 읽는 독자들은 저자가 설교학적 지도의 어느 지점에 서 있는지에 대해서도 알아야 하지만, 반대 주장과 중요한 대안들로 가득 찬 훨씬 넓은 영역의 지도도 존재한다는 사실을 알아야 한다. 물론 이런 책들이 지금까지 전혀 없지는 않았다. 그러나 그 수가 매우 적을 뿐 아니라 극히 최근의 일이라 "새 것"이라고 불러도 손색이 없을 듯하다. 필자가 이 책에서 추구하는 "새로운 방식"은 바로 이러한 장르의 책을 만들겠다는 의도에서 나온 것이다.

『증언 설교』 초판이 나온 후 15년 만에, 증보판이 2005년도에 나올 때까지의 세월 동안 설교학 분야에도 자연히 많은 주장과 새로운 이슈들이 유입되었다. 증보판은 이러한 상황에 선구자적 자세로 임하여 새로운 요소들을 중점적으로 다루고 설교학적 대화의 현 상황에 대해 살펴보며 최상의 설교 기법과 훌륭한 설교를 위한 신학적 사고에 대해서도 소개하고자 했다. 다행히 이 분야에 많은 사람들이 몰려 더 큰 관심과 찬사를 보내왔으며, 필자 역시 증보판을 통해 이러한 환호 소리를 조금이나마 들었다.

이제, 또 다른 십 년이 지나갔고, 설교학 분야의 변화는 여전히 동일하게 진행되고 있다. 하지만 제3판에 반영된 가장 큰 변화는 설교의 상황과 관련된다. 북미에서, 흔들림 없던 교회에 대한 이해가 이제 휘청거리고 있다. 많은 교회 회중들이 급격하게 줄어들면서, 교회 건물들도 사라지고 있다. 당연히 주일 모임의 연령대도 대부분 노인들이거나 숫자가 줄어드는 중이다. 윌 허벅(Will Herberg)의 20세기 고전인『개신교-가톨릭-유대교』

(*Protestant-Catholic-Jew*)는 현재는 가치를 상실한 하나의 종교 기관을 그렸을 뿐이며, 그리스도인들의 복음 증언의 목소리는 종교적 표현들과 전통들에 둘러싸인 지구촌 시장 사이에서나 울리고 있을 뿐이다. 옛 교회들과 새로운 고딕 양식의 성소들에 설교자들이 아직도 남아 있지만, 그들은 선술집, 영화관, 가게 앞, 그리고 거실 안에서나 발견되는 것처럼 보인다. 교회 생활과 구조에 대한 실험은 넘쳐나며, 설교는 이러한 창조적 에토스의 한 부분일 뿐이다.

혹자는 이런 모든 변화들, 다양성, 그리고 실험들 사이에서 설교 본문 연구를 위한 시간은 사라져버렸다고 말할지도 모른다. 설교에 대한 단 하나만의 비전만으로는 오늘날의 기독교 공동체의 눈부신 배열에 대해 말할 수 없다고 주장할 수 있을 것이다.

『증언 설교』제3판은 이것이 아님을 주장한다. 하지만, 그 주장은 앞선 시대에서 빌려온 설교를 발전시킨 특정한 전체적 비전에 의존하는 것이 아니라, 표현의 다양성을 여전히 약화시키는 그리스도인의 설교의 본질적 실제들을 분별하는 것에 의존한다.

그리스도인의 예배가 청교도 스타일의 모임 장소, 개조된 창고, 혹은 빌린 술집에서 드리든지, 그 예배들이 어떤 모습이든지 상관없이, 하나님의 말씀에 대한 굶주림은 필연적으로 생겨난다. 또한 마찬가지로 누군가는 하나님의 말씀을 전해야 하며, 그것은 고대에 만들어진 성경의 증언을 귀 기울여 들어야만 한다는 것을 의미한다. 그래서 그 성경 증언이 신선하게 귀에 들리도록 하기 위해 필요한 언어와 형식들을 발견하기를 추구해야 함을 의미한다. 민첩한 설교자들이 새롭게 설교 환경을 세팅하는 데 수고를 기울여야 한다는 것이 설교의 본질이다.

『증언 설교』제3판은 처음부터 증언이란 무엇인지를 기본 방식으로 말한다. 이 책은 설교를 위한 메뉴얼이나 기타 그와 유사한 것이 아니라, 아브라함처럼 우리가 어디로 가야 할지를 알지 못하는 상황 속에 세워진 교회, 그래서 모험을 떠나는 교회를 위한 가이드북이다. 나는 상대적으로 이 책의 두께를 얇고 간략하게 했으며, 사소한 언쟁이나 부차적 관심사들로 인해 이 책의 가치가 손상되지 않았으면 한다.

나는 이 책이 민첩한 설교자들의 충실한 설교 준비에 도움이 되기를 바라며, 그래서 그들의 설교가 또한 놀라운 장소에서 시들어버린 신앙으로 살고 있는 청중들에게 설교되기를 바란다. 하지만 무엇보다 간절히 기도하는 것은 설교자들이 자신의 설교 사역에 대해 보다 비판적이며 신학적인 사고를 가지는 것이며, 그래서 성령께서, 그들, 그리고 신앙 공동체에 임하시는 어느 곳이든지, 그들이 자신을 가르치는 자가 되며 복음 증거 부르심에 신실한 자로 남아 있기를 바라는 것이다.

역자 서문

이 우 제 박사
백석대학교 설교학 교수

　한국교회에서 유능한 말씀 사역은 곧 교회 성장이라는 등식으로 통할 정도이다. 비록 이것이 바람직한 현상이라고 할 수는 없지만 한국적 목회 정황 가운데서 설교가 차지하는 비중이 어느 정도인지를 알게 하는 부분이다. 한국교회에서 설교는 선택이 아니라 필수 사항이다. 설교는 수능시험을 준비하는 학생들에게 영어와 수학에 해당하는 교과목이다. 비록 설교가 목회의 모든 것이라고 말할 수는 없지만 감히 목회에 있어서 없어서는 안 되는 본질이라고 말할 수 있을 것이다. 효과적인 설교 사역을 통한 영향력이 중단된 채 건강한 목회를 꿈꾼다는 것은 불가능하다. 이러한 현실 때문에 모든 목회자는 예외 없이 뛰어난 설교에 대한 타는 목마름을 가지고 있다.
　점차로 고조되고 있는 설교에 관심을 반영하기라도 하듯 현재 다양한 설교학 교과서들이 봇물처럼 쏟아져 나오고 있다. 타는 목마름으로 설교를 배우기 원하는 이들의 필요를 채워 주기 위해서이다.
　그러나 실제로 이렇게 많은 설교에 관한 이론서가 어느 정도 현장에서 설교를 업으로 삼고 있는 이들에게 유익이 될 수 있을까?
　그리 큰 영향력을 끼치는 것 같지 않아 보인다. 물론 역자가 지금 단순히 모든 목회자들이 가지고 있는 큰 교회를 만들고 싶은 욕망에 부응할 수 있는 설교 노하우를 주는 책의 부재를 문제시하는 것은 아니다. 오히려 건강한 신학과 설교적 지평이 함께 어우러져 생기는 성경적인 설교의 길을 제시하는 설교학 교과서의 부재에 대한 의문이다. 기독교 서점에 진열되어 있는 많은 설교학 교재들의 대부분은 설교자들이 갖는 목마름에 대한 근원적인 갈증을 해결해 주지 못하고 있는 실정이다. 대부분의 책들은 마치 30도가 웃도는 찌는 듯한 더위를 식히기 위해 마시는 차가운 탄산 음료와 같다. 경험으로 아는 것처럼, 여름철에 마시는 탄산 음료는 아주 잠시 우리의 갈증을 해소시켜 줄 뿐이다. 시간이 지나면 목마름은 더욱 심해지게 된다.

여기 건강한 성경적인 설교에 갈망을 시원케 해줄 수 있는 얼음 냉수 같은 책이 있다. 바로 우리 시대 가장 유능한 설교학자로 손꼽히는 토마스 G. 롱의 『증언 설교』(The Witness of Preaching) 제3판이다. 1980년대 후반에 출판된 이 책의 초판은 가장 인기 있는 설교학 교과서로, 북미권 복음주의 신학교의 교재로 각광을 받게 되었다. 그리고 15년 후인 2005년에 보다 완숙하고, 실제적인 논의들을 중심으로 증보판을 내놓았다. 그리고 이번에 제3판을 다시 내놓게 되었다.

초판과 증보판을 비교할 때, 비록 기본적인 신학적인 전제와 목차의 큰 틀에 있어서는 이전 것과 대동소이해도, 훨씬 더 깊은 신학적 논의와 업그레이드된 참고 서적 인용, 그리고 보다 실제적인 실례들을 현장감 있게 제시하였다. 그리고 제3판에서는 제9장 설교의 표절과 부록이 추가되어 내용이 좀 더 강화되었다. 앞으로 몇십 년 동안 이만한 설교학 교과서를 만나기가 쉽지 않을 전망이다.

그렇다면 토마스 롱의 책이 많은 이들에게 사랑받는 이유는 무엇일까? 여러 가지가 있겠지만 그 중에서 역자가 가장 높이 엄지손가락을 추켜들고 싶은 부분은 그의 설교학 이론이 갖고 있는 포용력이라고 말하고 싶다. 토마스 롱은 설교를 복음에 대한 증언으로 이해하고, 설교자를 증인으로 정의한다.

증인으로서의 설교자의 이미지로 토마스 롱은 하나님과의 수직적인 측면을 강조하는 전통적인 설교 및 설교자의 이미지와 회중들과의 수평적인 측면을 강조하는 새로운 설교 및 설교학의 이미지를 멋지게 조화시키고 있다. 이것이냐 저것이냐의 양자택일의 정신이 아닌 이것도 저것도 수용하는 설교학적 자세를 견지하고 있다. 그래서 그의 책에서 빈번하게 등장하는 단어들은 "포괄적," "상호적," "통합적," "범교회적," "대화적"과 같은 형용사들이다. 그의 설교신학이 어디를 지향하고 있는지를 보여 주고 있는 대목이다.

다양한 설교학 이론들을 수용하여 자신의 설교학 체계를 정립한 토마스 롱의 이 책은 우리들의 설교의 지평을 넓혀 주는 데 기여하고 있다. 이렇게 토마스 롱이 설교학적 지평의 확대를 중요시 여기는 이유는 바로 공동체를 세우는 생명력 있는 설교를 위함이다. 설교는 본문의 메시지를 가감 없이 선포했다거나 한 개인의 실존에 호소하는 형태를 제시한 것으로 국한될 수 없다. 오히려 참된 설교의 목표는 이 시대 가운데 건강한 하나님의 대안 공동체를 세우는 데 맞추어져야 한다. 토마스 롱이 포괄적인 관점으로 설교학을 풀어가는 이유가 바로 여기에 있다.

그러므로 마지막 시대에 주님의 교회 공동체를 생명력 있게 세워가기를 갈망하는 모든 신학생들과 설교자들에게 이 책을 권하고 싶다. 분명히 이 책을 읽어가는 동안, 여름 가뭄에 단비가 임하는 것 같은 체험을 경험하게 될 것이라고 확신한다.

끝으로 이 책을 추천해 주신 감리교신학대학교 설교학 교수 이성민 박사님과 증보판에 이어 제3판에 추가된 부분의 번역에 많은 수고를 해 주신 황의무 목사님께 감사드린다. 그리고 한국교회의 발전을 위해서 만만치 않은 출판계 상황에도 불구하고 초판과 증보판에 이어 제3판을 완역 출판해 주신 기독교문서선교회(CLC) 박영호 목사님과 모든 임직원분께 감사를 드린다.

서론

나는 회중을 담임하는 목회자가 아니라 신학교 교수이기 때문에 외부 초청을 받아 설교하는 경우가 많다. 당연한 말이지만 처음 방문하는 입장에서는 그 지역의 관습에 익숙하지 않아 별 수 없이 예배 전에 여러 가지 주의사항을 듣게 된다.

여기 앉으라, 저기 서라, 마이크에 입을 가까이 대고 말하라, 주기도문을 할 때 '빚진 자'라고 하지 말고 '죄지은 자'라고 해라, 나중에 이 문으로 나가라 등등 말이다. 어떻게 생각할는지 모르겠지만 이러한 주문 가운데 우리 같은 외부 설교자에게 가장 중요한 정보는 강단으로 올라가는 길이다. 교회 강단이란 곳이 원채 복잡하게 되어 있어 자칫 길을 잘못 들면 성가대석이나 서재로 직행하기 일쑤이기 때문이다.

1. 강단으로 향하는 입구

나는 목회자가 어떻게 회중이 모인 성소로 입장하는가보다 일반론적인 관점에 대해 오랫동안 생각해 왔다. 물론 이것은 오늘날 우리가 시급히 다루어야 할 예배적 차원의 현안은 아니다. 예배 인도자가 뒷문으로 들어오든, 창문을 넘어오든, 포도넝쿨을 타고 오든, 적어도 회중은 그가 어디로 들어왔을까 하는 문제로 고심하지는 않는다.

왜 그런가?

그것은 이런 일이 예배의 막후에서 항상 일어나는 상투적인 일, 즉 점등이나 찬송가의 위치 확인, 예배 안내 및 난방기 작동 등과 같이 부수적인 일 가운데 하나일 뿐이기 때문이다.

예배 인도자가 어디서 어떻게 들어오는가에 관심을 가진 사람이 과연 얼마나 있겠는가?

어느 쪽으로 들어오든 무슨 차이가 있겠는가?

그러나 실제로 이 과정이 어떻게 진행되는지에 대해 보다 자세히 살펴볼 필요가 있다. 어떤 교회는 전주가 흐르는 동안 목사가 옆문으로 조용히 들어와 강단 곁 좌석으로 살며시 다가간다. 다른 교회에서는 입례송을 부르는 동안 목사가 성가대와 함께 중앙 통로를 통해 입장한다. 그런가 하면 참회의 기도와 죄사함이 선포되는 절정의 순간에 목사가 등단하는 교회도 있다. 그러나 이들 각각의 경우는 모두 목사가 바깥 외부로부터 안으로 들어온다. 즉, 설교자는 어딘가 다른 곳으로부터 회중이 기다리고 있는 장소로 들어온다.

물론 논리적인 면에서는 그럴 수 있다. 실제로 목사는 통상적으로 예배가 시작되기 전 몇 분 동안 서재에서 설교 원고를 점검하거나 탈의실에서 가운 상태를 확인하며, 혹은 성가대실에서 대원들을 위해 기도하거나 때로는 불같은 말씀을 원하는 신도들에게 소매를 잡혀 복도에 머무르기도 하기 때문이다.

그러나 신학적인 차원에서는 또 하나의 다른 그림을 생각해 볼 수 있다. 외형적, 공간적 차원에서 예배 인도자가 어디서 등장하든, 신학적으로 그들은 결코 외부에서 들어오는 것이 아니다. 그들은 믿음의 공동체 안에서 나온다. 이 문으로 들어오든 저 문으로 들어오든, 중앙 통로로 당당하게 입장하든 조용히 들어와 살며시 자리에 앉든, 그것이 중요한 것은 아니다. 문제는 아무리 예배를 인도하는 자라 할지라도 그들은 모두 믿음의 공동체로부터 나와 이 사역에 수종드는 자에 불과하다는 사실이다.

이러한 신학적 개념을 보다 엄밀히 적용하면, 예배 인도자는 결코 성소 밖에서 들어올 수 없다. 그들은 회중석에서 강단으로, 본당에서 강대상으로, 회중들 가운데서 예배 인도자의 자리로 나오는 것이다. 오늘날 교회의 상황으로서는 목사가 회중석으로부터 나와 예배를 인도하고 설교한다는 것이 선뜻 이해되지 않겠지만 이것이야말로 몰트만(Jürgen Moltmann)이 자신의 저서 『성령이 주관하는 교회』(The Church in the Power of the Spirit)에서 주장한 기독교 예배의 참모습이다.

우리는 다음과 같이 단순 명료한 일련의 과정을 통해 우리 자신의 위치를 확인할 수 있다. 교회는 말씀을 듣고 세례를 받으며 함께 떡을 떼며 교제하기 위해 공동체로 모인다. 이들 가운데 한 사람 또는 다수의 사람이 회중 앞에 일어나 복음을 전하고 세례를 주며 또는 음식을 준비하거나 말씀을 통해 교제한다. 이들은 모두 공동체에 속한 자들이지만 그리스도의 이름으로 회중 앞에 나와 이런 일들을 행한다. 회중과 "마주하고 있는" 자는 "공적 임무"를 띤 그들이 아니라 바로 그리스도 자신이다. 그들은 모두 삼위 하나님의 이름으로 말하고 행동한다.

그렇다면 우리는 과연 이와 같이 특별한 사명과 임무를 지닌 저들의 지위에 대해 어떻게 해석할 것인가?

그들은 하나님의 백성의 일원으로서 하나님의 백성 앞에 서서 하나님의 이름으로 행한다.[1]

---

[1] Jürgen Moltmann, *The Church in the Power of the Spirit: A Contribution to Messianic Ecclesiology* (New York: Harper and Row, 1977), 303.

여기서 말하고자 하는 요지는 결코 예배 인도자의 등단 방식과 같은 전례에 관한 논쟁이 아니다. 이것은 지역적 특수성이나 건물 구조 및 전통적 관습에 따라 얼마든지 바뀔 수 있다. 중요한 것은 설교자를 비롯한 예배 인도자들이 자신에 대해, 그리고 믿음의 공동체 내에서 자신의 지도자적 역할에 대해 어떻게 이해하고 있느냐는 것이다.

이 책은 설교에 관한 책으로 이 특별한 사역 및 설교 구성과 관련된 여러 가지 사항에 대해 다룰 것이다. 그러나 지금 당장 이 문제를 다룬다면 오류를 범할 수 있다. 모든 설교에는 고려해야 할 정황이란 것이 있으며 설교자 역시 자신이 속한 공동체가 있기 때문이다.

설교자는 어딘가 다른 곳으로부터 강단으로 나온다. 그러나 만일 설교자가 어디서 나오는지를 모른다면 설교자란 과연 누구이며 무슨 일을 해야 하는지에 대한 명확한 개념을 가질 수 없을 것이다. 누구나 마찬가지이겠지만 설교자가 주일 아침 성전 문을 열고 자기를 기다리는 회중을 바라보고 있노라면, 자신이 회중으로부터 나왔다는 사실을 잊고 마치 바깥 다른 곳으로부터 나아온 것인양 생각하기 쉽다.

우리는 목사의 나라에서 온 방문객도, 미지의 땅에서 온 이방인도, 신학의 땅에서 온 대사도 아니며, 광야에서 온 선지자는 더더욱 아니다. 우리는 그리스도의 몸된 교회의 한 지체이자 예배의 참예자이며, 설교를 듣기 위해 모인 바로 그 회중에 의해 그 일을 위임받은 자이다.

2. 회중석으로부터 강단까지

우리가 알든 모르든, 설교자의 대부분은 회중으로부터, 즉 회중의 삶으로부터 강단으로까지 가는 이 일을 자신의 방식대로 한다. 강단으로 향하는 마지막 몇 발자국을 어떤 모양새로 가느냐와 상관없이, 우리는 믿음의 공동체 속에서 함께하던 삶을 떨치고 전혀 새롭고 역동적인 모습으로 그들 앞에 나타난다.

조금 전까지만 해도 우리는 자신과 회중을 위해 기도하거나 그날 그 회중에게 가장 적절한 말씀을 찾느라 분주하게 보냈을 수 있다. 아니면 주일학교에 참석하거나 성경 공부를 인도하거나 낙심한 자의 고민을 주의 깊게 경청하고, 예산 문제로 교회 직분자들을 만나거나 친교실에서 차를 마시거나 성가대의 찬양 연습을 지켜보고 있었는지도 모른다. 이것은 우리가 기도를 하고 있었든, 이야기를 하고 있었든, 가르치고 있었든, 설교를 준비하고 있었든, 상담을 하고 있었든, 적어도 예배가 시작되기 전까지 우리는 설교를 들을 대상들의 삶 속에 깊이 묻혀 있었다는 말이다. 다시 말하면 설교자는 적어도 상징적으로는, 회중으로부터 강단으로 나온다.

뿐만 아니라 우리는 병원, 거실, 시내, 학교, 부엌, 회사 등 목회 현장의 모든 영역에서 한 주 내내 그들과 연결되어 있다. 어쩌면 우리의 사역이 이들의 믿음을 북돋아 주었을 것이고 아마도 그로 인해 자신의 믿음도 성장하였을는지 모른다. 설사 그렇지 않다고 하더라도 우리는 공동체의 삶과 동떨어진 곳이나 변방이 아니라 삶의 한가운데로부터 나와 설교하기 위해 그들 앞에 선다. 몰트만이 정확히 지적했듯이 설교자는 "하나님의 백성으로부터 나온다."

설교자가 하나님의 백성으로부터 나온다는 것은 분명한 사실이다. 설교자는 그리스도인으로 세례를 받은 자이다. 그리스도 안에서 세례를 받은 자이기에 교회의 지도자이기 이전에 그리스도의 몸된 교회의 한 지체이다. 우리는 흔히 "설교자로의 부르심"에 대해 소수의 선택된 자들에게만 해당되는 특별한 경험이라고 생각한다. 하나님의 거룩한 손길이 이들 선택된 자들에게 임하여 그들을 불러 강단으로 보내어 설교하게 했다는 것이다.

실제로 어떤 설교자는 이러한 극적인 경험을 통해 개인적인 소명을 받기도 한다. 그러나 교회 전체에 대한 부르심과 무관하게 설교자 개인에 대한 소명만을 말하는 것은 잘못된 것이다. 몰트만은 "중요한 것은 공적 설교나 설교자는 일상생활에서 사용되는 믿음의 언어, 즉 이 세상의 신자들이 사용하는 언어와 결코 분리되어서는 안 된다는 것"[2]이라고 했다.

만일 교회가 교도소 안의 수감자들도 다 같은 하나님의 자녀이므로 그들에게 인격적 대우를 해야 한다는 공적인 입장을 밝혔다면 이는 교회 전체가 복음을 전한 것이라고 볼 수 있다. 주일학교 선생이 아이들에게 예수님에 관한 이야기를 들려주는 것 역시 복음 증거에 해당한다. 교회가 추운 겨울 밤 노숙자를 위해 친교실을 개방하여 숙소로 제공하고 온정을 베푼다면 이 역시 복음을 전하는 것이 될 것이다. 성도들이 그리스도의 이름으로 환자나 수감자들을 찾아가 따뜻한 말로 위로하거나 낙심한 자들을 위해 기도하거나 나그네를 접대하는 일은 모두 하나님 나라의 복음을 선포하는 행위이다.

하나님께서는 모든 교회를 불러 복음을 전하게 하셨으며 예수 그리스도의 제자들은 모두 이러한 부르심을 받은 자들이다. 이와 같이 모든 교회는 복음을 선포할 수 있으며 설교는 이러한 광의적 복음 사역의 한 부분에 해당한다. 따라서 설교자가 강단에 서서 성경을 읽고 설교하는 행위는 교회 전체가 부르심을 받아 행하는 공동 사역의 한 형태에 불과한 것이다.

설교자는 교회의 공동 사역에 동참할 뿐 아니라 그것에 의해 형성되어 간다. 우리는 마치 신학교가 사람을 데려다 목회자로 만들어 내는 곳인 양 신학교를 농담 삼아 "설교자 공장"이라고 부르기도 한다. 그러나 전혀 그렇지 않다. 목회자는 결코 신학교에서 "만들어지지"(made) 않는다. 신학교는 훈련만 시킬 뿐이며 실제로 목회자는 교회 안에서, 교회를 통해 만들

---

[2] Ibid., 206.

어진다.

　사람들은 기독교적인 이야기에 관해 보다 깊은 지식을 얻기 위해 신학교에 오지만, 실제로는 교회 성도들을 통해 이 이야기를 처음 배우게 된다. 그들은 위대한 신학 사상을 배우려고 신학교에 오지만, 실제로 그들이 만나는 것은 교회가 남긴 신학적 유산이다. 그들은 사람들을 인도하고, 가르치고, 상담하고, 말하는 기술을 배우기 위해 신학교에 오지만, 어떤 면에서는 이미 교회가 그들에게서 이러한 지도자적 은사를 발견하고 그들을 보냈다고 할 수 있다.

　그들은 교회를 새로운 모습으로 바꾸려고 신학교를 떠나는 것이 아니라 지속되고 있는 공동체적 사역에서 자신의 위치를 찾아 섬기러 가는 것이다. 그들은 직업을 구하려고 신문의 구인 광고를 보고 찾아가서 강단에 선 것이 아니라 교회가 이 사역을 위해 기도로 그들을 세운 것이다. 그들은 자신에게 속한 사역이 아니라 그리스도에게 속하여 모든 교회에게 주신 사역을 위임받은 것이다.

3. 고독한 장소

　이와 같이 거룩한 교회 사역의 일부로서 설교에 관한 긍정적인 언급에도 불구하고 정직한 설교자들은 강단의 고독함이 어떤 것인가에 대해 잘 알고 있다. 몰트만의 언급처럼 우리는 회중석에 있는 자신의 자리에서 일어나 사람들 앞에 서기 위해 강단으로 간다. 우리와 그들 사이에는 거리가 있으며 우리는 종종 이러한 거리감을 피부로 느낀다. 우리는 그들에게 은혜로운 복음과 권면의 말씀을 전하고 싶으나 때로는 좀처럼 반응을 보이지 않는 그들을 바라보며 우두커니 서 있기도 한다.

우리는 그들로부터 왔기 때문에 그들에 대해 잘 알고 있다. 그들이 좋아하는 식성이나 취향, 그리고 그들의 상한 심령과 무감각한 귀에 대해서도 잘 알고 있다. 우리 앞에 버젓이 앉아 있는 저들 중에는 여전히 아내를 속이고 있는 남편, 자식들에게 성공 제일주의만 부르짖는 부모, 선량한 이웃을 피해 새로 이사 온 부부, 국세청을 속이고 세금을 포탈한 장사꾼도 있다. 뿐만 아니라 교회 뒤편 구석에는 쪽지를 주고받으며 쉴 새 없이 재잘거리는 십대들도 있고, 사역을 돕는다고 하면서 정신없이 바쁜 직분자, 그리고 이미 잠들어버린 사람도 있다. 저들을 우두커니 바라보고 서 있는 이곳은 분명 외로운 곳이다.

이러한 느낌이 드는 이유는 그동안 교회론에 대한 분명한 신학적 정립에 등한시한 탓도 있다. 우리도 이러한 사실을 잘 알고 있다. 그러나 우리에게는 언제나 눈에 보이는 교회의 부정적 현실을 인정하지 않고 성령의 음성과 완전한 조화를 이루는 믿음의 공동체에 대한 환상적 이미지만 추구하려는 유혹이 도사리고 있다. 우리는 정성껏 준비한 설교 노트를 훑어보고 성대를 가다듬은 후 강단에 오르지만, 감히 신자로 자처하며 앉아 있는 각양각색의 청중들을 보며 "이들이 과연 예수 그리스도의 교회라고 할 수 있는가?"라는 회의감에 빠진다.

그러나 진정한 교회론은 "회중의 삶의 근본적 실체는 사회가 용인한(사실상, 환대하는) 상호 자멸의 틀에 빠져 있는 상태"[3]라는 크래그 다이크스트라(Craig Dykstra)의 말을 솔직히 인정하는 데서부터 시작한다. 다이크스트라는 다음과 같이 주장한다.

---

3   Craig Dykstra, "The Formative Power of the Congregation," *Religious Education* 82, no. 4 (Fall 1987): 532.

더구나 단순한 이야기나 환상 및 신앙적 언어만 가지고는 이와 같이 강력한 사회적 틀을 극복할 수 없다. 회중의 삶이 아무리 죄와 십자가, 그리고 하나님의 사랑이나 주 예수 그리스도의 은혜에 관한 이야기로 채워진다 하더라도 이러한 틀에서 쉽게 벗어나기는 어렵다.[4]

교회론은 바로 여기서부터 시작되어야 한다. 그러나 그것이 다는 아니다. 더 많은 이야기가 남아 있기 때문이다. 교회도 모든 인간 조직을 오염시킨 것과 동일한 실패들에 의해 변질되어 가고 있다는 것은 사실이다. 그러나 교회는 자신들에 대한 또 하나의 진리, 즉 자신의 삶에 가장 중요한 것은 자신으로부터가 아니라 교회를 존재케 하신 하나님으로부터 나온다는 것을 보여 주는 말과 행동을 하여야 한다.

다이크스트라의 말처럼 예배는 교회가 자신의 영역을 넘어 하나님께로 향하게 되는 가장 중요한 사건이다. 그는 "회중은 예배를 통해 진정한 회중이 되며 상호 자멸의 틀이 구속사적 변화를 경험하는 것도 예배를 통해서이다"[5]라고 했다.

회중이 예배를 통해 제도적 일상을 넘어선다는 것은 무슨 뜻인가?

우리는 참회의 기도에서 이러한 현상을 목격할 수 있다. 얼핏 보면 이런 기도가 대수롭지 않은 전례적 요소로 보이지만 사회의 여타 의식들과 비교해 보면 사실 놀라운 현상이 아닐 수 없다. 컨트리 클럽이나 회관 기공식 때에도 온갖 미사여구를 쏟아내지만 죄를 고백하는 사람은 없다. 축구 경기나 단체 연회가 시작되기 전에 하는 기도도 마찬가지이다.

그러나 교회에서는 매주 한목소리로 "오, 주님 우리는 길 잃은 양과 같

---

[4] Ibid., 537.
[5] Ibid., 540.

이 범죄하여 당신을 떠나 방황하며 지냈습니다. 용서해 주세요"라고 고백한다. 기독교인들은 매주 동일한 고백을 되풀이한다. 그들은 이러한 고백을 통해 그들만의 자유, 즉 인간의 삶에 있어서 가장 중요한 것은 자신에게 있지 않다는 사실을 아는 사람들만이 누리는 자유를 만끽한다.

우리는 성도의 교제를 통해서도 이러한 현상을 보게 된다. 저들은 함께 모여 떡과 포도주를 나누며 그리스도 안에서 한 몸 한 형제가 되었음을 확인하고, 부활의 소망을 노래하며, 온 세상을 위하여 기도한다. 이렇게 함으로써 그들은 자신이 생각하고 소망하는 것보다 훨씬 넓고, 깊고, 위대한 교제의 장으로 들어가게 된다. 그들은 지금까지 무관심하게 지나쳤던 사람들에게 이제 그들이 한 형제자매가 되었음을 증거한다.

저들은 예배를 통해 비록 더듬거릴지라도 사리사욕과 자만심에서 벗어난 언어를 구사한다. 심지어 이제 막 이 언어의 옹얼거림만 배운 어린 자녀들까지도 "별에게 소원을 빌 때"라는 말과 "이제 자려 하오니 주여, 내 영혼을 지켜 주옵소서"라는 말이 무슨 차이가 있는지를 깨닫기 시작한다.

교회는 예배를 통하여 자신을 초월해 있는 하나님을 향하며, 소망하며, 기대한다는 사실이야말로 윌리엄 윌리몬(William Willimon)이 교회는 예배를 통하여 현실 세계로부터 물러나는 것이 아니라 세상을 향해 나아간다고 주장했던 이유이다. 그는 "우리가 눈으로 보고 귀로 듣는 실제 세계에 대하여 물러난다면 우리에게 가르쳐진 하나님 왕국의 도래는 환상일 뿐이다"라고 말하면서 "이것이야말로 주일 예배의 비제의적(non-functional) 기능"[6]이라고 주장한다.

이것은 또한 설교자가 회중석으로부터 일어나 사람들 앞에 서는 이유

---

6   William H. Willimon, *What's Right with the Church* (San Francisco: Harper & Row, 1985), 121.

이기도 하다. 설교자는 하나님의 백성 가운데서 나오므로 그들 밖이나 위에서 오는 것이 아니다. 설교자가 그들 앞에 선 이유는 자신이 하려는 일이 회중이나 자기 자신으로부터 나온 것이기 때문이 아니다. 아무리 많은 준비를 했다고 하더라도 그 일은 자신의 것이 아니라 하나님으로부터 온다. 몰트만의 다음과 같은 말처럼 말이다

> 이것은 설교자가 언제나 그의 이름으로 말하고 그의 이름으로 행동하는, 바로 그 하나님에게로부터 온다. 결국 사명을 받은 공동체나 사명을 부여한 공동체는 공동체 자신의 음성이나 이미지를 원하는 것이 아니라 그리스도의 음성을 듣고 그와의 교제를 누리며 자신의 사명에 대해 다시 한번 확인하고 싶은 것이다.[7]

따라서 강단에 선 우리는 어떤 식으로든 설교의 사명을 받은 자들이다. 이제 우리는 우리가 어디로부터 왔는지 알게 되었다. 우리는 신실하든 그렇지 않든 우리가 속한 그리스도인의 회중으로부터 온 것이다. 그들은 우리에게 '오래전부터 내려오는 복음'에 대해 가르쳤으며, 이제 우리를 이곳에 세워 새롭게 그 말씀을 듣기 원한다. 그들은 우리를 통해 자비와 소망의 말씀을 듣기 원하며, 쉽게 잊어버리는지라 다시 한번 그 능력에 대해 상기시켜 주기 원하며, 거역하기 좋아하는지라 매기 쉽고 지기에 가벼운 그리스도의 멍에를 지라는 권면을 또 한번 듣고 싶어하며, 의심과 두려움이 많은지라 다함없는 은혜로 위로받기 원하며, 아무리 멀리 떠나 방황했거나 방황하고 있거나 앞으로 방황할지라도 여전히 하나님의 말씀이 그들과 함께하고 있음을 확인하고 싶어 한다.

---

[7] Moltmann, *The Church*, 303.

4. 신비감과 유머 감각

　　분별력 있는 사람이라면 그리스도의 공동체 앞에 설 때에 깊은 두려움과 책임감을 느끼지 않을 수 없다. 그러나 한편으로는 겸손함과 건전한 유머 감각이 없이는 아무도 이 자리에 설 수 없다는 것도 사실이다. 앞서 살펴본 대로 우리는 회중으로부터 나와 강단에 서며, 그들과 동일한 믿음을 나눌 뿐 아니라 동일한 실패도 나눈다. 우리가 이곳에 선 것은 다른 회중보다 특별한 권한이 있어서가 아니다.

　　사실상 우리는 그곳에 설 자격이 전혀 없는 사람들이다. 우리 역시 그들과 다를 바 없이 우리가 전하려고 하는 복음을 의심하고 불순종하는 경향이 있다. 강단에 선다는 것은 선한 일이기는 하지만, 그것은 우리 자신이 선해서가 아니다. 우리가 속한 단체는 그리스도의 몸이며 모든 회중은 누구든지 그들 앞에 나와 그리스도의 이름으로 설교할 수 있기 때문에 강단에 선 자들은 겸손해야 하며 이런 점에서 설교자는 지나치게 경직되기 보다는 나름대로 유머 감각도 있어야 한다. 칼 바르트는 하나님의 말씀을 전하는 자들에 대해 다음과 같이 언급한 바 있다.

　　　　우리는 무엇을 아는 사람처럼 행동할 수 있고 또 그렇게 해야 한다. 그러나 우리가 실제로 그런 사람이 된 것은 아니다.… 하나님의 자기 계시 능력은 신적 주권 행위에 있음에도 불구하고 진실로 아는 사람은 언제나 자기가 아무것도 모른다는 사실을 발견하고 그렇게 고백한다. 이러한 능력을 아는 사람의 태도는 가장 위대한 겸손의 사람이 될 수밖에 없다.… 이러한 사실을 잘 알고 있는 사람들은 자신의 한계를 초월한 자유함에 대해 확신하기

때문에 결코 자신에 대한 유머 감각을 잃지 않는다.[8]

"자신에 대한 유머 감각을 잃지 말라."

아마도 이 말은 명판에 잘 새겨, 강단 뒤편에 있는 "우리가 예수를 볼 것이라"는 전통적인 요한복음 인용구 옆에 비치해 두어야 할 것이다. 요한의 성경 구절은 우리가 그리스도의 복음을 전하는 사역에 진지하게 임해야 할 것을 상기시켜 준다. 그러나 유머 감각을 잃지 말라는 언급은 이 사역에 임하는 동안 스스로에 대해 지나치게 진지해지지 않기를 권하는 내용이다. 특히 예배시의 유머 감각은 겸손의 표시일 뿐 아니라 자유롭게 하는 복음의 능력이기도 하다. 몰트만은 부활절에 대해 "구속의 기쁨이 시작되었다"라고 했다.[9] 하나님은 그리스도 안에서 죄와 사망의 권세를 깨뜨리셨기에 모든 신자와 설교자는 웃고 즐거워해야 하며, 교만과 탐욕의 거짓 신들을 향해서도 승리의 웃음을 웃을 수 있는 것이다. 우리는 지옥을 비웃고 조롱하며 죄와 사망의 무덤 위에서 환희의 춤을 춘다.

어렸을 때에 우리 가족은 조지아 주의 한 시골 농장에 있는 조그마한 판자 교회에서 예배를 드렸다. 회중들은 대부분 소박한 서민들과 농부들, 그리고 학교 선생님들이었다. 성직자들은 가운을 입는 것이 겉치레라고 생각하여 몸에 잘 맞지도 않는 허름한 옷을 입고 예배를 인도했다. 무더운 여름이면 뜨거운 햇볕이 온종일 내리쬐었으며, 장례 회관의 선풍기 바람과 모기 쫓는 소리 때문에 수시로 예배가 중단되곤 했다. 우리는 창문이란 창문

---

[8] Karl Barth, *The Doctrine of Reconciliation, Church Dogmatics* IV/2, trans. G. W. Bromiley (Edinburgh: T & T Clark, 1958), 124-25.

[9] Moltmann, *The Church*, 110.

은 모두 열고 출입구마저 활짝 열어젖힌 채 약간의 바람이라도 들어오기만 기다렸다. 그러나 어떤 날은 바람은커녕 족보도 알 수 없는 길 잃은 개가 들어와 예배를 엉망으로 만들곤 했다. 매주 그런 것은 아니었지만 개가 찾아오는 일이 잦다 보니 그 개가 가끔씩 나오는 몇몇 성도보다 출석률이 더 낫다는 농담이 오갈 정도였다.

한번은 안내 위원이 그 개를 쫓아내려 했으나 개가 강단으로 올라가는 바람에 난장판이 되어버렸다. 덕분에 그 개는 찬송 시간에도 유유히 돌아다니며 헌금함을 들고 강대상으로 향하는 집사님 앞을 가로막기도 하고 기도 시간에도 어지러이 돌아다녔다. 아이들에게는 언제나 노리갯감이 되었으며, 목사님은 간혹 즉석에서 개를 지칭하면서 "여러분은 저 개처럼 이리 갈까 저리 갈까 하면서 방황하지 마시기 바랍니다"라고 예화의 소재로 사용하기도 했다.

지금 생각해 보면 당시 개가 활개를 치고 회중 사이로 돌아다니는 상황에서 예배를 인도하고 설교해야 하는 목사님은 얼마나 힘들었을지 충분히 상상이 간다. 나 자신이 그런 경험을 바라는 것은 아니지만 분명한 것은 당시에도 우리는 분명 흠잡을 데 없는 예배를 드렸다는 것이다. 어찌되었건, 눈치 없는 개 한 마리가 모든 가식과 위선의 탈을 벗겨버렸던 것이다.

확실히 당시에도 은혜와 기쁨과 능력이 풍성히 나타났으며 이러한 것들은 모두 우리가 만든 것도, 원한다고 해서 되는 것도 아니었다. 결국 우리는 가장 엄숙한 순간에도 개를 마음대로 다니게 버려두었던 비세속적 유머 감각을 가지고 있었던 것이다. 나는 허름한 옷에 근엄한 표정을 짓고 있던 성직자들도 개가 어지러이 돌아다니는 가운데 예배드리던 회중, 즉 소박한 농부들과 선생님들로 구성된 회중과, 오직 선물로 주어지는 하나님의 놀라우신 은혜의 구원을 받은 연약한 인생 사이의 시적 연결을 틀림없이 잘 알고 있었을 것이라고 믿는다.

그렇다면 그들 마음 깊은 곳에서부터 풍성하고 순수한 웃음을 지을 수 있었을 것이며, 이러한 저들이야말로 진정 훌륭한 복음의 전파자들이었음에 틀림없을 것이다.

제1장 설교란 무엇인가?

감사와 찬송의 형식이든 슬픔의 형식이든, 설교는 유일한 구원자이신 초월자 하나님의 신비로의 부르심이다.
_ 메리 캐서린 힐커트(Mary Catherine Hilkert: 현재 미국 가톨릭협회 회장-역주), 『설교와 성례 이미지』(*Naming Grace: Preaching and Sacramental Imagination*)

나는 설교를 이해하지는 못하지만 그것을 확실히 믿는다.
_ 이안 피트왓슨(Ian Pitt-Watson), 『설교, 일종의 어리석은 행위』(*Preaching: A Kind of Folly*)

제1장

설교란 무엇인가?

사람들은 종종 신학을 준비하는 자는 설교 사역을 감당하고 싶어 할 것이라고 생각한다. 결국 설교자가 된다는 것은 목회자의 역할 가운데 가장 놀랍고 공적인 사역이다. 일반적으로 목회자로서의 소명을 받았다고 생각하는 사람은 설교할 마음의 준비와 그것을 기꺼이 수행하려는 의지를 갖고 있으며 또 그 사역을 간절히 바라는 부류의 사람일 것이다.

그러나 사실 설교자가 입는 영감의 외투는 몇몇 사람들에게만 국한된다. 생애 첫 설교이든 기억도 못할 만큼 많은 설교를 했든, 강단에 서는 설교자는 호기심 가득한 기대감을 가지고 임하는 사람으로부터 내키지 않는 마음이 여실히 드러나는 사람에 이르기까지, 열정적 자세로 임하는 사람으로부터 전신을 마비시키는 두려움으로 떠는 사람에 이르기까지, 참으로 다양한 태도와 감정을 가지고 이 사역에 임하게 된다.

1. 설교 사역

어떤 목사는 열정적으로 설교한다. 사실 지나치게 열정적인 사람도 있다. 그것은 저들이 강단에서 내려다보는 모습에 도취되거나 복음 전파 행위에 수반된 복잡 다양한 의미를 간과하기 때문에, 혹은 스스로 설교자의 "권위"에 대한 그릇된 환상에 사로잡혀 있거나 회중의 마음을 사로잡을 수 있을 것이라는 천진난만한 자만심에 빠져 있기 때문이다. 또한 저들은 강단에 대한 진지함이나 두려움, 깊은 책임감도 없이 당당하게 강단에 올라선다. "나는 이런 것들을 전혀 고려하지 않고서도 지금껏 설교를 잘 해 왔다"라고 웃어넘기는 설교자도 있다.

그러나 이런 사람이야말로, 설교 사역에 대해 알면 알수록 그것의 어려움과 자신의 한계를 깨닫는다는 진리를 여실히 보여 주는 단적인 예라고 할 수 있다. 설교는 거칠게 흐르는 넓고 깊은 강이다. 이 책의 목적 가운데 하나는 바로 이러한 급류를 헤쳐 나가는 모든 사람들에게 필요한 겸손과 신중함을 고취시키는 것이다.

그러나 다른 목회자들은 열정으로 설교하기는커녕 무거운 마음으로 사역에 임하며, 때로는 그것을 감당하기 힘든 짐으로 여기기도 한다. 회중 앞에 서서 말하는 행위 자체만으로도 두려운 경험이 될 수 있다. 일반적으로 모든 목회자가 무대 공포증으로부터 벗어나 있을 것이라고 추측하지만 반드시 그렇지만은 않다. 게다가 사역에 대한 소명을 느끼는 자들 가운데는 교회로부터 암암리에, 또는 드러내놓고 설교할 자격이 없다는 말을 듣는 사람도 있으며, 이런 말을 듣는 사람들은 스스로 자신의 권위에 대해 의심을 하기도 한다.[1] 다른 사람들은 열정과 흥분으로 설교 사역을 시작하였으나 지금은 쉴 새 없이 반복되는 정기적인 설교에 심신이 지쳐 있는 경우도 있다.

---

[1] Mary Donovan Turner and Mary Lin Hudson, *Saved from Silence: Finding omen's Voice in Preaching* (St. Louis: Chalice Press, 1999). 이들은 이 문제에 관해 특별히(배타적인 것은 아니지만) 여성의 입장에서 여성 설교자가 경험하는 "목소리"나 "용기를 내어 설교하는 것" 그리고 "여성의 설교에 대한 주장"과 관련하여 상당히 설득력 있는 설명을 제시한다.

어니스트 T. 캠벨(Ernest T. Campbell)은 "설교자에게 주일은 마치 달리는 열차의 창문을 통해 스쳐 지나가는 전봇대처럼 빨리 다가온다"고 했다. 매주 흥미롭고 창조적인 설교를 충실하게 준비해야 하는 압박감은 결코 작은 것이 아니다. 분별력 있는 목회자들은 믿음의 공동체가 수행하는 광범위한 사역에 있어서 설교가 얼마나 중요한 역할을 하는지 잘 알고 있기 때문에 종종 설교의 비중과 그것이 주는 중압감에 허덕이기도 한다. 회중은 살아 있는 설교, 박력 있고 지루하지 않은 설교에 만족할는지 모르지만 적어도 현명한 설교자라면 회중에게는 단순한 종교적 만족감이 아니라 보다 본질적인 설교가 절실히 필요하다는 사실을 안다.

기독교 공동체의 삶에 있어서 설교의 힘이 얼마나 큰 지 아는 목회자나 회중 가운데 명확하고 감동적인 진리의 말씀에 갈급한 자가 많다는 사실을 아는 목회자는(때로는 이러한 갈급함을 잘 모른다고 할지라도) 설교가 얼마나 진지하고 중요한 사역임을 분명히 인식하고 있다. 그러나 이들은 목회의 여러 가지 사역이 너무나 많은 것을 요구하기 때문에 버거움도 동시에 느끼고 있다. 용기나 통찰력은 제쳐두고라도 그것을 감당할 능력과 시간이 부족한 것이다. 한 목회자는 이렇게 고백하였다.

> 나는 때때로 회중이 내 말을 듣지 않았으면 하고 바란다. 설교자로서 내가 말할 수 있는 것은 성도들이 그들의 영혼 깊숙한 곳으로부터 진지하게 들으려 할 때 오히려 엄청난 두려움과 부담감을 느낀다는 것이다."[2] 이런 목회자들은 저 유명한 설교학자인 요셉 시틀러(Joseph Sittler)가 자신의 책 제목을

---

[2] Mary Donovan Turner and Mary Lin Hudson, *Saved from Silence: Finding omen's Voice in Preaching* (St. Louis: Chalice Press, 1999). 이들은 이 문제에 관해 특별히(배타적인 것은 아니지만) 여성의 입장에서 여성 설교자가 경험하는 "목소리"나 "용기를 내어 설교하는 것" 그리고 "여성의 설교에 대한 주장"과 관련하여 상당히 설득력 있는 설명을 제시한다.

『설교의 고통』(The Anguish of Preaching)이라고 붙인 심정을 안다. 저들은 또한 일찍이 칼 바르트가 "누가 감히 설교할 수 있으며, 누가 감히 그것을 안다고 말할 수 있는가?"[3]라고 한 말도 잘 이해한다.

그럼에도 불구하고 이 책은 설교 사역이 주는 특별한 기쁨에 대해서도 제시하고자 한다. 설교 사역에서 오는 기쁨은 결코 작업량을 줄이거나 주어진 일을 회피하거나 위험을 최소화하거나 고통을 제거하는 방식으로 얻어지는 것이 아니다. 이러한 기쁨은 예수 그리스도에 대한 복음을 인간의 말로 전하는 것이야말로 측량할 수 없는 하나님의 선물이라는 사실을 확실히 깨닫는 데서부터 온다.

자신의 모든 삶과 일, 말과 열정, 두려움을 어떤 방식으로든 한 사건에 집중한다는 것은 풍성함과 기쁨이 넘치는 은혜임에 틀림없다. 설교자가 된다는 것은 인류가 가장 긴급하고 절박하게 듣고 싶어하는 말, 즉 예수 그리스도를 통한 하나님의 구속에 관한 기쁜 소식을 전하는 사명을 부여받는 것이다. 다시 말해서 산파의 역할을 감당하는 것이다. 테레사 리카드(Theresa Rickard)는 다음과 같이 말한다.

…산파는 조산원에서 일할 때 편해야 한다. 그녀는 생명을 탄생시키는 일에 숙달되어야 하고 자비로워야 한다. 산파는 아이를 만들어내는 것이 아니다. 이미 아이는 태 안에 존재한다. 그녀가 태에서 받아낼 아이는 자신의 아이가 아니라 다른 사람에게 주어야 할 선물이다. 산파는 산모와 아이의 심장 박동을 주의 깊게 듣는다.… 새로운 엄마는 이 선물을 품에 안고 양육

---

[3] Karl Barth, "The Need and Promise of Christian Preaching," in *The Word of God and the Word of Man* (New York: Harper and Row, 1928), 126.

할 기회와 책임감을 가진다.⁴

실제로 우리는 말씀을 만들어내지 않으며 그것이 완성되는 시간도 정해 놓을 수 없다. 우리는 이 작업에 수반된 진통을 회피할 수 없으며, 다만 감사함으로 그것이 세상에 나오기를 위해 애쓰고 그것의 탄생을 기쁨으로 환호할 뿐이다.

설교를 배울 수 있는가?

사람들은 특히 설교를 처음 배울 때 종종 이런 의구심을 가진다. 많은 사람들이 우러러보는 대부분의 역동적인 설교자들은 종종 특별한 내적 재능과 언어 구사력이 있는 것처럼 보인다. 이들에게 설교는 일련의 과정을 통해 습득되는 것이 아니라 원래부터 가진 재능으로 보인다. 더구나 이들 가운데 어떤 이들은 날 때부터 이러한 재능을 타고난 듯하다. 이들은 어쩌면 설교에 대해 전혀 배우지 않았거나 설교학에 관한 책을 한 권도 읽어 보지 않았을는지도 모른다.

그들은 학습을 통해서라기보다 천부적으로 그런 능력을 가지고 태어난 듯하다. 우리는 이들의 능력을 높이 평가하지만, 이들은 정작 우리 자신에 대해서는 의문점을 던져 준다.

과연 우리도 이와 같이 훌륭한 설교의 능력을 가질 수 있는가?

좋은 설교란 습득되는 것인가 아니면 타고난 재능을 가진 사람들에게만 해당되는가?

실제로 설교에 탁월한 재능을 가진 사람도 있다. 그들은 드물게 보는 특별한 재능과 은사를 소유하고 있다. 그러나 우리는 그들을 시기만 하고

---

4 Theresa Rickard, "The Preacher as Midwife" (M. Div. thesis, Union Theological Seminary, 1993), 3.

있어서는 안 된다. 그들만이 유능한 설교의 유일한 표준이라고 생각하는 것은 결코 깊은 신학적 안목에서 나온 말이 아니다. 물론 교회는 이와 같이 특별한 재능을 가진 몇몇 예외적 설교자들을 통해서도 은혜를 받지만, 대부분의 경우 우리 같이 신중하고 책임감 있으며 신실한 일반 설교자들의 설교에 의해 유지된다.

이런 점에서 설교는 마치 요리와 같다고 할 수 있다. 요리의 세계에도 미식가의 입을 황홀하게 하는 특별한 요리를 만드는 소수의 최고급 요리사들이 있다. 우리는 이들로부터 배울 수 있으며 그들의 솜씨에 영향을 받기도 하지만 평생 최고급 요리만 먹고 살지는 않는다. 실제로 우리의 몸은 매일 최선을 다해 만든, 사랑과 정성이 담뿍 담긴 음식을 통해 유지된다.

설교도 마찬가지이다. 하나님의 백성들은 대부분 최고의 설교자들에 의해 영적으로 성장하는 것이 아니라 매주 최선을 다해 사랑과 정성으로 준비한 "일용할 양식"을 통해 성장하며, 이러한 준비를 위한 기술과 방법은 사실상 배움을 통해 습득할 수 있다. 설명의 도움을 위해 다른 이미지를 사용하자면, 설교는 피아노를 배우는 것과도 같다고 할 수 있다. 물론 기본적인 음악적 자질이 도움은 되겠지만 결국은 음계를 익히고 반주법을 배운 후 악보를 외워 반복에 반복을 거듭하며 연습하는 길 뿐이다.

유능한 설교자 역시 특별한 재능을 가진 사람들이지만, 신실하고 훌륭한 설교에 필요한 재능은 청중을 흥분시키는 연사나 카리스마적 연예인들의 재능과는 다르다. 신실한 설교에 필요한 재능은 인간의 필요에 대한 민감성, 신앙과 삶을 연결해서 볼 수 있는 눈, 성경의 음성을 들을 수 있는 귀, 자비로운 마음, 성장하는 신앙, 그리고 진리를 말할 수 있는 용기와 같은 것들이다. 이러한 것들은 모두 성령의 은사로서, 교실에서 배울 수는 없지만 항목별로 분류하여 집중적 계발이 가능하고 자극을 통해 더욱 촉진될 수 있으며 구체적인 모습으로 형성될 수도 있다.

교회는 수세기 동안의 기독교 설교를 통해 어떤 것이 훌륭한 설교이며, 신실한 설교와 그렇지 않은 설교는 어떤 차이가 있는지에 대해 알게 되었다. 따라서 이 책의 또 한 가지 목적은 이러한 지혜에 초점을 맞추어 설교의 작성과 구성 및 전달 기법에 대해 가능한 많은 정보를 제공하는 것이다. 이 과정에서 설교학 분야의 많은 저자들의 통찰력을 활용할 것이다.

이 분야에는 설교의 역사만큼이나 긴 시간 동안 설교 활동 자체에 대해 깊이 숙고해 온 사람들이 있다. 이들은 과연 책임 있는 설교를 위해서는 어떠한 것들이 필요한지 가려내어 수사학, 심리학, 사회학 및 여러 가지 분야로부터 가장 필요한 지혜를 찾아냈다. 그 결과 설교학 분야에서 많은 저서와 논문들이 쏟아져 나오게 되었다. 물론 이러한 자료가 모두 유익한 것만은 아니었으며 그동안 설교학계는 일시적 유행이나 눈가림만 하는 책들 때문에 많은 어려움을 겪은 것도 사실이다. 그러나 지난 수년 동안 나온 대부분의 책들은 비교적 견실하고 유익한 것들이었다.

이 책을 읽는 동안 여러분은 필자의 생각과 관점이 논쟁의 주류를 형성하면서도 한편으로는 다른 사람들도 대화의 파트너로서, 때로는 논쟁의 파트너로서 등장한다는 것을 알게 될 것이다. 설교에 접근하는 방법은 여러 가지가 있으므로 때로는 사안에 따라 이 책의 방향에 공감하지 않을 경우도 있을 것이다. 따라서 독자 여러분들은 자신의 설교 사역에 가장 적합한 방법들을 선택하는 것이 좋을 것이다.

2. 설교의 현장

설교란 무엇인가?

이것은 단순한 질문 같지만 생각하면 할수록 문제는 더욱 크고 복잡해진다. 실제로 하나의 사건으로서 설교 행위가 일어나는 현장은 결코 완전히 이해할 수 없을 만큼 복잡 다양하지만, 설교 현장의 제 요소들을 나열함으로 이 말의 정확한 의미에 대해 명목적으로나마 접근해 볼 필요는 있다. 우리는 설교의 본질에 대해 보다 광범위한 이해의 틀을 구축해야 한다. 그 이유는 만일 설교자가 자신이 하는 일이 무엇인지에 대한 개괄적인 이해도 하지 못한다면 훌륭한 설교를 위해 필요한 실제적인 단계들에 대해 논한다는 것이 아무런 의미가 없기 때문이다. 만일 설교를 평가하기 위한 기준이 마련되지 않는다면, 즉 설교자가 자신이 하려는 일이 무엇인지에 대한 분명한 개념이 없다면, 설교의 여러 국면에 대한 실제적인 충고나 평가가 과연 정당한지 아닌지, 현명한 것인지 어리석은 것인지 알 수 없을 것이다.

그렇다면 설교란 과연 무엇인가?

물론 사전식 용어 정의도 이 질문에 대한 한 가지 답이 될 수 있을 것이다. 그러나 이러한 사전식 정의는 설교의 풍성하고 신비스러운 면에 대해 많은 것을 놓쳐버릴 것이기 때문에 실망할 수밖에 없을 것이다. 보다 나은 방법은 이와 같이 판에 박힌 방식으로 공식화하지 아니하고 설교 행위가 실제로 일어나는 현장과 사건 자체에 초점을 맞추어, 설교할 때 실제로 무슨 일이 발생하는가를 예리한 관찰력과 신학적 통찰력으로 살펴보는 방법이다.[5] 앞서 인용한 몰트만의 언급은 도움이 될 것이다.

> 이들 가운데 한 사람 또는 다수의 사람이 복음을 전하기 위해 회중 앞에 일어난다.… 이들은 모두 공동체에 속한 자들이지만 그리스도의 이름으로 회

---

[5] Nancy Murphy는 *Reasoning and Rhetoric in Religion* (Valley Forge, PA: Trinity Press International, 1994), 102에서 설교 실천의 진보는 설교 이론의 진보보다 앞설 때가 있으며, 훌륭한 설교 이론은 종종 훌륭한 설교 실천을 따라가는 역할을 통해 "실제 설교를 질적으로 보다 견실하게 하고 교육적이 되게 한다"라고 주장한다.

중 앞에 나와 이런 일을 행한다.

설교의 핵심적인 요소들은 다음과 같다.

첫째, 설교를 듣는 회중이다.
이들은 다른 곳에서부터 와서 무엇인가를 위해 모였다가 결국에는 자기들이 왔던 곳으로 되돌아간다. 이것은 다시 말해, 설교 현장에는 회중이 부르심을 받은 곳이자 결국에는 다시 돌아갈 세상과 그들이 모인 목적인 예배라는 두개의 상이한 실체가 함축되어 있다는 말이다.

둘째, 설교자(또는 설교자-설교는 여러 명이 할 수도 있다)이다.
설교자는 두 가지 관점에서 보아야 한다. 하나는, 설교자는 여러 면에서 볼 때 회중의 일원으로 공동체에 속한 자라는 것이다. 그는 회중 가운데서 나와 설교 사역을 수행한다. 그러나 설교자는 회중으로부터 강단이라는 새로운 자리로 이동한다는 사실에 유의해야 한다. 무엇인가 달라진 것이다. 이제 설교자는 단순히 회중 가운데 일원이 아니라, 새로운 역할을 맡아 회중과의 새로운 관계 속에 공동체 앞에 선 것이다. 엄밀히 따지면 이와 같은 설교자의 새로운 지위는 위상의 변화가 아니라 위치와 기능상의 변화이다. 설교자는 여전히 회중의 일원이지만, 적어도 그 순간만은 다른 사람들이 할 수 없는 무엇인가를 하기 위해 강단으로 위치를 옮긴 것뿐이다. 이제 설교자는 그리스도의 이름으로 특별한 말, 즉 설교를 할 것이다.

셋째, 설교이다.
우리는 하나의 사건으로서 설교에 대해 살펴보고 있으므로 이런 의미에서의 설교와 설교자가 미리 기록한 설교 원고나 머릿속에 준비해 둔 말을 구별해야 한다. 설교는 행위다. 설교는 설교자에 의해 수행된 언어적 연출(단어, 음성 및 신체)과 나머지 회중이 듣고 받아들인 것을 결합한 것이다. 물론 설교자는 설교 노트나 원고를 가지고 있을 수 있지만 그것이 설교는 아니다. 설교는 설교자가 그리스도의 이름으로 수행하는 전달과 청취의 행위이다.[6]

넷째, 그리스도의 임재이다.

설교자가 "그리스도의 이름으로 행한다"고 하는 것은 단순히 설교자가 권위가 있다거나 멀리 계신 하나님의 지역적 대리인이라는 주장 이상이다. "그리스도의 이름으로 행하는" 설교는 부활하신 주님이 실제로 지금 여기에 임하는 설교이다. 설교는 분명 인간이 하는 행위이지만 단순한 인간의 행위만은 아니다. 그리스도는 설교를 통해 교회 안에, 교회와 함께, 교회를 위해, 그리고 세상 속에, 세상과 함께, 세상을 위해 임재하신다. 그리스도는 성령의 능력으로, 보잘것없는 인간의 언어로 전달되는 설교를 통해 하나님의 말씀을 전하신다. 메리 캐서린 힐커트(Mary Catherine Hilkert)는 이렇게 말했다.

---

6 Kathy Black은 자신의 유명한 저서 *A Healing Homiletic: Preaching and Disability* (Nashville: Abingdon Press, 1996)에서 말하는 언어와 듣는 언어가 때로는 어떻게 파괴적인 방식으로 작용하는지에 대해 언급한다. 예를 들어, 복음을 듣지 못하는 사람을 "귀머거리"에 비유하는 것은 도덕적 의미이지만, 실제 신체적 귀머거리에게는 저주의 소리로 들릴 수 있다는 것이다. 블랙은 복음이라는 것은 단순히 듣는 행위 외에도 다양하게 받아들일 수 있다는 사실까지 친절하게 상기시킨다. 그럼에도 불구하고 설교에서 말하는 것과 듣는 것은 단순히 임의적인 형식만은 아니다. 말하고 듣는 사건은 직접적이고 공동체적 협력 관계이며 신학적으로 중요한 상호 행위로서 굳이 다른 전달 행위로 제시될 필요는 없다. Stephen Webb이 *The Divine Voice: Christian Proclamation and the Theology of Sound* (Grand Rapids: Brazos Press, 2004), 특히 2장에서 다루고 있는 소위 "신적 청취"(Theo-acoustics)라고 부르는 음성과 청취의 신학에 관한 논쟁을 참조하라.

시인이나 설교자나 성직자의 말과 같이 심오한 말은 그것이 의미하는 것을 피부에 와 닿게 한다. 이런 말들은 표현할 수 없는 실체에 대한 가청적(audible, 可聽的) 표지이다. 결국 우리는 '성례는 가시적 언어이며 말씀은 가청적 성례'라고 한 어거스틴의 통찰력으로 돌아간다.[7]

물론 우리는 많은 설교가 지루하고, 빈약하며, 신실하지 못하다는 것을 알고 있다. 살아 있는 말씀이신 예수님은 십자가에 못 박히셨다. 이와 같이 전파된 말씀도 못 박힐 수 있다. 설교자가 천박하고 파괴적이며 마귀적인 설교를 하는 것을 금할 수 있는 방법은 거의 없다. 사실 아무리 훌륭한 설교라 할지라도 "그리스도의 이름으로"라는 말을 붙일 만큼 순수하고 거룩하지는 않다. 따라서 "그리스도의 이름으로" 행하는 설교란 설교의 질에 관한 언급이 아니라 하나님이 은혜의 약속을 보여 주는 표현이다. 하나님은 설교를 통해 우리와 만나시고 그곳에 임재하실 것을 약속하셨다. 이것은 우리의 설교가 훌륭해서라기보다 하나님 자신이 좋으신 분이기 때문이다. 다시 말해 좋은 설교, 신실한 설교를 위해서는 하나님의 말씀이 거하시기에 적합한 설교가 되도록 힘써야 한다는 것이다.

그렇다면 우리는 설교할 때 우리의 유창한 언변이 하나님을 움직일 것이라는 헛된 생각은 하지 말아야 할 것이다. 그리스도의 임재를 가져오는 것은 설교가 아니며, 누군가 강단에 서서 "내가 주님의 말씀을 받아왔다"라고 말한다고 해서 주님이 그곳으로 달려가는 것도 아니다. 우리가 설교하기 때문에 그리스도께서 임하시는 것이 아니라 그리스도께서 임하셨기에 우리가 설교한다.

---

[7] Mary Catherine Hilkert, *Naming Grace: Preaching and the Sacramental Imagination* (New York: Continuum, 1997), 192.

교회의 다른 사역과 마찬가지로 설교도 하나님께서 이미 이루어 놓으신 것에 참여하는 것이며, 우리가 감히 설교할 수 있는 것도 예수 그리스도께서 이미 교회와 세상에 대해 말씀하고 계신다고 믿기 때문이다. 그리스도의 이름으로 설교한다는 것은 오직 그리스도께서 이미 임하셨기 때문에 가능하다. 이는 그리스도께서 이미 우리와 함께 계시기로 했으며 전파되는 말씀을 통해 우리와 만나시기로 정하셨기 때문이다. 설교는 사람의 말과 하나님께서 그리스도 안에서 성령의 능력으로 이미 교회와 세상에 하신 말씀의 결합이며, 그리스도의 이름으로 말한다는 것은 "너희 말을 듣는 자는 곧 내 말을 듣는 것이요"(눅 10:16)라는 예수님의 약속에 근거한 것이다.

지금까지 설교 행위에 수반된 제반 요소들(회중, 설교자, 설교 및 그리스도의 임재)에 대해 살펴 보았다.

그러나 이러한 요소들은 어떻게 상호 작용하는가?

이와 같이 다양한 설교 행위의 요소들을 연결하는 고리는 무엇인가?

예를 들어, 설교자와 회중의 관계는 어떠해야 하는가?

설교자는 그들과 같은 동료인가, 지도자인가, 아니면 그들을 섬기는 종인가?

설교자는 누구의 음성에 귀를 기울여야 하는가?

상담자인가, 교사인가, 예언자인가, 신실한 친구인가?

설교와 회중의 관계는 어떠한가?

설교에도 특별한 형태가 있는가?

설교는 설교자와 청중 간의 대화인가, 선지자의 입술에 담은 예언적 신탁인가, 예수님에 관한 이야기인가, 하나님에 관한 하나의 훌륭한 논문인가, 아니면 그리스도의 임재에 관한 묵상인가?

설교의 언어들은 어디서 오는가?

설교자의 상상인가, 성경인가, 회중의 일상으로부터인가, 아니면 이들 모두로부터인가?

이러한 설교 행위의 제반 요소들은 모두 동적인 요소들이다. 우리는 이들이 어떻게 작동하며 각각의 요소들 간에는 어떠한 상호 작용을 하는지 살펴보아야 한다. 이를 위해 우리는 다른 행성들의 위치와 움직임을 관찰할 수 있는 태양계의 어느 한 지점에 서야 한다. 가설적으로는 어느 한 요소를 기준점으로 하여 다른 모든 요소들과의 관련성을 살펴볼 수 있다.

하나의 관점은 잠재적으로 다른 기준에서 보는 관점들과 동일한 효과를 가진다. 그러나 우리가 서 있어야 할 분명한 지점은 설교자의 자리이다. 우리는 설교자가 되는 법을 배우고 있으므로, 만일 우리가 설교자의 자리에 제대로 서서 설교자의 역할에 대해 모두가 이해할 수 있도록 설명할 수 있다면 설교의 다른 요소나 그들과의 관계에 대해서도 알 수 있을 것이다. 다시 말하면 우리는 "설교자란 누구인가"라는 물음에 초점을 맞춤으로써 "설교란 무엇인가"라는 질문에 대한 답을 할 수 있을 것이다.

3. 설교자의 이미지

대부분의 목회자들은 목회 사역에 임할 때에 자신이 누구이며, 무슨 일을 하고 있는지에 대해 어느 정도의 일반적인 지식을 가지고 있다. 다시 말해 우리는 무턱대고 이 사역에 나서는 것이 아니라, 목회자란 어떤 사람이며 무슨 일을 하는가, 즉 목회자로서 어떠한 사람이 되어야 할 것인가라는 목회자상에 관한 청사진이 있다.

이러한 청사진은 종종 막연하거나 일관성이 없을 때도 있으며 때로는 그것에 대한 분명한 의식 없이 지나기도 하지만 사실상 누구에게나 있다. 뿐만 아니라 이러한 청사진은 목회자 자신의 사역의 형태나 내용에 지대한 영향을 미친다. 목회자가 스스로 목자나 예언자, 능력자, 선생, 복음 전파자, 교회 경영자, 지도자, 치유자로 생각한다면 이러한 목회자상은 사역의 한 부분만 강조하고 다른 영역은 덜 강조하게 될 것이다.

그들은 자신이 생각하고 있는 목회자상이 요구하는 말과 행동을 할 것이다. 사역에 대한 이와 같은 유기적 은유들(organizing metaphors)에 접목된 목회자상은 곧 사역의 본질에 대한 나름대로의 확신으로 나타날 뿐만 아니라 교회 사역이나 세상의 의미, 인간의 본질 및 복음의 내용을 바라보는 핵심적 이해의 축을 형성한다.

보다 구체적인 관점에서 볼 때 설교도 마찬가지이다. 설교자가 설교하는 행위는 사실상 사역에 대한 보다 큰 자기 이해의 틀 안에서 이루어진다. 다시 말하면 적어도 설교자는 설교자로서 자신의 역할에 대한 암묵적인 이미지, 즉 자신이 가장 선호하는 은유(지배적 은유)를 가지고 있다. 이러한 은유에는 설교자의 본질에 대한 나름대로의 관점이 나타날 뿐만 아니라 설교 행위에 수반된 제반 요소들도 암시적으로 포함되어 있다.

최근 수년 동안 설교학자들은 이러한 지배적 이미지에 대해 규명해 왔으나, 가장 광범위하게 적용되는 목회자상은 보냄을 받은 대사, 목회자, 이야기꾼/시인이라는 세 가지 주도적 사역에 초점이 모아진다. 어떤 면에서 이 세 가지 이미지는 모두 설교 사역의 본질적 가치들을 대변하고 있지만, 한편으로는 이들은 서로 경쟁 관계에 놓여 있으며, 목회자란 누구며 무슨 일을 하는가에 대해 전혀 상반된 배타적 관점을 가진다. 우리는 이들 이미지를 하나씩 살펴봄으로써 설교라는 보다 큰 틀을 이해하는 실마리와 함께 각각의 이미지가 가지고 있는 장단점을 파악할 수 있을 것이다.

1) 대사

대사(The Herald) 이미지는 비록 실제 설교 현장에서는 큰 영향을 미치지 못하였으나, 20세기 중엽의 설교학자들 사이에서 바람직한 설교자상과 관련하여 가장 많이 회자된 대표적 은유이다. 대사 이미지에서 강조의 초점은 설교 내용, 설교자가 선포한 메시지에 맞추어진다. 이 이미지는 신약성경에서 선포(kerusso)라는 뜻으로 사용된 헬라 용어 가운데 하나에서 나온 성경적 용어이다. 대사라는 은유가 현대 설교학계의 지지를 받은 것은 단순히 성경적 용어이기 때문만 아니라 20세기 초 소위 "신정통주의"라는 신학적 운동, 특히 칼 바르트의 추종자들에 의해 두드러지게 부각되었기 때문이다. 바르트 자신은 "선포"라는 용어를 정의하면서 이 이미지를 사용하였다. 그는 이 단어가 설교보다 광범위한 의미를 가지고 있으나 그것을 포함한다고 주장했다.

> 선포는 하나님이 인간의 언어를 통해 말씀하시는 것으로, "마치 왕이 대사의 입을 통해 말하는 것과 같다." 또한 이 말에는 이렇게 선포된 말씀을 반드시 듣고 이해해야 한다는 의미도 포함되어 있다.… 즉 믿음을 통해 삶과 죽음, 심판과 긍휼, 영원한 율법과 복음에 관한 하나님의 말씀으로 받아들여야 한다.[8]

대사 이미지는 하나님의 직접적인 말씀과 설교를 연결한다는 점에서 매우 고상한 신학적 관찰임이 분명하다. 설교를 하는 것은 설교자이다. 그

---

[8] Karl Barth, *The Doctrine of the Word of God, Church Dogmatics* I/1, trans. G. T. Thomson (Edinburgh: T & T Clark, 1936), 57.

러나 실제로는 하나님께서 말씀을 선포하신다. 그러므로 설교의 목적은 설교자가 도덕적 충고나, 중요한 주제에 대한 견해나, 종교적 "삶의 원리들"을 제시하는 것이 아니라 설교자의 음성 배후에 있는 음성, 즉 살아 계신 하나님의 음성을 듣게 하는 것이다. 그러므로 설교는 설교자에 관한 것이 아니라 하나님의 음성에 관한 것이다.

이 이미지 속에는 설교가 겉으로 드러난 것 이상이라는 사실에 대한 확신이 깔려 있다. 설교가 인간의 행동과 신적 행위의 상호 작용이라고 할 때, 대사 이미지에는 신적 역할만 강조되고 인간의 역할은 거의 사라지고 없다. 대사 이미지를 가진 설교학자와 수사학자가 같은 설교를 들었다고 가정해 보자. 아마도 수사학자는 설교자에게 어떻게 하면 보다 나은 설교를 할 수 있을 것인가에 대해 몇 가지 조언을 할 것이다. 그 결과 설교는 더욱 짜임새 있는 문장, 보다 다채로운 언어가 사용되고 예화도 한층 더 설득력을 가질 것이며 설교자는 더욱 활기차게 말씀을 전할는지도 모른다.

그러나 설교학자는 이처럼 사소한 수사학적 요소보다 설교가 과연 얼마나 성경 본문을 잘 반영하고 있는가에 더 많은 관심을 가질 것이다. 그는 아마도 설교자는 모름지기 먼저 성경으로 가서 그곳에서 하나님의 말씀이 보여 주는 생생한 사건들에 대해 들어야 하며 결과에 구애받음 없이 그 말씀을 신실하고 진실하게 전해야 한다고 말할 것이다. 화려한 설교, 사람의 흥미를 끄는 설교를 위해 동분서주하는 것은 자칫 하나님의 말씀을 왜곡할 위험이 있으며, 인간이 하나님의 말씀을 더 향상시킬 수 있다는 매우 교만한 발상에서 비롯된 것이다.

수사학자에게 설교는 인간의 언어 행동이며 따라서 우리는 언어적 차원에서 더 나은 방법을 모색할 수 있다. 그러나 설교학자는 설교가 하나님의 말씀을 전하는 도구라고 생각하기 때문에 "보다 좋은" 설교를 만들기 위한 논쟁에 엄격한 제한을 둘 수밖에 없다. 설교자가 문장 몇 개 다듬는다고 해서 하나님께서 더욱 명료하게 말씀하실 것이라는 생각은 설득력이 없으며 외람된 발상이기까지 하다.

그렇다면 우리는 "효과적인" 설교보다 "신실한" 설교를 추구해야 할 것이다. 대사로서 설교자는 화려하고 유능한 설교를 만들어내려 하기보다 성경이 전하는 메시지를 그대로 받아 순종적인 설교가 되도록 힘써야 한다. 그들은 시인이 되려 하지 않고 말씀의 종으로서 하나님의 대변인이 되고자 하는 것이다.

그렇다면 그 방법은 무엇인가?

우리는 대사 이미지를 세 가지 면에서 살펴봄으로써 이 문제에 접근하고자 한다.

첫째, 목회 활동이라는 차원에서 볼 때 설교에서 가장 중요한 것은 메시지, 즉 대사가 전하는 소식이다.

대사에게는 메시지를 바로 받아 그대로 전해야 하는 두 가지 책임이 있다. 왕이 대사에게 선포해야 할 메시지의 내용을 전해 주면, 대사는 다만 순종하는 마음으로 그 말을 충실하고 가감 없이 전해야 한다. 기독교 설교에 있어서 메시지란 성경을 통해 대사에게 맡긴 예수 그리스도에 관한 복음의 소식이며, 설교자의 임무는 보냄을 받은 자들에게 이 소식을 전하는 것이다.

우리는 여기서 한편으로는 성경 본문과 설교를, 그리고 또 한편으로는 성경 본문과 하나님의 역동적인 말씀을 분명히 구별해야 한다. 대사 이미지란 설교자가 성경 본문을 그대로 되풀이하거나 설명하는 것만으로 하나님의 말씀을 다 전했다고 주장하는 것은 아니다. 하나님의 말씀은 결코 일련의 단어들로 이루어지는 것이 아니다. 그것은 그리스도를 통해 하나님과의 만남이 이루어지는, 하나의 사건이다. 대사 이미지는 우리가 설교를 통해 성경을 충실히 전파할 때 하나님께서 임재하실 것이라는 약속을 강조한다. 대사로서 설교자는 하나님의 말씀을 가지고 있지 않다. 그에게는 오직 성경을 전하라는 명령과 그것을 충실히 전할 때 하나님께서 그가 전하는 성경과 설교를 통해 말씀하실 것이라는 약속만 있을 뿐이다.

따라서 대사로서 설교자에게는 한 가지 확실한 임무가 있다. 이 임무는 성경에 귀를 기울이는 것과 그것을 그대로 전하는 두 요소로 이루어진다. 설교자는 메시지를 새로 만들어 내거나 그것에 무엇을 더하려고 해서는 안 된다. 설교자는 메시지를 평가하거나 구미에 맞게 뜯어고치거나 장단점을 논하라고 보내심을 받은 것이 아니라 그것을 충실하게 전하기 위해 보내심을 받았다. 클레블리 포드(D. W. Cleverley Ford)는 이렇게 말했다.

> 설교를 강의나 상황 진단, 또는 설교학적 충고와 착각해서는 안 된다. 설교란 대사의 임무를 수행하는 것이다. 그것은 그가 선포할 내용인 하나님의 말씀 자체에 능력이 있기 때문이다.[9]

따라서 대사로서 설교자가 대부분의 시간을 성경과 함께 보내면서도 청중들과의 효과적인 연결 고리를 찾는 데는 많은 시간을 할애하지 않는다는 사실은 결코 놀라운 일이 아니다. 칼 바르트는 자신의 설교에 대해 다음과 같이 말한 적이 있다.

> 나는 오직 하나님의 말씀만 의지할 때, 말씀을 선포하기 위한 어떠한 방법이나 수단 및 청중들을 사로잡는 나의 수사학적 능력에도 의지하지 않고

---

[9] D. W. Cleverley Ford, *Ministry of the Word* (Grand Rapids: Wm. B. Eerdmans Publishing Co., 1979), 104.

오직 본문이 말하는 것을 그대로 전달하고 적용하였을 때, 나의 설교가 청중들에게 감명을 주고 관심을 불러일으킨다는 사실을 알고 있다.[10]

설교자의 가장 바람직한 모델로 대사 이미지를 강하게 주창한 디트리히 리츨(Dietrich Ritschl)의 입장은 더욱 확고하다.

하나님의 말씀의 절대적 권위와 의존성을 신뢰하지 않는 것이야말로 오늘날 교회와 설교자들이 언어적 기교나 의사 전달의 수단, 예화 및 수사학적 기교에 관심을 갖는 주된 이유이다. 설교자가 자신의 설교에 대한 청중의 반응에 신경쓰거나 기대하는 것조차 설교자 본연의 자세는 아니다.[11]

바르게 전달된 말씀은 만병통치약이다. 리츨에 따르면 대사로서 설교자는 청중이 자신의 설교를 어떻게 받아들일 것인가에 대해 궁금해 할 필요조차 없다.

과연 그들이 설교를 듣고 있을까?

설교에 도전을 받았을까?

감동을 받았을까?

이런 질문은 대사에게 적합하지 않다. 대사는 기독교 교리를 변증하거나 자신의 설교가 참된 것임을 설득하려 하지 않는다. 그들은 단지 메시지를 전할 따름이다. 그들은 "이런 말은 청중이 반감을 가질 것이니 이유를 설명해 줄 필요가 있다"라는 식으로 생각하지 않는다. 그렇게 하는 것은 메시

---

[10] Karl Barth, in Emil Brunner and Karl Barth, *Natural Theology*, trans. Peter Fraenkel (London: Centenary Press, 1946), 127

[11] Dietrich Ritschl, *A Theology of Proclamation* (Richmond, VA: John Knox Press, 1960), 132, 133.

지 자체를 불신하는 것이자 마치 메시지 자체로는 부족하여 무엇인가 다른 능력을 덧붙이려는 노력에 지나지 않기 때문이다.

둘째, 대사 이미지는 메시지의 중요성을 강조하는 만큼 설교자의 인격은 덜 강조된다.

대사가 되어 소식을 전하는 것은 하나의 파생적 활동이라 할 수 있다. 즉 대사의 직무란 어떠한 사람이 되는 것이 아니라 누군가의 권위에 복종하여 다른 사람을 위해 무엇인가 하는 것이다. 예를 들어, 대사로서 설교자는 자신에게 관심이 집중되어 본연의 메시지에서 빗나가지 않도록 설교할 때 가능한 자신의 개인적 경험에 대해서는 말하지 않는다. 자신에 관한 이야기나 개인적 의견, 가족사, 종교적 경험 및 화려한 일화와 같은 것들은 전혀 중요치 않다. 오직 메시지만이 중요하며, 메시지를 전하는 것으로 그의 사명은 다한 것이다.

셋째, 대사로서 설교자는 회중과의 관계에 있어서 국외자이자 내부자이며 동시에 소식을 전하는 자이다.

따라서 대사는 회중이나 교회와 역설적 관계에 놓여 있다. 한편으로 대사는 언제나 외부로부터 소식을 갖고 사람들에게로 간다. 대사는 "너희는 들어라, 너희는 들어라" 하고 외치며 마을에 들어와 승전에 관한 낭보나 왕의 결혼식 또는 새로운 법에 대해 전한다. 마찬가지로 대사로서 설교자는 외부로부터 하나님의 소식을 가져온다.

그러나 또 한편으로 대사로서 설교자는 마을에 들어와 왕의 말씀을 선포한 후 떠나버리는 세상 대사와 달리 계속해서 회중의 일부로 남아 있으며 함께 모여 예배드릴 때마다 복음을 전한다. 하나님은 설교자를 교회로 보내실 뿐 아니라 교회를 통해 지속적인 설교 사역이 시행되도록 하신다. 따라서 설교는 외부로 오는 하나의 사건인 동시에 부분적으로는 내부적 활동이기도 하다.

교회는 설교자에게 설교 사역을 맡겨 말씀이 정기적으로 선포되게 하고, 이 사역이 차질 없이 진행될 수 있도록 모든 환경을 조성하고 육성한다. 그러나 교회가 설교자로부터 기대하는 것은 교회가 이미 알고 있는 내용이나 기존의 상태에 관한 것이 아니라 새로운 바깥 소식, 즉 하나님으로부터 오는 소식을 알고 싶어 한다. 따라서 대사로서 설교자에게는 교회 내부로부터 나온 자이자 외부 소식을 갖고 교회로 들어가는 자라는 역설이 성립한다. 클레블리 포드는 다음과 같이 말한다.

> 성경으로서 하나님의 말씀과 설교로서 하나님의 말씀 및 교회라는 삼각 구도는 만일 깨어지면 각각의 본질을 훼손할 수밖에 없는 하나의 큰 틀 속에 속한다. 설교는 성경으로부터 그리스도를 선포하는 것이자 교회 전체를 위해 교회에 맡겨진 말씀 사역이며, 동시에 세상과의 화목을 원하시는 하나님의 뜻을 이루는 도구이기도 하다.[12]

여기서 생각할 수 있는 것은 성경은 교회의 책이며, 설교는 교회의 사역이며, 설교자는 교회의 종이지만 성경적인 설교에는 교회가 자체적으로 수행하거나 만들어낼 수 없는 무엇인가가 일어난다는 사실이다. 성경과 설교자, 그리고 교회라는 상호관계를 통해 하나님께서 자유롭게 말씀하시는 하나의 사건이 이루어진다. 따라서 대사라고 하는 은유는 설교의 주된 흐름이 하나님으로부터 와서 대사를 통해 청중에게 전달된다는 사실을 강조한다.

---

[12] Ford, *Ministry of the Word*, 103.

이러한 대사 이미지에는 분명 큰 장점이 있다. 설교자가 성경의 메시지를 고수해야 한다는 것은 설교자에게 선포해야 할 중요한 소식이 있다는 것을 말한다. 이것은 성경적, 신학적으로 생생하게 살아 있는 설교가 되게 하며, 오늘날 설교에서 흔히 볼 수 있는 얄팍한 도덕주의나 세속적 지혜, 창조적인 삶을 위한 갖가지 충고나 소위 적극적 사고방식을 모두 배격한다.

오늘날 많은 예배 처소가 TV 스튜디오로 옮겨 가고, 예배는 하나의 흥행으로 전락하였으며, 설교자는 오직 외모와 카리스마로 평가되지만, 대사로서 설교자는 이러한 시대야말로 복음 자체의 능력에 대한 불신과 진정한 말씀에 대한 기갈을 보여 주는 것임을 깨닫고 이와 같은 것들을 단호히 배격한다.

또한 대사 이미지는 세속 문화를 지배하고 있는 권력이나 국가에 대해 하나님의 통치를 선포하는 예언적 설교를 위한 강력한 토대를 제공한다. 예언적 설교라고 해서 설교자가 반드시 예레미야나 아모스와 같은 선지자 역할을 해야 한다는 것은 아니지만 적어도 설교자는 성경의 예언적 내용에 대해 충실해야 한다.

성경의 예언이 하나님으로부터 온 것이라면 설교자는 청중의 반응에 관계없이, 또한 어떠한 대가를 치르더라도 그 말씀에 진실해야 한다. 제임스 해리스(James Harris)가 예언적 형식의 설교에 대해 다룬 저서 『해방 설교』(*Preaching Liberation*)에서 언급했듯이 "해방 설교란 성경, 특히 예수님의 말씀 가운데 항거 정신에 관한 내용을 찾아내어 이러한 정신을 억압받는 자와 억압하는 자 모두에게 전하는 것이다."[13]

그러나 대사 이미지가 지닌 최고의 장점은 설교의 초월적 영역에 관한 강조이다.

---

[13] James Harris, *Preaching Liberation* (Minneapolis: Fortress Press, 1995), 11.

만일 설교의 능력이나 진실성이 설교자 자신의 능력이나 지혜에 한정된다면, 어떻게 우리의 모든 삶을 여기에 맡길 수 있겠는가?

몰트만은 "결국 공동체는 자신의 음성이나 자신의 이미지에 관한 내용이 아니라 그리스도의 음성을 듣고 싶어한다"라고 말한다.[14]

반면 대사 이미지에도 약점은 있다. 우선, 수사학적 형식이나 정보 전달에 관한 문제들을 경시하는 태도를 들 수 있다. 이것은 오늘날 우리가 성경에 대한 문학적 접근을 통해 알고 있는 내용과 정면으로 배치된다. 성경 기자들은 끊임없이 수사학적 형식이나 기교를 사용하였을 뿐 아니라 성경학자 로버트 탄네힐(Robert Tannehill)이 말한 소위 성경의 "강력하고 상상력이 풍부한 언어"에 대해서도 많은 관심을 갖고 있었다.[15] 대부분의 성경은 큰 소리로 낭독하여 청각적 효과를 주기 위해 기록되었음이 분명하며, 성경 기자들은 무엇을 말한 것인가에 대한 것뿐 아니라 어떻게 말할 것인가에 대해서도 지대한 관심을 가졌다.

만일 설교자가 언어나 정보 전달 및 수사학적 내용이 풍부한 본문을 다루면서 본문 내용에만 매달려 이러한 문제들에는 무관심하다면 무슨 소용이 있겠는가?

더구나 많은 성경학자들은 거의 한 세기 동안 성경의 수사학적 영역은 단지 메시지를 이해하기 쉽고 매력적으로 보이도록 치장한 장식품이 아니라 본문에 제시된 하나님을 경험하기 위해 가장 적합한 언어 형식이라는 사실을 보여 주었다. 신약학자인 아모스 와일더(Amos Wilder)는 "한편으로 기독교 복음의 도래는 언어의 갱신이자 해방이다. 그것은 새로운 말과 새로운

---

14 Jürgen Moltmann, *The Church in the Power of the Spirit: A Contribution to Messianic Ecclesiology* (New York: Harper and Row, 1977), 303.

15 Robert C. Tannehill, *The Sword of His Mouth: Forceful and Imaginative Language in Synoptic Saying* (Philadelphia: Fortress Press, 1975),

말의 형식을 통한 '언어적 사건'이다"라고 주장하였다.¹⁶

마이어 스텐버그(Meir Sternberg)는 『성경 이야기의 시학』(The Poetics of Biblical Narrative)에서 주장하기를 현실 묘사를 바탕으로 내용적 불연속점들과 시간적 괴리가 다양하게 결합되어 있는 성경의 특이한 문어체는 독자들로 하여금 본문을 단순히 읽어내려 가기만 할 것이 아니라 그것에 매달려 몸부림친 끝에 불확실한 미지의 세계에 대한 신앙에 도달할 것을 요구한다고 했다. 그는 성경 읽기에 대해 다음과 같이 언급하였다.

> …우리는 불확실한 모호함 속에 둘러싸여 외형적 껍데기로 인해 당황하고 현혹된 채 시행착오에 의해서만 조각들을 끼워 맞출 수밖에 없는 형편에 처해 있으나 종종 본질에 대하여서는 끝까지 알지 못한 채로 남아 있다.… 낭독은 우리를 이해의 드라마 속으로 데려간다. 그곳에는 갖가지 추론들 간의 갈등, 복잡한 내용 전개, 엎치락뒤치락하는 상황, 극적인 반전 등이 기다린다. 우리가 확실하게 깨달은 유일한 지식은 우리에게 한계가 있다는 것이다. 결국 독자가 하나님의 세계에 속한 것들을 맛볼 수 있는 길은 오직 부단한 노력에 의해서일 뿐이다. 즉 말씀을 이해하기 위해서는 가장 인간다워져야 한다는 것이다.¹⁷

결국 성경 기자들은 말을 통해 다양한 효과를 창조하고자 했으나 결코 단순한 장식품이나 흥미 유발을 위한 용도로 언어를 사용한 것이 아니라 보다 완전한 이해를 하기 위한 어쩔 수 없는 선택이었던 것이다.

16　Amos N. Wilder, *Early Christian Rhetoric: The Language of the Gospel* (London: SCM Press, 1964), 26.

17　Meir Sternberg, *The Poetics of Biblical Narrative: Ideological Literature and the Drama of Reading* (Bloomington: Indiana University Press, 1985), 47.

이 주제에 대해 조금 더 살펴본다면, 대사 이미지는 설교자가 언어나 말의 형식에 관해 자신이 할 수 있는 것들을 무시할 뿐 아니라, 아이러니하게도 설교 구성의 실제적인 단계들에 관한 모든 진지한 신학적 사고조차 저해하는 경향이 있다. 설교는 결코 마법의 지팡이로 해결되는 것이 아니다. 설교자는 설교의 구조나 예화 및 전달 방식 등에 대해 스스로 결정해야 한다.

그러나 만일 이와 같은 것들에 대해 접근조차 않는다면 어떻게 훌륭하고 사려 깊은 결정을 할 수 있겠는가?

대사 이미지가 강조하는 것은 설교는 하나님이 하시며 그것은 인간의 노력이 아니라 신적 행위라는 것으로 여기서 설교자의 역할은 사라지고 없다. 클레블리 포드는 대사 이미지를 주창하는 자들이 설교에서의 신적 행위를 적극 옹호하기 위해 종종 자신의 논리에 걸려 넘어질 수 있다고 주장한다.

> 설교자는 하나님의 말씀을 조절하거나 통제할 수 없다. 그는 자신의 설교가 어떤 결과를 가져올지조차 예측할 수 없다.… 어떤 면에서 그는 자신의 설교에 대한 책임이 없다.[18]

설교자에게 설교에 대한 "책임이 없다"라고 말하는 것은 위험한 과장이다. 물론 설교자가 하나님을 마음대로 할 수는 없다. 그러나 실제 설교할 내용을 결정하는 것은 설교자의 몫이며 이러한 결정에 대한 책임 역시 설교자에게 있다. 더구나 설교자가 무엇을 어떻게 말할 것인가에 대해 내린 결정이 청중들의 반응에 지대한 영향을 미친다는 것은 자명한 사실이다. 하나

---

[18] Ford, *Ministry of the Word*, 107-8.

님의 행위와 설교자의 행위를 동일시하지 않는 것은 바른 신학임이 틀림없지만 설교자가 설교에 대한 어떠한 책임감도 느끼지 않을 만큼 양자가 철저히 단절되어 어떠한 접촉점도 없다는 것은 결코 바람직한 신학이 아니다.

일부 설교학자들은 대사 이미지가 성육신 교리에 대해 충분한 설명을 하지 못한다고 말한다. 대사는 마치 복음이 인간의 삶과는 완전히 분리되어 있는 것처럼 언제나 외부로부터 소식을 가져오지만, 성육신 교리는 하나님의 말씀이 외부나 위로부터만 아니라 내부로부터 또는 아래로부터도 임한다는 점을 분명히 한다. 하나님의 말씀이 육신이 되어 이 땅에 오셨으며 이제 하나님은 우리 가운데 거하신다. 가톨릭 신학자 칼 라너(Karl Rahner)는 바르트를 의식한 것이 분명해 보이는 다음과 같은 주장을 한다.

> 개신교도이자 극도의 변증법적 모호함을 지닌 단 한 명의 신학자만이 이렇게 주장할 것이다. 그것은 하나님의 빛과 사랑, 은혜와 구속, 그리고 새로운 자유는 저 너머에 너무 많이 남아 있어 이 땅에서는 이러한 것들을 전혀 경험하지 못하며 세상 모든 인간의 설교는 오직 전적으로 역설적인 인격만이 하나님의 실재와 말씀에 대해 증거할 수 있다는 것이다.[19]

칼 라너의 관점은 설교자는 대사와 같이 외부로부터 소식을 가져오는 것이 아니라 이미 내부에 감추어져 있는 것을 드러낸다는 것이다. 그는 "설교는 이미 그곳에 깊숙이 내재해 있는 것들을 자신의 의지가 아니라 오직 은혜로 일깨워 드러내는 것"이라고 주장한다.[20]

---

[19] Karl Rahner, "Priest and Poet," in *Theological Investigations*, vol. 3(Baltimore: Helicon, 1967), 313.

[20] Karl Rahner, "Nature and Grace," in *Nature and Grace*(New York: Sheed and Ward, 1963), 134.

끝으로 대사 이미지는 설교의 상황을 적절히 반영하지 못한다. 설교란 아무것도 없는 빈 공간에서 일어나는 것이 아니라 특정 시간에, 주어진 문화적 배경 하에 있는 구체적인 사람들을 대상으로 하는 것이다. 이러한 상황적 요소는 분명 설교의 스타일이나 내용에 영향을 미친다. 그러나 만일 우리가 이러한 상황을 무시한 채 난해한 설교 메시지를 전한다면 아무도 듣지 않는 설교를 혼자 떠들어댈 위험에 빠질는지도 모른다.[21]

대사 이미지를 선호하는 사람들은 설교자의 도덕적 인격이나 설교자와 청중의 관계와 같은 상황적 요소들에는 무관심하다. 그러나 설교에 있어서 이러한 요소들은 과업 지향적 대사 이미지보다 훨씬 중요하다. 회중이 설교자를 믿고 신뢰하든 그렇지 않든, 설교자를 성실하다고 생각하든 않든, 이러한 상황적 요소들이 청중의 호응도에 어느 정도의 영향을 미친다는 사실은 부인할 수 없다. 이러한 환경은 설교라는 사건을 형성한다. 반면에 순수하고 완전한 메시지에 대한 강조와 오직 하나님으로부터 청중으로 이어지는 일방적 흐름만 중시하는 대사 이미지는 마치 사서함에 넣어 둔 익명의 메시지와 같은 설교가 될 소지가 있다.

이것을 다르게 표현하면, 대사 이미지는 설교자의 역할은 물론 회중의 역할마저 등한시하게 된다는 것이다. 대사는 듣는 청중이 부자든 가난하든, 한국인이든 흑인이든, 농부이든 회사 사장이든, 요양소 환자이든 수용소에

---

[21] 설교와 문화의 관계에 대해서는 Daniel Patte, *Preaching Paul*(Philadelphia: Fortress Press, 1984)를 보라. 그는 설교자로서 바울이 오늘날 설교자들과 유사한 상황에 처해 있었다고 말한다. 바울의 메시지, 케리그마는 유대의 예언적 언어로 표현되었다. 그러나 그의 독자들은 그러한 언어에 익숙하지 않았던 헬라 문화권에 살고 있었다. Patte는 바울의 설교가 이러한 헬라적 상황을 피하지도 않았으며 그렇다고 그들이 문화적으로 수용할 수 있는 개념으로 케리그마를 바꾸지도 않았다고 말한다. 오히려 바울은 유대적 언어로 케리그마를 전하였지만 이 케리그마가 그들 자신의 삶 속에서 성취되었다는 선언을 함께 제시한다. 이와 같이 바울의 설교는 케리그마적 세계와 구체적인 문화적 경험이 교차하는 지점에서 행해졌다.

갇힌 젊은이든, 성경만 전하기만 하면 된다. 그러나 반복되는 말이지만 성경의 언어들은 언제나 구체적인 목적을 가지고 특정 상황에 처한, 특정한 사람들을 대상으로 전해지며, 청중들을 고려하지 않은 채 세상을 구원하겠다는 것은 성경의 본질과도 모순이 된다.

제임스 니만(James R. Nieman)과 토마스 로저스(Thomas G. Rogers)는 자신들의 공저 『타문화권 설교 전략』(Preaching to Every Pew: Cross-Cultural Strategies)에서 어거스틴의 설교관에 대해 그는 대사 설교자(herald preachers)와 마찬가지로 성경 해석에 역점을 두었으며 "어떻게 청중들에게 호소할 것인가라는 문제보다 어떻게 성경을 해석할 것인가를 보여 주는 데 모든 힘을 쏟았다"라고 지적한다.[22] 그러나 어거스틴 역시 성경을 해석하는 가장 좋은 방법은 사랑의 원리에 따르는 것임을 알고 있었다. 그는 이렇게 말했다.

> 그러므로 누구든지 하나님의 말씀을 이해하기 위해서는… 하나님과 이웃에 대한 이중적 사랑을 견고히 하지 않고서는 결코 그것을 이해할 수 없다.[23]

결국 좋은 설교란 하나님을 사랑하고 이웃을 사랑하도록 인도하는 설교이며 회중이야말로 설교자에게 있어 가장 확실하고 다양한 이웃으로 가득 찬 집단이라고 할 수 있다. 니만과 로저스가 지적했듯이 어거스틴이 설교했던 북아프리카의 회중은 이질적인 문화와 다양한 인종으로 구성되어 있어 이들에게 이웃 사랑을 견고히 한다는 것은 결코 쉽지 않았던 것이다.

---

[22] James R. Nieman and Thomas G. Rogers, *Preaching to Every Pew: Cross-Cultural Strategies* (Minneapolis: Fortress Press, 2001), 156.

[23] Augustine, *On Christian Doctrine* I.36.40, Nieman and Rogers, Preaching to Every Pew, 156 에서 인용.

참으로 그리스도를 섬기는 설교란 도나티스트와 가톨릭, 귀족과 노예, 이탈리아인과 카르타고인, 그리고 히포(Hippo)에 거주하는 문화적 배경이 다른 여러 이웃들 간에 이웃 사랑을 실천하게 하는 것이다. 이 외의 어떤 다른 설교도 모두 하나님으로부터 멀어지게 만들기 때문에 성경을 왜곡하는 결과를 초래할 것이다.[24]

하인즈 재른트(Heinz Zahrnt)는 대사로서의 설교자에 대한 바르트의 관점이 강단에 활력을 준 것은 분명하나 설교와 관련된 제반 상황(context)에 대한 주의력 부족은 결국 그 시대의 설교에 부정적인 영향을 끼쳤다고 주장한다.

바르트의 신학이 없었더라면 오늘날 설교가 그처럼 순수하고 성경적이며 핵심을 붙드는 설교가 되지 못했을 것이라는 사실은 인정하지만, 한편으로 그의 신학이 없었더라면 오늘날 설교가 그처럼 경직되고 지루할 정도로 정확하며 세상과는 동떨어진 설교가 되지는 않았을 것이다.

그는 계속해서 다음과 같이 주장한다.

이러한 말씀의 신학(theology of the word)에는 하나님의 말씀이 선포되도록 만든 상황도 말씀과 신학적 연관성을 갖고 있다는 사실이 간과되어 있으며, 또한 마틴 부버(Martin Buber)의 말과 같이 '상황(situation) 역시 말씀에 덧붙여 청중에게 무엇인가 전할 것이 있다'는 점도 충분히 고려되지 않았다.[25]

---

24 Nieman and Rogers, Preaching to Every Pew, 156.
25 Heinz Zahrnt, The Question of God; Protestant Theology in the Twentieth Century, trans. R. A.

이와 같이 대사 이미지는 우리를 설교자의 본질에 한 걸음 더 다가서게 해주었지만 아직 완전한 결론에 이른 것은 아니다. 순수한 대사로서 설교자의 철저한 신학에는 언제나 과장된 면이 없지 않으며 어느 정도 성경을 벗어나 문화적 규범에 맞추려고 노력하였다. 바르트 자신도 실제로 설교할 때 수사학을 적극 활용하였으며, 설교의 상황이나 청중의 요구가 설교에 어떠한 영향을 끼친다는 것을 너무나 잘 알고 있었다. 사실 설교 구성에 관한 그의 솔직하고 실제적인 충고에는 대사 이미지에 관한 은유보다 대화식 설교법이 강조된다.

> 설교는 단순한 독백이 아니라는 사실을 알아야 한다. 이러한 독백은 아무리 대단한 것이라 하더라도 회중에게 반드시 도움이 되는 것은 아니다. 설교자는 설교를 준비하는 동안 그가 설교할 대상이 끊임없이 떠올라야 한다. 회중에 대한 지식은 예기치 않은 아이디어를 제공하고, 상호 연대감을 형성하는 바 이러한 아이디어나 연대감은 설교자가 본문을 연구할 때 그와 함께할 것이며, 본문을 동시대의 상황에 적용하는 실제적 요소를 제공할 것이다.[26]

사실 대사 이미지에 대한 지나친 강조는 대부분 바르트 때문이 아니라 설교학 분야에서 그를 적극 지지하는 제자들 때문이라고 할 수 있다. 그러나 아무리 대사 이미지를 열렬히 옹호하는 주창자라 할지라도 말씀 선포만이 전부가 아니라는 점에 대해서는 인정한다. "믿음은 들음에서 난다"라고

Wilson (New York: Harcourt, Brace & World, 1969), 118, 117.

[26] Karl Barth, *The Preaching of the Gospel*, trans. B. E. Hooke (Philadelphia: Westminster Press, 1963), 74.

한 바울의 말과 같이 설교는 궁극적으로 귀에 들려주는 것이며, 바르트의 말처럼 "회중에게 유익을 줄 수 있는 것"이어야 한다.

그러나 만일 회중에게 유익을 주는 것이 설교의 주된 목적이며 이것이 전체 설교 사역을 지배한다면 우리는 대사 이미지에 관한 논의에서 벗어나 다른 세계, 다른 은유에 관해 살펴보아야 할 것이다. 지금부터 다룰 목회자 이미지가 바로 이러한 은유에 해당한다.

2) 목회자

두 번째 이미지는 설교자의 정체성을 목회자(Pastor)에게서 찾는다. 대사 이미지가 성경 말씀에 초점을 맞추어 하나님의 메시지에 신실하고자 했다면 목회자 이미지는 설교라는 전체 스펙트럼의 다른 쪽 끝에 위치한 듣는 사람에게로 초점을 옮겨, 청중을 위한 설교를 지향하는 것이다.

목회자 이미지의 초석은 "설교란 사람들의 개인적 관심사를 끌어 안고 그것을 어루만져 주는 것으로부터 출발한다"라는 랜달 니콜스(J. Randall Nichols)의 주장에서 찾을 수 있다.[27] 이러한 설교관은 종종 "대화적"이지만 "치유적"이라는 말로 표현되거나, 보다 넓은 의미에서 "교육적" 또는 "좌담식"이란 용어가 사용되기도 했다. 이러한 용어들이 강조하는 설교의 목적은 동일하다. 즉 설교는 청중의 인격적 변화를 추구하고, 삶에 대한 새로운 깨달음을 얻도록 도우며, 책임감 있고 윤리적인 삶을 살게 하는 촉매 역할을 해야 한다는 것이다. 한 마디로, 목회자로서 설교자는 청중을 향한 설교를 지향해야 하며, 그들에게 유익을 줄 수 있는 설교가 되도록 해야 한다.

---

[27] J. Randall Nichols, *The Restoring Word: Preaching as Pastoral Communication* (San Francisco: Harper & Row, 1987), 16.

목회자로서 설교자는 청중의 요구를 알고 그것에 부응하는 일에 대사로서의 설교자보다 훨씬 민감해야 한다. 설교자는 그들에게 필요한 것(때로는 그들이 원하지 않는다할지라도)이 무엇인지 파악하고, 문제의 원인을 분석하여 그것을 해결하고 회복시켜 주는 적절한 복음의 말씀을 전해야 한다.

제임스 월리스(James A. Wallace)는 다음과 같이 말했다.

> 설교란 부르심을 받아 하나님의 백성들을 먹이는 사역이다"[28]라고 했다.… 하나님의 말씀은… 신자의 영적 성장을 돕는 양분을 제공하며 그들의 가장 깊은 갈급함을 채워주어야 한다. 이것은 '모든 사람은 갈급한 심령을 갖고 있다'는 당대의 음유 시인, 브루스 스프링스틴(Bruce Springsteen)의 실존적 상황에 대한 해답을 제시한다.[29]

클레멘트 웰시(Clement Welsh)는 『새로운 열쇠로서의 설교』(*Preaching in a New Key*)에서 대사 이미지를 비판하는 한편 목회자 이미지에 대해 다음과 같이 주장하였다.

> 설교자는 특별한 장소에 서서 "내가 청중의 성장을 도울 수 있는 일이 무엇인가"라는 복잡한 질문을 던지게 된다. 어떻게 하면 그들을 깨우쳐 깨닫게 하며, 앞서간 사람들의 모범을 따라 인간다운 삶을 살도록 할 것인가?… 설교자의 역할은 치유적이면서도 교육적이어야 한다. 이미 준비된 상자에 전달할 메시지만 떨어뜨리는 것으로 설교자의 역할이 끝나는 것은 아니다.

---

[28] James A Wallace, *Preaching to the Hungers of the Heart: The Homily on the Feast and within the Rites* (collegeville, MN: The Liturgical Press, 2002), 27.

[29] Ibid., 3.

설교자는 말씀을 받아들이는 청중의 청각 기관이 보다 효율적으로 기능하도록 어떻게든 조절하고 싶어한다.[30]

이와 같이 목회자 이미지는 설교자의 책임감에 있어서 전적으로 다르다는 것을 알 수 있다. 대사는 메시지에만 충실하면 되지만 목회자는 지금 이 시간에 청중들에게 필요한 메시지가 무엇이며 그들이 당하고 있는 고통과 혼란한 삶을 해소하기 위해서는 복음의 어떠한 면이 강조되어야 하는지를 염두에 두어야 한다.

따라서 목회자로서 설교자는 청중들의 변화를 이끌어낼 수 있는 커뮤니케이션 전략 개발에 관한 책임도 있다. 결국 목회자로서 설교자는 일련의 메시지 이상의 것, 즉 메시지를 듣는 사람과 그들이 어떻게 메시지를 듣느냐에 대해서도 알아야 한다. 목회자는 강단에서 언제나 "청중은 이 말을 어떻게 들을 것인가?"라고 자문해 보아야 한다.[31]

이러한 목회자 이미지는 새로운 것이 아니다. 램시 주니어(G. Lee Ramsey Jr.)는 신약성경을 통해 목회적 설교의 개념을 추적하였다. 그는 교회 역사를 통해 바울, 오리겐, 어거스틴, 그레고리 대제(Gregory the Great), 리처드 백스터(Richard Baxter) 및 캐서린 부스(Catherine M. Booth)를 목회적 설교의 중요 인물들로 소개했다.[32] 그러나 지난 수십 년간 사회적 관심이 심리학과 치유 언어에 모아지면서, 목회자로서 설교자의 이미지는 가히 폭발적인 전기를 맞게 된다.

---

[30] Clement Welsh, *Preaching in a New Key: Studies in the Psychology of Thinking and Listening* (Philadelphia: Pilgrim Press, 1974), 15-16.

[31] Nicholas, *The Restoring Word*, 6.

[32] G. Lee Ramsey Jr., *Care-full Preaching: From Sermon to Caring Community* (St. Louis: Chalice Press, 2000), 10-11.

미국 사회에서 헨리 E. 포스딕(Harry Emerson Fosdick)만큼 목회적 차원의 설교를 대중화시킨 인물은 없을 것이다. 20세기 중엽 엄청난 인기를 누린 설교자였던 그는 수백 명의 군중 앞에서 설교하면서도 모인 사람들이 하나같이 마치 자신에게만 말하는 것으로 느낄 만큼 특출한 전달 능력을 가진 것으로 유명하다. 사람들은 그의 설교를 듣기 위해 모여들었으며, 많은 목사들이 그의 스타일을 모방하였다. 포스딕은 당시 유행하던 지루한 성경 공부식 설교에 맞서 회중의 개인적 문제를 해결하도록 돕는 설교를 주창하였다. 그는 다음과 같이 말하였다.

> 모든 설교는 문제 해결에 초점을 맞추어야 한다. 그것은 치명적이고도 중요한 문제이거나 당황하는 마음일 수도 있고, 양심의 괴로움이나 방황하는 삶일 수도 있다. 어떠한 설교도 이러한 실질적 문제에 직면하여 한 줄기의 빛이라도 던져 주고 그것을 헤쳐 나갈 방법을 찾아 주어야 한다. 이러한 설교는 결코 지루하지 않다.[33]

에드먼드 린(Edmund Linn)은 포스딕의 방법론에 관해 쓴 자신의 저서 『상담으로서의 설교』(*Preaching as Counseling*)에서 포스딕의 설교관에 대해 다음과 같이 기술하였다.

> 포스딕이 생각하는 설교의 지상 목적은 자신이 전한 내용이 듣는 이들 속에 실제로 창조되는 것이다. 예를 들어, 기쁨에 관한 설교를 한 경우 실제로 회중들이 전에 없는 기쁨을 가지고 돌아가게 함으로써 이 주제에 관한

---

[33] Harry Emerson Fosdick, "What Is the Matter with Preaching?" *Harpers Monthly*, no. 157(July 1928), 134.

단순한 논문 이상의 무엇이 되어야 한다는 것이다.… 설교자의 임무는 무슨 내용을 설교하든 그것이 청중의 마음속에 실제로 구현되어야 한다.³⁴

역사학자인 브룩스 홀리필드(Brooks Holifield)는 다음과 같이 말했다.

동시대의 어느 누구도 포스딕만큼 많은 진보적 개신교 목사들에게 상담 형식의 설교를 권장한 사람은 없을 것이다.… 그의 영향을 받은 일군의 목사들은 낙심과 불안 극복, 두려움에 대한 승리 및 자아 성취의 기쁨에 관한 주제 설교를 하였다.³⁵

이러한 목회자 이미지는 적어도 강단의 커뮤니케이션에 관해서는 앞서 대사 이미지에서 보았던 내용과 180도 다르다는 사실을 확인할 수 있다. 대사는 청중을 변화시키기 위한 커뮤니케이션적 관심이나 전략에 대해서는 아예 무시하는 반면 목회자는 그것을 전문적으로 다룬다. 대사는 성경이라는 자료로부터 시작하나 목회자는 청중이 겪고 있는 딜레마로부터 시작하여 성경이라는 자료로 이동한다. 목회자에게 있어 가장 중요한 질문은 "무엇을 말할 것인가?"가 아니라 "무슨 일이 일어나기를 바라는가?"이다.

이제 설교의 본질과 실재를 파악하기 위해 목회자 은유에 함축되어 있는 일부 내용에 대해 보다 상세히 살펴보기로 하자,

첫째, 대사로서 설교자에게 설교의 가장 중요한 요소가 메시지라면,

---

[34] Edmund Holt Linn, *Preaching as Counseling: The Unique Method of Harry Emerson Fosdick* (Valley Forge, PA: Judson Press, 1966), 15-16.

[35] E. Brooks Holifield, *A History of Pastoral Care in America: From Salvation to Self-Realization* (Nashville: Abingdon Press, 1983), 34. Ramsey, Care-full Preaching, 13-17.

목회자로서 설교자에게 가장 중요한 영역은 하나의 사건, 즉 청중들의 마음 속에 일어나는 그 무엇이라고 할 수 있다.

그것이 정신 역학적이든, 윤리적이든, 복음적이든, 즉 청중이 정신적으로 치유되든, 도덕적으로 개선되든, 영적 구원을 얻든 목회적 설교에서 반드시 있어야 하는 것은 청중이 설교를 들은 후 이전에 비해 달라지고 더 나은 사람이 되어야 한다는 것이다.

둘째, 대사 이미지가 설교자 개인에 대해 큰 관심을 두지 않았다면 목회자 이미지는 그것을 중요시한다.

설교자의 인격이나 성격, 경험 및 청중과의 관계는 목회 및 치유 사역에 있어서 핵심적 영역에 속한다. 치유자로서, 상담가로서, 보호자로서 목회자는 청중들에게 능력과 권위가 있고, 자비가 많으며 신뢰할 수 있는 사람으로 비쳐져야 한다. 게리 스트라트맨(Gary D. Stratman)의 『목회적 설교』(*Pastoral Preaching*)[36]와 같이, 목회에 관한 주제를 다룬 설교학 저서들은 전형적으로 설교자에게 요구되는 인간적 미덕(감수성, 여린 심성, 동정심)이나 전문적 기술(원인을 분석하고 진단하는 통찰력이나 이해력)에 대해 많은 시간과 지면을 할애한다. 다시 말하면 목회자는 치유 목회 사역에 필요한 청중들과의 관계를 분명히 정립할 수 있는 사람이 되어야 한다는 것이다.

셋째, 목회자 이미지에도 성경 해석에 대한 구체적인 관점이 있다.

목회자로서 설교자는 설교란 곤궁에 빠진 인간이라는 구체적 상황에 대한 치유적 말씀이라고 생각한다. 따라서 목회자로서 설교자는 성경을 대

---

[36] Gary D. Stratman, *Pastoral Preaching: Timeless Truths for Changing Needs* (Nashville: Abingdon Press, 1983).

할 때 주로 인간적 문제와 그것의 치유에 관해 다룬 본문에 눈을 돌리게 된다. 성경에는 실제 인물들의 웃음과 애환, 도적질, 찬양, 거짓말, 깨달음, 놀라움, 회개, 반역, 신앙, 간음 및 고군분투하는 모습이 독특하고 다양한 모습으로 담겨 있다.

이러한 것들은 모두 그들이 누구며, 이들의 삶을 통해 어떠한 하나님의 뜻을 나타내기 위해 부르심을 받았는가 하는 것을 잘 보여 준다. 요약하면, 성경은 사람들이 하나님의 은혜를 통해 진정한 인간으로 변모하는 과정을 보여 주며 이것은 곧 목회자로서 설교자가 동시대를 살아가는 현대인들에게 동일한 은혜를 체험케 하는 소재가 된다. 니콜스(Nichols)는 이렇게 주장한다.

> 성경 속에서, 그리고 교회 전통을 통해 만날 수 있는 인간의 갈등이나 딜레마는 그것이 실제 피조 세계의 인간 상황 하에서 주어졌다는 점에서 이미 '우리의 것'이다.[37]

그러므로 목회자 이미지의 가장 큰 장점은 복음의 치유 능력과 청중의 내적 활력을 중시한다는 데 있다. 목회자 이미지에는 우리를 위한 기쁜 소식으로서 복음의 간절하고 긴박한 의미가 담겨 있다. 목회적 설교에는 확실

---

[37] Nichols, The Restring Word, 189. Robert C. Dykstra는 목회적 해석학과 관련하여 성경과 현대적 경험 모두를 해석하는 방식이 목회적 설교의 뚜렷한 특징이라고 말한다. "커뮤니케이션 스타일이나 강단에서의 기교, 회중의 관심에 대한 민감성, 그리고 당시의 긴급한 이슈에 대한 초점과 같은 것들이 아무리 설교에 중요하다고 하더라도 내가 말하는 목회적 설교는 결코 이러한 것들에 의해 구별되는 것이 아니다. 오히려 목회적 설교의 가장 뚜렷한 특징은 모든 성경 본문이나 인간의 상황에 나타나는 독특한 암시, 즉 인간의 비극적 상황 가운데서도 행복한 결말을 향한 하나님의 관심에 대한 암시라고 하는 흥미롭고 매력적인 내용을 찾아 전하려고 추구하는 목사 자신의 개인적 의지에서 찾을 수 있다"(*Discovering a Sermon: Personal Pastoral Preaching*[St. Louis: Chalice Press, 2001], 6).

히 무슨 일인가 일어난다. 청중이 처한 고통과 굶주림과 찢겨진 상처는 더 이상 무관한 것이 아니고 단순히 복음 전파의 한 지류로만 치부해 버릴 것만도 아니다. 오히려 이러한 것들은 하나님의 은혜가 발견되는 바로 그 장소에 있다.

목회자 이미지의 또 하나의 장점은 대사 이미지와 달리 설교자가 설교를 매우 실제적인 용어로 구상한다는 점이다. 목회자로서 설교자에게는 의사소통에 대한 관심, 설교의 언어와 조직에 대한 실험, 회중의 인격이나 사회적 배경에 대한 구체적 분석, 청중이 보다 쉽게 이해할 수 있는 다양한 접근방식과 스타일 및 방법에 대한 개발이 요구된다.

목회적 설교를 가름하는 잣대는 듣는 사람에게 무슨 일이 일어났느냐라는 것이기 때문에 아무런 변화도 없는 건조함은 설교학적인 입장에서는 치명적이라고 할 수 있다. 목회자로서 설교자는 청중의 주의를 끌지 못하는 밋밋하고 생기 없는 설교에 만족할 수 없다. 그들은 청중들이 "이것이야말로 나(우리)에게 복된 소식이다"라고 감탄할 만한 설교를 하기 위해 부단히 노력한다.

그러나 목회자 이미지에도 몇 가지 약점이 있다. 목회자로서 설교자에게 청중은 회중이나 교회 또는 동일한 사명을 가진 공동체라기보다 각각 개인적 문제나 어려움을 겪고 있는 개인들의 집단에 가깝다. 따라서 복음의 공적, 단체적, 조직적 영역은 뒷전에 물러나는 대신 보다 개인적인 테마들이 우선된다.

목회적 설교는 복음을 축소하고 기독교 신앙의 목적은 자신의 행복과 안락이라는 자기애적 개념을 도우며 이기주의만 강조한 채 자신을 버리고 이웃을 위해 봉사하라는 복음의 요구는 묵살당하기 쉽다. 설교자가 자신을 위한 만병통치약을 선포하거나 소위 "번영 복음"에 대한 약속으로 청중을 기만한다면 한물간 설교자에 불과할 것이다. 램시 주니어가 다음과 같이 말한 것과 같다.

각자가 지닌 인생의 문제들과 끊임없이 상담하는 설교는 기독교 공동체를 분열시키고, 종교적 소비자 중심주의로 전락시킬 우려가 있다. 저들은 설교가 '나의' 필요에 대해 말해 주지 않는다면 무엇 때문에 들을 것인가라고 반문한다.[38]

더구나 목회적 설교는 상처 받고 어려움에 처한 사람들의 삶에 초점을 맞추려는 경향이 있다. 그러나 우리는 성도들이 교회에 올 때 자신의 약점과 함께 장점도 가지고 온다는 사실을 잊지 말아야 한다. 흔히 쓰는 표현대로 교회는 "죄인들의 병원"임에 틀림없지만 그것이 전부는 아니다. 교회는 예수 그리스도를 위해 모든 헌신과 수고와 지혜를 바치기 위해 모인 신앙 공동체이기도 하다. 복음은 "수고하고 무거운 짐진 자들아 다 내게로 오라"고 부르지만, 제자들에게는 "자기 십자가를 지고 나를 좇으라"는 명령도 한다. 목회적 설교란 결코 이러한 장점들을 무시해도 되는 것이 아님에도 불구하고 실제로는 이러한 일이 비일비재하다. 요셉 시틀러(Joseph Sittler)는 다음과 같이 말한다.

오늘날 우리는 소외된 자, 상처 받은 자, 낙심한 자, 실패한 자를 위한 복음은 있으나 돈 많은 부자, 영향력 있는 자, 즐거운 자, 부지런한 자, 세상에 속한 자를 위한 복음은 없다는 말을 듣는다. 물론 이러한 고통에 대해 아무

---

[38] Ramsey, *Care-full Preaching*, 16. Ramsey는 목회적 설교의 초기 저서들에 나타나는 개인주의와 과도한 심리학적 사고를 모두 극복하려는 신세대 목회 설교학자의 대표주자이다. 그는 신학적 이슈에 민감한 목회 설교를 주창하였으며, 각 개인에 대한 메시지의 전달 대신 교회 전체를 하나의 목양 공동체로 세우려 하였다.

말도 하지 않는 것은 결코 복음이라고 할 수 없다. 그러나 기쁜 일, 창조적이고 건설적이며 유능한 삶을 살고 있는 사람들에 대해 어떤 말도 하지 않는 것은 더더욱 복음이 아니다.[39]

목회자 이미지와 관련된 또 하나의 불만은 공리주의적 경향 및 지나친 현실과의 연계 개념에 있다. 목회자로서 설교자는 청중에게 지금 현재 절박하게 필요한 것들에 대해서만 언급하고 싶어하기 때문에 복음도 현실적으로 유익이 되고 "활용 가능한" 내용으로만 전락하기 쉽다. 물론 복음은 현재적 상황에 대해서도 언급하지만, 특정한 시점의 현안이나 이슈 및 시대적 요구보다 훨씬 광범위하다.

복음에는 현재 시재 뿐 아니라 과거와 미래 시재도 있으며, 설교는 단순히 오늘 현재 이곳에서 당면하는 문제들을 성공적으로 극복하도록 돕는 것 이상이어야 한다. 설교는 하나님의 백성들로 하여금 잊었던 기억을 새롭게 하고, 그들에게 하나님의 미래적 약속을 선포한다. 설교는 기독교 공동체가 회중석에 앉아 쉬도록 하는 것이 아니라 제자도의 여정을 계속하게 하는 것이다. 목회자로서 설교자는 "어떻게 하면 성도들이 당면한 문제를 해결할 수 있을까"라고 질문한다. 이것은 설득력 있는 중요한 질문이지만 종종 극히 하찮은 문제에 불과해 보이기도 한다.

이것은 설교에 있어서 중요한 신학적 쟁점이 된다. 설교가 문제 해결에 모든 시간을 보낼 때마다 정해진 결론은 그리스도인의 신앙만이 인생의 모든 딜레마에 대한 완전한 답이라는 것이다. 남은 것은 그것을 우리의 삶

---

[39] Joseph Sittler, *The Anguish of Preaching* (Philadelphia: Fortress Press, 1966), 38. Morris J. Niedenthal, "Focusing the Listener's Story," in Edmund A. Steimle, and Charles L. Rice, (Philadelphia: Fortress Press, 1980), 78-80.

에 적용하기만 하면 되는 것이다.

그러나 사실 그리스도인의 신앙은 완성된 것이 아니며, 하나님께서 약속하신 승리도 아직 완전히 실현되지 않았다. 일부 비극적인 인간의 고난은 아마도 당분간 이해할 수도, 아무런 의미도 없어 보일 수 있다. 현재로서는 도저히 해결할 수 없는 갈등과 모순도 있으며, 치료 방법이 전무한 불치병이나 아무런 답이 없는 문제도 있다. 물론 우리는 경험을 통해 곳곳에서 치유의 기적이 일어나고 적대감으로 막혔던 담이 무너지며 압제 속에서 공의가 시행되는 것을 확실히 알고 있다.

그러나 이러한 영역들은 장차 실현될 하나님의 승리에 대한 징조를 보여 주는 하나의 "기적"일 뿐이다. 신실한 설교자는 삶을 보다 건강하고 윤택하게 하는 목회적 말씀만 항상 전할 수는 없으며, 오직 그리스도의 신실하심을 선포하고 현재의 기적에 대해 감사하며 하나님께 속한 미래를 지향할 뿐이다.

아이러니한 것은 청중과 그들의 요구를 중시하는 목회적 이미지의 설교자가 오히려 자신을 치유자요 상담가로서의 절대적 지위에 둠으로써 설교자를 지나치게 강조할 수도 있다는 것이다. 클레멘트 웰시의 말처럼 만일 목회자로서 설교자가 특별한 자리에 서서 "내가 청중의 성장을 위해 도울 수 있는 있는 일이 무엇인가"라고 묻는다면, 이것은 설교자가 절대자의 자리에 앉아 청중에게 가장 필요한 것이 무엇인지 다 알고 있다는 말이 된다.

최근 회중보다 높은 위치에 앉아 있는 설교자들(이들은 대다수 목회자 이미지의 설교자들뿐 아니라 거의 모든 전통적 이미지를 모델로 하는 설교자들에게서도 발견된다)에 대해 여러 번 경고한 바 있는 몇몇 설교자들은 소위 "원탁형 설교"를 제시한다. 즉 처음부터 목회적 초점을 청중에 두고 점차 논리적 결론을 이끌어낸다는 것이다. 예를 들어, 존 맥클루(John S. McClure)는 자신의 저서 『원탁의 강단』(Round-Table Pulpit)에서 설교자가 계급적으로 청중보다 높은 자리에 앉아서 하는 설교, 즉 버나드 스와인(Bernard Swain)이 말하는 소위 "군주적 설교"(sovereign preaching)는 청중을 복종과 종속적 관계에 두고 자신이 선포하는 말을 무조건 복종하는 자세로 받아들이게 한다고 비난한다.[40]

맥클루의 말을 빌면 이러한 설교는 "본래부터 그런 것은 아니나 잠재적으로는 권위적"이며 기독교 사역에 능력을 부여하는 원천이 되는 "섬기는 은사, 자비, 상호주의"와 같은 요소들을 정확하게 제시하지 못한다.[41]

맥클루는 군주적 설교의 개선책으로 소위 "상호 협력적 설교"(collaborative preaching)를 제시한다. 즉 설교자가 회중의 일부로 구성된 "설교 원탁회의"를 통해 다음 설교의 주제나 현안에 대해 논의하고 중지를 모은다. 이러한 원탁식 대화는 특권적 목소리가 배제된 자치적 행사이며, 이렇게 해서 나온 설교는 "설교 원탁회의를 진행하면서 중지를 모으기 위해 협력하는 과정이 여과 없이 전달될 수밖에 없다."[42]

루시 로즈(Lucy Rose)는 이와 유사하면서도 보다 급진적인 형태의 "대화식 설교"를 강조한다. 이것은 원탁식 설교의 변형된 형태로서 설교자와 청중 간에 어떠한 구별도 없다. 그녀는 다음과 같이 주장한다.

> 대화식 설교에서는 설교자와 회중이 다 같은 동료로서 회중과 자신들의 삶을 위해, 그리고 교회 전체와 세상을 위해 말씀의 비밀을 탐구한다. 설교자와 회중은 상석도 말석도 없는 상징적 원탁에 모이며, 이곳에서는 신앙의

---

[40] John S. McClure, *The Round-Table Pulpit: Where Leadership and Preaching Meet* (Nashville: Abingdon Press, 1995), 30-33. McClure는 이 책의 주제를 *Other-Wise Preaching: A Postmodern Ethic for Homiletics* (St. Louis: Chalice Press, 2001)에서 더욱 철저히 철학적인 방식으로 다루었다.

[41] John S. McClure, *The Round-Table Pulpit*, 37.

[42] Ibid., 57.

여부만 문제될 뿐 목사나 평신도라는 직함은 필요치 않다. 설교자는 성경 해석의 전문가도, 신앙 문제에 관한 답변자의 위치에 있지도 않다. 설교자는 단지 정해진 본문과 설교를 공동체 가운데 제시하는 사람일 뿐이다….[43]

맥클루와 로즈의 주장과 같은 접근 방식은 몰트만이 언급한 바와 같이 설교자가 공동체로 모인 회중으로부터 나와 설교한다는 사실을 상기시켜 주었다는 점에서 유익하다. 다시 말하면 맥클루와 로즈는 설교란 지속적인 회중과의 대화를 통해 나오며 설교자는 위로부터가 아니라 교회 안으로부터 이야기한다는 사실을 상기시켜 줌으로 목회자 이미지의 바람직한 방향을 제시하였다.

그러나 우리는 이와 같이 상호 협력적이며 동역자적 특성을 지닌 설교 모델(이것은 결코 새로운 설교학적 개념은 아니다)이 교회는 결국 "자신의 음성을 듣거나 자신의 이미지를 원하는 것이 아니라 그리스도의 음성을 듣고 싶어한다"라는 몰트만의 또 다른 주장과 배치되지 않도록 유의해야 한다. 설교자는 당연히 오랜 시간 원탁에 앉아 회중의 음성과 관심과 의견에 귀를 기울여야 한다.

그러나 결국 설교자(목회자)는 구별될 수밖에 없다. 왜냐하면 실제로 원탁에서 일어나 강단으로 가서 "오, 하나님 이 시간에 내가 하는 설교가 당신께 열납되기를 원합니다. 이제 하나님의 말씀을 전합니다"라고 기도하는 사람은 설교자이기 때문이다. 이러한 행위를 두고 원래부터 권위적이라거나 사실상의 권력 남용이라고 하는 것은 협력과 은사, 불법적 이단 권세와 교회 내의 합법적 사역, 설교 행위와 다른 형태의 증거, 그리고 말씀의 종과

---

[43] Lucy Atkinson Rose, *Sharing the Word: Preaching in the Roundtable Church* (Louisville, KY: Westminster John Knox Press, 1997), 4.

말씀의 능력을 혼돈한 탓이다.⁴⁴

목회자 이미지와 관련하여 남은 한 가지 문제는 복음을 단지 인간의 정서적 성장의 수단으로 제시함으로써 신학의 영역을 인간론에 한정할 위험이 있다는 것이다. 대사 이미지가 성경으로부터 청중으로 일사천리로 이어지는 일방적 설교 모델을 제시한다면, 목회자 이미지는 단순히 이러한 흐름에 역행하여 청중의 경험으로부터 복음으로 이어지면서 결과적으로는 복음의 범위를 제한할 우려가 있다. 복음은 설사 우리가 믿고 의지하며 그것에 합당한 삶을 살 수 있는 능력이 없거나 또한 그렇게 하지 않으려 할지라도 여전히 진리이며, 설교의 적합성은 청중들의 변화에 얼마나 직접적인 영향을 끼쳤느냐하는 것만으로 모두 평가할 수 있는 것이 아니다.

이 모든 것은 목회적 설교가 성경을 사용하는 전형적인 방법에 의문을 제기한다. 가장 문제가 되는 것은 설교자가 사람들로 하여금 "성경에서 자신의 이야기를 발견하게 할 것인가" 아니면 조지 린드벡(George Lindbeck)의 말처럼 "성경의 이야기를 (깨달아) 자신의 이야기로 만들 것인가"라는 것이다.⁴⁵

지나친 말이 될지는 모르겠으나 이러한 차이는 성경과 현대인의 삶

44　Rose는 Sharing the Word 서문에서 20세기의 설교학적 사고를 근본적으로 거부한다. 그녀는 "만일 내가 하는 것이 설교라면, 그것은 결코 설교에 대해 기술하고 정의하는 문학적 범주 안에서 찾을 수 있는 것은 아니다. 그리고 만일 내가 읽고 있는 설교에 관한 저서들이 사실이라면 내가 하는 것은 진정한 설교가 아니다"(ix)라고 하였다. 나는 분명히 그녀가 이것을 수사학적 언급으로 받아들일 것을 요구한다고 생각하지만, 나는 그녀의 이 말을 액면대로 받아들이고 싶다. 사실 그녀가 이 책의 나머지 부분에서 접근하는 방식은 사실 "진정한 설교가 아니다." 그녀가 주장하는 것은 회중 가운데 아무나 일어나 메시지를 전하는 "회중 증거"에 가까우며, 확실히 그리스도인의 실천적 삶에 해당하는 것으로, 증언 설교와 유사하지만 실제적인 내용이나 상황, 장르 및 방법론에 있어서 설교라고 보기는 어렵다.

45　George A. Lindbeck, *The Nature of Doctrine: Religion and Theology in a Postliberal Age* (Philadelphia: Westminster Press, 1984), 118.

을 연결하는 두 가지의 전혀 상반된 방식에 초점을 맞추기 때문에 우리에게 많은 유익이 된다.

첫 번째 접근 방법은 목회자로서 설교자는 앞서 언급한 대로, 성경에 등장하는 인물들과 회중석에 앉아 있는 사람들을 동일시한다.

따라서 오늘날의 삶 속에서 일어나는 몇 가지 상황으로부터 출발하여 그것에 관해 어느 정도 심도 있는 고찰을 한 후 성경으로 가서 문제 해결을 위한 통찰력을 찾는다. 이와 같이 인간의 삶을 이해하는 것이 곧 성경을 푸는 열쇠가 된다.

두 번째 접근 방법은 마치 고속도로의 하행선과 같이 이와는 정반대의 흐름을 가진다.

이 관점에 의하면, 성경에 등장하는 인물들이 우리와 같을 수도 있으나 그들의 삶은 세상 역사에 나타난 하나님의 행위에 관한 이야기 속으로 완전히 동화되었다는 것에서 결정적인 차이점이 있다. 다시 말하면 성경의 인물들은 자신에 관한 이야기가 아니라, 하나님에 관한 보다 넓은 차원의 이야기 속의 등장인물들이 되었다는 것이다.

그렇다면 우리는 우리가 알고 있는 삶에 관한 정보를 더 얻기 위해 성경으로 가는 것이 아니라 변화된 삶에 대한 근본적인 깨달음을 얻기 위해 성경으로 가는 것이다. 마찬가지로, 설교 사역도 현실적인 삶으로부터 시작하여 여분의 지혜를 얻기 위해 성경으로 가는 것이 아니다. 오히려 성경의 이야기를 명확히 전함으로써 우리가 알고 있는 현실과 소위 지혜라고 부르는 것에 대해 의문을 갖게 하고, 궁극적으로는 그것의 참된 의미를 재정립하게 하는 것이다. 성경은 삶의 진정한 본질을 푸는 열쇠이며, 그 반대의 경우는 존재하지 않는다. 린드벡은 "말하자면 성경은 세상을 품고 있는 교과

서이며 세상이 성경을 품고 있는 것이 아니다"라고 했다.⁴⁶

물론 성경의 이야기를 명확히 전하기 위해서는 화술이나 시적 재능이 필요하다. 이제 우리가 설교의 세 번째 이미지로서 살펴볼 이야기꾼/시인의 주 내용도 이 재능에 관한 것이다.

3) 이야기꾼/시인

이 이미지는 설교의 문학적, 예술적 특징을 살펴봄으로 설교자란 누구인가라는 물음에 대답한다는 점에서 앞의 두 이미지와는 다르다. 이러한 설교의 특징은 이야기와 시적 언어들로 채워진다는 것이다. 교회 역사를 돌이켜 볼 때, 이야기나 기교적 표현은 설교학에서 누누이 강조되어 왔으나 이야기꾼/시인(The Storyteller/Poet)으로서 설교자의 이미지가 본격적인 각광을 받은 것은 설교학자들이 시학, 화법 이론 및 이야기의 의사 전달력에 매료된 최근에 들어와서이다.

"대사" 이미지가 설교의 충실성을 강조한다면 "목회자" 이미지는 치유적 가치를 강조하며 "이야기꾼/시인" 이미지는 설교의 수사학적 아름다움과 기교를 강조한다. 자나 칠더스(Jana Childers)는 자신의 저서 『설교 공연: 연기로서의 설교』(Performing the Word: Preaching as Theatre)에서 최근 설교의 추세에 대해 다음과 같이 말하였다.

그동안 설교는 자체적인 변화를 겪어 왔다. 1960년대에 성행한 케리그마(선포적) 설교는 80년대에 들어오면서 귀납적 설교에 대한 관심으로 옮겨갔다. 80년대는 이야기와 상상력이 강조되었으며, 90년대에 들어와서는 설교를

---

⁴⁶ Ibid.

하나의 예술이라고 불러도 놀라는 사람이 별로 없는 시대가 되었다.[47]

최근 들어 이야기식 설교에 대한 관심이 증폭되면서 시적 언어나 상상력이 풍부한 언어가 더욱 광범위하게 사용되었다. 성경학자이자 설교학자인 엘리자베스 악트마이어(Elizabeth Achtemeier)는 "설교 기법에 있어 설교자는 회중에게 전혀 새로운 경험을 맛보게 할 수 있는 언어를 구사해야 한다"고 주장함으로써 설교자의 언어적 기술을 강조하였다.[48] 노라 티스데일(Nora Tubbs Tisdale)은 설교를 "민속 예술"(folk art)로 설명한다. 그녀는 이렇게 말한다.

설교자는 특정 지역 신앙 공동체의 마음을 붙들고 변화시킬 수 있는 상징이나 모형 및 사회적 운동을 통해 토속적 신학을 표현하는 방법을 찾는 민속 예술가이다.[49]

이야기꾼/시인 이미지를 발전시킨 또 한 명의 설교학자는 찰스 라이스(Charles L. Rice)이다. 그는 『구체화된 말씀: 예술 및 전례로서의 설교』(Embodied Word: Preaching as Art and Liturgy)에서 시인이나 예술가의 재능은 설교나 전례에 있어서 하나의 장식품이 아니라, 본질적 요소라고 말한다.

예술을 강단에 성공적으로 접목시킨다는 것은 마치 신학이 상상력과 전혀 무관한 것처럼, 보다 분명한 명제로 제시할 수 있는 신학을 단지 예술적인

---

[47] Jana Childers, *Performing the Word: Preaching as Theatre* (Nashville: Abingdon Press, 1998), 11.

[48] Elizabeth Achtemeier, *Preaching as Theology and Art* (Nashville: Abingdon Press, 1984), 52.

[49] Ibid.

언어로 표현한다고만 해서 되는 것이 아니다. 또한 비록 오늘날 강단이 이러한 점에 있어서 부족한 것처럼 보이기는 해도, 보다 나은 예화를 찾기 위해 부지런히 신문 삽화나 뒤적거린다고 되는 것도 아니다. 교회 예배와 예술의 진정한 동질성이야말로 특정한 예술적 행위를 전례나 설교에 효과적으로 접목하게 하는 요소이다. 교회가 매주 아침에 하는 일은 최선을 다해 기교를 부리는 것이며, 이러한 관점에서 교회 예배를 바라보게 될 때 비로소 드라마나 문학 및 시각 예술에 대한 모든 문이 활짝 열리게 된다.[50]

라이스는 예배와 설교에 필요한 모든 시적, 예술적 표현 양식 가운데 "특별히 중요한 예술 형식은 이야기이다"라고 주장한다.[51] 실제로 라이스는 『이야기 설교』(Preaching the Story)의 공동 저자 가운데 한 명이다. 이 책은 이야기로서 설교에 관해 다룬 유명한 설교학 교재로, 1980년에 발간되었다. 다음은 이 책의 내용 가운데 일부이다.

> 우리는 설교가 무엇이며 또한 자유롭게 설교하는 데 지장을 주지 않는 그런 구체적인 이미지를 찾는 중이다.
> 설교 형식과 내용 및 스타일을 구체적으로 제시해 줄 수 있는 적절한 이미지가 있는가?
> 설교가 무엇이며 어떤 설교가 좋은 설교인지, 한 두 마디의 말이나 그림으로 제시할 수 있는가?
> … 이야기꾼에 대해 생각해 보자.

---

[50] Charles L. Rice, *The Embodied Word: Preaching as Art and Liturge* (Minneapolis: Fortress Press, 1991), 94-95.

[51] Ibid., 98.

… 만일 우리가 그리스도인의 신앙과 삶이란 무엇인가라는 질문에 대답해야 한다면 이야기를 듣고, 말하고, 그 이야기대로 사는 것이라는 대답보다 더 좋은 것이 있겠는가?

설교의 정의에 대한 질문도 마찬가지이다. 이야기를 나누는 것이라는 대답 외에 어떤 설명이 있겠는가?

… 아마도 이야기꾼의 이미지는… 설교의 총체적 이론일 것이다.[52]

이 글의 저자들은 "이야기를 나누는 것"보다 더 좋은 설교의 정의가 있느냐고 반문한다. 이에 대해 대사로서 설교자나 목회자로서 설교자는 당연히 "그렇다"라고 대답할 것이다. 대사로서의 설교자에게 사람들에게 둘러싸여 이야기를 나누고 있는 설교자의 모습은 너무나 유약하고 초월적 분위기가 없으며, 설교자의 화술에 초점이 맞추어진 모습으로 비칠 것이다. "신앙의 연륜은 대화가 아니라 선포에 의해서 결정된다"라는 종교사회학자 피터 버그(Peter Berger)의 말은 이들을 잘 대변한다.[53] 목회자로서의 설교자는 이야기꾼의 이미지에서 보다 긍정적인 요소들을 발견하겠지만, 그들 역시 이야기가 지배하는 설교에는 목회자의 의도적 개입과 같은 목표 지향적 외부 간섭이 결여되었다고 여길 것이다.

그러나 이 이미지를 지지하는 사람들은 이야기꾼/시인으로서의 설교자가 사실상 특별한 결점 없이 대사와 목회자 이미지의 장점들만을 결합하였다고 반박한다. 우선 이야기꾼/시인은 대사와 마찬가지로 성경을 중시한다. 이야기꾼/시인이 이야기나 상상력이 풍부한 언어로 말하는 것은 결코

---

[52] Steimle et al., *Preaching the Story*, 12-13, 15.

[53] Peter Berger as quoted in Clyde E. Fant, *Preaching for Today*, rev. ed.(San Francisco: Harper & Row, 1987), 45.

독단적인 선택이 아니다. 이러한 것들은 모두 성경에 사용된 언어 형식이자 기독교 신앙의 본질적인 언어이다.

근본적인 면에서 볼 때, 복음 자체는 종종 시적 언어나 연상적 이미지를 사용한 하나의 이야기이며, 사람들은 결국 이야기를 통해 "기독교 신앙이란 무엇인가?"라는 물음에 답한다. "나는 하나님을 믿는다"라고 말할 때 우리는 이렇게 설명할 것이다.

"그는 천지를 지으신 창조주이며 동정녀 마리아에게서 나시고 본디오 빌라도에게 고난을 받으신 예수 그리스도를 통해 그를 만날 수 있다…."

그리고는 신앙의 본질에 대한 이야기를 계속할 것이다.

성경 전체는 하나의 이야기이다. 그것은 "하나의 거대하고 일정한 구조적 통일성을 갖춘 논픽션(non fiction)"이다.[54]

그러나 성경에서 이야기체로 쓰이지 않은 부분, 즉 서신이나 잠언, 시, 교리적 선언과 같은 것들은 어떻게 볼 것인가?

사실 이러한 성경 장르들도 상상력에서 나온 언어나 시적 구조를 사용할 뿐만 아니라 성경 전체의 기본적인 이야기 틀과 정확히 부합한다. 이와 같은 비산문적 자료들도 보다 넓은 성경 이야기로부터 나온 것이며 그것의 토대를 형성하고 있는 전체적인 성경 이야기를 떠나서는 아무런 의미도 없다.

예를 들어, 바울은 그리스도인이 이교도의 우상 제물로 사용된 고기를 먹는 일에 자유 할 것인가에 대한 논쟁(고전 8장)에서 자신의 논점을 이야기 형식으로 전개하지는 않으나 그의 주장의 배경이 되는 것은 예수님의 생애에 관한 이야기이다. 그의 설명은 이 이야기로부터 나오고, 그것에 직접적

---

[54] David Kelsey가 바르트의 성경관에 대해 적용한 구절. Lindbeck, *The Nature of Doctrine*, 121-21을 보라.

으로 호소하며, 예수님의 생애에 관한 이야기의 틀을 떠나서는 이해할 수 없다.

성경 잠언도 이야기와는 전혀 무관한 듯해 보이지만 사실상 그것과 연결되어 있다. 성경학자 윌리엄 비어슬리(William Beardslee)는 다음과 같이 주장한다.

> 잠언을 일반적 진리에 대한 진술이라고 생각한다면 오산이다. 그것은 특정 상황이나 사건에 대한 진술이며, 반복되는 경험에 대한 체계적인 논문이다. 이런 점에서 잠언은 이야기는 아니지만 이야기를 포함하고 있는 실제로 발생한 일이며, 정해진 순서를 따라 전개된다.[55]

따라서 이야기꾼/시인으로서의 이미지를 옹호하는 사람들은 대사로서 설교자만큼 자신들도 성경에 관심을 가지며, 성경의 구체적인 문학적 특징까지 고려한다는 점에서 그 이상일 수도 있다고 말한다. 그들은 적어도 커뮤니케이션 측면에서 청중들이 원하는 것과 필요한 것이 무엇인지 알기 때문에 목회자로서 설교자와 마찬가지로 대사로서 설교자의 부족한 부분을 채울 수 있다고 말한다.

청중이 설교에서 원하는 것이 무엇인가?

그것은 이야기와 이미지이다. 우리는 이야기를 좋아할 뿐 아니라 이야기 속에서 산다. 우리는 이야기 형식으로 기억하고 꿈꾸며 이야기를 통해 자신의 가치관을 형성한다. 또한 우리는 연상을 불러일으키는 이미지를 통

---

[55] William Beardslee, "Uses of the Proverb in the Synoptic Gospels," *Interpretation* 24(January 1970): 65, as cited in Ricahrd L. Eslinger, *Narrative and Imagination: Preaching the Worlds That Shape Us* (Minneapolis: Fortress Press, 1995), 22.

해 세상을 바라본다. 많은 청중들은 설교의 다른 내용은 오래 전에 잊었다 하더라도 당시에 들은 이야기나 이미지는 여전히 기억한다.

예수께서 "비유가 아니면 말씀하지 아니하시고"(막 4:34), 즉 여러 가지 은유를 사용하셨다는 것은 결코 우연한 것이 아니다. 데이비드 버트릭(David Buttrick)은 "이와 같이 이야기가 설득력이 있음에도 불구하고, 지난 수세기 동안의 기독교 역사에서 대부분의 설교가 논설적이었다는 사실이 놀랍지 않은가?"라고 반문한다.[56]

이와 같이 이야기꾼/시인으로서 설교자가 상당한 설득력이 있다는 것은 분명한 사실이다.

그러나 설교는 전적으로 이러한 이미지가 지배해야 한다는 설교학자들의 주장은 정확히 무슨 뜻인가?

여기에는 여러 가지 해석이 있다.

예를 들어, 이야기꾼/시인으로서의 이미지를 옹호하는 사람들 가운데 일부는 단지 전통적인 설교 "예화"를 보다 비판적이고 효과적으로 사용하는 것을 의미한다고 생각한다. 즉 설교자는 설교를 할 때 이야기를 해야 하며, 은유와 이미지를 사용해야 하는데, 이것은 단순히 자신의 설교를 분명히 하거나 흥미롭게 하기 위해서뿐 아니라 이러한 이야기가 기독교 신앙이 어떻게 실제적인 삶 속으로 들어올 수 있는지를 보여 주기 때문이다. 그들은 복음이란 우리의 동의를 필요로 하는 일련의 추상적인 개념이나 원리가 아니라 이 세상에서의 유일한 존재 방식이며, 이야기만이 그것을 나타낼 수 있다고 주장한다.

예를 들어, 설교자가 "여러분, 우리는 아무리 비극에 처한다 해도 하나님의 선하심만 믿으면 됩니다"라고 선포한다면 청중은 그것을 깨닫고 나아

---

[56] David Buttrick, *Homiletic: Moves and Structures* (Philadelphia: Fortress Press, 1987), 12.

가 그러한 사실을 믿기는 하겠지만 그럼에도 불구하고 자신의 경험과는 상관없는 먼 나라 이야기로밖에 들리지 않을 것이다. 반면에 설교자가 갑작스런 자식의 죽음 앞에서 하나님의 사랑에 대해 갈등하고 있는 한 가정에 대해 설교한다면 청중들은 모두 이러한 갈등을 대리 경험할 것이며 자신의 삶 속에도 새로운 가능성을 열어둘 것이다.

이 이미지의 또 다른 지지자들은 단순한 설교 예화나 이야기의 개념을 넘어 전체 설교를 하나의 이야기형식으로 전개하는 광의적 개념으로 생각한다. 설교는 마치 염주알을 꿰어 놓은 것처럼 계속해서 이어지는 아이디어의 연속이 아니다. 그것은 일정한 논리적 패턴에 따라 형성된다. 전형적인 연설은 하나의 사상이나 주제를 중심으로, 이러한 핵심 사상이나 주제를 논리적으로 부각시키기 위한 하부주제가 1, 2, 3과 같이 전개된다.

그러나 만일 사람들이 이와 같은 1, 2, 3식의 개념 전개보다 몇 개의 에피소드로 이어지는 이야기식의 개념 전개에 보다 깊이 빠져든다면 어떻게 할 것인가?

그렇다면 설교도 이와 같은 방식으로 하는 것이 가장 효과적이지 않겠는가?

사실 일부 설교학자들이 주장하는 것도 바로 이것이다. 그들은 설교란 실화를 포함하고 있든 그렇지 않든, 마치 이야기와 같이 청중의 의식 속으로 빠져 들어갈 수 있도록 구성되어야 한다고 말한다. 설교는 요점의 연속이라기보다 일련의 구성을 가져야 하며, 철학 논문과 같은 직선적 논리보다 이야기식의 논리에 의해 전개되어야 한다는 것이다.[57]

---

[57] 아마도 이야기식으로 구성된 설교에 대해 가장 풍성하고 설득력 있는 주장을 제시한 사람은 Eugene Lowry일 것이다. 다음에 제시한 그의 저서들을 참조하라. *Homiletical Plat* (Atlanta: John Knox Press, 1980), *Doing Time in the Pulpit* (Nashville: Abingdon Press, 1985), *How to Preach a Parable: Designs for Narrative Sermons* (Nashville: Abingdon Press, 1989) and

이 이미지를 지지하는 또 한 그룹의 사람들은 "독자의 상상에 결론을 맡기는"(open-endedness) 이야기를 선호한다. 즉 현실적 경험을 충실히 반영하는 가장 좋은 이야기는 다의적 해석(ambiguity)의 여지를 열어 놓아야 하기 때문에 청중으로 하여금 이야기의 의미나 적용에 대한 결론을 스스로 내리게 해야 한다는 것이다.

이것은 청중이 피동적으로 이야기를 듣고만 있는 것이 아니라 함께 동참하여 이야기의 세계를 창조해 가야 한다는 뜻이다. 청중의 참여와 책임감에 대한 이러한 강조는 기독교 설교의 역동적이고 상호 작용적인 이해를 분명히 해 준다는 점에서 매우 바람직하다. 이들이 원하는 것은 결론이 없는 설교, 즉 완전히 끝나지 않은 설교이다. 청중은 소매를 걷어붙이고 설교에 의미를 부여하는 작업에 뛰어들어야 한다.

이야기꾼/시인으로서의 이미지를 지지하는 자들 가운데는 이야기 자체보다 언어를 통한 시적 경험이나 상상력이 풍부한 창조적 경험에 보다 많은 관심을 가진 사람도 있다. 바바라 테일러(Barbara B. Taylor)는 설교가 잉태되는 과정에 대해 다음과 같이 묘사한다.

> 일단 다른 준비가 모두 끝나고 본문의 뜻이 어느 정도 파악되면 잠시 휴식하는 시간을 가진다. 이해만 했다고 다 된 것은 아니다. 나는 강단에서 지식을 선포하고 싶지는 않다. 나는 하나님의 살아 있는 말씀을 경험하고 싶다. 그러기 위해서는 새로운 습득 과정이 필요하다. 이제는 본문을 마음속에 담고 그것을 깊이 묵상해야 할 시간이다. 본문의 말씀과 이미지를 나의

The Sermon: Dancing on the Edge of Mystery (Nashville: Abingdon Press, 1997), 특히 4장과 Preaching Biblically, ed. Don M. Wardlaw (Philadelphia: Westminster Press, 1983), 84-100에 나오는 필자의 초기 논문 "Shaping Sermons by Plotting the Text's Claim Upon Us"을 참조하라.

모든 일상 가운데 스며들게 하고, 그것이 나의 삶 속에 어떻게 반영되어 나타나는지 살펴야 한다. 삶과 묵상을 통해 다시 한번 내용을 깎고 다듬은 후 기도한다.

이것이 바로 설교를 품는 과정으로, 결코 서둘러서는 안 되는 것이다. 그것은 인고의 시간이자 영혼을 뒤흔드는 성령의 감동을 절박하게 기다리는 시간이다. 이와 같이 설교는 영리한 새가 오랜 산고의 고통을 겪은 후에 알을 낳는 것과 같다. 나는 생명의 징조를 발견하기 위해 몇 번이고 반복해서 설교 메모와 초안의 둥지를 점검한다. 본문을 다시 한번 훑어보는 가운데 갑자기 시야에 알이 들어온다. 조금 전까지만 해도 전혀 기척을 느끼지 못하였으나 이렇게 설교는 갑자기 탄생된 것이다.

…설교자가 자신에게 어떻게 이러한 일이 일어났는지 설명하기는 쉽지 않다. 그것은 마치 화가가 어떻게 나무가 자신의 화폭에 담기게 되었는지 설명하기 어려운 것이나 마찬가지이다.

잎이 먼저인가 가지가 먼저인가?

노란 색과 파란 색을 어떻게 혼합해서 이렇게 밝은 녹색이 만들어졌는가? 어떻게 해서 이렇게 현실감 있는 그림이 나왔는가?

이러한 물음에 쉽게 답하기 어렵다. 주해, 언어, 비유, 전개, 전달 등 설교의 모든 부분은 가르칠 수 있다. 그러나 정작 가르치기 어려운 것은 이들을 어떻게 결합하느냐이다. 결국 가장 사실적인 것이 가장 아름답고, 생동감 있게 보이는 법이다.[58]

끝으로, 설교학자들 가운데는 설교자의 예술적 표현으로서의 이야기가 아닌 본래 성경적, 신학적 영역으로서의 이야기에 관심을 가진 사람들도

---

[58] Barbara Brown Taylor, *The Preaching Life* (Cambridge, MA: Cowley, 1993), 81-83.

있다. 찰스 캠벨(Charles L. Campbell)은 다음과 같이 말했다.

> 이야기는 '설교학적 구성'을 제공하거나 설교가 이야기로 구성되어야 하기 때문에 중요한 것이 아니다. 오히려 이러한 이야기를 통해 죽음에서 부활하사 지금도 자신을 믿는 사람들을 찾으시는 나사렛 예수에 관한 복음이 전해지기 때문에 중요하다.… 예수에 관한 이야기는 인간의 경험에 관한 나열이 아니라 근본적인 실재이자 출발점이다.… 따라서 신실한 설교는 모든 교회를 대표하여 예수에 관한 이야기를 설명하는 역할을 수행하는 것이다.[59]

이러한 캠벨의 언급은 설교자의 이야기꾼/시인으로서의 이미지보다 대사로서의 이미지에 초점을 맞춘 것처럼 보이나, 그가 생각하는 대사는 성경 메시지가 하나의 이야기로서 주어졌다는 사실을 아는 사람이다.

이와 같이 이야기꾼/시인 이미지로서 설교자에 대한 개념은 사람마다 다르며, 그들은 자신이 생각하는 이미지를 뒷받침하기 위해 다양한 근거를 제시하지만 이러한 주장에는 모두 공통점이 있다. 우리는 이야기꾼 이미지가 가지고 있는 다음의 몇 가지 부가적 특징들을 통해 이들의 주장을 보다 정확히 헤아려 볼 수 있다.

첫째, 이야기꾼/시인이라는 은유는 대사 이미지와 마찬가지로 설교의 메시지를 강조한다.

그러나 여기에는 하나의 중요한 차이점이 있다. 대사는 복음에 담긴

---

[59] Charles L. Campbell, *Preaching Jesus: New Directions for Homiletics in Hans Frei's Postliberal Theology* (Grand Rapids: Wm. B. Eerdmans Publishing Co., 1997), 190, 193, 216.

내용을 찾고 싶어한다. 이야기꾼/시인 역시 복음의 내용을 찾지만 그것을 담고 있는 수사학적 형식으로부터 내용을 분리하지는 않는다. 앞에서 살펴본 대로, 이야기 이미지는 복음의 기본적 문학 형식이 이야기로 구성되어 있다는 확신으로부터 출발한다. 스탠리 하우어워스(Stanley Hauerwas)는 "나는 도덕적으로나 교회적으로나 성경의 특징을 가장 잘 나타내 주는 이미지는 이야기 이미지라고 확신한다"라고 주장한다.[60]

이야기꾼/시인에게 이야기는 단지 복음을 전하는 하나의 방식이 아니라 유일한 규범이다. 복음은 본질적으로 이야기로 형성되어 있으며, 따라서 이 복음에 대한 교회의 신앙도 이야기로 표현된다. 신학자 리처드 니버(H. Richard Niebuhr)는 이렇게 말하였다.

> 교회는 신앙을 고백해야만 하는데 왜냐하면 적어도 살아 있는 교회라면 자신이 믿고 있는 바를 진실하게 고백해야 하며, 아울러 이러한 고백은 이야기가 아니면 불가능하기 때문이다.[61]

둘째, 이야기꾼/시인은 목회자와 마찬가지로 커뮤니케이션 및 청취 과정에 깊은 관심을 가진다.

그러나 목회자가 "청중이 어떻게 들을까"에 관심을 가진 반면, 이야기꾼/시인은 청취 과정에 초점을 맞추며 어느 정도의 시적 언어나 이야기식 전달이 효과적이라는 사실을 알고 있다. 이야기를 잘하면 청중은 깊이 몰두하게 되고 또한 그럴 수밖에 없다. 이야기는 "하나의 새로운 세계를 창조하

---

[60] Stanley Hauerwas, *A community of Character: Toward A Constructive Christian Ethic* (Notre Dame, IN: University of Notre Dame Press, 1981), 66.

[61] H. Richard Niebuhr, *The Meaning of Revelation* (New York: Macmillan Co., 1941, 1960), 35.

며" 청중으로 하여금 이 세계로 들어와 함께 동참할 것을 요구한다.

어떤 면에서 이야기꾼 이미지는 대사와 목회자의 관심이 만나는 중립 지대에 있다고 할 수 있다. 이야기꾼은 복음 메시지 자체에도 높은 가치를 둘 뿐만 아니라 청중이 처한 모든 삶의 정황에 대해서도 충분히 인식하고 있기 때문이다. 설교는 복음과 상황 사이에 일방적으로 흐르는 것이 아니라 양쪽 모두로부터 중심을 향해 흐른다. 이야기꾼 이미지를 주창하는 사람들은 설교를 통해 복음 이야기(또는 하나님에 관한 이야기)와 청중의 이야기 사이의 상호 작용을 창조하는 것이 설교의 목적이라고 말한다.

셋째, 이야기꾼/시인 이미지는 목회의 전문가로서 설교자가 아니라 이야기에 숙련된 자로서 설교자의 인격을 강조한다.

좋은 설교란 이야기를 잘하는 것이다. 또한 대사는 설교시 자신에 관한 언급을 피하지만 이야기꾼은 자신의 삶이 필수적인 설교 자료가 된다고 믿는다. 설교자는 사실상 공동체의 한 일원으로서 그들 가운데 있으며, 결코 공동체 밖에 서 있는 것이 아니다. 설교자 자신의 경험에 관한 이야기는 (긍정적이든 부정적이든) 청중들로 하여금 이야기에 동참케 하며 청중들도 어느 정도는 자신의 경험으로 인식하게 되는 것이다.

넷째, 이야기꾼/시인 이미지는 목회자 이미지와 마찬가지로 신앙의 경험적 영역을 중시한다.

이야기꾼/시인의 목표는 설교를 통해 청중에게 일종의 사건이 일어나게 하는 것이다. 그들은 청중의 상상력을 자극하기 위해 가장 효과적인 언어를 찾는다. 목회자는 치유와 변화를 바라지만, 이야기꾼에게는 그보다 넓은 경험적 목표가 있다. 듣는 사람들은 이들의 설교를 통해 인생과 자기 자신을 새로운 관점에서 바라보고, 성경 이야기에 등장하는 인물과 자신을 동일시하며, 하나님의 임재를 느끼거나 신앙과 일상적 경험 사이의 상호 작용에 대해 더욱 자세히 깨닫게 될 것이다.

이야기꾼/시인 이미지는 여러 가지 장점이 있다. 그것은 복음의 객관적 진리에 대한 관심과 종교적 경험에 대한 열정 사이에서 적절한 균형을 유지한다. 이야기꾼/시인은 인간의 경험에 대한 이야기를 성경 이야기에 접목하거나 이러한 경험에 담긴 신학적 부분에 대해 제시함으로써 비로소 "오늘 이 성경이 말씀을 듣는 여러분에게 응하였습니다"라고 선포할 수 있는 것이다. 게다가 이야기꾼/시인 이미지는 복음을 정해진 수사학적 틀 속에 억지로 끼워 맞추지 않으면서, 설교의 수사학적 기교를 살릴 수 있다. 마치 그림을 보듯 생생한 회화적 연설이나 이야기에 대한 관심은 복음의 특징과 무관하게 전개되는 것이 아니라 복음 자체의 언어적 형태에 기초하여 전개된다.

이야기나 은유는 공통적 경험의 세계를 창조하는 바, 이야기꾼/시인은 이러한 능력을 통해 개인과 공동체 사이의 이분법을 극복하고, 둘 사이의 장벽을 서서히 제거해 나간다. 청중은 이야기를 듣고 그것이 주는 이미지에 동참함으로써, 어느 정도는 기꺼이 자신의 개인적 관심사를 버리고 모두가 함께 공유하는 경험을 선택하게 된다.

더욱이 이러한 이야기꾼/시인 이미지에 대해 활발하게 참여하는 교회도 있다. 이러한 교회는 함께 모여 이야기를 듣는 것으로 끝나는 것이 아니라, 적극적인 동참을 통해 그 이야기를 함께 나누고 완성한다. 끝으로 영향력 있는 이야기꾼/시인은 이름에 걸맞게 그야말로 인기 있는 설교를 만들어 낸다. 좋은 이야기는 우리의 주의를 끌고 관심을 불러일으키며, 그것에 적극적으로 몰입하게 할 뿐 아니라 생생한 기억으로 오랫동안 남는다.

이와 같은 장점에도 불구하고 이야기꾼/시인 이미지에는 약점도 있다.

첫째, 무엇보다도 성경에서 이야기가 아닌 부분에 대해 소홀히 하는 경향이 있으며, 설교의 커뮤니케이션 부분에만 치중하기 쉽다는 것이다.

물론 복음은 본질적으로 이야기이며 성경의 모든 본문은 대체로 하나의 통일성 있는 이야기로 구성되어 있다는 주장도 맞는 말이지만, 문제는 이야기체로 되어 있지 않은 부분도 있다는 것이다. 성경 저자는 언제나 이야기만 하는 것은 아니다. 그 이유는 신앙의 어떤 국면에 대한 전달은 이야기보다 시나 교훈 및 잠언과 같은 형식이 효과적이기 때문이다. 설교에 있어서도 복음의 뼈대를 이루는 기본적인 이야기 구조가 바탕을 이루고 있다고 하더라도 어떤 개념을 제시하거나, 노래를 부르거나, 신앙의 논리적 특징을 설명하거나, 실제적 윤리를 말할 때와 같이 다른 방식으로 설교해야 할 때가 있다. 이와 같은 설교는 비록 이야기를 기본 축으로 할지라도 이야기 형식만이 그것을 전달하는 최상의 방식은 아닌 것이다.

둘째, 목회자 이미지의 경험적 부분에 대한 경고가 이야기꾼/시인에게도 동일하게 적용된다.

종교적 경험을 야기하는 능력만으로 설교를 평가하는 데에는 엄청난 신학적 위험이 따른다. 신학자인 헨드리쿠스 벌코프(Hendrikus Berkhof)는 구약에서 이스라엘이 끊임없이 여호와를 버리고 바알을 좇아간 이유에 대해서, 바알은 언제나 찾아가기 쉽고 가시적이며 예측 가능한 복을 주기 때문이라고 하였다.[62] 우리는 언제나 바알에게 종교적 경험을 기대하지만 여호와께서는 그렇게 하지 않으신다. 하나님은 대부분의 경우, 숨어 계시며 우리가 하나님을 간절히 필요로 할 때조차 나타나지 않으실 때가 많다. 결

---

[62] Hendrikus Berkhof, *Christian Faith: An Introduction to the Study of the Faith* (Grand Rapids: Wm. B. Eerdmans Publishing Co., 1979), 17.

국 하나님은 우리가 원한다고 항상 개입하여 우리를 감동시키시는 것이 아니며, 우리가 크게 감동을 받았다고 해서 그것이 모두 하나님이 하신 것은 아니다.

　대사 이미지는 성경의 메시지를 강조하거나(앞에서 말한 이야기에 관한 주제와 관련된 언어로 표현하자면) 혹은 성경에 나타난 "하나님의 이야기"를 강조한다. 반면 이야기꾼으로서 설교자는 하나님의 이야기와 우리의 이야기를 모두 중요시하며 우리의 이야기, 즉 현실적 삶에 관한 이야기를 하나님 이야기의 틀 속에 접목한다. 그 결과 성경과 현실적 삶 사이의 강력한 상호 작용이 나타날 수도 있지만, 그렇지 않고 단순히 두 이야기 간의 혼선만 야기할 수도 있다는 점을 명심해야 한다. 사람들은 자신의 삶에 대한 이야기를 다양한 방식으로 표현한다. 여기에는 "기독교적 이야기"도 있지만 자신의 가족에 관한 이야기, 민족에 관한 이야기, 인종에 관한 이야기, 직업에 관한 이야기, 정신적 성장에 관한 이야기도 있다. 가장 이상적인 것은 이러한 이야기 세계에서 기독교적 이야기가 규범적 중심이 되어 나머지 중요치 않은 이야기들을 비판적으로 말하는 것이다. 물론 주객이 전도되어 하찮은 이야기가 복음 이야기를 잠식하거나 대체할 위험도 있다.

　셋째, 이야기꾼/시인 이미지의 기교 있는 설교를 만들어내려는 시도는 단순한 "예술적" 설교를 만들어내는 것으로 끝날 수 있다.
　전설적 신학자 라인홀드 니버(Reinhold Niebuhr)가 젊은 시절 뉴욕시 "헬스 키친"에서 목사로 사역할 때 일기에 "나는 결코 멋있는 설교를 하는 설교자가 되려는 야망을 품지 않겠다. 나는 웅변가가 되려는 타락한 유혹에 빠지지 않기 위해 설교를 꾸미지 않을 것이다"라고 기록했다.[63] 니버가 말

---

[63] Reinhold Niebuhr, *Leaves from the Notebook of a Tamed Cynic* (Louisville: Westminster John

한 "멋있는 설교"는 결국 복음보다 언어적 미화에 더 집중하기 때문에 설교가 산만해질 수밖에 없다. 한 여자는 자신이 들은 많은 설교가 "국영 라디오 방송 에세이"처럼 흥미롭고 재미있지만 긴급성이나 요구하는 바가 없다고 불평한 적이 있다.

대사, 목회자, 이야기꾼/시인, 이 세 가지는 지금까지 설교학 분야에서 논의되어 온 설교자에 대한 대표적인 이미지이다. 지금까지의 내용을 통해 여러분은 자신의 설교관과 이들 이미지를 비교, 대조해 보았을 것이며 어떤 점이 좋은지 발견하고 스스로 비판도 해 보았을 것이다. 아마도 대부분의 사람들은 이들 세 가지 이미지 가운데 어느 하나에 얽매이기보다 이들 셋을 창의적으로 결합하여 시도해 보고 싶을 것이다. 어쩌면 여러분의 목회 현장이 목회자나 이야기꾼/시인보다 대사가 더 적합할 수도 있고, 그 반대의 경우일 수도 있다.

나는 여기서 설교자에 대한 또 하나의 이미지를 제시하고자 한다. 이것은 단순히 지금까지 제시한 것들에 더하여 항목을 하나 더 늘이겠다는 것이 아니라 이 부가적 이미지는 다른 어떤 이미지보다 기독교 설교의 진정한 특징을 잘 드러낼 수 있다고 믿기 때문이다. 사실 이 이미지는 다른 이미지가 가진 좋은 점들을 모두 모았으며, 창의적 균형을 통해 그들에게 있는 최고의 장점만을 취하였다. 또한 이런 설교자의 모습과 그것에 함축된 설교학적 내용들은 이 책의 나머지 부분을 통해 논의할 설교에 대한 확신을 보여준다. 나는 이런 설교자의 이미지를 "증인"이라 부를 것이다.

Knox Press, 1990), 15.

4. 증언 설교

설교자를 증인으로 보는 관점은 결코 새로운 것이 아니다. 이러한 시각은 성경에 깊은 뿌리를 두고 있으며, 사도행전 20장 24절과 같은 본문에 등장한다.

> 내가 달려갈 길과 주 예수께 받은 사명 곧 하나님의 은혜의 복음을 증언하는 일을 마치려 함에는 나의 생명조차 조금도 귀한 것으로 여기지 아니하노라(행 20:24).

증인에 대한 신약성경적 개념은 구약의 전례로부터 나온다. 다음은 이사야 43장 8-13절을 인용한 것으로, 굵은 색으로 강조한 부분을 눈여겨 보기 바란다.

> 눈이 있어도 보지 못하고 귀가 있어도 듣지 못하는 백성을 이끌어 내라 열방은 모였으며 민족들이 회집하였는데 그들 중에 누가 이 일을 알려 주며 이전 일들을 우리에게 들려 주겠느냐 그들이 그들의 증인을 세워서 자기들의 옳음을 나타내고 듣는 자들이 옳다고 말하게 하여 보라 나 여호와가 말하노라 **너희는 나의 증인, 나의 종으로 택함을 입었나니 이는 너희가 나를 알고 믿으며 내가 그인 줄 깨닫게 하려 함이라** 나의 전에 지음을 받은 신이 없었느니라 나의 후에도 없으리라 나 곧 나는 여호와라 나 외에 구원자가 없느니라 내가 알려 주었으며 구원하였으며 보였고 너희 중에 다른 신이 없었나니 그러므로 너희는 나의 증인이요 나는 하나님이니라 여호와의 말씀이니라 과연 태초로부터 나는 그이니 내 손에서 건질 자가 없도다 내가 행하리니 누가 막으리요

폴 리쾨르(Paul Ricoeur)는 한 중요한 논문에서 위의 본문을 주석하며 본문이 말하는 증인에 대한 4가지 주장에 대해 다음과 같이 제시하였다.[64]

① 증인은 스스로 증언하겠다고 앞으로 나서는 자원자가 아니라 오직 증언하기 위해 보내심을 받은 자이다.
② 증인의 증언은 인간 경험의 총체적 의미에 대한 것이 아니라 인간의 삶에 대한 하나님의 주장에 관한 것이다. 이러한 증언을 통해 실제로 증거하시는 분은 하나님이시다.
③ 증언의 목적은 모든 사람에 대한 선포이다. 증언을 하는 이유는 모든 사람으로 하여금 그것을 믿고 깨닫게 하기 위해서이다.
④ 증거는 단순히 말로만 하는 것이 아니라 말과 행동을 모두 포함한다. 증인의 모든 삶은 이 증거와 결부되어 있다.

우리는 여기서 증인이라는 개념과 설교의 관계를 한눈에 알 수 있다. 이런 면에서 볼 때 증인이라는 이미지가 설교학 분야에서 빛을 보지 못했다는 사실은 의아한 일이 아닐 수 없다. 그러나 여기에는 몇 가지 이유가 있다. 우선 "증언"이나 "증거"라는 용어는 보다 투쟁적인 복음 전도의 개념과 결부되어 사용되어 왔다는 것이다.

이들 개념이 혼용된 정황에는 무엇인가 인위적인 조작이 있었을 것으로 생각한 설교학자들은 이들 용어에 대한 확실한 개념 정립 없이 이 문제를 그대로 방치해 두었던 것이다. 이와 같이 해서 "증인"이라는 말은 그 자체로는 아무런 문제도 없는 적절한 단어이면서도 제대로 사용되지 못하는

---

[64] Paul Ricoeur, "The Hermeneutics of Testimony" in *Essays on Biblical Interpretation*, ed. Lewis S. Mudge (Philadelphia: Fortress Press, 1980), 131.

용어가 되고 말았다.

　더욱 중요한 것은, 설교학자들이 증인이라는 이미지에 큰 매력을 느끼지 못하였다는 사실이다. 그들은 이 용어가 자리를 잘못 잡았다고 생각했다. 증인은 법률 용어이다. 즉 증인은 법정에서 재판이 진행되는 중에 절차에 따라 법정에 서는 사람이다. 증인이라는 개념에는 이와 같이 법이나 재판과 관련된 분위기가 흠뻑 배어 있기 때문에 복음 전파와 관련된 은혜나 자유라는 개념과는 이미지 연결이 쉽지 않다.

　그러나 우리가 잊지 말아야 할 것은 여기서 말하는 설교자의 "증인" 이미지에는 설교자는 법률 제정자나 경찰이나 판사가 아니라 증언하는 자일 뿐이라는 의미가 함축되어 있다는 사실이다. 이런 견지에서 볼 때, 증인이라는 은유가 법정으로부터 나왔다는 사실은 이 용어가 설교자의 이미지로서 가장 적합하다는 주장에 설득력을 더해 준다.

　법정에서는 어떤 일이 일어나는가?

　사건이 발생한 것은 공적인 일이므로 재판은 공적인 장소에서 진행된다. 재판의 목적은 진실을 밝히기 위한 것이며 사람들은 진실을 알 권리가 있다. 증인이 증인석으로 올라와 증언하는 것도 이 진실을 밝히기 위해서이다. 그는 어느 면에서 보더라도 여느 사람과 동일하지만, 그가 그 자리에 선 것은 두 가지 자격을 갖추었기 때문이다. 하나는 그가 무엇인가를 목격하였다는 것이며, 또 하나는 자신이 목격한 것에 대해 기꺼이 진실을 말하되 모든 진실에 대해, 그리고 오직 진실만을 증언하겠다는 의지이다.

　어느 면에서 증인의 개인적 성품은 아무런 문제가 되지 않는다. 법정은 증인에게 관심이 있는 것이 아니라 오직 진실과 공의에만 관심이 있다. 그러나 또 한편으로 증인의 성품은 매우 중요하다. 증인이 거짓을 말하거나 거짓 증거를 할 경우 진실을 찾으려는 사람들의 판단력은 심각한 타격을 받기 때문이다. 리쾨르는 이렇게 말한다.

거짓 증거란 증인이 마음에 담고 있는 거짓말이며, 이와 같은 거짓 의도는 공의의 시행이나 전체 심리 과정에 치명적 결과를 초래하기 때문에 모든 도덕법은 가장 악한 죄질로 다루고 있다.⁶⁵

법정은 오직 증인에 의해서만 진실에 접근한다. 법정은 진실을 원하지만 이것은 어디까지나 증인의 증언을 통해서이다. 이 증언과 밀접한 관계를 갖고 있는 것이 바로 증인의 삶이다. 증인은 결코 그 자리를 벗어날 수 없으며, 오직 객관적 입장에서 증거를 제시해야 한다. 증인이 진실이라고 믿고 있는 것은 증거의 한 부분이 되며, 만일 증인의 주장이 사람들에게 받아들여지지 않을 경우 증인은 자신의 증언으로 인해 어려움을 겪게 되며, 심지어 죽임을 당할 수도 있다. 이런 점에서 신약성경이 증인을 순교자(martyr)라는 용어로 표현한 것도 결코 우연이 아니다.⁶⁶

그렇다면 과연 이런 증인의 이미지가 설교에서는 어떻게 반영될 것인가?

첫째, 증인 이미지는 다른 각도에서 설교자의 권위를 강조한다.

증인으로서 설교자는 서열이나 능력 때문이 아니라, 자신이 보고 들은

---

65 Ibid., 128-29.

66 David J. Lose는 자신의 유명한 저서 *Confessing Jesus Christ: Preaching in a Postmodern Word* (Grand Rapids: Wm. B. Eerdmans Publishing Co., 2003)에서 고백적 설교 모델을 주장하였다. Lose는 신앙을 고백하는 설교자가 복음의 진리를 제시하는 증인보다 인격적으로 더욱 복음과 가깝다고 주장하지만 나는 궁극적으로 두 이미지 사이에는 별 차이가 없다고 생각한다. 고백적 이미지는 설교자 개인의 신앙을 더 강조하지만 증인은 자신이 확신하거나 경험하지 못한 신앙의 국면들에 대해서도 증거할 수 있다는 점에서 증인의 이미지는 보다 종말론적이라고 할 수 있다. 증인은 이와 같이 경험하지 못한 국면들을 볼 수 있고 제시할 수 있으며 그것이 사실임을 예상하여 알 수는 있지만, 그것을 개인적으로 경험한 완전한 확신처럼 주장할 수는 없다.

것 때문에 권위를 가진다. 설교자가 성경 본문과 씨름하며 설교를 준비할 때 설교자는 단지 본문에 대한 정보만 모으는 것이 아니다. 설교자는 본문을 통해 하나님의 음성을 듣고, 그의 임재를 기다리며, 하나님과의 만남을 간절히 기대해야 한다. 그러기 전에는 설교자는 강단에서 어떤 말도 할 수 없다. 오직 이런 일을 경험한 후에야 비로소 성경을 통해 자신이 듣고 본 것에 대한 증인이 될 수 있으며, 이렇게 보고 들은 것으로부터 설교자의 권위도 나오는 것이다.

그렇다면 설교자는 회중석에 앉은 사람들보다 더 기독교적 경험이 많기 때문에 권위가 있다는 말인가?

물론 그렇지는 않다. 회중 가운데는 설교자보다 더 신앙적 경험이 풍성하고 성숙하며, 시험에서 승리한 사람들이 얼마든지 있다. 더구나 그들 가운데는 더 많은 교육과 풍부한 상식 및 인간성에 대한 지식을 가진 사람도 있고, 심지어 설교자보다 성경이나 신학적 지식이 더 풍부한 사람도 있다.

설교자에게 권위가 있다는 말은 결코 그가 다른 사람보다 더 똑똑하다는 의미가 아니다. 이 말은 그가 회중을 대표하여 매주 성경으로 보냄을 받는 자라는 뜻이다. 회중은 교회의 생명이 오직 성경을 통해 하나님의 언약과 말씀에 대한 진리를 듣는 데 달려 있다는 것을 알고, 설교자를 따로 세워 성경을 통해 이러한 진리를 듣는 중요한 사명을 맡긴 것이다. 이와 같이 설교자의 권위는 성직수임으로 인한 권위이자, 신실한 공동체로부터 설교 사역을 위해 특별히 세움을 받은 권위이며, 증인으로서의 "선서"를 통해 부여받은 권위이다.

따라서 교회는 이들에게 신학교나 다른 교육 기관에 파송하는 등의 준비와 훈련을 시킨다. 이것은 결코 그들이 다른 신자들보다 더 낫거나 똑똑해서가 아니라 교회가 진리를 알고, 그것에 따라 살도록 인도해 주는 사역자가 필요하기 때문이다.

설교자가 성경에서 하나님의 진리를 듣기 위해 보냄을 받은 사람이라면 설교자는 마땅히 성경에 귀를 기울여야 할 뿐 아니라 그 방법 또한 알아야 할 것이다. 또한 설교자가 회중의 대표로 보냄을 받은 사람이라면 그들의 말에도 귀를 기울일 수 있어야 한다. 그러기 위해서는 올바른 마음가짐은 물론 전문적인 준비도 필요하다. 신학교는 교회를 가르치는 선생을 양산하는 것이 아니라, 신실한 증인이 되도록 훈련시키는 곳이다. 신실하지 못한 증인은 설사 진리를 전한다 하더라도, 진리를 경험하려는 공동체의 열망은 이와 같은 거짓 증인이나 신뢰할 수 없는 증인들로 인해 심각한 손상을 입게 된다.

둘째, 증인 이미지는 성경에 접근하는 방법을 구체화한다.

증인은 사건에 대해 증거하며 우리는 설교자가 증거하는 사건을 통해 하나님과 만난다. "너희로 나를 알고 믿으며 내가 그인 줄 깨닫게 하려 함이라"는 이사야서의 말씀도 바로 이 사건에 관한 언급이라고 할 수 있다. 성경은 우리가 하나님을 알 수 있는 가장 핵심적인 방법 중 하나이다. 그것은 성경이 하나님의 본질에 대해 추상적으로 제시하기 때문이 아니라, 성경 자체가 우주 만물에 대한 하나님의 역사하심을 보여 주는 신실한 증인이기 때문이다.

우리는 성경을 통해 하나님이 이야기의 핵심적인 "등장인물"이며, 하나의 "인격체"로 사람들과 관계하신다는 사실을 안다. 또한 우리는 성경을 통해 그가 인생을 창조하시고, 심판하며, 구원하며, 사랑하며, 파멸하며, 용서하며, 새롭게 하시는 분이라는 사실도 안다. 린드벡은 이렇게 주장한다.

성경의 일차적 초점은 하나님의 존재 자체가 아니다. 성경은 하나님의 존재에 관한 책이 아니기 때문이다. 오히려 성경은 우리가 어떻게 살 것인가에 대해 초점을 맞추며, 이스라엘에 관한 이야기나 예수님에 관한 이야기에는 이러한 삶의 전형으로서 하나님의 성품으로부터 추론할 수 있는 모든 실재(reality)가 잘 나타나 있다.[67]

그렇다면 우리는 언제 어디서나 선포되는 신앙이나, 또는 하나님에 관한 일련의 사실들을 수집하기 위해 성경으로 가는 것이 아니다. 우리가 성경으로 가는 이유는 하나님의 임재를 경험하기 위해서, 그리고 언제나 새롭게 말씀하시며 하나님의 신실한 백성으로서의 삶의 현장으로 부르시는 음성을 듣기 위해서 성경으로 가는 것이다.

설교자가 연구실에 홀로 앉아 본문과 씨름하며 설교를 준비하는 모습은 결코 바람직하지 않다. 성경으로 가는 것은 설교자가 아니다. 설교자를 통해 교회 전체가 성경으로 가는 것이다. 설교자는 공동체의 일원으로서, 그들로부터 구별되어 성경으로 가서 그들을 대표하여 성경을 조사하고 연구하며 순종하는 마음으로 귀를 기울인다.

그러므로 설교자는 결코 홀로 성경으로 가는 것이 아니다. 설교자는 신실한 공동체를 대표하여, 어떤 의미에서는 세상을 대표하여 성경으로 가는 것이다. 설교자의 생각과 마음에는 모든 회중의 질문과 요구가 담겨 있다. 설교자는 본문에 담긴 하나님의 진리를 간절히 사모하는 마음으로 성경을 탐구하며, 그것을 발견할 때마다 언제나 기쁨에 넘치게 된다. 설교자를 파송한 사람들은 나름대로 질문과 관심사가 있으며 본문은 이러한 질문이나 관심사에 대해 직접 답하기도 한다.

그러나 때때로 본문은 이러한 것들에 대해 더욱 의문을 품게 하는 경우도 있다. 성경에서 발견된 진리는 문제를 해결하거나 아니면 그 문제를

---

[67] Lindbeck, *The Nature of Doctrine*, 121.

더욱 심화시킨다. 거기서 발견된 진리는 새로운 종교적 경험을 부여하기도 하지만, 때로는 하나님의 부재하심에 대한 확신만 심어 줄 때도 있다. 교회와 세상이 설교자를 통해 어떠한 요구를 본문으로 가져왔든, 일단 성경을 통해 하나님의 뜻이 드러나고 음성이 들려지면 설교자는 기다리는 자들에게 돌아가서 진리를 전해야 한다.

셋째, 증인 이미지에는 설교의 수사학적 형식에 대한 지침도 담겨져 있다.

증인은 추상적인 언어로 막연히 증거하는 것이 아니라, 자신이 보고 들은 사건을 가장 효과적으로 전달할 수 있는 말이나 형식을 찾아 구사해야 한다. 증인이 증거하는 진리에는 나름대로의 언어적 형식이 갖추어져 있으며, 증인은 이러한 형식을 드러내 보여 줄 책임이 있다는 주장도 맞는 말이다.

증인은 "자신의 이야기를 들려 달라"는 요청을 자주 받는데, 이것은 이야기꾼 이미지의 대표적 특징인 이야기(narrative)가 증인 이미지와도 무관하지 않다는 것이다. 그러나 진리는 상황에 따라 다른 형식의 수사학을 필요로 한다. 다시 말하면 설교에는 다양한 수사학적 형식이 필요하나, 이것은 결코 하나의 치장으로서가 아니라 어디까지나 설교자가 전하는 진리의 내용이 무엇이냐에 따라 해당 본문의 문학적 지배를 받는 수사학이 필요하다는 것이다.

이와 같이 증인의 설교 형식은 증언의 내용과 부합해야(무엇을 증거하느냐에 따라 달라져야) 한다. 성경학자 산드라 슈나이더(Sandra Schnbeiders)는 다음과 같이 말했다. "증언을 함에 있어 어느 정도 문학적 장르의 영향을 받으면서 그것을 구체화해야 한다. 주로 이야기(narrative)가 여기에 해당하나 직접적 선포, 잠언, 속담, 시, 기도 및 교리와 같은 장르도 있다."[68]

넷째, 증인은 중립적 관찰자가 아니다.

진리는 증인이 경험한 것보다 광대하며, 증인은 언제나 설교자 자신의 개인적 신앙보다 광범위한 복음을 증거하지만 증인으로서 설교자는 어느 정도 그것을 경험하였기에 증거된 복음으로부터 분리될 수 없다. 이것은 특히 신약성경의 증인 개념에서 찾아볼 수 있다. 신약에서 증거는 말과 함께 행동으로도 제시된다. 증인은 종종 딱딱한 진리나 거부감을 주는 진리를 전하기도 하며 때로는 엄청난 위험을 무릅쓰면서까지 전하기도 한다. 폴 리쾨르는 "이 사역(증인의 사역)은 말과 행동, 그리고 극단적인 경우에는 생명까지 내놓아야 하는 전인적 사역"이라고 했다.[69]

또한 증인은 자신의 입장이 그가 본 것에 영향을 준다는 점에서 중립적이지 않다. 다시 말하면 증인이 어떤 환경에 서 있느냐 하는 것은 매우 중요하다는 말이다. 증인으로서 설교자는 구체적인 신앙 공동체의 일원이자 그들과 함께하는 자로서, 하나님의 뜻을 찾고 정의를 갈망하며 복음에 신실하려고 애쓰는 공동체의 선한 싸움에 깊이 관여되어 있다. 증인이 속하여 보냄을 받은 신앙의 공동체가 도시든 시골이든, 흑인이든 아시아인이든, 부자든 가난한 자든, 권력이 있든 없든, 이러한 환경들은 모두 설교의 성격을 확실히 규명해 준다.

우리는 특히 해방신학이나 여성신학을 주창하는 신학자들의 저술을 대하면서 복음서를 아무런 주관 없이 "무심하게" 읽는다는 것이 가능하지

---

[68] Sandra M. Schneiders, *The Revelatory Text: Interpreting the New Testament as Sacred Scripture* (San Francisco: HarperSanFrancisco, 1991), 137.

[69] Ricoeur, "The Hermeneutics of Testimony," 131.

도 않으며 또 그것이 꼭 바람직한 것만도 아니라는 사실을 알고 있다. 효과적인 설교는 주어진 환경에 초점을 좁혀 맞출 수 있다는 장점이 있다. 증인으로서 설교자는 구체적인 신앙 공동체의 선교에 직접 동참하며, 그들을 대표하여 성경으로 가서 그날 그곳에 필요한 특정한 말씀을 듣기 때문이다.

다섯째, 증인 이미지는 설교의 교회적 배경 및 제의적 배경에 대해서도 강조한다.

항상 그런 것은 아니지만, 교회 예배는 피조물을 타락시키고 인간의 삶을 노예화하는 모든 세력과 하나님의 공의가 팽팽히 맞서 있는 위대하고 우주적인 재판을 극적으로 재현한다. 이 재판에서 오직 그리스도만이 참되고 신실하며, 유일한 증인이다.

> 내가 이를 위하여 태어났으며 이를 위하여 세상에 왔나니 곧 진리에 대하여 증거하려 함이로라(요 18:37).

모든 인간의 증거는 그리스도의 증거에 신실한 만큼 권위를 가진다.

> 너희도 처음부터 나와 함께 있었으므로 증거하느니라(요 15:27).

리처드 펜(Richard Fenn)은 "모든 고소가 끝나고 재판이 마치는 것은 오직 주의 날뿐이다"라고 하였다. 그는 계속해서 "하나님의 백성들이 주의 날이면 언제나 그래왔던 것처럼 법전이 읽혀지고 자백과 증언이 있으며, 다시 한번 평결이 선언되는 모의재판을 행하는 것도 그 때문이다"라고 밝혔다.[70]

---

[70] Richard K. Fenn, *Liturgies and Trials* (New York: Pilgrim Press, 1982), 27.

바울이 고린도교회의 성도들에게 보낸 서신에는 기독교 공동체의 삶과 증인의 관계에 대해 다음과 같은 언급이 있다.

> 그리스도 예수 안에서 너희에게 주신 하나님의 은혜를 말미암아 내가 너희를 위하여 항상 하나님께 감사하노니 이는 너희가 그 안에서 모든 일 곧 모든 언변과 모든 지식에 풍족하므로 그리스도의 증거가 너희 중에 견고하게 되어(고전 1:4-6).

여섯째, 증인 이미지에는 공식적인 권위 구조에서 벗어나 복음에 대한 자신의 경험을 전하는 설교자도 포함된다.

안나 카터 플로렌스(Anna Carter Florence)는 미국의 초기 여성 설교자에 대한 연구를 통해 이러한 설교자들은 대부분 설교를 한 것이 아니라 "증언"을 했다는 사실을 발견했다.[71] 이것은 그들이 남자 목회자에게만 허락된 특권을 이용했다는 비판이나 비난을 피하게 했다. 그러나 카터-플로렌스는 계속해서 이러한 증거나 증인은 "본인들이 무엇이라고 부르든, 지지자와 대적자 모두 **설교**로 생각했다"라고 말한다. 그것은 공인된 채널 밖에서 이루어졌지만 "모든 신자에게 열려 있고, 새롭고 강력하며 위험한 것처럼 보였기 때문"이다.[72]

---

[71] Anna Carter Florence, *Preaching as Testimony* (Louisville: Westminster John Knox, 2007), xix.

[72] Ibid., xx.

5. 설교와 예배

기독교 설교는 교회 안에서는 물론, 교회를 통해 세상을 향해서도 그리스도를 증거한다. 설교는 예배를 위해 모인 기독교 공동체라는 울타리 안에서만 행해지는 것이 아니라 길모퉁이, 감옥, 병원, 학교, 공공장소와 같은 바깥세상에서도 행해진다. 교회에서의 설교와 세상에서의 설교는 근본적으로 다르지 않다. 다만 그리스도를 증거하는 행위가 일어나는 상황이 다를 뿐이다. 데이비드 버트릭의 말처럼 설교란 "사람들을 불러 모아 죽음과 부활을 통해 세상에서 새로운 삶을 살도록 자유를 주신 그리스도의 사역을 지속"하는 것이다.[73]

이와 같이 설교와 신앙 공동체는 상호적 실체(reciprocal realities)의 관계에 놓여 있다. 설교를 통해 그리스도에 대한 증거를 듣고 믿은 사람들이 모인 것이 신앙 공동체이며 이들 역시 증거하고 가르치는 동일한 사역을 계속한다. 몰트만은 "모든 언어는 공동체 내에서 살아 역사하기 때문에 복음 선포는 언제까지나 공동체에 속한 사역이다"라고 주장하였다.[74] 세상에서 그리고 세상을 위해, 설교나 자신의 모든 삶을 통해 그리스도를 증거하는 일을 지속하는 것도 바로 이 공동체이다.

대부분의 경우 거의 모든 설교는 신앙 공동체의 예배라는 상황적 울타리 안에서 일어난다. 이것은 설교가 또 하나의 복음 증거에 해당하는 예배라는 보다 큰 극적 구조 속으로 녹아들어가 있다는 뜻이기도 하다. 물론 여기에는 설교와 다른 예배 순서의 관계에 대한 여러 가지 실제적인 함축들이 담겨져 있다. 그러나 보다 근본적으로 설교는, 단지 설교자 개인에 의해 수행되는 것이 아니라 교회 전체의 신실한 행위라는 것이다.

---

[73] Buttrick, *Homiletic*, 451.
[74] Moltmann, *The Church*, 224.

제2장 성경적 설교

내가 첫 번째 목회지에서 사역할 때… 집사님 가운데 한 분이 매주일 아침마다 같은 질문을 한 적이 있다.… 그는 언제나 '목사님 주님으로부터 받은 말씀이 있습니까?'라고 물었다. 사람들이 듣고 싶어 하는 음성은 사실 설교자의 음성이 아니다. 사람들이 모여 듣고 싶어 하는 메시지는 그날 설교자가 생각하고 있는 재치나 지혜가 아니라는 말이다. 많은 세월이 흘렀지만 지금도 설교를 준비하여 강단에 설 때면 '목사님 주님으로부터 받은 말씀이 있습니까?'라는 그 집사님의 음성이 귓전을 울린다.
_ 마빈 A. 맥믹클(Marvin A. McMickle), 『목마른 영혼을 위한 생수』(*Living Water for Thirsty Souls*)

설교자가 성경을 진지하게 대할 때 모든 놀라운 일들이 일어난다.
_ 린더 E. 켁(Leander E. Keck), 『강단에서의 성경』(*The Bible in the Pulpit*)

제2장

성경적 설교

　복음을 증거한다는 것은 진지하고 책임감 있게 성경적 설교에 임한다는 의미이다. 복음을 증거하는 설교자는 그날의 이슈에 대한 자신의 의견을 말하는 것이 아니라 말하기 전에 먼저 성경으로부터 듣는다. 모든 설교는 오직 성경 본문이 중심이 되어 그것이 설교 내용과 목적을 이끌어 갈 때 비로소 진정한 성경적 설교가 된다.

　보다 구체적으로 말하면, 성경적 설교란 성경 본문이 삶의 어느 한 국면과 교차할 때 일어나는 정황이나 그 순간에 우리에게 말씀하시는 것에 대해 진실을 말하는, 즉 증거하는 것이다. 성경적 설교란 단순히 성경에 대해 말하거나, 그것으로 교리 논쟁을 하거나, 매일의 삶에 성경적 "원리"를 적용하는 것이 아니다. 성경적 설교란 설교자가 성도를 대표하여 기도하는 마음으로 성경의 음성에 귀를 기울이고, 그곳에서 들리는 그리스도에 관한 음성을 여과 없이 전할 때만이 가능한 것이다.

　성경적 설교는 설교할 때 성경을 얼마나 많이 인용하느냐와 상관없이 현재적 경험과 관련하여 얼마나 성경을 신실하게 해석하느냐에 달려 있다. 유명한 설교자 에드먼드 스타이믈(Edmund Steimle)은 "성경으로 시작해서 성경으로 끝나는 설교라고 해서 모두 성경적 설교는 아니다"라고 했다.

1. 규범으로서의 성경적 설교

성경적 설교는 기독교 설교의 규범적인 형태이다. 이 말은 두 가지 의미로 해석할 수 있다. 즉 어떤 행위가 "규범"이라는 말은 지금까지의 통상적인 관례(보편화된 행위로서의 표준)를 의미하거나 다른 모든 행위의 잣대가 되는 기준(일정한 규칙이나 규범으로서의 표준)을 의미하는데, 성경적 설교가 규범이라는 말은 이 두 가지 의미를 모두 포함한다.

역사적으로 성경적 설교는 전자의 의미로서 규범이었다. 즉 일반적이고 가장 보편화된 관례라는 것이다. 설교는 성경에 기초해야 한다는 논리에 대해 여기저기서 의구심을 나타내었지만 지난 수 세기 동안 성경과 설교의 관계는 확고히 유지되었다. 루터교 신학자 윙베 브릴리오스(Yngve Brilioth)는 기독교 설교의 역사를 연구하면서 설교와 성경의 이러한 유대 관계는 처음부터 시종일관 기독교 설교의 특징이었음을 발견하였다. 브릴리오스는 기독교 설교가 회당 설교를 본떴으며 "성경 본문 해석에 그 뿌리를 두고 있다"라고 지적하였다.[1] 예수님은 나사렛 회당에서 가르치실 때(눅 4장) 성경을 인용하였으며, 그 후 대부분의 기독교 설교자들은 그런 식으로 설교해 왔다.

또한 성경적 설교는 평가 기준의 의미로서도 규범이다. 성경 본문에 철저히 기초한 설교는 모든 다른 유형의 설교를 평가하는 기준이 된다. 우리가 특정 설교에 대해 "기독교적 설교입니까?"라고 묻는 것은 사실상 그 설교가 예수 그리스도의 하나님에 대해 진실하고 충실하게 증거하고 있느냐고 묻는 것이며, 이 질문에 대답하기 위해서는 우리에게 예수 그리스도의 하나님을 알고 만나게 해 준 성경 이야기로 돌아가지 않을 수 없다.

---

[1] Yngve Brilioth, *A Brief History of Preaching*, trans. Karl E. Mattson(Philadelphia: Fortress Press, 1965), 9.

예를 들어, 누군가가 노골적인 인종 차별을 주장하는 가증스러운 설교를 하거나 어떻게 하면 시간에 쫓기지 않고 고달픈 사회생활을 잘 할 수 있을 것인가와 같은 세속적인 설교를 할 경우, 우리는 그 설교가 우리를 화나게 하거나 만족을 주지 못해서가 아니라 성경이 증거하는 복음의 심오한 진리나 이상에 반대되기 때문에 차원 낮은 설교로 여겨 거부하게 된다.

성경적 설교가 평가의 기준이 되는 하나의 규범이라면, 하버드 설교자 조지 버트릭(George Buttrick)의 말처럼 "성경적 설교 외에는 모두 진정한 설교가 아니라는 것인가?"[2]

그렇지 않다. 지난 수년 동안 특정 본문에 근거하지는 않았으나 감동적이며 신실한 복음적 설교가 많이 있었던 것이 사실이다. 종종 "주제 설교"라 불리는 이런 설교는 특정 성경 본문에 기초하지 않고 일반적인 신학적 주제나 교리 및 신조와 같은 내용을 다룬다. 이들은 비록 표준을 따르지는 않았으나 그들이 다루는 교리적 내용 자체는 어느 정도 성경 해석의 결과로 나온 산물이기에 성경 본문과의 직접적인 만남으로부터 단지 한 발자국 벗어나 있을 뿐이다.

성경은 언제나 교회가 복음을 이해하고 신학을 형성하도록 돕는 틀을 제공한다. 따라서 감동적인 주제 설교가 다루는 신조나 신학적 주제는 모두 이미 성경과의 만남을 통해 경험한 산물이라고 할 수 있다. 이와 같이 성경 해석은 겉으로만 드러나는 것이 아니라 설교의 배후에도 존재하기 때문에 모든 복음적 설교는 어떤 면에서 성경적 설교라고 할 수 있다. 설교학자 데이비드 버트릭(David Buttrick)은 이렇게 말한다.

---

2   George Arthur Buttrick, "The Bible and Preaching," in *The Interpreter's One-Volume Commentary on the Bible*, ed. Charles M. Laymon (Nashville: Abingdon Press, 1971), 1255.

우리는 성경 내용만 다룬다고 해서 설교가 더욱 경건해지는 것이 아니라는 사실을 알아야 한다. "성경적인" 설교 가운데는 따분하고 천박하며 심지어 이단적 내용을 담고 있는 설교도 있다.… 마찬가지로 성경에 관한 언급은 전혀 없으면서도 실제로 정신이나 내용면에 있어서 "성경적인" 설교도 있다. 그러나 시대를 통하여 볼 때 유대 공동체나 기독교 공동체 안에서 이루어지는 모든 설교는 거의 성경에 의존하였음을 볼 수 있다.[3]

이와 같이 성경적 설교는 두 가지 면에서 "규범"이 된다. 성경에 대한 진지한 태도는 성경을 평가하는 기준이 되며, 매주 이루어지는 정상적인 설교는 특정 성경 본문에 기초해야 한다. 이와 같이 엄격한 의미에서의 성경적 설교는 하나의 규칙이 되어야 하며 예외가 되어서는 안 된다.

그 이유는 무엇인가?

성경의 특정 본문을 다룬 성경적 설교가 하나의 규칙으로서 규범인 이유는 무엇보다도 이러한 설교가 교회의 인식론을 재연하기 때문이다. 쉬운 말로 하면, 성경적 설교는 교회가 하나님의 뜻을 알아 가는 가장 근원적이며 중요한 방법을 스스로 귀감이 되어 제시하기 때문이라는 것이다. 교회는 하나님의 임재와 뜻을 발견하기 위해 자신의 삶이나 예배, 세상, 신학, 문화 활동 등 여러 곳에서 찾을 수 있다. 그러나 가장 근본적이며 본질적인 방법은 성경을 통해서이다. 성경적 설교는 매주 동일한 방식으로 이러한 만남의 장을 제공한다.

전형적인 예배의 모습을 담은 비디오를 볼륨을 죽이고 본다고 생각해 보라.

---

[3] David G. Buttrick, "The Use of the Bible in Preaching," *The New Interpreter's Bible*, vol. 1(Nashville: Abingdon Press, 1994), 188.

시간이 되면 누군가 기도하고 성경을 읽는 모습을 볼 것이다. 그런 후 누군가(대개 성경을 읽은 사람) 설교를 시작할 것이다. 소리는 들을 수 없지만 이러한 기도와 성경 봉독 및 설교의 3중 행위는 교회로 하여금 하나님이 누구시며, 무엇을 요구하시는지를 알게 해 주는 제의적 행사를 재현한다는 점에서 많은 것을 시사해 준다.

그러면 교회는 어떻게 하나님의 인도하심을 발견하는가?

교회는 기도하는 마음으로 성경으로 가서 그곳에서 찾아낸 의미와 씨름한다. 성경적 설교는 이러한 인식 과정을 대표적으로 보여 주는 케이스이다.

또한 성경적 설교는 교회가 이와 같은 성경적 설교를 통해 그리스도를 본받아 간다고 믿기 때문에 표준이다. 성경의 영감에 관한 교리는 격한 대립적 논쟁과 이견의 역사를 가지고 있다. 그러나 성경이 무엇이며 그것이 "영감되었다"라는 말이 무슨 뜻이냐에 대해서는 신학적 분파 간에 이견이 있다 하더라도, 성경이 하는 일에 대해서만큼은 놀라울 정도로 한목소리를 내어왔다.

역사를 통해 교회는 열린 마음으로 성경을 대하고 의지할 때 오직 자신을 위해 말씀하시는 하나님의 음성을 들을 수 있을 뿐 아니라 이러한 만남을 통해 형성되는 하나님의 백성으로서의 정체성을 발견할 수 있다는 사실을 알았다. 성경적 설교는 이와 같이 중요하고 근본적인 통찰력의 모델이 되며, 따라서 책임감 있게 시행되기만 한다면 기독교 설교의 가장 기본적이며 전형적인 형태가 되는 것이다.

다르게 표현하면, 교회는 성경이 그리스도의 말씀이라는 것을 알기 때문에 성경에 귀를 기울인다. 이것은 성경 자체가 완전 무오하며 일관성이 있다거나 역사적으로 정확하다거나 성경의 모든 말이 하나님에 의한 구술이라는 말은 아니다. 이 말은 교회가 믿음으로 성경으로 갈 때 그리스도를 만날 수 있으며, 이러한 만남은 다른 곳에서 이루어지는 그리스도와의 만남을 이해할 수 있는 열쇠가 된다는 것을 알았다는 말이다. 제임스 바르(James Barr)는 이렇게 말했다.

> 기독교의 주된 신앙은 성경에 대한 것이 아니라 그리스도에 대한 것이다. 그것은 그리스도를 통해 하나님께로 나아간다는 믿음이며, 우리는 성경을 통해 그를 만나며 그는 우리와 교제하신다는 사실에 대한 믿음이다.[4]

교회가 성경으로 갈 때, 다른 곳과 달리 교회는 그리스도로 말미암아 생명의 양식을 공급받고 능력을 입게 되며 정체성의 변화를 경험하게 된다.[5]

따라서 기독교적 설교를 표준이라고 부르는 데는 충분한 이유가 있다. 설교와 성경 말씀은 불가분리의 밀접한 관계에 있기 때문에 월터 브루그만(Walter Brueggemann)과 같은 성경학자는 오늘날 설교자들은 스스로에 대해 성경을 맡은 "서기관"과 같이 여겨야 한다고 주장한다.

물론 신약성경은 서기관을 종종 예수님을 대적하는 자로 묘사하기 때문에 이 말을 선뜻 받아들이기 힘들는지도 모른다. 그러나 항상 그런 식으로 묘사된 것은 아니다. 실제로 예수님은 제자들을 "천국의 제자된" 서기관으로 지칭하셨으며(마 13:52), 브루그만이 말한 것도 바로 이런 의미에서 "하나님의 새로운 통치를 위해 준비된" 말씀의 청지기를 말했던 것이다.[6]

---

4   James Barr, *The Scope and Authority of the Bible* (Philadelphia Westminster Press, 1980), 55.
5   David Kelsey, *The Uses of Scripture in Recent Theology* (Philadelphia: Fortress Press, 1975), 208.
6   Walter Brueggemann, *Inscribing the Text: Sermons and Prayers of Walter Brueggmann*, ed. Anna Carter Florence (Minneapolis: Fortress Press, 2004), 17.

설교자는 종종 자신에 대해 왕과 맞섰던 나단이나 바로에게 도전하였던 모세와 같은 선지자나 영웅으로 생각하고 싶어 한다. 그러나 설교자의 진정한 역할은 브루그만이 말한 것처럼 말씀을 맡은 자가 되는 것이다. 브루그만은 "결국 서기관은 바로 왕 앞에 선 모세가 되려 하지 않았다. 그들의 역할은 성경 해석과 이미지화를 통해 공동체에 유익과 생명을 주는 능력과 진리 사이의 적절한 긴장 구도를 유지하는 것이다"라고 주장한다.

그는 계속해서 실제로 성경은 모세나 예레미야나 엘리야를 주역으로 묘사하지 않는다는 사실을 공동체에게 상기시켜 주는 자는 서기관이라고 말한다. 이러한 본문에서 서기관은 오직 하나님에 관한 것만 알고 주장할 뿐이다. 브루그만은 "약속과 구원 그리고 명령을 하는 자는 모세나 선지자가 아니라 하나님이시며, 서기관은 동일한 하나님이 현대적 서기관의 성경 해석을 통해 다시 한번 역사하실 것을 믿었다"고 말한다.[7]

왜 성경인가?

성경은 해방하는 능력이 있기 때문이다. 브루그만은 이것을 "대안적 상상력"(counter-imagination)이라고 부른다. 즉 전쟁과 죽음의 공포에 싸여 있는 문화적 이미지에 대한 대안으로서 세상을 바라보는 방식이라는 것이다. 브루그만은 다음과 같이 주장한다.

> 이러한 대안적 상상력은 서기관이 가진 하늘나라의 값진 재산이다. 그것은 말씀, 빵과 말씀, 그리고 포도주와 말씀에 의해 일어난다. 가장 오래된 이야기라 할지라도 가장 새로운 노래로 변한다. 이제 교회는 모세, 나단, 엘리야와 다니엘 및 다른 모든 사람들에 관한 이야기를 자유, 위기, 활력, 용기로 가득 찬 노래로 바꾸어 부른다. 하늘나라의 제자된 서기관들의 공헌

---

[7] Ibid., 13.

은 그만큼 지대하다.[8]

따라서 매주마다 이어지는 설교는 모두 이와 같이 믿음을 가지고 만남의 장소인 성경의 땅으로 들어서는 행위이다. 성경을 읽고 설교하는 역동적인 행위는 모두 교회가 복음을 깨닫는 과정에 해당하며, 설교자나 청중이 모두 간절히 바라는 것은 그리스도의 본을 받아 영적으로 성숙하며 다시 한 번 새로운 변화를 경험하는 것이다.

2. 성경, 신학, 그리고 현대적 경험

교회를 대표하여 성경으로 가는 설교자는 결코 그냥 가지 않는다. 설교자는 자체적인 신학적 전통과 사회적 지위 및 성경과 기독교 복음의 본질에 대한 사전 지식을 가진 신앙의 공동체로부터 온다. 따라서 설교자는 이미 형성되어 있는 일련의 기존 체계와 기대를 가지고 성경으로 간다. 성경과의 만남이 실제로 이루어질 경우 이러한 기대는 허물어지거나 충족되거나 양자 모두일 수도 있지만, 그럼에도 불구하고 이들은 모두 성경 해석의 중요한 요소가 되며 설교자는 이들 모두를 성경으로 가지고 간다.

설교자가 본문 해석을 위해 가져가는 모든 것에 대해 설명할 수는 없지만 적어도 세 가지 중요한 이해의 틀에 대해서는 살펴볼 필요가 있다.

---

[8] Ibid., 19.

1) 비평적 성경관

우리는 성경이 특정 시간과 장소라는 상황 하에서 사람에 의해 기록된 일련의 기록물이라고 알고 있다. 그들은 신실한 통찰력과 함께 문화적 배경이라는 제약 속에서 성경을 기록하였다. 이것은 교회가 성경 말씀에 순종하는 마음으로 귀를 기울여야 할 뿐 아니라 그 시대 인간들의 산물로서 성경을 해석해야 한다는 뜻이다. 제임스 바르의 말과 같이 "우리가 성경은 하나님을 만날 수 있는 본질적인 만남의 장을 제공한다는 사실을 안다고 해서 우리가 성경을 비판적으로 사용해야 할 권리와 의무가 있다는 사실이 달라지지는 않는다."[9]

크리스천 베커(J. Christian Beker)는 성경 해석의 목적을 "촉매적 읽기"로 설명한다. 즉 성경을 해석하는 목적은 복음을 통해 두 종류의 상이한 문화적 지평을 가로질러 연결하는 힘을 체험하기 위해서라는 것이다. 여기서 말하는 첫 번째 지평은 본문 자체의 배경이 되는 문화적 세계이다. 모든 본문은 특정 시간과 장소의 산물이며, 따라서 당시의 문화적 입장과 또한 반드시 복음적이지만은 않은 여러 가지 가정들을 반영한다. 두 번째 지평은 우리 시대의 문화, 즉 해석자가 살고 있는 시대의 문화이다. 이것은 특히 본문에 대한 억지 해석이 난무하는 시대의 문화이기도 하다. 베커는 다음과 같이 말했다.

성경에 대한 촉매적 읽기란 결국 본문이 우리에게 주장하는 것을 듣기 위한 것이지만 단순한 문자적 적용이나 시대착오적인 적용(예를 들어, 노예 제도나 여성이 남성의 지배를 받는 당시의 문화적 배경을 오늘날의 문화에 직접 적용하

---

[9] Barr, *The Scope and Authority of the Bible*, 55.

려는 것과 같은 경우)은 거부한다. 또한 촉매적 읽기는 마치 오늘날의 관점을 고대의 상황에 그대로 적용할 수 있는 것처럼 생각하는 현대적 편견도 거부한다. 그러므로 성경 해석에 대한 촉매적 읽기란 우리 시대에 적합한 형태로 변경하는 것일 뿐 결코 본질을 바꾸는 것이 아니다. 다시 말하면 본문의 권위에 대한 촉매적 관점은 성경이 갖고 있는 다양한 요소들, 특히 영속적인 내용(일관성)과 시대적 상황이라는 제약을 받는 부수적 설명(우발적 사건)을 구별한다.[10]

물론 영속적 복음과 시대적 제약을 받는 내용들을 구별할 수 있는 방법이나 단계적 과정이 있다면 좋겠지만 그런 것은 존재하지 않는다. 성경은 인간의 언어로 기록되었으며 일정한 사회적 상황 안에서, 또한 그러한 상황을 위해 기록되었기 때문에 성경에 관한 모든 것은 문화적인 제약을 받지 않을 수 없다. 성경이 궁극적으로 언급하는 내용은 결국 하나님이기 때문에 성경에 관한 모든 것은 복음과 연결된다.

예를 들어, 어떤 설교자가 에베소서 6장 5절 이하를 설교하면서 "종들아 두려워하고 떨며 성실한 마음으로 육체의 상전에게 순종하라"는 본문을 그대로 반복한다면 비웃음만 받게 될 것이다. 이 설교자는 기껏해야 복음을 어리석고 시대에 뒤떨어진 언어로 제시한 것밖에 되지 않으며 최악의 경우 한 걸음 더 나아가 가증스럽고 공격적인 언어까지 사용한 것이 된다.

그렇다면 이와 같이 "문화적 제약을 받는" 본문은 제쳐두고라도 사회적 편견에서 비교적 자유로운 다른 본문, 예를 들어, 에베소서 2장 8절 같은 경우는 어떤가?

그러나 "너희가 그 은혜에 의하여 믿음으로 말미암아 구원을 받았으니

---

[10] J. Christiaan Beker, *Suffering and Hope* (Philadelphia: Fortress Press, 1987), 25.

이것이 너희에게서 난 것이 아니요 하나님의 선물이라"는 말씀도 그리 간단한 것이 아니다. 에베소서 6장의 본문을 자세히 주의해서 보면 오늘날 그리스도인들이 쉽게 수긍하기 어려운 문화적 내용들로 가득하지만, 한편으로 본문은 다른 영적 교훈을 드러내 준다.

본문에 담긴 살아 있는 뜻은 우리를 차별 없이 대하신 그리스도 안에서 하나님과의 관계를 유지할 때 세속적 구조로부터 자유로워지라는 것이다. 이러한 주장은 에베소서에서 노예 제도에 대한 수정을 요구하고 있으며 결국 본문의 참된 의미는 이 제도를 폐지하라는 것이다. 더구나 에베소서 2장 8절의 경우 "은혜"나 "구원"이나 "믿음"과 같이 시대를 초월한 보편적 개념들도 사실상 하늘로부터 내려온 것이 아니다. 이들 역시 다양하고 오랜 문화적, 신학적 유산을 가진 개념들이다.

여기서 핵심은 문화적 배경을 가진 본문도 복음적 내용이며, 복음을 외치는 본문 역시 문화적 제약에서 자유로울 수 없다는 것이다. 휴지를 둘로 나누는 외과적 시술이나 알곡을 겨로부터 분리하는 확실한 방법은 없다. 성경 안에서, 그리고 성경을 통해 하나님의 말씀을 듣기 위해서는 그것이 우리에게 복을 주기 전까지는 놓지 않겠다는 신실한 상상력이 요구된다. 궁극적으로 문화적 제약을 받는 성경 본문을 통해 복음을 듣는 방법은 이들 본문에 대해 배우고 비판적으로 연구할 뿐만 아니라 신앙 공동체에서 함께 생활하며 예배하는 믿음의 사람들처럼 성경에 귀를 기울이는 것이다.

이것이 바로 가톨릭성경위원회가 "주해는 온 인류의 구원이라는 살아 있는 기독교 공동체의 신앙 안에서 수행될 때 최상의 결과를 낳을 수 있다"라고 한 이유이다.[11] 뿐만 아니라 성경 해석은 가장 비판적인 학문과의

---

[11] Pontifical Biblical Commission, "The Interpretation of the Bible in the Church," Origins (January 6, 1994), 520.

대화는 물론 기도와 영적 기대감이라는 상황 속에서 진행되어야 한다고 많은 성경학자나 설교학 교수들이 이구동성으로 말하는 이유도 바로 이 때문이다.[12]

2) 신학적 유산

설교자들은 성경으로 갈 때 성경에 대한 비판적 시각과 함께 풍성한 신학적 전통에 담겨 있는 기독교 신앙에 대한 사전 지식을 가지고 성경으로 간다.

신학적 전통이란 무엇인가?

그것은 복잡하고 때로는 모호하지만 특정 그룹이 기독교 신앙 전체를 바라보는 일종의 체계적인 방식으로, 오랜 시간에 걸쳐 서서히 형성되며 그것을 형성하는 사람들의 사회적 배경에 깊은 영향을 받는 것이다.

예를 들어, 브라질 오순절파는 기독교 신앙을 묘사하는 방식이 다르기 때문에 스코틀랜드 장로교도나 조지아 주의 아프리카 감리교도, 캐나다 퀘벡 주의 로마 가톨릭교도, 펜실베니아 주의 퀘이커교도들이나 위스콘신 루터교인 샬럿(Charlotte)에 있는 대형 교회나 토론토에서 모여 예배하는 재세례파와는 신학적 전통이 다르다. 이와 같이 다른 신학적 전통들은 신조나 전례와 같은 중요한 사안에 영향을 미칠 뿐만 아니라 찬송가의 목차 구성 등과 같이 사소한 문제에까지 나타난다.

예를 들어, 조직신학적 사고를 중시하는 어떤 교파에서는 찬송가 편찬

---

[12] 기도하는 마음으로 성경을 읽는 고대의 연습으로서 소위 "거룩한 독서"(lectio divina)와 그것을 설교 준비에 활용하는 문제에 대해서는 James A. Wallace, *Preaching to the Hungers of the Heart: The Homily on the Feasts and within the Rules* (Collegeville, MN: The Liturgical Press, 2002), 181-89에 잘 설명되었다.

에서도 이러한 성향이 그대로 드러난다. 즉 찬양의 목차를 고전적 교리 체계에 따라 하나님, 그리스도, 성령, 교회의 순서로 구성한다. 그러나 전례를 중시하는 다른 교파에서는 교회의 예배 생활, 특히 절기나 교회력에 따라 강림절, 크리스마스, 주현절, 수난절 등의 순서로 찬송을 구성한다. 그런가 하면 보다 개인적이고 경험적인 신학적 전통을 가진 교파에서는 기독교 신자들의 영적 경험의 단계에 따라 구성된다. 인쇄된 찬송가 대신 다양한 복음송이나 영가를 영상으로 띄워 사용하는 회중은 이러한 자발성이 반영된 일종의 반전통적 혼합이라고 할 수 있다. 찬송가를 사용하거나 사용하지 않는 것은 신학적 전통의 한 표현이며 이런 구성의 차이는 신학적 전통들 간의 중요한 차이점을 반영한다.

같은 교파 내라도 상당한 신학적 다양성이 존재한다. 모든 그리스도인들은 주기도문을 외우고, 죄를 고백하며, 찬송을 부르고, 동일한 복음을 설교하지만 모두 자신만의 고유한 스타일과 강조점을 가지고 있다. 그들은 모두 기독교 신앙에 대한 기본적 의무는 공유하지만 신앙의 어느 국면을 중심 축으로 볼 것이냐에 따라 기독교 신앙을 바라보는 "전체적 관점"이 달라진다. 존 맥클루(John McClure)와 버튼 쿠퍼(Burton Cooper)는 그들의 공저 『강단에서의 신학 선포』(Claiming Theology in the Pulpit)에서 다음과 같이 말했다.

> 설교는 단순히 자신의 신앙 열정을 증거하는 것이 아니라 그 신앙에 대한 이성적이고 비판적 사색을 포함하는 것이다.… 신앙에 대한 가장 단순한 언급이라도 엄청난 신학을 내포할 수 있으며 적어도 신학적 논쟁을 야기할 수 있다.[13]

---

[13] Burton Z. Cooper and John S. McClure, *Claiming Theology in the Pulpit* (Louisville, KY: Westminster John Knox Press, 2003), 2.

그렇다면 설교자들은 "보편적 그리스도인"(이런 말은 없다)으로서 성경으로 가는 것이 아니라 특정한 신학적 유산과 관점을 가지고 성경으로 간다. 우리는 이러한 신학적 전제들과 상관없이 완전히 새롭고 열린 마음으로 성경으로 가고 싶어할는지 모르나 현실적으로 불가능할 뿐만 아니라 사실상 바람직한 것도 아니다. 우리가 신학적 전통으로부터 와서 성경으로 간다는 사실은 곧 전혀 개척되지 않은 새로운 미지의 땅이 여전히 남아 있음을 말해 준다. 즉, 교회는 전에도(몇 번이나) 그 본문을 만났다.

신학적 전통이란 어떤 면에서 교회가 과거에 그 본문, 또는 다른 본문과 만난 기억이다. 성경에 대한 신학적 사전 지식을 가진 해석자는 전에 그곳에 와본 적이 있는 사람들이 그려서 다듬어 준 지도의 인도를 받는다. 해석자는 신학적 전통으로부터 본문으로 왔기 때문에 그곳의 지리를 전혀 모르는 이방인으로서가 아니라 익숙한 땅으로 돌아가는 순례자와 같이 들어와 옛 지경을 돌아보며 이전에 보지 못한 새로운 것들을 찾아다닌다.

또한 신학적 사전 지식을 가진 해석자는 다른 본문과 다른 음성을 내는 구절과 같이 왜곡된 복음을 만날 경우 돌아서 간다. 신학적 전통은 기독교 신앙을 전체적으로 보는 관점이기 때문에 하나의 본문에 제시된 내용을 성경 전체가 증거하는, 보다 확장된 구조 속으로 가지고 오는 방법을 알고 있다. 예를 들어, 몇몇 신약성경 구절은 유대인에 대해 묘사하면서 반유대주의로 몰고 갈 수도 있는 방식으로 그린다. 그러나 전체적인 기독교 신앙의 긍정적 차원에서 보면 이런 언급은 찾아볼 수 없으며 오히려 바울이 말했듯이 이스라엘을 결코 버리지 않으실 것이라는 하나님의 약속만 확인할 뿐이다.

솔직히 말해서, 신학적 전통은 본문이 하고 싶은 말을 받아들이게 할 뿐만 아니라 때로는 본문과 논쟁을 벌이게 한다. 즉 성경학자이자 설교학자인 데이비드 버틀렛(David Bartlett)이 말했듯이 특정 본문과 "사랑 싸움"을 하게 한다.[14] 버틀렛은 성경 자체에 이견이 있기 때문에 이 싸움은 성경이 먼저 걸어 온 것이라고 주장한다.

여성에 대한 바울의 일관성 없는 주장에 대해 살펴보자.

버틀렛은 이렇게 말한다.

> 고린도전서를 읽어 보면 '그리스도 안에서는 남자나 여자나 차별이 없다'고 한 바울이 수시로 이와 모순되는 말을 하는 것을 볼 수 있다.
> 설교자로서 우리는 자체적 모순을 가진 성경에 얼마나 충실한가?
> 우리는 종종 '성경이 이렇게 말한다'고 하면 모든 것이 종결될 때가 있다. 그러나 때때로 이것은 단지 시작에 불과할 뿐이다.[15]

신학자 마조리 휴이트 수코키(Majorie Hewitt Suchocki)는 이와 같은 본문과의 논쟁 과정에 대해 다음과 같이 언급하였다.

> 본문의 신학과 의견이 다를 경우, 그 신학이 암시적이든 명시적이든, 과감히 도전하여 의견이 일치하지 않는 이유를 밝혀 내라.
> 본문은 지속적으로 변화하는 기독교 전통의 어느 부분에서 문제를 일으키고 있는가?
> 결코 본문을 무시하지 말라!
> 그것과 논쟁하라.
> 그것과 싸우라.

---

[14] David Bartlett, Between the Bible and the Church: New Methods for Biblical Preaching (Nashville: Abingdon Press, 1999), 35.

[15] Ibid., 36.

본문이 그것을 원한다고 생각하고 자세히 살펴보라.
아마도 이러한 싸움은 여러분으로 하여금 어쩔 수 없이 동의하게 만들거나 어쩌면 그것에 적응하게 하거나 그것도 아니면 명백히 거절하게 할 것이다. 그러나 이런 시도 자체가 하나의 신실한 해석에 해당한다.[16]

이와 같이 신학적 전통은 좋은 것이며 우리로 하여금 성경과 논쟁하게 한다. 그러나 신학적 전통에도 단점은 있다. 그것은 우리를 잘못 인도할 수도 있다. 무엇인가를 볼 수 있는 관점은 필요하다. 그러나 우리는 하나의 관점을 통해 모든 것을 볼 수는 없다. 신학적 전통은 교회로 하여금 복음을 상기시키고 체계화하며 깨닫게 한다.

앞서 언급했듯이 신학적 전통이란 복음을 하나의 전체로서 보는 관점이지만 그것으로 모든 복음을 다 볼 수는 없다. 이것은 왜 전체 교회 내의 다양한 전통들 간에 서로 대화하는 범교회적 대화가 중요한지를 보여 준다. 오늘날 교회는 이 부분에 있어서 위기에 처해 있지만 복음의 충만함 역시 마찬가지이다. 설교자로서 우리는 복음에 대해 본 것과 아는 것에 대해 겸손하도록 부름을 받았다. 우리는 볼 수도 있고 알 수도 있지만 부분적으로 보고 아는 것으로 만족해야만 한다. 그 이유는 바울이 말한 바와 같이 "우리가 부분적으로 알고 부분적으로 예언"(고전 13:9)하기 때문이다.

신학적 전통은 듣는 것을 어렵게 하기도 한다. 고정 관념은 더 이상 성경의 새로운 주장에 대해 귀를 기울이려 하지 않는다. 교회나 설교자가 전에 들었던 말씀만 들으려 한다면 그때마다 이미 알고 믿고 있는 내용을 다시 한번 확인하고 신학적 전통이 이미 뼈대를 세운 것들에 대해 확신만 하

---

[16] Majorie Hewitt Suchocki, *The Whispered Word: A Theology of Preaching* (St. Louis: Chalice Press, 1999), 50-51.

게 될 것이며, 신학적 전통은 살아 있는 하나님의 말씀을 듣는 수단으로서가 아니라 그것을 대치하는 수단으로 전락하고 말 것이다.

설교자가 개인적 신조나 견해보다 보다 광범위하고 포괄적인 신학적 전통의 조명을 받아 성경으로 가는 것은 중요하다. 우리는 모두 자신의 신학적 관점에 따라 변화하고 성숙한다. 우리는 오십이 되면 열여섯이나 서른여섯 때와 같은 방식으로 믿지 않는다. 우리의 신학적 전통은 다른 전통과의 만남 및 새로운 삶의 경험을 통해 확장된다.

예를 들어, 버틀렛은 젊은 학자였을 적에 한 무리의 설교자들 앞에서 아브라함이 이삭을 제물로 바치는 내용이 담긴 창세기 22장의 어려운 본문을 어떻게 설교할 것인가에 대해 자신 있게 강의한 적이 있다. 그러나 나이가 들면서 버틀렛의 경험과 관점은 변하였으며 본문에 대해 다른 해석을 하게 되었다. 그는 어쩌면 본문에 대한 가장 좋은 설교는 그것이 설교하기 어려운 본문임을 솔직히 인정하는 설교일지도 모른다고 고백한다.

> 나의 삶은 변하였다. 이전에 그런 강의를 했을 때 나는 자식이 없었다. 그러나 지금 나는 두 명의 자녀를 둔 아버지이다. 이제 "네 사랑하는 독자 이삭을 데리고…"라는 말씀은 젊은 시절에는 알지 못하였던 실존적 아픔이 되었다. 나의 기독론은 바뀌었다. 신학교를 졸업한 지 얼마 되지 않아 나는 속죄의 대체 교리들이 주장하는 몇 가지 내용에 깊은 영향을 받았으며 매료되었다. 하나님은 자신의 독자를 희생시키고 우리를 구원하셨다. 지금 나는 하나님을 냉혹한 아버지로 만들 소지를 가진 속죄의 교리가 과연 복음과 조화를 이룰 수 있는지에 대해 의구심을 떨쳐버릴 수 없다. 나는 우리 사회에 분명히 나타나고 있는 아동 학대에 대한 불편함 때문에(때때로 아동학대는 종교적으로 행해진다) 본문에 대해 편안하지 못했다.

그렇다면 지금으로서는 시기상조일 수밖에 없는 답변에 성급히 뛰어드는 것보다 의문만 제기하는 선에서 창세기 22장을 설교하는 것은 어떨까?[17]

물론 설교에 있어서 설교자 자신의 신앙과 믿음은 매우 중요하다. 그러나 그러한 것들이 살아 있다면 계속해서 변할 것이다. 또한 교회의 신학적 유산은 언제나 어느 한 사람이 가지고 있는 일련의 개인적 확신보다 크고 영속적이며 공적이다. 우리는 설교를 준비할 때 개인 신자로서가 아니라 교회의 맨 앞에 서서 솔선하는 신학자로서 성경으로 가며, 바로 그곳에서 오늘날 우리 삶의 변화하는 실재들과 대화할 뿐 아니라, 전체 교회의 살아 있는 신학적 기억과도 밀접한 관계를 지속하고 있는 복음에 귀를 기울이는 것이다.

설교자는 어떻게 신학적 전통을 배우게 되는가?

이것은 정말 복잡한 문제며 일생을 바쳐야 하는 일이다. 신학적 전통은 믿고 있는 것들에 대한 목록이 아니라 예배와 봉사와 믿음을 포함하는 포괄적인 삶의 방식이기 때문이다. 가장 단순하고 좋은 시작 방법은 자신의 신학적 전통의 특징이라고 생각되는 중요한 요소들을 모두 목록화해서 나열하는 것이다.

예를 들면, 필자의 신학적 유산은 개혁주의적 전통이므로 무엇보다 다음을 중요시 한다.

"하나님의 인자하심과 선하심에 대한 깊은 믿음."

"은혜로 구원 얻음에 대한 철저한 믿음."

"언약 공동체로서의 교회에 대한 이해."

"창조주와 피조물 간의 분명한 구분."

"교회 생활과 예배의 질서에 대한 존중" 등등.

---

[17] Bartlett, *Between the Bible and the Church*, 36.

여러분의 목록은 어떤가?

"성례전적 삶에 대한 강조"나 혹은 "기독교 신자의 중생에 대한 강조"인가 아니면 "성령의 은사에 대한 갈망"이나 "확실한 평화 윤리"와 같은 것들인가?

맥클루와 쿠퍼는 설교자가 신학, 세상, 회중 및 사실상 성경 해석을 포함한 다른 모든 것들에 접근하는 특정 방식에 따라 나눈 소위 "네 가지 신학적 모델"을 제시함으로써 설교자가 자신의 "신학적 윤곽"(profile)을 명확히 하고 강단으로 가져갈 "거대한 신학"이라는 복잡한 문제를 풀어나갈 수 있도록 도와준다.

그들에 따르면 어떤 설교자들은 습관적으로 실존적 양식(existential mode)을 취한다. 이러한 설교자들은 거의 언제나 인간의 연약성으로부터 시작하거나 불안, 허무, 죄와 같은 부정적이고 고통스러운 삶의 단면으로부터 시작한 다음, 인간의 절망에 대한 해답으로서 하나님(그리고 성경)을 바라본다. 다른 설교자들은 초월적 양식(transcendent mode)으로 시작한다. 즉, 그들은 인간이 처한 상황으로부터 시작하는 것이 아니라 하나님이나 하나님의 자기 계시로부터 시작하여 성경에서 드러난 하나님의 성품과 조화를 이룰 수 있는 삶으로 들어가는 방법을 찾는다.

다른 설교자들은 윤리 및 정치적 양식(ethicql-political mode)을 취한다. 즉 그들은 하나님을 알고 섬기는 무대로서 공의를 위한 싸움에 초점을 맞추며 따라서 성경의 사회적, 윤리적 측면에 집중한다. 끝으로 어떤 설교자는 관계적 양식(relational mode)을 선호한다. 이들은 삶을 형성하고 있는 인간적, 사회적, 환경적 관계라는 구조 속에서, 그리고 변화와 성장을 강조하는 역동적인 방법을 통해 신학적 의미를 찾는다. 성경은 수많은 관계들 중 한 요소로서 발전을 촉진하는 동력이 된다.[18] 우리는 감리교나 장로교, 가톨릭 가운데 이 네 가지 요소를 발견할 수 있다.

우리의 핵심적인 신학적 세계관이 무엇이든, 일단 목록화된 후에는 목록으로 이름을 올린 강조점들은 하나의 슬로건, 공식, 상투적인 문구가 되어 다음 단계로 진행하게 된다. 우리는 우리의 전통이 내세우는 모토의 바닥을 파서 그것의 기원이 되는 역사적, 신학적 요소들을 완전히 파악할 때만이 우리의 유산을 안다고 할 수 있을 것이다. 이러한 확신과 관련하여 문제가 되었거나 문제가 되고 있는 것이 무엇인지를 인식할 때만이, 또한 그들이 형성되는 과정에서 얻은 것과 잃은 것이 무엇인지 알 때에만, 비로소 우리의 신학적 전통을 제대로 이해했다고 할 수 있을 것이다.

3) 청중의 상황에 대한 인식

성경의 말은 시대적 제약을 받지 않고 모든 장소의 모든 사람들에게 해당하는, 현실과 유리된 말이 아니다. 성경은 구체적인 삶의 정황 가운데 있는 특정인들을 향한 말이다. 그것은 우리가 속한 상황 안에서 "특정한 목표를 향한 말씀"이다. 우리가 성경에서 만나는 하나님의 말씀은 일반적인 우상을 공격하지 않는다. 그것은 우리가 현재 섬기고 있는 우상을 쫓아내며 낡고 무익한 충성의 고리를 끊어 낸다. 성경은 결코 추상적인 하나님의 말씀이 아니라 우리를 위하시고 우리를 공의로 대하시는 하나님의 말씀이다. 성경을 통해 우리에게 다가오는 살아 있는 말씀은 "구원"이나 "소망"과 같은 개념에 대한 막연한 웅얼거림이 아니라 우리 주변에 넘실거리는 파도를 가르고 우리의 생명을 구하며 새로운 희망의 나라로 오라고 손짓한다.

---

[18] Cooper and McClure, *Claiming Theology in the Pulpit*, 10-19, 135.

따라서 설교자는 성경으로 갈 때 다른 사람들과 함께 간다. 거기서 듣게 될 말씀은 곧 그들을 위한 것이기 때문이다.

설교자는 어떻게 이 일을 할 수 있는가?

부분적으로는, 더욱 신실하고자 하는 스스로의 각오를 다짐함으로써 가능해진다. 우리가 우리의 삶(강할 때와 의지할 때, 의심하는 마음, 친절한 순간, 숨은 잔인함 등)에 대해 자신에게 솔직해질수록 설교를 듣는 다른 사람들과 더욱 많은 공감대를 형성할 수 있을 것이다. 결국 우리는 설교를 하는 자가 되겠지만 설교자 역시 청중 가운데 한 사람임을 잊지 말아야 한다. 우리는 "다른 사람들에게 꼭 필요한 말씀"을 듣기 위해서가 아니라 스스로 복음의 말씀에 대한 갈급함을 가지고 성경으로 갈 때 그들에게 주시는 말씀도 들을 수 있다.

그러나 자신이 처한 삶의 정황만 가지고 성경으로 가는 것으로는 충분치 않다. 우리는 다른 사람들, 특히 자신과 다른 형편에 처한 사람들의 필요나 상황에 대해서도 인식하고 있어야 한다. 어떤 설교자는 성경을 해석할 때 그 설교를 들을 회중을 생각하는 것이 큰 도움이 된다고 생각한다. 그들은 마음의 눈으로 회중을 관찰하며, 낯익은 얼굴들을 보면서 그들의 삶 속까지 들여다본다.

그곳에는 어른과 아이, 식구대로 앉은 가족과 혼자 온 사람, 교회 일에 적극적으로 나서는 사람과 소극적으로 주변을 도는 사람도 있다. 또한 행복으로 충만한 삶을 사는 사람과 평탄하지 못한 삶을 사는 사람, 항상 앉는 자리에 앉아 있는 사람과 새로 나온 사람, 방문객, 주저하면서 자신의 자리가 있는지 살피며 머뭇거리는 사람도 있다. 또한 그들은 그곳에 나온 사람과 나오지 못하였거나 의도적으로 오지 않은 사람도 본다. 설교자는 성경으로 갈 때 이들 모두와 함께 가는 것이다.

실제로 일부 회중을 초청하여 함께 성경 본문을 탐구하는 설교자도 있다. 그들은 설교를 구상하는 초기 단계부터 소그룹을 구성하여 함께 연구하고 토론하며 본문의 관심사에 대해 논의한다. 이러한 소그룹은 누구나 참여하는 모임이 될 수도 있고, 본문이 다루는 현안에 특별히 관계된 사람들만 모이는 모임일 수도 있다.

예를 들어, 어떤 설교자(이 경우 남자)가 아래와 같은 예수님의 말씀이 담긴 요한복음 16장을 본문으로 설교한다고 가정해 보자.

> 너희는 근심하겠으나 너희 근심이 도리어 기쁨이 되리라 여자가 해산하게 되면 그 때가 이르렀으므로 근심하나 아기를 낳으면 세상에 사람 난 기쁨으로 말미암아 그 고통을 다시 기억하지 아니하느니라 지금은 너희가 근심하나 내가 다시 너희를 보리니 너희 마음이 기쁠 것이요 너희 기쁨을 빼앗을 자가 없느니라(요 16:20-22).

이제 설교자는 본문에 담긴 출산의 이미지에 대해 분명히 알고는 있지만 남자로서 출산의 깊은 의미까지 완전히 이해하는 데에는 한계가 있다. 그러나 출산 경험이 있는 사람과 함께 본문을 연구한다면 본문의 풍성한 이미지를 깨닫는 데 도움이 될 것이다. 그들은 출산 경험을 통해 그것이 주는 두려움과 그 두려움을 능가하는 기쁨을 동시에 맛보았기에 설교자가 도저히 알 수 없는 인간의 경험과 본문의 이미지를 쉽게 연결해줄 것이다.

설교자가 회중의 의문이나 필요 및 통찰력을 본문을 이해하는 수단으로 사용하는 방법에는 여러 가지 유사한 방법이 있다. 설교학자인 레오노라 튀브스 티스데일(Leonora Tubbs Tisdale)은 『지역 신학 및 민속 예술로서의 설교』(Preaching as Local Theology and Folk Art)에서 "설교자는 자신이 섬기는 회중이 속한 하위 문화의 특징적 표지나 상징을 관찰하고 설명할 수 있을 정도의 아마추어 민족지학자가 되어야 한다"라고까지 주장하였다.[19] 그녀는 "동료에 대한 관찰자"로서 설교자가 회중이 가진 세계관이나 깊은 관심사를 파악하기 위해 필요한 여러 유익한 일련의 질문과 범주들을 개발하였다.[20]

그러나 기본적으로 설교자가 성경을 해석할 때에는 청중의 삶과 필요에 대해 주의 깊게 살피는 것이 필요하다. 이것은 단지 몇 가지 전략이나 기술보다 훨씬 중요하다. 이것은 마치 사람들이 이해하기 어렵고 낯설고 거리감이 있는 존재라도 되는 양 "회중을 분석"하라는 말이 아니다. 오히려 마음을 열고 그들에게 다가가는 것이며 그들에 대해, 그리고 그들의 삶을 제약하는 것들과 그들이 가진 가능성에 대해 관심을 가지는 것이다.

다른 말로 하면 청중을 성경 해석이라는 사건 현장으로 데려오는 것은 훌륭한 사역에 관한 문제라는 것이다. 티스데일이 언급한 대로 그것은 "일상적인 사역 과정에서 이미 일어난 것에 대한 새로운 방식의 인식이자 관점이다."[21]

사람들을 대표하여 성경으로 가는 것은 일종의 제사장적 행위이다. 제사장의 직무를 행하는 자로서 설교자는 마치 백성을 대표하여 하나님 앞에 선 자와 같이 회중을 대표한다. 린더 켁(Leander Keck)은 성경 해석에 대한 이러한 제사장적 관점을 예배 때 드리는 목회 기도에 적절히 비유하였다. 그는 "회중을 대표하여 기도하기 위해서는 목사로서의 정체성을 잃지 않으면서도 한편으로는 회중과 함께 느낄 만큼 그들의 삶 속에 들어가야 한다"[22]라고 말한다.

---

[19] Leonora Tubbs Tisdale, *Preaching as Local Theology and Folk Art* (Philadelphia: Fortress Press, 1997), 60.

[20] Ibid., chap. 3.

[21] Ibid., 61.

[22] Leander E. Keck, *The Bible in the Pulpit* (Nashville: Abingdon Press, 1978), 62.

목회 기도할 때 무슨 말을 하는가?

회중의 긴급한 사정을 아뢰어야 하는가?

물론 그렇다. 그러나 신자들의 사정에 대해서만 호소하는 것은 아니다. 목사는 세상을 대표하여 그들을 위해서도 기도한다. 목사는 변함없는 하나님의 사랑을 느끼고, 만일 찾을 수만 있다면 세상이 하나님께 하려는 말을 찾아서 그 말을 해야 한다.

제사장과 마찬가지로 설교자도 회중과 세상의 문제와 필요와 관심사를 가지고 성경으로 간다. 그것은 주문을 위한 비망록이 아니라 바치기 위한 제물이다. 그런 후 설교자는 본문에 귀를 기울인다. 거기서 들리는 음성은 위로의 말씀일 수도 있지만 심판의 말씀일 수도 있다. 그것은 질문에 대한 대답일 수도 있고 의문만 증폭시킬 수도 있다. 또는 기쁨으로 집으로 돌아가게 하거나 더욱 먼 광야로 몰아낼 수도 있다. 어떤 말씀이 되었든, 설교자는 그것에 대한 진실을 말해야 한다. 이제 제사장은 증인이 되어야만 하는 것이다.

3. 시작

우리는 얼핏 성경적 설교의 출발점은 언제나 성경 본문에 대한 연구가 되어야 한다고 생각한다. 대부분의 경우 그것은 사실이다. 대개 설교자들은 먼저 성경 본문으로 가는 것으로 설교 작업에 착수한다. 이 상태에서는 사실 "어떤" 설교가 나오게 될지 모른다. 우리는 창세기나 이사야나 요한복음이나 로마서의 한 구절이 기초가 될 것이라는 것밖에 모르는 상태에서 설교의 초점을 잡기 위해 본문을 살펴본다. 신학적 전통이나 청중의 삶의 정황은 앞서 언급한 대로 우리가 성경으로 갈 때 이미 드러나 있지만 본문은 대화를 시작하며 주제들을 나열한다.

그러나 때로는 성경 밖에서 형성된 관심사로부터 성경적 설교가 시작되는 경우도 있다. 즉 "거룩한 공회… 믿사옵나이다"라는 사도신경의 한 구절이나, 삼위일체와 같은 역사적 교리, 요리문답과 관련된 질문, 낙태나 생태계 문제와 같은 윤리적 문제 및 "은혜"나 "제자도"와 같은 신학적 주제로부터 시작한다. 때에 따라서는 전쟁의 발발이나 결혼식, 장례식, 교회 건물의 봉헌과 같은 공동체 내의 행사나 또는 슬픔, 가정사, 갈등, 직업과 같은 회중의 관심사가 논쟁의 시발점이 되기도 한다.

설교가 본문을 벗어난 곳으로부터 시작될 때 우리는 처음부터 설교가 어떤 모습이 될지 짐작한다. 그러나 진정 성경적 설교라면 무엇을 설교할 것인가에 대해 미리 결정해서는 안 된다. 우리는 본문을 통해 깜짝 놀라기도 하며 때로는 우리의 기대가 여지없이 무너지기도 해야 한다.

예를 들어, 어떤 설교자가 교회 내에서 자존심에 관한 이슈가 몇몇 사람들의 관심사가 되고 있다는 것을 알았다고 하자.

목회적 대화를 가능한 한 이 주제에 초점을 맞추고 자존심에 관한 책자를 읽고 논의하며 이 주제에 관한 텔레비전 토크쇼도 관심 있게 보다가 드디어 이 문제를 강단으로 가져갈 때가 되었다고 하자.

막상 "그리스도인의 자존심"이라는 설교를 위해 성경을 연구하며 자료를 찾아본 설교자는 실망하고 말 것이다. 책자나 토크쇼에서 다루었던 자존심은 오늘날의 문화에 한정된 심리학적 현상으로, 성경의 세계에는 알려지지 않은 미지의 현상이었던 것이다. 물론 설교자는 성경을 억지로 문화적 주장에 끌어다 맞출 수는 있다. 그러나 그럴 경우 설교는 한낱 문화적 산물에 불과하게 될 것이다.

그러나 오늘날 자존심에 대해 알고자 하는 추구가 강조되는 것은 그것이 인간에게 어떤 의미가 있는지를 알고 싶어하는, 보다 근본적인 갈급함을 보여 주는 것으로서 이에 대해서는 성경이나 신학도 할 말이 많은 것이다. 이와 같이 설교자는 문화적 이슈나 문제로부터 시작하지만 언제나 신학적 방식을 통해 성경으로 가며, 그곳에 예비된 본문을 통해 이슈를 새롭게 정의하고 문제를 극복하며 그것에 해답을 준다. 이렇게 해서 자존심에 대한 설교가 나온다. 그러나 성경 본문과의 씨름을 통해 이 주제에 담긴 실제적인 문제가 무엇인지를 바라보는 새로운 관점을 가지게 된다.

따라서 설교의 출발점과 관계없이 설교는 성경 본문이 중심이 되어 설교 내용과 목적을 이끌어 갈 때 비로소 성경적이 된다.

4. 주석하는 습관

책임 있는 성경적 설교는 쉽게 되는 것이 아니다. 그것은 시간과 연구와 많은 노력을 요한다. 성경 연구에 할애하는 시간은 목회 사역과 별개의 것으로 구분되는 것이 아니다. 그것은 사역을 위한 준비에도 해당하지 않는다. 그것은 곧 목회이며, 따라서 다른 목회 사역과 동일하게 존중하고 보호해야 한다. 연구 시간을 지혜롭고 효율적으로 운영하는 방법에는 여러 가지가 있다. 성경 해석 과정에는 지름길이 있으나 성경 연구에는 특별한 속성 과정이라는 것이 없다. 다음 장에서는 성경적 설교를 위한 간략한 주해 과정에 대해 다룬다. 모든 책임 있는 설교자는 이와 같은 과정을 거치지만, 어느 누구도 동일한 방식으로 하지는 않는다. 그러나 우리가 어떤 방식으로 성경 연구를 하든지 그것은 습관이 되어야 하며 그것이 우리의 제2의 천성이 될 만큼 목회 방식이나 스케줄 속에 깊이 배인 일상사가 되어야 한다.

제3장 설교를 위한 본문 석의

밤에 잠자리에 들 때에는 성경을 베개로 삼아라.
_ 성 제롬(St. Jerome), 『스물두 번째 서한』(*Letter 22*)

본문은 마치 버스의 옆자리에 앉은 대화 상대자처럼 우리 곁에 앉는다. 우리는 과연 이 새로운 대화에 귀를 열 것인가?… 이와 같이 특정한 대화는 전에는 없었다. 이 본문은 바로 이 시간에 이 장소에 앉아 있는 이 사람들을 위한 말씀이다. 하나님은 이와 같은 영적(Spirit-born) 대화를 통해 기억을 현실로 바꾸시는 일을 하신다.
_ 바바라 K. 런드블라드(Barbara K. Lundblad), 『돌과 같은 청중을 변화시켜라』(*Transforming the Stone*)

제3장

설교를 위한 본문 석의

넓은 의미에서 볼 때 석의란 성경을 듣고 이해하기 위한 체계적인 계획이다.[1] 훌륭한 주석 계획은 성구사전이나 성경사전과 같은 도구와 역사 및 문학적 분석과 같은 방법을 포함하지만 성경 본문의 의미를 분별하는 일은 얼마나 정확한 분석이냐의 문제라기보다 얼마나 신실하게 귀를 기울이느냐의 문제라는 사실을 기억해야 한다. 그것은 범죄 현장에 대한 정확한 조사가 아니라 또 하나의 인격을 알아 가는 과정이다. 인간관계도 마찬가지이지만 성경 본문을 깨닫는다는 것은 시간과 인내를 요하는 일이며 다른 사람(비록 낯설거나 마음에 들지 않을지라도)에 대한 관심을 필요로 하는 일이다.

사실 주석학적 방법에 대한 지나친 확신은 성경의 음성을 약화시킬 수 있으며 성경 해석을 살아 움직이는 말씀에 대한 경청이 아니라 죽은 본문에 대한 해부 작업으로 전락시킬 소지가 있다. 잠비아 태생의 역사학자이자 선교신학자인 라민 산네(Lamin Sanneh)가 지나치게 과학적이고 초월적인 성경

---

[1] John H. Hayes and Carl R. Holladay, *Biblical Exegesis: A Beginner's Handbook* (Atlanta: John Knox Press, 1982), 23-28. 이 책은 성경 연구에 관한 훌륭한 지침서이며, 독자들은 이 책을 통해 해석학적 방법의 표준에 관한 자세한 설명과 함께 풍성한 참고 문헌을 접하게 될 것이다.

해석에 대해 주장한 대로 "서구 사회에서 시행되었던 주석 전통은 소멸했다.… 규범적 주석은 신앙을 문화적 필리버스터로 만들어 버렸다."[2]

이 장에서 개략적으로 제시한 단계적 과정들은 정확한 방법과 자유로운 예술의 혼합을 의도했다. 이것은 어느 면에서 요점만 정리하여 압축한 것으로서 일반 신학교의 성경 과목에서 배우는 전형적인 주해 도식(sheme)보다 덜 전문적이다. 그러나 다른 한편으로 이것은 확실히 설교자의 주석 절차이다. 우리는 설교를 위해 성경 본문을 해석할 때 주석 결과를 어떻게 적용할 것인가라는 문제보다 어떤 태도로 주석에 착수할 것인가에 관심을 가져야 한다.

예를 들면, 이 장의 주석 계획에는 우리가 예상하는 것처럼 훌륭한 학자의 성경 주석에 대한 참조가 포함되지만 중요한 것은 설교자와 본문 사이에 일어나는 상호 작용을 방해하지 않게 하기 위해 이런 과정을 가능한 늦춘다는 것이다. 따라서 설교자는 "권위 있는 학자"의 목소리가 해석학적 가능성의 여지를 좁히기 전에 본문에 대해 숙지하고 모든 관점에서 살펴보아야 한다.

또한 해석자가 서 있는 "사회적 위치"에 대한 성경학계에서 많은 논의에도 불구하고 설교자가 알아야 할(그러나 성경학계에서 가장 부족한) 한 가지 사실은 설교자는 본문을 일방적으로 해석하는 것이 아니라 설교를 듣는 자들을 위해 해석해야 한다는 것이다.[3]

---

[2] Lamin Sanneh, *Whose Religion is Christianity? The Gospel Beyond the West* (Grand Rapids: Eerdmans, 2003), 58-59.

[3] 사실 오늘날 성경학자들은 주경신학자의 "사회적 관심"이 어떻게 석의의 결과에 영향을 미치는지에 대해 점차 인식하고 있다. 그렇다고 하더라도 성경 연구에 있어서 이러한 사회적 상황과 해석학의 관계에 대한 논쟁은 설교에 있어서 무엇보다 중요한 회중의 상황보다 오히려 광범위한 이데올로기 및 계급적 범주에 보다 많은 초점을 맞춘다.

예를 들어, 갈라디아서의 한 구문에 대해 연구하고 있는 바울신학자는 지역 내 자동차 공장이 파업을 하든, 회중 가운데 이혼을 생각하는 사람이 있든, 개의치 않고 자신의 일에만 열중할 것이다. 그러나 설교자는 성경을 해석할 때 이러한 지역 상황에 대해 무시할 수 없으며 또 그렇게 해서도 안 된다. 설교자가 성경을 연구하는 목적은 본문을 통해 오늘 이 자리의 우리에게 주시는 구체적인 말씀을 듣기 위함이며, 오늘 이 자리에 있는 우리가 누구냐에 따라 설교자가 본문에 접근하는 방식은 상당히 달라진다. 만일 회중 가운데 위기에 빠진 가정이 있거나 설교를 듣는 사람 가운데 실직한 사람이 있다면 이러한 상황들은 설교자에게 새로운 의문과 관심을 가지고 성경을 대하게 할 것이다.

또한 설교자의 설교 준비는 대체로 자신이 책임을 맡고 있는 전체 스케줄을 감안하여 조정되어야 한다. 여기서 제시하는 석의 과정은 본문을 완전히 파악하기에 충분할 만큼 철저하게 기획되었을 뿐 아니라 설교자가 정규적인 일과를 충분히 소화할 수 있을 만큼 간략한 분량이다. (경고: 설교자가 처음 이 과정을 시도할 경우 많은 시간이 소요될 수 있다.)

그러나 이곳에 비교적 소상하게 제시된 각 단계는 시간에 쫓기는 목회자들은 시간만 허비하는 것이 아닌가라고 생각할는지도 모른다. 그러나 이 과정에 어느 정도 익숙해지기만 한다면 과정은 점차 빨라질 것이며 적절한 시간 내에 충분히 가능할 것이다. 목회자에 따라서는 이 시간이 어떤 것에도 방해받지 않고 오직 본문 연구와 설교 준비만을 위한 구별된 시간으로 책정될 수도 있지만 대부분의 설교자들은 여기에 소요되는 시간을 더욱 세분하여 목회자의 일상 업무나 예기치 못한 일과 중에 틈틈이 사용하려 할 것이다.

이 과정은 A-B-C 단계로 제시되지만 실제적으로는 나선형에 가깝다. 각 단계는 사실상 이전 단계로 회귀하며 과정이 진행될수록 각 단계에 대해 더욱 철저히 살펴보게 한다. 이 과정의 목적은 본문이 우리의 현재 상황에 무엇이라고 말하는지 듣는 것이며, 이것은 A단계나 K단계, 또는 중간의 어느 시점에서든 일어날 수 있다.

끝으로 이 주석 과정은 기성복이나 스포츠 재킷과 같다. 따라서 설교자에 맞추어 재단되어야 할 필요가 있다. 이 방법을 수차례 시행해 본 설교자는 이 과정이 자신만의 감각에 맞게, 그리고 본문에 따라 적절히 조정되고 편집되어야 한다는 사실을 알게 될 것이다. 사실 우리는 단계별 과정을 권하지만 궁극적 목표는 결국 일련의 과정으로서의 성경 해석의 개념을 넘어 본문에 대한 비판적이고 세심하며 신실한 자세가 하나의 본능적인 삶의 방식과 같이 몸에 배야 한다. 프레드 크래독(Fred Craddock)의 말처럼 "오래된 스웨터처럼 익숙한 방법이 가장 효과적인 법이다."[4]

---

[4] Fred B. Craddock, *Preaching* (Nashville: Abingdon Press, 1985), 99.

설교를 위한 석의 방법 개요

1. 본문 선택
   1) 본문을 택한다.
   2) 본문의 시작과 끝을 다시 한번 확인한다.
   3) 본문의 번역이 정확한지 확인한다.

2. 본문에 대한 개론적 고찰
   4) 본문에 대한 기본적인 이해를 위해 본문을 읽는다.
   5) 본문의 배경이 되는 보다 넓은 문맥 안에서 본문을 파악한다.

3. 본문과의 대화
   6) 본문이 말하는 것을 경청한다.

4. 들은 내용에 대한 확인
   7) 역사적인 면에서 본문을 고찰한다.
   8) 본문의 문학적 특성에 대해 고찰한다.
   9) 신학적인 면에서 본문을 고찰한다.
   10) 본문에 대한 주석을 참조한다.

5. 설교 작성
   11) 본문이 자신과 회중에게 주시는 말씀을 정리한다.

1. 설교를 위한 간략한 석의 방법

이 주석 과정의 목적은 M&M초콜릿 속에 숨은 땅콩을 찾듯이 숨어 있는 "본문의 의미"를 발견하는 것이 아니다. 성경 해석에 대한 우리의 가정은 성경 본문은 살아 있으며 하나의 개념에 국한되지 않고 다양한 의미를 가질 수 있다는 것이다. 성경은 상황에 따라 새로운 의미로 다가온다. 그러므로 성경 해석은 역동적이며 이 과정의 목적은 본문이 자유롭게 말씀하는 것을 듣는 것이다.

이러한 듣기가 언제 어디서 일어날 것인지는 예측할 수 없다. 그것은 이 과정 도중에 일어날 수도 있고 이 과정을 벗어나 샤워를 하거나 차를 마시거나 기도하거나 꿈자리에서, 또는 친구와 대화할 때 일어날 수도 있다. 우리는 때때로 전혀 듣지 못할 경우도 있다. 본문을 아무리 연구하고 설교를 준비해도 성령께서 말씀하지 않으시는 것 같다. 이 경우 우리는 어쩔 수 없이 강단으로 가서 성경 본문에 대해 우리가 아는 것을 말할 수밖에 없다. 우리는 침묵하고 계신 성령께서 우리가 말씀을 선포하는 그 순간에는 말씀해주시기를 미친 듯이 기도한다.

우리는 이 단계에서 성령의 음성을 듣는 자리에 있다. 우리는 모든 지성과 상상력을 동원하여 진지한 태도로 본문을 깊이 묵상한다. 이것이 우리가 이 단계에서 해야 할 일이다. 대체로 이 단계를 지날 때 우리가 듣기 원하는 음성이 들려올 것이다. 이 음성은 과정이 시작되고 어느 한 시점에서 작은 속삭임으로 시작해서 차츰 뚜렷해질 것이다. 마지막 단계에서는 이 본문이 설교를 듣는 자들에게 새롭고 감동적인 말씀이 될 것이라는 확신을 가지게 된다.

그러나 우리는 어디선가 시작하는 시점이 있어야 한다. 주석 과정의 첫 단계는 설교자가 본문을 선택하여 살펴보는 과정이다. 이 단계에서는 설교할 본문을 선택하는 것은 물론 선택된 본문의 범위가 적절한지 살펴보고 번역이 제대로 되었는지 확인한다.

1) 본문을 택한다

설교자가 성경을 설교하기 위해 취해야 할 첫 번째 구체적인 단계는 분명하다. 그것은 설교의 기초가 되는 본문을 선정하는 일이다. 설교자가 설교를 위해 본문을 택하는 방식에는 네 가지가 있다.

(1) 순차적 방식

순차적 방식(*Lectio continua*)이란 "연속적인 해석"(continuous reading)을 뜻한다. 이것은 성경 전체를 책이나 본문의 순서에 따라 설교하는 고대의 본문 선택 방식이다. 초기의 설교자들은 시간이 허락하는 한 많은 분량의 성경을 읽고, 읽은 부분에 대해 설교하였으며 종종 설교와 성경 봉독을 한꺼번에 하기도 했다. 설교자는 설교가 끝난 곳을 표시해두었다가 다음 번 예배 시간에 그 부분부터 다시 시작하곤 했다.

오늘날 이러한 순차적 방식의 설교는 찾아보기 어렵다. 레위기의 율법에 관한 설교를 16주나 연속해서 한다면 대부분의 청중은 마치 사막을 걷는 것처럼 지치고 말 것이다. 이 방식의 분명한 장점은 청중이 성경의 각 권을 하나의 전체적인 단위로 들을 수 있다는 것이다. 예를 들어, 청중은 로마서 여기저기에 흩어진 말씀들을 단편적으로 듣는 것이 아니라 로마서 전체를 듣게 된다. 대부분의 경우 순차적 방식의 설교는 평상시대로 설교해 가다가 특별한 경우에 예외적으로 시행하는 것이 바람직하며 가능한 성경의 어느 한 권을 정하여 연속적으로 설교하는 것이 좋다. 예를 들어, 사무엘상, 하에 나오는 다윗에 관한 일련의 이야기나 에베소서 전체에 대해 몇 주에 걸쳐 설교할 수 있을 것이다.

(2) 성서일과를 활용한 방식

성서일과(A lectionary)는 교회력에 의한 각종 절기에 해당되는 성구를 모은 목록으로 순차적 방식과 달리 본문이 연속되지 않고 임의로 선정된다는 뜻에서 선정된 성구(*lectio selecta*)라고도 불린다. 성서일과 가운데는 주일과 주요 절기 및 기타 축일에 해당되는 성구만으로 이루어진 것도 있고 매일 새로운 성구로 일 년간의 분량으로 이루어진 것도 있다.

전례를 중시하는 교단에서는 성서일과의 활용이 이미 정착 단계에 들어섰으며, 불과 한 세대 전만 해도 이 방식에 대해 알지 못했던 많은 교단에서도 성서일과를 활용하는 사례가 점차 늘어나는 추세이다. 이러한 경향은 특히 개신교 진영에서 두드러지게 나타난다. 개신교는 1969년판 로마 가톨릭 성서일과를 범 교단 차원에서 개정한 "개역 공동 성서일과"(Revised Common Lectonary, 1992)를 채택하였다.

일반적으로 성서일과를 활용한 방식은 설교 본문을 택하기 위한 훌륭한 방식이다. 이 방식은 교회력의 주기적인 순환 및 계절에 따라 탄력적으로 구성되어 있어 설교와 찬양, 기도 및 기타 요소들을 미리 조정하여 기획할 수 있는 여유를 준다. 주요 교단별 성서일과에 담긴 광범위한 성구 영역은 설교자와 회중 모두에게 성경의 폭넓은 증언과의 만남을 보장해 주며, 오늘날 이 방식은 성서일과에 기초한 값싸고 훌륭한 설교 주석 및 설교 관련 인터넷 웹 사이트가 속속 등장할 만큼 보편화되었다. 최근 성서일과를 활용한 방식에 대한 선호도가 커짐에 따라 많은 설교자들이 그룹(때로는 교단적 배경이 다른 사람들로 이루어진)을 지어 설교 준비를 위해 함께 성경을 연구하기에 이르렀다.

그러나 성서일과를 사용하는 방식에도 한계가 있다. 잘 구성된 성서일과에는 광범위한 성경 본문이 들어 있지만 여전히 많은 본문이 빠져 있으며 본문이 전혀 선정되지 않은 책도 몇 권 있다. 더구나 특정 본문의 경우 항상 교회력의 특정 시기와 관련하여 나타나기 때문에 해석학적 중복 및 오류의 소지를 안고 있다. 물론 십자가에 관한 본문은 성탄절에 설교하기보다 성서일과에 있는 대로 성금요일에 설교하는 것이 자연스럽다.

그러나 사실 십자가에 관한 본문은 성탄절에도 할 말이 많으며 실제로 예수님의 탄생에 관한 이야기는 그의 죽으심을 떠나서는 이해할 수 없다.

십자가에 관한 본문은 성 금요일에 해당되는 본문이지만 꼭 그날만을 위한 말씀은 아니다. 게다가 성서일과는 대부분 사복음서를 중심으로 구성되어 있기 때문에 나머지 신약이나 구약의 말씀보다 복음서에 치중할 수밖에 없는 미묘한 압력마저 존재한다.[5] 이러한 사실들은 결과적으로 교회 설교에 있어서 정경의 범위를 실제적으로 제한할 수도 있는 것이다.

(3) 지역 교회별 자체 계획

실제로 연간 예배계획을 수립할 때 지역 교회별로 성서일과를 만들기도 한다. 그들은 교회력에 의한 절기, 교단 행사 및 기념일, 지역 자체 행사 및 일반 공휴일 등을 고려하여 적절한 성구와 함께 연간 스케줄을 만든다. 이러한 방식은 본문을 광범위하게 수용하는 한 일반 성서일과와 동일한 장점을 가진다. 다만 범교회적(ecumenical) 지원이나 자료는 빠지게 된다.

(4) 설교자의 선택

이것은 설교자가 매주 필요에 따라 본문을 선택하는 방식이다. 이 방식의 유일한 이점은 융통성이지만 그에 따른 부담감도 만만치 않다. 교회에 불이 나거나 마을에 폭동이 일어났는데도 성서일과에 매이거나 정해진 방식대로 본문을 택하는 설교자는 없을 것이다. 또한 설교자가 교리나 사회적 이슈 또는 목회적 차원의 관심사와 같은 내용을 다룰 때에도 그것과 관련된 적절한 본문을 찾아 설교할 것이다(이에 관해서는 제2장에서도 논의한 바 있다).

그러나 매주마다 본문을 찾는 것은 시간 낭비일 뿐 아니라 우연에 의

---

[5] 성서일과에 의한 설교가 제시하는 약속과 그러한 설교의 위험성에 대해서는 Eugene Lowry, *Living with the Lectionary* (Nashville: Abingdon Press, 1992)를 참조하라. 또한 William H. Todd Jr., "Protagonist Coner: A Word for the Fashion Conscious, or Limits of the Lectionary," *Journal for Preachers* 11, no. 1 (Advent 1987): 35-37을 참조하라.

존하는 에피소드식 접근이 될 소지가 다분하다. 이와 같이 융통성은 뜻밖의 발견을 가져올 수도 있으나 단순한 주먹구구식 설교로 끝날 수도 있다.

설교자의 선택 방식은 네 가지 방식 가운데 설교자의 개인적 선호도에 전적으로 의존하는 유일한 방식이다. 흔히 성서일과나 여타의 체계적 선택 방식이 설교자가 하고 싶은 말만 하는 것을 막아 준다는 점에서 보다 우수한 방법이라고 말한다. 사실 강단을 개인 강연장 정도로 여길 만큼 생각이 짧은 설교자라면 본문이야 어떻게 선정되었건, 겁 없이 달려들 것이다. 그러나 한편으로 이와 같은 개인적 선택 방식은 이미 잘 알고 있는 본문을 선호하는 경향이 있기 때문에 설교자와 회중은 덜 알려진 본문을 통해 오히려 더욱 풍성한 내용을 경험할 수도 있다는 점을 알아두기 바란다.

2) 본문의 시작과 끝을 다시 한번 확인한다

성경에서 *끄*집어낸 설교 본문은 모두 인위적인 작업을 거쳐 나온 것이다. 성경은 결코 단편적인 조각이나 독립된 책이 아니며 다른 곳에서 발췌한 글도 아니다. 그것은 서신이나 법적 문서 및 역사적 서술과 같은 일련의 문헌들로 이루어진 단일 정경으로 주어졌다. 선택된 본문은 마치 큰 무늬 모양의 벽지에서 잘라 낸 하나의 작은 벽지 조각과 같다.

우리는 한 편의 설교에 담을 수 있을 만큼 작은 분량의 조각을 떼어 내어야 하지만 이 과정에서 전체 무늬의 모양을 잊어버릴 위험도 있다. 따라서 우리는 우리가(또는 주석이나 성서일과나) 본문을 떼어 내는 방식에 대해 의심스러운 눈으로 보아야만 한다. 마치 외과적 시술이 정확히 환부에서 이루어졌는지 살펴보듯, 우리는 본문을 떼어내는 작업이 정확히 시행되었는지 확인하기 위해 본문의 전후 내용에 대해 자세히 살펴보아야 한다.

자주 설교되는 마가복음 12장 41-44절을 예로 들어보자.

가난한 과부는 풍족한 중에서 조금 넣은 부자와 달리, 자신이 가진 생활비 전부인 두 렙돈을 연보궤에 넣었다. 물론 설교자는 전 재산을 아낌없이 바친 이 여인의 희생적 자세가 얼마나 귀하고 값지며 우리도 그러한 희생정신을 본받아 아낌없이 바쳐야 한다는, 단순하고 고무적인 청지기 정신에 관한 설교를 하고 싶을 것이다. 그러나 광각 렌즈가 부착된 카메라와 같이 우리의 시각을 확대하여 본문의 영역을 조금만 더 넓게 확대해서 본다면 다소 다른 모양의 화면을 포착할 수 있을 것이다.

이 이야기의 바로 앞에는 예수께서 특히 "과부의 가산을 삼키는 행위"(막 12:40)에 대해 당시 종교지도자들을 책망하는 내용이 나온다. 이러한 책망은 결코 과부가 성전에 들어와 모든 소유 곧 "가산"을 연보궤에 넣기 전에 하신 말씀이 아니다. 그렇다면 이 여인은 희생적 태도의 한 본보기가 될 뿐만 아니라 가난한 과부의 피를 빨아먹는 타락한 종교 단체의 희생자이기도 한 것이다.

이와 같이 본문을 확대해서 보면 과부의 두 렙돈에 관한 단순하고 고무적인 설교만 고집하지는 못할 것이다. 보다 넓은 문맥적 상황 속에서 볼 때 본문은 목사가 받기 쉬운 유혹이나 모든 종교 단체의 문턱에 도사리고 있는 위선이나 악, 그리고 이와 같이 타락한 상황에서 과부의 희생적 태도가 주는 의미와 같은 교훈들을 다루도록 요구한다.

한 걸음 더 나아가 과부의 행위는 청지기 정신의 귀감이라기보다, 오히려 냉소적이며 이기적인 세상을 위해 자신의 모든 것을 쏟아 부어주신 예수님을 보여 주는 기독론적인 상징에 가깝다고 할 수 있다. 계속해서 읽어 보면 본문에 이어지는 내용은 "네가 이 큰 건물들을 보느냐 돌 하나도 돌 위에 남지 않고 다 무너뜨려지리라"(막 13:2)는 예수님의 말씀이다. 이제 이 말씀은 하나님의 집에서 시행될 공의에 관한 신적 경고이자 약속으로서 두려우면서도 소망에 찬 말씀으로 들린다.

본문의 시작과 끝을 확인해 보아야 하는 또 하나의 예는 요한복음 20장이다. 주요 개신교 교단이나 가톨릭 성서일과는 본 장을 두 부분으로 나누어 전반부(요 20:1-9 또는 20:1-18)는 부활절에, 후반부(요 20:19-31)는 부활절이 지난 첫 주일의 본문으로 사용한다. 요한복음 20장의 길이를 생각하면 편의상 이렇게 나눌 수도 있으나 본 장의 통일성 있는 문학적 특성을 감안하면 이러한 분할에는 문제가 있다. 요한복음 20장은 부활하신 예수께서 여러 번에 걸쳐 나타나신 내용으로 되어 있으며, 이 이야기들은 함께 읽어야만 전체적인 의미를 깨달을 수 있도록 되어 있다.

가일 오데이(Gail O'Day)라는 성경학자는 "요한복음에 나타난 부활에 관한 기사는 부활하신 예수와의 만남이 갖는 의미를 각각 다른 각도에서 조명한 것"[6]이라고 말한다. 이것은 부활하신 그리스도와의 만남이 어떤 의미를 갖는지를 정확히 알기 위해서는 요한복음 20장 전체를 하나의 기사로 보아야 한다는 말이다. 따라서 성서일과가 제시하는 대로 본 장을 두 부분으로 나누더라도 각 부분을 전체적 관점에서 보도록 유의해야 한다.

또 하나의 예는 "개정 공동 성서일과"에 포함된 레위기 19장 1-2절 및 15-18절이다. 본문은 하나님의 백성들에게 거룩한 삶을 요구하는 내용이다. 그러나 호기심 많은 설교자는 즉시 왜 두 구절의 중간에 있는 내용이 생략되었는지에 대해 의심을 가질 것이며, 그 부분을 찾아 읽는 가운데 사회적 공의의 시행과 관련된 구체적인 규례라는 사실을 발견할 것이다. 중간에 있는 부분을 생략할 경우 본문은 전적으로 개인적이며 내적인 방식으로 해석되지만 생략된 부분을 포함할 경우 사회적 측면이 강조된 "거룩"의 개념

---

[6] Gail R. O'Day, "The Gospel of John: Introduction, Commentary, and Reflections," *The New Interpreter's Bible*, vol. 9 (Nashville: Abingdon Press, 1995), 843.

으로 해석된다.[7]

　때로는 본문 스스로 명백히 본문의 전후 내용과 연결되어 있다는 암시를 주기도 한다. 그러므로 특별히 "바로 그때…"나 "그가 아직 말할 때…"와 같은 연결구를 주의해서 보아야 한다. 바로 그때란 언제를 말하는지, 그는 무슨 말을 했는지 자문해 보아야 한다. 이러한 연결구는 저자가 두 본문을 연결하여 생각하라는 명백한 표시이다.

　이 단계에서 우리가 찾아야 할 것은 전적으로 독자적인 단위 체계를 갖춘 본문이 아니다. 모든 본문은 하나의 흐름을 갖고 있는 전체 문서의 한 부분이며 주변에 있는 다른 본문과 내용적으로 연결되어 있다. 따라서 우리는 어느 정도 사상적인 응집력을 갖춘 단위를 찾아야 한다. 우리는 이런 본문을 찾았다는 확신이 설 때에라야만 다음 단계로 들어갈 수 있다. 그러나 우리는 이 시점에서 본문의 정확한 범위(limits)에 대해 잠정적 결론을 내릴 수밖에 없다. 나머지 주해 과정을 통해 언제든지 마음이 바뀔 수 있기 때문이다.

3) 본문의 번역이 정확한지 확인한다

　사실 요즘 사용되고 있는 영어 성경 가운데는 번역이 잘된 것도 상당수 있다.
　그럼에도 불구하고 굳이 설교자가 이런 문제에 신경을 써야 하는 이유는 무엇인가?

---

[7] 몇몇 성서일과의 이러한 경향에 관한 일반적 논쟁에 관해서는 Justo L. Gonzaález and Catherine G. Gonzaález, *Liberation Preaching: The Pulpit and the Oppressed* (Naáshville: Abingdon Press, 1980), 38ff. 및 William D. Thompson, *Preaching Biblically* (Nashville: Abingdon Press, 1981), 20을 참조하라.

그것은 하나의 사본에 대한 모든 역본은 그 사본에 대한 해석이기 때문이다. 성경 언어의 어휘나 사고방식은 현대 언어와 달라서 직접적인 축어적 연결이 어렵다. 따라서 아무리 좋은 번역이라 하더라도 해석학적 판단과 유추적 해석이 필요하다. 이 단계의 목적은 설교자로 하여금 배후에서 전개된 번역 과정을 살펴보고 과연 번역이 옳게 되었는지 검증하게 하는 것이다.

물론 원문을 직접 번역해 보는 것보다 좋은 방법은 없다. 원서를 통해 사본의 이문(variants)을 살펴보고, 자신의 번역과 다른 역본들을 비교해 보는 것이다. 그러나 반드시 축어적 번역(word for word)을 하지 않더라도, 원어로 된 본문을 읽고 "한 줄 걸러 쓴 번역"(inter-linear translation, 해당되는 영어 단어를 원어 아래 나란히 배치한 번역)이라도 참조해 가며 헬라어나 히브리어 사전을 통해 핵심 용어를 찾아보는 것만으로도 사본에 대한 상당한 통찰력을 줄 것이다.

이와 같은 원어 작업을 스스로 하는 것이 어렵다면 차선책으로 NRSV (*New Revised Standard Version*), NIV(*New International Version*), REB(*Revised English Bible*), NJB(*New Jerusalem Bible*) 및 Tanakh(유대 성경 교재)와 같은 번역 성경 두세 권을 참조하여 원문과 직접 비교하는 방법도 있다. 현재로서는 무엇보다 신뢰성과 정확성이 중요하므로 TNLB(*The New Living Bible*)나 *The Message*와 같이 의역에 초점을 맞춘 번역본이나, 또는 외국인을 위해 단순하고 제한된 어휘만 사용한 TNCB(*The New Century Bible*)나 CEB(*Common English Bible*), TEV(*Today's English Version*)와 같은 역본들을 가능한 피하고, NRSV(*New Revised Standard Version*)나 NIV(*New International Version*)와 같은 주요 역본을 사용하는 것이 최선이다. 전자의 대중적인 역본들은 앞으로 매우 유용하게 사용되겠지만 현 단계에서는 오히려 역효과가 날수도 있다.

번역본을 비교하는 과정에서 단순한 문체적 차이 이상의 의미적 차이가 발견될 경우에는 특히 유의해야 한다. 예를 들면, 여러 번역 성경은 시편 46편 10절 상반절을 다음과 같이 서로 다르게 표현한다.

    NRSV: 너희는 가만히 있어 내가 하나님 됨을 알라!
    NIV: 너희는 가만히 있어 내가 하나님 됨을 알라!
    REB: 너희는 그대로 있어 내가 하나님 됨을 배우라.
    Tanakh: 너희는 단념하라! 그리고 내가 하나님 됨을 깨달아라!
    CEB: "그만하면 족하도다! 이제는 내가 하나님 됨을 알라.

이상의 본문은 문두에서부터 미묘한 의미상의 차이가 있다는 것을 볼 수 있다. NRSV와 NIV는 모두 "가만히 있어"(Be still)로 번역한다. 이것은 일종의 침묵이나 평화로운 기다림이다. 그러나 REB는 포기하고 놓아 준다는 개념이 강한 "그대로 있어"(Let be then)로 번역한다. 반면에 Tanakh의 경우 "단념하라"(Desist!)고 번역했는데 이는 마치 파괴적이고 교만한 일을 멈추라는 명령과 같다. CEB는 "그만하면 족하도다!"라고 번역함으로써 하나님이 이러한 파괴적 행위에 대해 지치셨다는 사실을 분명히 규명해 준다.

    이들 가운데 어느 것이 가장 좋은 번역인지 어떻게 알 수 있는가? 문맥적 상황과 가장 잘 부합되는 번역이 어떤 것인가를 보려면 나머지 부분을 살펴보면 된다. 그러나 현 시점에서는 판단할 자료가 충분치 않지만 여전히 흥미로운 차이점을 발견할 수 있으며 이러한 차이점은 우리로 하여금 본문에 대한 자각과 호기심을 불러일으키게 한다. 아마도 적절한 석의 단계에 이르면 이에 관한 도움을 받을 수 있을 것이며 앞으로 살펴보겠지만 주석도 좋은 도움이 될 것이다.

    또한 각 번역에 포함된 각주도 무시해서는 안 된다. 이러한 주석은 본문에 대한 상세한 설명과 아울러 전통적인 번역을 소개하거나 차선책으로 제시될 수 있는 번역을 제시한다.

　예를 들어, NRSV는 고린도전서 3장 16절을 "너희(you)가 하나님의 성전인 것과 하나님의 성령이 너희(you) 안에 거하시는 것을 알지 못하느뇨"라고 번역하면서 각주를 통해 본문의 너희(you)는 헬라어로 2인칭 복수라고 밝힘으로 중요한 정보를 제공한다. 다시 말하면, 각주는 영어로는 표현할 수 없는 부분을 알려 준다. 따라서 우리는 이러한 각주를 통해 본문이 성령의 전으로서 공동체 전체에 관한 말씀이며 하나님의 성령이 개별 신자가 아닌 그리스도의 공동체에 거하신다는 사실을 알 수 있다.

　마태복음 26장 25절의 경우도 마찬가지이다. 본문에서 예수님이 제자들에게 그들 가운데 배신자가 있다고 하자 가룟유다는 "랍비여 내니이까"라고 묻는다. NIV에 따르면 그때 예수께서는 "그렇다 네가 그다"라고 대답한다. 그러나 NIV는 각주를 통해 두 번째 번역으로서 "네 스스로 그렇게 말하였다"라는 보다 자구에 충실한 번역을 제시한다. 이와 같이 각주는 본문에 대한 통찰력을 제공한다. 즉 유다의 질문은 결국 자신의 죄를 스스로 인정한 꼴이 되었다는 것이다.

2. 본문에 대한 개론적 고찰

　본문을 택한 후에는 본문을 이해하기 위한 복잡한 작업의 첫 번째 단계에 들어가야 한다.

4) 본문에 대한 기본적인 이해를 위해 본문을 읽는다

　이 단계에서는 특별한 기술이 필요 없다. 현 단계에서는 감추어진 의미를 밝히거나 신학적인 분석을 시도하지 않아도 된다. 다만 본문의 어휘나 구문에 대한 정확한 의미를 파악하기만 하면 된다. 지금은 본문 가운데 "에바"(ephah), "열심당"(zealot), "경문"(phylactery)과 같이 익숙하지 않은 단어를 성경사전을 통해 찾아보는 단계이다. 본문의 구두점은 구문론적인 의미를 파악하는 데 도움을 주는 훌륭한 지침이 된다. 그러나 구두점은 후세대에 의해 본문에 첨가된 기호이기에 구두점 역시 일종의 해석 행위의 산물이라는 점을 명심해야 한다.

마태복음 12장 1-8절이 본문으로 주어졌다고 하자.

> 예수께서 이 말씀을 마치시고 갈릴리를 떠나 요단 강 건너 유대 지경에 이르시니 큰 무리가 따르거늘 예수께서 거기서 그들의 병을 고치시더라 바리새인들이 예수께 나아와 그를 시험하여 이르되 사람이 어떤 이유가 있으면 그 아내를 버리는 것이 옳으니이까 예수께서 대답하여 이르시되 사람을 지으신 이가 본래 그들을 남자와 여자로 지으시고 말씀하시기를 그러므로 사람이 그 부모를 떠나서 아내에게 합하여 그 둘이 한 몸이 될지니라 하신 것을 읽지 못하였느냐 그런즉 이제 둘이 아니요 한 몸이니 그러므로 하나님이 짝지어 주신 것을 사람이 나누지 못할지니라 하시니 여짜오되 그러면 어찌하여 모세는 이혼 증서를 주어서 버리라 명하였나이까 예수께서 이르시되 모세가 너희 마음의 완악함 때문에 아내 버림을 허락하였거니와 본래는 그렇지 아니하니라 (마 12:1-8).

이 본문에 대해 몇 가지 의문점이 있을 수 있으나 대부분은 간단한 것들이다. 즉 우리가 이미 알고 있느냐 모르느냐에 따라 필요하면 성경백과사전이나 성경사전 및 주석의 해설을 찾아봄으로 본문의 단순명료한 의미를 파악할 수 있다.

- "안식일"이란 무엇인가?
- "이삭"은 무엇인가?
- "바리새인"은 누구인가?
- 다윗은 자기와 그 함께한 자들이 시장할 때에 어떻게 했으며 그 내용은 어디에 기록되어 있는가?

  이러한 내용은 성경에 기록되어 있는가?
- "진설병"이란 무엇인가?
- 진설병을 먹는 것에 관한 법은 어떤 것이며 어디에 기록되어 있는가?

  이 내용도 성경에 기록되어 있는가?
- "제사장"은 누구인가?
- "안식일에 제사장들이 성전 안에서 안식을 범하였으나 죄가 되지 않았다"

  라는 내용은 율법의 어느 곳에 기록되어 있는가?
- "성전"은 무엇인가?
- "인자"란 무슨 뜻인가?

물론 이런 의문들 가운데 어떤 것도 장기적인 연구 과제의 대상이 될 수 있다. 그러나 이 단계에서 지향하는 것은 그런 것이 아니다. 우리는 거저 용어의 기본적인 정의만 이해하는 수준에서 본문의 단순명료하고 피상적인 의미만 확실히 파악하면 된다.

5) 본문의 배경이 되는 보다 넓은 문맥 안에서 본문을 파악한다

우리는 앞서 성경 본문은 마치 큰 무늬 모양의 벽지에서 잘라낸 하나의 작은 벽지 조각과 같다는 사실에 대해 살펴보았다. 우리에게는 본문이 있지만 보다 큰 무늬를 잃어버릴 수도 있다. 이 단계에서 우리는 잘라낸 "조각"을 원래의 벽에 다시 붙여 놓고 전체적 모양이 제대로 되었는지 살펴보아야 한다.

누군가 여러분에게 어떤 회계사가 자신의 사무실에서 경찰에게 횡령 혐의로 체포되는 장면이 담긴 추리 소설의 한 페이지를 주며 "이 장면은 무엇을 의미합니까?"라고 물었다고 가정해 보라.

여러분은 상세한 질문을 몇 차례 더 하지 않고는 제대로 대답하지 못할 것이다.

이 장면은 언제 일어났는가?

이야기의 처음인가 중간인가 끝부분인가?

우리가 이 장면을 해석하기 위해 더 알아야 할 내용은 무엇인가?

우리는 경찰이 모르는 사실, 이 회계사가 무죄하다는 사실을 알고 있는가?

또는 회계사가 횡령뿐만 아니라 살인까지 범했다는 사실까지 알고 있는가 아니면 이 회계사는 사실 이 회사의 비리에 대한 정보를 입수하기 위해 경찰이 고용한 정보원이며 체포는 위장 전술이라는 사실을 알고 있는가?

요약하면, 이 장면을 해석하기 위해서는 전체 소설 안에 두고 보아야 한다는 것이다.

마찬가지로 성경 본문을 이해하기 위해서는 본문이 성경 전체(적어도 해당되는 성경(각권)의 문맥)와 어떻게 조화를 이루는지 알아야 한다.

방법은 무엇인가?

"벽지 조각"을 어떻게 다시 붙이는가?

우리는 본문이 담긴 성경의 개요를 찾는(또는 만드는) 작업으로부터 시작할 수 있다. 좋은 주석 및 믿을 만한 성경사전은 대체로 성경 각권의 개요를 제공한다. 두세 개의 개요를 통해 우리는 본문이 보다 큰 구조와는 어떻게 부합되며 책 전체의 전반적인 흐름이나 전개와는 어떻게 맞물려 돌아가는지를 파악할 수 있다.

예를 들어, 예수님이 세리 삭개오를 만나는 이야기를 기록하고 있는 누가복음 19장 1-10절을 본문으로 택하였다고 가정해 보자.

몇몇 권위 있는 주석은 이 이야기에 대해 다음과 같이 해석한다.

- 알란 컬페퍼(Alan Culperpper)는 『신 해설 성경』(The New Interpreter's Bible)에서 본문은 "예루살렘 여정"(눅 9:51-19:27)이라는 보다 큰 단위 속에 위치하면서 동시에 "부자와 가난한 자에 대한 예수님의 복음"(눅 18:1-19:27)이라는 하위 단위에 포함된다고 말한다. 이 하위 단위에는 날마다 재판관을 찾아가 번거롭게 했던 과부에 관한 비유, 바리새인과 세리에 관한 비유, 그리고 예수께 찾아와 어떻게 하면 영생을 얻을 수 있는지 물었던 부자 관원에 관한 이야기가 들어 있다.[8] 컬페퍼는 본문에 대한 관점을 특정 방향으로 향하게 한다.

그렇다면 우리의 본문은 이 부자와 가난한 자에 대한 이슈와 어떻게 연결되는가?

- 케이스 니클(Keith Nickle)도 『누가복음 설교』(Preaching the Gospel of Luke)에서 삭개오에 관한 이야기를 "예루살렘 여정"이라는 큰 단위에 포함시켰으나 본문을 포함하고 있는 하위 단위에는 "분별력과 지각력을 가지고 듣고 보라"는 제목을 붙였다. 따라서 니클은 우리에게 누가복음 전체의 한 부분으로서 본문에 대한 또 하나의 관점을 제공한다. 그는 하나님의 나라가 그리스도를 통해 가까이 임하였다는 사실을 바로 인식하는 것이 누

---

[8] R. Alan Culpepper, "The Gospel of Luke: Introduction, Commentary, and Reflections," in *The New Interpreter's Bible*, vol. 9 (Nashville: Abingdon Press, 1995), 35-38.

가복음에 나오는 이 부분의 주제라고 말한다.

과연 누가 이러한 사실을 바로 깨달았는가?

그는 부자 관원도 (눅 18:18-25), 제자들도(눅 18:26-35) 아니다. 그는 놀랍게도 눈을 떠서 바로 보게 된 한 소경(눅 18:35-43)과 겸손히 복종한 부자 죄인(삭개오)이었다.[9]

- 샤론 린지(Sharon Ringe)는 『웨스트민스터 성경 지침』(*The Westminster Bible Companion*) 시리즈에 포함된 그의 누가복음 주석에서 삭개오 이야기를 "새로운 삶의 여정: 예루살렘으로 가는 길"(눅 9:51-19:28)이라는 제목의 큰 단위에 포함시키는 한편 "예수님을 따르는 길"(눅 18:1-19:28)이라는 제목의 하위 단위 속에 포함시켰다. 이 개요는 예루살렘으로 향하는 예수님의 여정이 일종의 삶의 방식에 대한 은유이며 따라서 우리는 이 여정에 동참하여 그의 인생 여로를 따라야 한다는 것에 초점을 맞춘다.[10]

이상의 세 개요를 통해 얻을 수 있는 삭개오 이야기의 교훈은 무엇인가?

우리는 이 이야기가 예수님의 예루살렘 여정에 관한 누가의 방대한 서술의 일부분임을 알았다. 또한 이 여정에 포함된 삭개오 이야기를 바라보는 세 가지의 흥미 있는 다른 시각에 대해서도 보았다. 컬페퍼의 개요는 부와 가난이라는 문제에 대한 관심을 촉구하는 반면, 니클은 분별력과 지각을 가져야 한다고 경계하며 린지는 예수께서 제시하시는 삶의 방식과 이에 대한

---

[9] Keith F. Nickle, *Preaching the Gospel of Luke: Proclaiming God's Royal Rule* (Louisville, KY: Westminster John Knox Press, 2000), viii-ix.

[10] Sharon H. Ringe, *Luke, Westminster Bible Companion* (Louisville, KY: Westminster John Knox Press, 1995), vii-ix.

삭개오의 반응에 주목할 것을 요구한다.

어떤 본문은 동일한 내용이 성경 여러 곳에서 나타난다. 이것은 특히 복음서에서 두드러진다. 선택된 본문이 다른 곳에도 나타날 경우 본문과 이들 병행구들을 자세히 비교해 보면 크고 작은 차이점을 발견하게 되는데, 이러한 차이점은 본문을 이해하는 중요한 단서가 될 수 있다. 가령 마태복음 16장 5-12절이 본문이라면, 여기에는 떡, 믿음, 종교지도자들의 가르침에 관한 예수님과 제자들 간의 대화가 기록되어 있다. 이들 내용 가운데 일부는 마가복음(대부분의 학자들은 마태복음이 마가복음을 참고한 것으로 믿는다)과 누가복음에도 나타난다. 다음은 병행 구절을 이루는 세 본문이다.

마 16:5-12	막 8:14-21	눅 12:1
제자들이 건너편으로 갈새 떡 가져가기를 잊었더니 예수께서 이르시되 삼가 바리새인과 사두개인들의 누룩을 주의하라 하시니 제자들이 서로 논의하여 이르되 우리가 떡을 가져오지 아니하였도다 하거늘 예수께서 아시고 이르시되 믿음이 작은 자들아 어찌 떡이 없으므로 서로 논의하느냐 너희가 아직도 깨닫지 못하느냐 떡 다섯 개로 오천 명을 먹이고 주운 것이 몇 바구니며 떡 일곱 개로 사천 명을 먹이고 주운 것이 몇 광주리였는지를 기억하지 못하느냐 어찌 내 말한 것이 떡에 관함이 아닌 줄을 깨닫지 못하느냐 오직 바리새인과 사두개인들의 누룩을 주의하라 하시니 그제서야 제자들이 떡의 누룩이 아니요 바리새인과 사두개인들의 교훈을 삼가라고 말씀하신 줄을 깨달으니라	제자들이 떡 가져오기를 잊었으매 배에 떡 한 개밖에 그들에게 없더라 예수께서 경고하여 이르시되 삼가 바리새인들의 누룩과 헤롯의 누룩을 주의하라 하시니 제자들이 서로 수군거리기를 이는 우리에게 떡이 없음이로다 하거늘 예수께서 아시고 이르시되 너희가 어찌 떡이 없음으로 수군거리느냐 아직도 알지 못하며 깨닫지 못하느냐 너희 마음이 둔하냐 너희가 눈이 있어도 보지 못하며 귀가 있어도 듣지 못하느냐 또 기억하지 못하느냐 내가 떡 다섯 개를 오천 명에게 떼어 줄 때에 조각 몇 바구니를 거두었더냐 이르되 열둘이니이다 또 일곱 개를 사천 명에게 떼어 줄 때에 조각 몇 광주리를 거두었더냐 이르되 일곱이니이다 이르시되 아직도 깨닫지 못하느냐 하시니라	그 동안에 무리 수만 명이 모여 서로 밟힐 만큼 되었더니 예수께서 먼저 제자들에게 말씀하여 이르시되 바리새인들의 누룩 곧 외식을 주의하라

우리는 이들 세 본문 상에 많은 차이점이 있음을 보게 된다. 예를 들어, 마가복음의 본문은 "아직도 깨닫지 못하느냐"는 예수님의 말씀으로 끝난다. 다시 말해서 마가는 예수님의 말씀을 깨닫지 못한 제자들과 그들의 실패에 초점을 맞춘다. 그러나 마태는 전혀 다른 내용으로 끝난다. 제자들

의 머릿속은 갑자기 환해진다. 그들은 실제로 예수님의 말씀을 깨닫는다.

이와 같이 마태복음은 마가복음과 달리 제자들이 예수님의 말씀을 깨달을 수 있으며 또 실제로 그렇게 했다고 묘사하며 또한 예수님의 가르치고 계신 교훈, 즉 종교지도자들을 조심하라는 내용으로 강조점을 옮긴다. 그러나 누가복음의 내용은 훨씬 짧다. 마가는 예수께서 제자들과 함께 배를 타고 건너는 중이라고 말하나 마태는 그들이 이 여정을 막 끝낸 것처럼 묘사하며 누가는 이 여정에 관한 기사를 아예 생략한 채 바로 종교지도자들에 대한 교훈으로 들어간다. 그러나 누가복음에서는 종교지도자들의 외식이 문제가 되지만 마태복음에서는 예수께서 그들의 가르침을 조심하라고 경고하신다. 즉, 누가복음에서 예수님은 종교지도자들의 말과 행동이 다른 것을 문제 삼지만 마태복음에서는 예수께서 그들의 말조차 싫어하신다. 이들 세 본문 간에는 다른 차이점도 있으나 우리는 이미 이러한 비교가 마태복음의 강조점을 확실히 드러내 준다는 사실을 알았다.

이 초기 단계에서조차 다양한 지류의 해석이 부상한다. 현 시점에서는 탁상 위의 다양한 가능성들이 혼란스러울 수 있지만 이것은 사실 성경의 어떤 구절도 풍성한 의미를 가진다는 사실을 보여 준다. 여기서 설교자는 모든 대안을 탁상 위에 올려놓고 선택을 위해 더 많은 정보를 기다리고 싶을 것이다. 또는 다양한 가능성을 탐색하는 가운데 이미 한 가지 대안이 보다 분명하고 강력하게 다가오기 시작할 것이다. 그렇다고 해도 이러한 초기 직관은 진지하게 다룰 필요는 있지만 아직은 확정할 필요가 없다. 아직 본문에 대해 알아야 할 것이 많이 남아 있다.

3. 본문과의 대화

본문의 개략적인 윤곽을 잡은 후에는 활발한 대화를 통해 본문에 깊이 파고들므로써 본문의 뜻을 철저히 파악해야 한다. 주석의 이 단계는 나름대로 활기 있고 자유롭게 진행된다. 우리는 새로운 친구를 사귈 때처럼 본문에 대해 알아야 하며 본문에 대해 많은 시간을 투자하고 다양한 분위기 및 상황에서 본문을 경험해야 한다.

6) 본문이 말하는 것을 경청한다

성경 석의 기술이란 간단히 말해 본문에 대해 질문하는 법을 배우는 것이다.[11] 그러나 여기에는 두 가지 중요한 문제점이 도사리고 있다.

첫째, 우리가 "잘못된" 질문을 할 수 있다는 것이고,
둘째, 좋은 질문을 했더라도 본문이 제시하는 대답을 거절할 수 있다는 것이다.

우리가 답을 이미 알고 있다고 생각하는 질문만 한다면 그것은 잘못된 질문이다. 또한 실제적이고 솔직한 질문을 했더라도 본문이 제시하는 답을 듣기 싫어하고 그로 인해 놀라거나 번거롭게 되는 것을 원치 않는다면 그것은 곧 본문의 음성에 귀를 막고 있는 것이다.

이 단계에 들어오면 설교자는 잠재적으로 유익이 될 수 있다고 생각되는 모든 질문을 하나하나 물어보기 시작한다. 현 단계에서는 질문의 품위나

---

[11] Hayes and Holladay, *Biblical Exegesis*, 24.

신학적 오류 여부에 대한 걱정은 하지 않아도 된다. 오히려 머리에 떠오르는 솔직한 의문들을 모두 쏟아내는 단계이다. 지금은 과감히 본문에 도전하고 때로는 논쟁도 불사해야 할 때이다.

물론 우리가 던지는 질문 가운데는 내용이 사소하거나 전혀 도움이 되지 않는 것도 있겠지만 개의치 말아야 한다. 본문과 대화를 진행하는 가운데 제시되는 모든 질문과 답변은 나중에 점검을 받게 된다. 사실 나머지 석의 과정의 대부분은 현 단계에서 제시하는 질문의 결과를 점검하는 단계이다. 따라서 아무리 복잡하고 난해한 본문이라 할지라도 그것에 깊이 몰입하여 묻고 싶은 의문들을 모두 질문한다면 진정 본문의 음성을 통해 제시되는 답변을 들을 기회가 많아질 것이다.

이러한 질문들은 어디서 오는 것일까?

그것은 설교자의 신학적 전승이나 교회력의 절기[12] 및 시대적 현안이 되고 있는 이슈와 관련하여 올 수도 있고 순수하게 본문 자체에 대한 호기심이나 난해 구절에 대한 의문으로부터 올 수도 있다. 그러나 대부분의 경우 이러한 질문들은 우리의 대화 상대인 이들 각 요소들 간의 상호 작용, 즉 본문 앞에 선 우리의 정황 전체를 통해 온다.

아모스 5장 21-24절을 예로 들어 보자.

본문에서 하나님은 백성들의 위선적인 종교 행사를 책망하신다.

> 내가 너희 절기를 미워하여 멸시하며 너희 성회들을 기뻐하지 아니하나니 너희가 내게 번제나 소제를 드릴지라도 내가 받지 아니할 것이요 너희 살진 희생의 화목제도 내가 돌아보지 아니하리라 네 노랫소리를 내 앞에서 그칠

---

[12] Walter J. Burghardt, *Preaching: The Art and the Craft* (New York: Paulist Press, 1987), 특히 7장. 이 책은 교회 절기에 관한 석의의 역할에 대해 잘 다루고 있다.

지어다 네 비파 소리도 내가 듣지 아니하리라 오직 정의를 물같이 공의를 마르지 않는 강 같이 흐르게 할지어다(암 5:21-24).

본문에 대해 설교자는 다음과 같은 질문을 할 수 있을 것이다.

- 하나님은 모든 종교 행사나 찬양을 미워하신다는 말인가?
  이런 일을 하는 사람은 모두 죄인이란 말인가?
  탕자의 아버지는 집나간 아들이 돌아오자 즐겁고 성대한 잔치를 베풀지 않았는가, 그런데 본문에서는 왜 그렇지 않은가?
- 본문이 제시하는 하나님의 "성품"이나 인격은 어떤 것인가?
  하나님은 원래 화를 잘 내시는 분이신가 아니면 단지 저들의 행위에 크게 실망하신 것인가?
  하나님은 언제나 이와 같이 실망하시는가 아니면 단지 당시의 백성들에 대해 그때만 그렇게 하셨는가?
- 본문에서 하나님이 분노하신 까닭은 이해할 수 있지만 백성들의 제사조차 명백히 거절하신 이유는 무엇인가?
  하나님의 어떤 성품이 제사를 거부하시는가?
- 하나님은 "공의"와 "정의"를 원하신다.
  이 두 가지는 서로 다른 것인가 아니면 같은 것을 두 가지의 표현 방식으로 강조한 것인가?
- 만일 아모스가 오늘날 우리의 예배에서 이 예언의 메시지를 전한다면 같은 메시지를 전할 것인가?
  우리가 드리는 예배도 하나님께서 미워하시며 받지 않으시는 하나의 단순한 "종교적 모임"에 해당하는가?
  만일 그렇다면, 하나님께서는 우리 예배의 어떤 모습을 싫어하시는가?

그러나 그렇지 않다면, 우리가 아모스 시대의 청중과 다른 점이 무엇인가?
- 어쩌면 아모스는 오늘날 우리의 예배에 아예 오지 않을는지도 모른다. 당시의 청중은 단순한 종교인이 아니라 모든 백성이 해당되지 않는가? 우리는 사회의 어느 영역에서 이러한 절기나 종교적 행사를 찾을 수 있는가?
- 우리의 예배를 공의와 정의가 넘치는 장소로 만들 수 있는 방법은 없는가? 공의와 예배는 서로 연결될 수 있는가, 그렇다면 이러한 예배의 모습은 어떤 것인가?
- 본문의 내용은 정말 나쁜 소식과 같이 침울하다. 거기까지는 좋다. 그러나 교회를 통해 겨우 목숨을 건진 사람들은 어떻게 할 것인가? 아모스는 이들에게도 동일한 말씀을 전할 것인가 아니면 나쁜 소식처럼 들리는 이 메시지가 실제로는 "복음"이 될 수 있는 가능성도 있는가? 이 메시지가 동시에 기쁜 소식과 나쁜 소식이 될 수 있는가? 또한 메시지의 대상이 동일한 사람들이라면 어떻겠는가?

혈루증을 앓고 있는 한 여인이 예수님의 옷에 손을 댄 이야기를 다루고 있는 마가복음 5장 21-34절은 어떤가?

『복음 해석: 설교학 개론』(Interpreting the Gospel: An Introduction to Preaching)에서 본문에 대한 질문과 관련하여 유사한 방식의 과정을 제시했던 로날드 J. 앨런(Ronald J. Allen)은 설교자가 본문에 대해 제시할 수 있는 질문의 종류에 대해 다음과 같이 소개한다.[13]

---

[13] Ronald J. Allen, *Interpreting the Gospel: An Introduction to Preaching* (St. Louis: Chalice Press, 1998), 125-26.

- 예수님을 제외한 주요 등장인물이 여자라는 사실이 의미가 있는가?
- 마가복음에서 여인이 하는 역할은 무엇이며 본문에서는 어떠한 역할을 하는가?
- 왜 이 여인은 예수님의 뒤에서 접근하였는가?
- 치유 행위로서 손을 댄다는 것은 어떤 의미가 있는가?
- 예수님은 여인이 자신의 옷에 손을 대자 능력이 나간 것을 아셨다. 마가는 이 사실을 강조함으로 예수님에 관해 무엇을 말하려 하는가?
- 예수님은 왜 자신의 옷을 만진 자가 누구인지 알고 싶어했는가?
- 예수께서 "딸아"라고 말씀하신 의미는 무엇인가?
- 질병에 대한 치유를 위해서는 믿음이 필요한가?
- 여인의 병이 이미 나았다고 밝혔음에도 불구하고 왜 예수님은 이야기 끝부분에서 여인에게 병에서 놓여 건강할 것을 말씀하셨는가?
- 예수님이 무한한 치유 능력을 가지셨다면 왜 팔레스타인에 있는 각양 병약한 자들 가운데 일부만 고치셨는가?

이 외에도 본문에 대해 여러 가지 다른 질문을 할 수도 있을 것이다. 우리가 반드시 뿌리쳐야 할 유혹은 이와 같은 질문 시간을 거치지 않고 이러한 과정에 정통한 전문가들이 쓴 성경 주석으로 직접 건너뛰는 것이다. 나중에는 이러한 성경 전문가들의 의견을 듣는 것이 중요하겠지만 처음부터 곧장 주석으로 달려가는 것은 실수하는 것이다. 주석은 우리에게 유익한 도움을 많이 줄 뿐만 아니라 우리의 석의 과정을 점검하고 지도해 준다. 그러나 주석은 본문이 오늘날 이 자리에 앉아 설교를 듣고 있는 회중에게 주시는 말씀에 대해서는 아무것도 제시하지 못한다.

한 발은 본문에, 그리고 또 한 발은 청중의 구체적인 상황 속에 굳게 뿌리를 내리고 있는 사람은 주석가가 아니라 설교자이다. 이 순간 저들을 위해 본문으로 보냄을 받은 자 역시 주석가가 아니라 설교자이며, 따라서 오직 설교자만이 무엇을 물어야 할 것인가에 대해 소상히 알고 있다. 주석가가 본문에 대해 질의하고 탐구한 것들은 설교자의 연구에 도움을 줄 수는 있지만 그것을 대치할 수는 없다. 주석은 어디까지나 설교자를 돕기 위해 만든 것일 뿐, 결코 설교자가 주석을 섬기는 것이 아니다.

본문에 대한 질문은 창조적이며 풍부한 상상력이 동원되어야 하는 행위이다. 이는 마치 브레인스토밍(brain storming) 방식을 통해 아이디어를 모으는 것과 같다. 양자간의 가장 큰 차이는 브레인스토밍과 달리 우리 자신의 창조성을 확대할 필요가 없다는 것이다. 우리는 다만 본문이 우리에게 새롭게 말씀할 수 있도록 우리가 가진 모든 전제에 대한 집착을 떨쳐버려야 한다. 이와 같이 형식을 벗어난 행위가 어떻게 일어나는지에 대해서는 아무도 모르며 설명할 수도 없다.

그러나 본문에 대한 새로운 관점을 얻을 수 있는 몇 가지 제안들을 제시하고자 한다. 설교자는 모든 제안을 시도해볼 수도 있겠지만 대부분의 경우 설교자는 가장 확실한 가능성을 선택할 것이다.

첫째, 많은 설교학자들은 본문을 쉬운 말로 바꿔 써보라고 권유한다.
예를 들어, 본문의 모든 구절을 현대어로 바꿔 써보면 본문의 의미와 관련된 의문들이 속속 떠오를 것이다. 또 한 가지 방법은 적절한 시점에 이르면 본문을 완전히 제켜둔 채 자신의 말로 기억나는 대로 써 보는 것이다.
그런 후에 자신이 쓴 것과 본문을 비교해 본다.
혹시 빠진 것은 없는가?
빠진 부분은 사소한 것인가 아니면 중요한 내용인가?
별로 중요하지 않다고 생각하거나 귀찮다는 생각에 빠뜨린 것은 아닌가?

자신이 쓴 내용 가운데 특별히 강조한 부분이 있다면 어떤 내용인가? 이러한 강조는 본문에 대한 자신의 관심사를 반영한 것은 아닌가?

둘째, 만일 본문이 이야기라면 모든 등장인물의 입장에 서서 다양한 관점을 통해 이야기를 분석해 본다.

예를 들어, 주어진 본문이 회당에서 병 고치는 기사에 관해 다루고 있는 마가복음 3장 1-6절이라면 예수님의 입장에서 이야기의 흐름을 따라가 본다. 그런 후에는 한편 손 마른 사람의 입장에서, 안식일에 예배하러 모인 회중의 한 사람으로서, 끝으로 그곳에 모인 바리새인 가운데 한 사람의 입장이 되어 다시 한번 이야기를 거슬러 올라가 본다.

가능하면 누가 영웅이고 누가 악인인지에 대한 판단을 늦춘다. 각각의 인물과 하나가 되어 그의 세계관에 대해 동정적인 관점을 유지한다. 예를 들어, 안식일에 회당에서 병 고치는 사역이 진행되는 동안 종교적 열심이 대단했던 바리새인으로는 무엇이 가장 중요한 일이었을까에 대해 생각해 본다.

셋째, 얼핏 보아 이상하거나 자연스럽지 못한 부분이 있으면 자세히 살펴본다.

예를 들어, 왜 마가는 예수께서 광야에서 오천 명을 먹이실 때 푸른 잔디 위에 앉게 하셨다(막 6:39)고 했을까?

이것은 어쩌면 서술적인 묘사로 둘러싸인 본문 가운데 우연히 들어 있는 하나의 회화적인 표현일는지도 모른다. 그럴 수도 있다. 그러나 어쩌면 마가는 이 이야기를 사막에 꽃이 필 것이라고 했던 이사야의 환상과 연결하고 있는지도 모른다.

또 하나 마가는 우리에게 그날 모인 무리가 마치 "목자 없는 양 같음"

(막 6:34)에 대해 말한다. 에스겔 선지자는 이와 동일한 이미지를 사용하여 하나님의 약속을 선포한다.

> 내가 내 양을 찾고 찾되… 이스라엘 산 위에서 먹이되 좋은 꼴로 먹이고… 그것들이 그곳에 있는 좋은 우리에 누워 있으며(겔 34:11, 13, 14).

마가도 예수께서 "명하사 그 모든 사람으로 떼를 지어" 푸른 잔디 위에 앉게 하셨다고 말한다. 이러한 명령은 시편 23편에서도 찾아볼 수 있다.

> 그가 나를 푸른 풀밭에 누이시며(시 23:2).

마가의 "푸른 잔디"는 구약성경의 내용을 암시하고 있는가, 그렇다면 이것은 오천 명을 먹이신 기사와 어떤 관련이 있는가?

넷째, 본문에 모든 사상의 초점을 형성하는 가장 핵심적인 중심 사상이 있는지 살펴 본다.

예를 들어, 나는 어릴 적에 "모든 사람이 죄를 범하였으매 하나님의 영광에 이르지 못하더니"(롬 3:23)라는 구절에 대한 설교를 여러 번 들은 바 있다. 물론 설교의 요지는 모든 사람은 죄인이며 따라서 회개해야 한다는 것이다. 설교자는 손가락으로 회중을 지적하면서 "모든 사람이 죄를 범했다"고 외쳤던 것이다.

이 구절은 확실히 그러한 사실을 말하고 있고 또한 이것은 당연히 선포되어야 할 진리임에는 틀림없지만 이 구절의 전후 문맥 전체를 살펴 보라.

이제는 율법 외에 하나님의 한 의가 나타났으니 율법과 선지자들에게 증거를 받은 것이라 곧 예수 그리스도를 믿음으로 말미암아 모든 믿는 자에게 미치는 하나님의 의니 차별이 없느니라 모든 사람이 죄를 범하였으매 하나님의 영광에 이르지 못하더니 그리스도 예수 안에 있는 속량으로 말미암아 하나님의 은혜로 값 없이 의롭다 하심을 얻은 자 되었느니라 이 예수를 하나님이 그의 피로써 믿음으로 말미암는 화목제물로 세우셨으니 이는 하나님께서 길이 참으시는 중에 전에 지은 죄를 간과하심으로 자기의 의로우심을 나타내려 하심이니 곧 이 때에 자기의 의로우심을 나타내사 자기도 의로우시며 또한 예수 믿는 자를 의롭다 하려 하심이라(롬 3:21-26).

이 확장된 본문을 살펴 보면 이곳의 핵심 내용은 죄가 아니라는 사실을 알 수 있다. 인류의 죄에 관한 이 한 구절은 보다 핵심적인 주제, 즉 하나님의 의를 설명하기 위해 언급되었을 뿐이다. 이 본문 전체는 마치 포크댄스처럼 구성되어 있어서 율법이나 예언, 죄 및 구속과 같은 개념 주변을 맴돌지만 언제나 하나님의 의라는 핵심 주제를 중심으로 돌아간다.

본문에는 하나님의 의가 네 번 언급되며, 본문의 중심은 너도 아니고 나도 아니며 죄도 아니다. 본문의 초점은 언제나 우리를 자비롭게 대하시는 의로우신 하나님에게 맞추어져 있다. 그러므로 본문을 설교할 때 우리의 손가락은 잠시 우리 자신과 우리의 죄를 가리킬 수는 있으나 본문의 나침반이 궁극적으로 가리키고 있는 북극점은 은혜롭고 의로우신 하나님인 것이다.

다섯째, 본문이나 본문의 배후에 사상적 대립이나 갈등적 요소가 없는지 찾아본다.

커뮤니케이션이라는 측면에서 볼 때 인간의 언어는 "대립적 세력을 전제한 일종의 상대적 힘"이라고 할 수 있다. 예를 들어, "방 청소해!"라는 명령은 방을 청소하지 않거나 적극적으로 거부하려는 대립적 행위가 있음을 전제한 말이다. 또한 예수님의 나를 사랑하느냐?는 질문은 상대의 의중에 대한 확신과 불확실성이라는 대립적 요소 간의 갈등으로부터 나온다. "매릴린은 훌륭한 변호사다"라고 하는 서술적 표현도 그렇지 않을 수도 있다는 상대적 가능성이나 그러한 사실을 배제하려는 대립적 시도가 있음을 전제한다.

이러한 언어적 갈등은 본문에서도 분명히 혹은 암시적으로 나타난다. 때때로 갈등은 본문에 분명히 드러난다.

"사단아 내 뒤로 물러가라 네가 하나님의 일을 생각지 아니하고 도리어 사람의 일을 생각하는도다"(막 8:33)

이런 예수님의 꾸지람 속에는 이러한 갈등이 분명히 드러난다. 바울은 "어리석도다 갈라디아 사람들아 예수 그리스도께서 십자가에 못박히신 것이 너희 눈앞에 밝히 보이거늘 누가 너희를 꾀더냐"(갈 3:1)라고 함으로 논쟁의 갈등을 더욱 증폭시킨다.

때로는 갈등이 본문의 배후에 감추어져 있기도 하는데 이 경우 본문은 배후에 감춰진 갈등에 맞서 제시된다.[14] 시편 150편은 소고치며 춤추어 하나님을 찬양하라고 촉구한다.

이것은 당시의 예배가 무기력하고 수동적이며, 최소한 축제적 요소가 빠져 있다는 사실을 지적하는 것이 아니겠는가?

갈등이 본문과 본문의 배후에 동시에 나타나는 경우도 있다. 예수께서 "그런즉 가이사의 것은 가이사에게 하나님의 것은 하나님께 바치라"(마 22:21)고 말씀하신 것은 표면적으로는 바리새인과의 갈등의 와중에서 나온

---

14 성경 본문의 양극성에 관한 논쟁에 대해서는 Thompson, *Preaching Biblically*, 54-56을 참조하라.

언급이지만, 동시에 초대 교회 성도들에게도 해당되는 소중한 말씀이었는데 이는 당시 국가 권력에 대한 충성 문제와 관련하여 그들 사이에 있었던 논쟁을 암시하고 있기 때문이다.

여섯째, 본문과 전후 내용과의 문맥적 관계를 파악한다.

예를 들어, 마가복음 8장 22-26절은 예수께서 소경의 눈을 뜨게 한 기사를 다룬다. 이 기사에서 특이한 점은 예수께서 처음 그에게 안수하였을 때는 부분적으로만 보였다는 것이다. 소경은 두 번째 안수를 통해 비로소 만물을 밝히 보게 된다. 그러나 우리는 이 두 번에 걸친 안수(치유) 후에 이어지는 내용에 유의해야 한다.

예수님은 곧 이어 제자들에게 "너희는 나를 누구라 하느냐"라고 물으셨다. 그때 베드로는 "주는 그리스도(메시아)시니이다"라고 대답했으나 이 직책(메시아)이 십자가를 의미한다는 사실은 몰랐다. 말하자면 그는 부분적으로만 알았던 것이다. 다시 말하면, 베드로가 예수님이 참으로 누구신지 온전히 알기 위해서는 두 번의 치유가 필요했던 것이다. 제자들이 점차 예수님을 알아가는 기사와 소경이 점차 밝히 보게 되었다는 기사는 상호 해석이 가능하도록 연결되어 있다.

일곱째, 본문을 여러 관점에서 살펴본다.

이 본문이 남자에게는 어떻게 비쳐질까?

여자, 어린이, 부자, 가난한 자, 집 없는 자, 농부, 도시인, 죄수, 여성신학자, 고용주, 노동자, 실직자, 동성연애자, 부모, 불신자, 유대인이나 불교도, 타민족에게는 각각 어떻게 비쳐질지 생각해 본다.

앞서 언급한 대로 때때로 석의는 그룹 모임을 통해 진행되며 실제로 설교자는 다양한 성도들의 의견을 들을 수 있다. 그러나 대부분의 시간은 혼자서 이 모든 사람들의 형편을 머릿속에 그려야 한다. 설교자는 모든 성도들의 생각을 알 수도 없고 아는 체해서도 안 된다. 따라서 언제나 말씀을 읽고 연구하며 다른 사람들의 음성에 귀를 기울여야 한다.

　　설교자가 오직 상상력만으로 회중의 생각이나 형편을 살필 수 있는 방법이 있다. 먼저 설교를 들을 사람들을 머릿속에 떠 올린 후 그들의 삶에 대해 알고 있는 것을 기억해 낸다. 첫 번째 줄의 젊의 부부, 뒤쪽에 앉아 있는 십대 청소년, 새 직장을 얻은 젊은 여자, 얼마 전에 아버지를 여읜 청년, 엄마와 양아버지와 함께 앉아 있는 8세 소녀, 설교자는 이들 각자의 입장이 되어 그들을 대신하여 본문으로 간다. 그리고 본문을 향해 그들이 물어야 할 것들을 질문한다. 그들이 감히 물어보지 못하는 것도 그들을 대신하여 질문한다. 그들의 목자가 되고 대변자가 되어 그들에게 주시는 말씀을 듣기 위해 본문에 귀를 기울인다.

　　여덟째, 랜달 니콜스(Randall Nichols)의 말처럼 "중요한 문제에 대한 해답을 찾기 위해 숙고하며 묵상하는 자와 같이" 본문을 상고해야 하며,[15] 무엇을 질문할 것인지를 명확히 해야 한다.

　　니콜스는 에스더서의 한 본문을 예로 든다. 이 본문에서 모르드개는 에스더에게 유대인을 위해 왕비의 지위를 이용하여 담대히(불법이지만) 왕에게 말하라고 촉구한다.

　　　네가 왕후의 자리를 얻은 것이 이 때를 위함이 아닌지 누가 알겠느냐 (에 4:14).

---

[15] J. Randall Nichols, *Building the Word: The Dynamics of Communication and Preaching* (San Francisco: Harper & Row, 1090), 128.

겉으로 볼 때 본문은 오늘날의 우리와는 거의 상관이 없는 고민스럽고 편협한 이슈에 해당하는 것처럼 보인다. 겉으로 드러난 본문의 내용만으로 어떤 접촉점을 찾으려 한다면 어리석은 짓이 될 것이다. 본문은 마치 폐렴이 걸릴지도 모를 지독하게 추운 11월에 개혁당 후보에게 한 표 던지기 위해 투표하러 나가라는 것 같다.[16]

그러나 우리가 다음과 같은 질문을 통해 겉으로 드러난 본문 이면에 있는 심층적 의미에 대해 탐구한다면 니콜스의 말처럼 "현대인들과의 접촉점을 많이 찾을 수 있을 것이다."[17] 즉, 목숨을 구하는 일보다 신앙적 행위를 더 우선해야 할 때는 언제인가?

우리는 우리가 처한 환경에 의해 좌우되는가 아니면 우리가 기꺼이 목숨을 바칠 만한 것들에 의해 좌우되는가?

이러한 관점에서 본문이 주는 답을 찾아본다.

아홉째, 프레드 크레독이 제시한 것처럼 본문의 역할이 무엇인가에 대해 살펴본다.[18]

본문은 우리에게 명령을 하고 있는가 아니면 그것은 노래, 이야기, 설명, 경고, 논쟁, 기도, 암송인가?

"여호와를 찬양하라!"는 구절은 기쁨에 찬 찬양 가사로 사용될 때와 예배하지 않는 사람들을 책망할 때는 전혀 다른 뜻으로 사용된다. 두 경우 모두 같은 말을 사용하지만 맡은 역할이 다르기에 서로 다른 의미를 지닌

---

[16] Ibid.
[17] Ibid., 129.
[18] Craddock, *Preaching*, 123.

다. 본문의 역할을 알 수 있는 한 가지 방법은 그것을 하나의 음악으로 구성해 보는 것이다.

본문은 어떤 종류의 음악이 될 것인가?

"예수께서 갈릴리에 오셔서 하나님의 복음을 전파하여"(막 1:14)라는 마가의 선언은 트럼펫의 화려한 연주와도 같다. 그러나 "슬프다 이 성이여 전에는 사람이 많더니 이제는 어찌 그리 적막하게 앉았는고"(애 1:1)와 같은 애가서의 탄식은 우울한 바이올린 소리와 같다. 반면에 계시록에 나오는 허다한 무리의 우레와 같은 찬양은 팀파니와 심벌즈를 동원한 대규모 오케스트라를 필요로 할 것이다.

이 단계에 이르면 본문에 대한 호기심을 가지거나 꼬치꼬치 캐묻는 것도 나쁘지 않다. 설교자는 대담한 질문도 포함하여 온갖 질문을 스스럼없이 한 후 믿음의 귀를 통해 진지하게 대답을 듣는다.

설교자는 그 결과로 주어진 통찰력이나 아이디어를 백지 상태에서 채워 넣는다. 설사 어떤 것은 당시에는 잘 이해가 되지 않는다 하더라도 개의치 말아야 한다. 유명한 열 처녀의 비유와 같이 이들 가운데 어떤 것은 어리석은 것으로 나타나고 어떤 것은 지혜로운 것으로 나타날 것이다. 그러나 현재로서는 본문으로부터 나온 모든 가능성을 간직하고 있어야 한다.

이 일이 끝나면 설교자는 이러한 통찰력을 철저한 학문적 틀과 비평적 주석을 통해 검증해 보아야 한다. 사실 본문을 경청하는 단계와 이어지는 비평적 검증의 단계는 석의 과정에서 반복적인 고리를 형성한다. 우리는 들은 후에 그것을 검증하지만 이러한 검증은 우리의 귀를 예민하게 하여 다시 한번 본문에 귀를 기울이게 한다.

열린 마음으로 경청하는 것과 그것에 대한 활발한 검증 작업은 둘 다 매우 중요하다. 왜냐하면 아이러니 하게도 비평적 석의는 설교자로 하여금 본문이 실제로 말한 것보다 말하지 않은 것에 대해 더욱 철저한 경고를 하기 때문이다. 따라서 우리가 성경에 귀를 기울일지라도 비평적 자세로 임하지 않는다면 자신의 내면에서 속삭이는 음성에 빠져버릴 수 있다. 만일 우리가 비평적 분석만 하고 본문의 말씀을 경청하지 않는다면 성경으로부터 나오는 살아 있는 음성을 듣지 못한 채 성경에 관한 자료만 잔뜩 모으게 될 것이다.

4. 들은 내용에 대한 확인

브레인스토밍 방식에 의한 작업이 순조롭게 진행된다면 여기서 나온 아이디어나 통찰력을 기록한 내용이 적어도 한두 페이지는 될 것이다.

그렇다면 이렇게 해서 나온 아이디어나 통찰력은 과연 적절한 것인가?

사실 우리는 이것을 학문적 틀에 넣어 철저히 연구하기 전까지는 알 수 없다. 앞서 언급했듯이 목회 현장에서 멀리 떨어져 있는 성경 연구나 주석 내용은 실제 설교에서 무슨 말을 해야 할 것인가에 대해 말해주지는 못하지만 본문에 기초하지 않은 허황된 사고의 뿌리를 제거하도록 도와준다.

이제 설교자는 본문을 역사적, 문학적, 신학적으로 탐구해야 한다. 가장 빠르고 좋은 방법은 다음과 같은 권위 있는 학자들의 저서를 통해 도움을 받는 것이다.

- 브루스 C. 버치 외(Bruce C. Birch, et al.), 『구약신학 개론』(*A. Theological Introduction to the Old Testament* [Nashville: Abingdon Press, 1999]).
- 브라이언 K. 블라운트 외(Brian K. Blount, et al.<editors>), 『고국에 대한 진실: 아프리카계 미국인의 신약성경 주석』(*True to Our Native Land: An African American New Testament Commentary* [Minneapolis: Fortress Press, 2007]).

- 보링, 유진(Boring, Eugene), 『신약 개론』(*An Introduction to the New Testament: History, Literature, Theology* [Louisville: Westminster John Knox Preaa, 2012])(CLC 刊).

- 레이몬드 브라운(Raymond Brown), 『신약 개론』(*Introduction to the New Testament* [New York: Doubleday, Anchor Bible, 1997])(CLC 刊).

- 월터 브루그만(Walter Brueggemann), 『구약 개론: 정경과 기독교 상상력』(*An Introduction to the Old Testament: Canon and Christian Imagination* [Louisville, KY: Westminster John Knox Press, 2003])(CLC 刊).

- 존 콜린즈(John Collins), 『히브리 성경 개론』(*Introduction to the Hebrew Bible* [Minneapolis: Augsburg Fortress Press, 2004]).

- 노만 가트월드(Norman Gottwald), 『히브리 성경: 사회 문학적 개론』(*The Hebrew Bible: A Socio-Literary Introduction* [Minneapolis: Augsburg Fortress Press, 2004])

- 칼 할러데이(Carl Holladay), 『신약 비평 개론: 예수 그리스도의 메시지 해석』(*A Critical Introduction to the New Testament: Interpreting the Message and Meaning of Jesus Christ* [Nashville: Abingdon Press, 2005]).

- 루크 티모시 존슨(Luke Timothy Johnson), 『신약성경: 해석』(*The Writings of the New Testament: An Interpretation, rev. ed* [Minneapolis: Fortress Press, 1999]).

- 캐롤 A. 뉴솜, 샤론 H.(Carlo A. Newsom and Sharon H. Ringe), 『여성성경 주석』(*The Women's Bible Commentary, exp. ed.* [Louisville, KY: Westminster John Konx, 1998]).

- 휴 R. 페이지(Hugh R. Page, et al., eds), 『아프리카 성경: 아프리카에서 이스라엘 경전 읽기와 아프리카인의 디아스포라』(*The Africana Bible: Reading Israel's Scriptures from Africa and the African Diaspora* [Minneapolis: Fortres, 2009]).

7) 역사적인 면에서 본문을 고찰한다

본문을 역사적으로 고찰한다는 것은 적어도 두 가지 차원에서 역사를 살펴보는 것을 의미한다. 성경은 종종 왕의 통치나 예루살렘 멸망과 같은 역사적 사건에 대해 언급한다. 그러나 성경은 역사의 특정 시점에 기록되었으며 때로는 후세에 내려오면서 내용이 다듬어지기도 했다는 점에서 성경 역시, 자체 역사를 가지고 있다고 할 수 있다. 존 헤이스(John Hayes)나 칼 할러데이(Carl Holladay)가 주장하는 "성경이 언급하는 역사와 성경 자체의 역사"도 이런 맥락에서 이해할 수 있다.[19]

예를 들어, 다니엘서는 기원전 6세기의 사건들을 다룬다. 그러나 유력한 증거에 의하면 다니엘서 자체는 기원전 2세기 중엽에 기록되었을 가능성이 높다. 따라서 다니엘서를 해석하는 사람은 다니엘서가 기록된 연대와 그것이 다루고 있는 연대를 모두 알아야 한다.[20]

프레드 크래독은 고린도전서 10장 1-5절을 해석하기 위해서는 두 가지 단계의 역사만 알아서는 안 된다고 말한다. 그는 적어도 여러 단계의 역사를 알아야만 본문을 해석할 수 있다고 말한다. 본문에서 바울은 출애굽에 대한 유대적 해석을 언급하며 적어도 네 개의 역사적 단계를 제시한다.

첫째, 출애굽 사건 자체.
둘째, 이 사건에 대한 출애굽의 묘사.
셋째, 후대의 유대적 해석.
넷째, 고린도 교회의 상황과 연결한 바울의 해석.[21]

---

[19] Hayes and Holladay, *Biblical Exegesis*, 45.
[20] Ibid., 46.
[21] Craddock, *Preaching*, 118.

에드워즈(O. C. Edwards Jr.)는 『살아서 역사하는 말씀』(The Living and Active Word)에서 성경의 역사적 단계를 고대 성당의 건축 구조에 비교하였다.

> 여러분은 아마도 구조 면에서 영국의 건축 역사를 거의 모두 담고 있는 영국 성당을 방문해 보았을 것이다. 성당의 내부는 대체로 섹슨 스타일의 지하, 노르만 양식의 회중석, 화려한 장식의 성가대석과 고딕 말기의 수직식 본당, 제임스 시대의 강단 휘장, 빅토리아 시대의 세례대 등의 각종 건축 양식으로 이루어져 있다. 자세히 들여다보면 복음서에도 이와 유사한 시대적 특징들이 있다는 것을 알 수 있다. 우리는 어떤 부분이 예수님의 실제적인 사역에 해당하고, 어떤 부분이 구전으로 내려오면서 수정이 되었으며, 마가가 기록한 자료는 무엇이며, 다른 복음서 저자들이 기록한 자료는 무엇인지 찾을 수 있다.[22]

설교자의 목표는 본문의 모든 역사적 단계들을 가능한 많이 찾아내는 것이다. 물론 이것은 평생이 걸리는 어려운 작업이다. 그러나 우리는 웬만한 주석 첫머리나 신구약 개론서를 통해 저자나 저작 연대 및 사회 배경과 같은 자료에 대해 많은 것을 얻을 수 있다. 특히, 최근의 저서들은 종전의 역사적 분석에서 놓쳤던, 성경 본문의 역사에 대한 사회적, 정치적 관점을 담고 있어 많은 도움을 준다.[23] 본문 형성의 배경을 이루고 있는 역사적 정

---

[22] O. C. Edwards Jr., *The Living and Active Word: One Way to Preach from the Bible Today* (New York: Seabury Press, 1975), 22.

[23] 공관복음에 대한 사회학적 분석에 대해서는 Bruce J. Malina and Richard J. Rohrbaugh, *Social-Science Commentary on the Synoptic Gospels* (Minneapolis: Fortress Press, 1992)를 참조하라. 설교에 대한 사회학적 분석의 유익에 관한 보다 일반적인 내용에 관해서는 Richard J. Rohrbaugh, *The Biblical Interpreter: An Agrarian Bible in an Industrial Age* (Philadelphia: Fortress Press, 1978)를 참조하라. Rohrbaugh는 성경 본문의 사회적 배경에 대한 무지와

황은 오늘날과 마찬가지로 결코 정치적인 영향으로부터 자유로울 수 없으며, 월터 브루그만(Walter Brueggemann)이 말한 것처럼 어떤 본문도 이와 같은 시대적 영향으로부터 "자유롭거나 사회적으로 무관"하지 않다.[24]

설교자가 역사적 자료를 모으는 것은 단순한 자료 수집을 위한 것이 아니라 앞 단계(본문을 경청하는 6단계)의 브레인스토밍 방식을 통해 얻은 결과를 검증하기 위해서이다.

설교자는 어떻게 이것을 역사적으로 검증하는가?

예를 들어, 설교자가 갈라디아서 6장 11-18절을 석의하는 중이라고 하자.

> 내 손으로 너희에게 이렇게 큰 글자로 쓴 것을 보라 무릇 육체의 모양을 내려 하는 자들이 억지로 너희에게 할례를 받게 함은 그들이 그리스도의 십자가로 말미암아 박해를 면하려 함뿐이라 할례를 받은 그들이라도 스스로 율법은 지키지 아니하고 너희에게 할례를 받게 하려 하는 것은 그들이 너희의 육체로 자랑하려 함이라 그러나 내게는 우리 주 예수 그리스도의 십자가 외에 결코 자랑할 것이 없으니 그리스도로 말미암아 세상이 나를 대하여 십자가에 못 박히고 내가 또한 세상을 대하여 그러하니라 할례나 무할례가 아무 것도 아니로되 오직 새로 지으심을 받는 것만이 중요하니라 무릇 이 규례를 행하는 자에게와 하나님의 이스라엘에게 평강과 긍휼이 있을지어다 이 후로는 누구든지 나를 괴롭게 하지 말라 내가 내 몸에 예수의

특히 본문을 설교자가 살고 있는 시대의 사회적 관습에 적절히 끼워 맞추는 식의 왜곡으로 인해 잘못된 설교의 수많은 예를 제시한다.

[24] Walter Brueggemann, "The Social Nature of the Biblical Text for Preaching," in *Preaching as a Social Act: Theology and Practice*, ed. Arthur Van Seters (Nashville: Abingdon Press, 1988), 131.

흔적을 지니고 있노라 형제들아 우리 주 예수 그리스도의 은혜가 너희 심령에 있을지어다 아멘(갈 6:11-18).

설교자는 브레인스토밍 과정을 통해 본문의 핵심 구절에 관한 몇 가지 생각을 적어두었다.

- **내 손으로 너희에게 이렇게 큰 글자로 쓴 것을 보라**: 이것은 바울이 몸소 기록할 만큼 그에게 중요한 일이었다.
  오늘날 이와 같은 헌신이 요구되는 우리의 신앙은 과연 어떠한가?
- **육체의 모양을 내려 하는 자들**: 이 구절은 종교적 위선에 관한 말씀으로, 다른 사람들에게 좋게 보이려고 자신의 종교적 열심을 겉으로 드러내는 것을 의미하는가?
  이것은 마치 "이 차의 운전사는 하나님"이라는 스티커를 자신의 차 범퍼에 붙이고 다니는 것과 같다고 생각하지 않는가?
- **억지로 너희에게 할례를 받게 함**: 이것은 교회 내에서 진정한 신자로 인정받기 위해 억지로 무엇인가를 믿게 하거나 하게 하는 것과 같은 일종의 실력 행사를 말하는가?
- **그리스도의 십자가로 말미암아 박해을 면하려 함 뿐**: 이 구절은 핍박을 면한다는 것에 대해 어떻게 생각하고 있는가?
  누군가 문화적인 거부를 당하지 않으면서 기독교 신앙을 지키려는 사람이 있는가?
- **너희에게 할례를 받게 하려 하는 것은 너희의 육체로 자랑하려 함**: 왜 그들은 다른 사람의 할례가 자랑의 근거가 된다고 생각하는가?
  이것은 율법주의나 자만에 관한 말씀인가, 아니면 다른 신자에게 자신이 원하는 것을 하게 함으로 자신을 좋게 보이겠다는 말인가?

- **무릇 이 규례를 행하는 자… 평강과 긍휼이 있을지어다**: 이것은 바울의 규례와 그를 대적하는 자들의 규례를 대조하고 있는 말씀인가?

  믿음 안에서 보다 나은 규례가 있는가?

  새로 지으심을 받은 자의 규례도 규례로 볼 수 있는가 아니면 그것은 모든 규례를 초월하는 하나의 이상인가?

물론 이러한 아이디어나 직감이 모두 유익한 것은 아니며, 본 석의 과정은 이러한 기발한 생각들을 모두 검증하는 단계이다. 만일 이 설교자가 루크 티모시 존슨의 『신약성경: 해석』(*The Writings of the New Testament*)을 읽는다면 본문의 역사적 배경에 관한 다음과 같은 설명을 보게 될 것이다.

> 공동체의 일원이 할례를 받으면 어떻게 되는가?
>
> 바울에 의하면 토라를 의의 궁극적 형태라고 생각하는 자들은 십자가에 못박히신 메시아를 걸림돌로 여겨 핍박하였으며, 할례를 받으면 이러한 핍박의 대상에서 제외시켜 이스라엘 백성의 정식 구성원으로 인정하였다(갈 3:13). 바울도 과거에는 이러한 일에 앞장선 경험이 있다(갈 1:13-14). 우리는 갈라디아교회의 상황에 대해 잘 모르기 때문에 이러한 언급이 갈라디아 교회의 상황에 어떻게 부합되는지 설명하기 어렵지만 바울의 관점에서 볼 때, 할례를 받는다는 것은 십자가에 못박히신 메시아에 대한 설교를 통하여 경험하는 하나님을 거절하거나 겁내는 것을 뜻하는 것이 분명하다.[25]

이러한 존슨의 언급은 본문에 대한 몇몇 설교자의 아이디어나 직감에

---

[25] Luke Timothy Johnson, *The Writings of the New Testament: An Interpretation*, rev. ed. (Minneapolis: Fortress Press, 1999), 331.

초점을 맞추고 있지만 여기에는 한층 더 깊은 의미가 있다. 존슨은 본문의 할례를 "박해의 대상"이 되지 않고 "정상적이며 평온한" 상태를 유지하고 싶어하는 마음과 연결한다. 다시 말하면 본문의 핵심 이슈는 기계적인 율법주의가 아니라 두려움이라는 것이다. 바울의 대적들은 할례를 주창함으로 자신들이 위험한 반문화적 신앙이 아니라 정상적인 종교를 갖고 있는 자로서 나타나고자 했다.

이렇게 해서 설교자는 본문의 주장에 대한 일정한 관점을 가지게 되었다. 본문은 신자가 기독교 신앙의 위험한 가장 자리를 내버리고 위험에서 벗어나려는 모든 시도, 즉 죄인과 함께 먹고 마시며, 이 민족이 유일한 하나님의 백성임을 망각한 채 오직 화해와 평화만 추구하며, 탐욕스러운 소비문화에 이의를 제기하는 불가사의한 반문화적 사람들이 아니라 정상적이고 평온한 사람이 되려는 갖가지 시도에 도전한다.

8) 본문의 문학적 특성에 대해 고찰한다.

이제 설교자는 본문의 문학적 특성 및 기능을 알아보기 위해 본문을 탐구해야 한다. 세탁물 리스트는 단편 소설이나 시나 정치적 에세이와는 다르며 시는 속담이나 비유와는 다르다. 이들 문학 형식은 모두 독특한 문체와 구조를 가진다. 우편함의 편지와 신문사 편집장에게 보내는 편지는 같은 편지라 하더라도 기능은 전혀 다르다.

예를 들어, 설교자가 마가복음 10장 35-45절을 석의하는 중이라고 하자.

세베대의 아들 야고보와 요한이 주께 나아와 여짜오되 선생님이여 무엇이든지 우리가 구하는 바를 우리에게 하여 주시기를 원하옵나이다 이르시되 너희에게 무엇을 하여 주기를 원하느냐 여짜오되 주의 영광중에서 우리를 하나는 주의 우편에, 하나는 좌편에 앉게 하여 주옵소서 예수께서 이르시되 너희는 너희가 구하는 것을 알지 못하는도다 내가 마시는 잔을 너희가 마실 수 있으며 내가 받는 세례를 너희가 받을 수 있느냐 그들이 말하되 할 수 있나이다 예수께서 이르시되 너희는 내가 마시는 잔을 마시며 내가 받는 세례를 받으려니와 내 좌우편에 앉는 것은 내가 줄 것이 아니라 누구를 위하여 준비되었든지 그들이 얻을 것이니라 열 제자가 듣고 야고보와 요한에 대하여 화를 내거늘 예수께서 불러다가 이르시되 이방인의 집권자들이 그들을 임의로 주관하고 그 고관들이 그들에게 권세를 부리는 줄을 너희가 알거니와 너희 중에는 그렇지 않을지니 너희 중에 누구든지 크고자 하는 자는 너희를 섬기는 자가 되고 너희 중에 누구든지 으뜸이 되고자 하는 자는 모든 사람의 종이 되어야 하리라 인자가 온 것은 섬김을 받으려 함이 아니라 도리어 섬기려 하고 자기 목숨을 많은 사람의 대속물로 주려 함이니라 (막 10:35-45).

설교자는 브레인스토밍 과정을 통해 본문에 대한 수십 개의 아이디어가 떠올랐다. 본문은 이야기체로 되어 있기 때문에 그는 본문의 문학적 특성을 살펴보기 위해 『신 해설 성경』에 게재되어 있는 로버트 C. 탄네힐(Robert C. Tannehill)의 논문 "복음과 이야기 문학"(The Gospels and Narrative Literature)[26]을 읽어보기로 했다. 설교자는 그곳에서 본문이 어디서나 흔히 볼 수 있는 그런 이야기가 아니라 "선언적 이야기"(pronouncement stories)라는 특정 유형의 이야기임을 보게 된다. 탄네힐은 "예수님은 이러한 선언적 이야기를 통해 일정한 상황이나 사람에게 반응하시며 이러한 반응은 곧 전체 이

---

[26] Robert C. Tannehill, "The Gospels and Narrative Literature," *The New Interpreter's Bible*, vol 8 (Nashville: Abingdon Press, 1995), 56-70.

야기의 핵심 내용이 된다"고 말한다. 실제로 탄네힐은 본문을 더욱 구체적으로 분류하여 선언적 이야기의 일종인 "교화적 이야기"(correction story)라고 불렀다. 예수님은 교화적 이야기를 통해 다른 사람의 생각을 바로잡으셨다. 이러한 교화적 이야기는 독자들로 하여금 관점의 변화를 가져오게 한다.[27] 따라서 설교자는 다음 두 가지 사실을 알게 되었다.

첫째, 모든 이야기의 중심 주제를 이루는 본문의 강조점은 말미에 있는 예수님의 말씀에 있다.

> 너희 중에 누구든지 크고자 하는 자는 너희를 섬기는 자가 되고 너희 중에 누구든지 으뜸이 되고자 하는 자는 모든 사람의 종이 되어야 하리라 인자의 온 것은 섬김을 받으려 함이 아니라 도리어 섬기려 하고 자기 목숨을 많은 사람의 대속물로 주려 함이니라(막 10:43-45).

둘째, 예수님의 이러한 언급은 상대적인 관점, 즉 야망에 대한 제자들의 태도를 바로잡는 말씀이었다.

이와 같이 본문은 일종의 선언적 말씀으로, 본문에 관한 모든 것은 섬김의 정신과 야망이라고 하는 갈등적 관점에서 보아야 한다는 것이다. 따라서 이제 설교자는 이러한 결과를 바탕으로 브레인스토밍의 과정에서 나온 여러 가지 아이디어 가운데 본문에서 말하는 이러한 긴장을 반영하지 못하는 것들은 과감히 제거하게 되는 것이다.

---

[27] Ibid., 58.

9) 신학적인 면에서 본문을 고찰한다

본문에 대한 비평신학적 고찰은 역사적인 고찰을 통해 얼핏 보았던 한 가닥 실오라기를 본문의 구조로부터 끄집어 내는 과정을 포함한다. 이 단계에서는 사람과의 관계라는 측면에서 본문이 제시하는 하나님에 대한 특별한 가정이나 주장을 발견해야 한다.

랜달 니콜스(J. Randall Nichols)는 이것은 결코 "본문을 신학적 틀에 끼워 맞추거나 해석학적 틀을 본문에 덮어씌우려는 것이 아니라 본문의 이야기나 시 또는 역사적 내용을 기독교 전통이 지금까지 가져왔던 사고방식에 연결시키려는 것"이라는 점을 상기시킨다.[28]

전 단계(본문이 말하는 것을 경청하는 여섯번 째 단계)에서 권장한 역사적 배경에 관한 개론적 자료는 성경 각권이 제시하는 주요 신학적 주제나 이슈를 살펴보는 데에도 도움이 된다. 그 외에도 또 하나의 중요한 핵심 요소는 본문이 사용하고 있는 신학적 어휘이다. 믿음, 은혜, 주님, 언약, 육신, 영광, 구주와 같은 용어들은 어느 구절에서나 의미 있게 사용되는 단어로서 강력하고 풍부한 신학적 개념을 가지고 있다.

바울은 "율법"이라는 용어를 시편 1편과는 다른 의미로 사용하기도 하고 같은 의미로 사용하기도 한다. 따라서 설교자는 이러한 신학 용어에 대해 성경 전체와 하모니를 이룰 수 있는 전체적 의미와 함께 해당 본문에 분명히 드러난 구체적 의미를 모두 파악해야 한다. 설교자는 주요 신학적 어휘에 관해 다루고 있는 주석이나 신학용어사전을 통해 종종 도움을 받을 수 있다.

본 단계의 서두에 제시한 참고 문헌 역시 앞서 소개한(pp.158, 159) 권위 있는 학자들의 연구 역시 설교자가 브레인스토밍 과정을 통해 얻은 생각들

---

[28] Nichols, *Building the Word*, 126-27.

을 신학적으로 검증하는 데 도움이 된다.

예를 들어, 출애굽기 15장을 예로 들어보자.

본문은 출애굽과 홍해의 구원에 대해 하나님께 감사하는 노래이다.

> 이 때에 모세와 이스라엘 자손이 이 노래로 여호와께 노래하니 일렀으되 내가 여호와를 찬송하리니 그는 높고 영화로우심이요 말과 그 탄 자를 바다에 던지셨음이로다 여호와는 나의 힘이요 노래시며 나의 구원이시로다 그는 나의 하나님이시니 내가 그를 찬송할 것이요 내 아버지의 하나님이시니 내가 그를 높이리로다 여호와는 용사시니 여호와는 그의 이름이시로다 (출 15:1-3).

처음에 설교자는 본문에 제시된 용사라는 이미지와 외견적 승리주의에 당혹한 나머지 본문에서 특별한 가치를 발견하지 못하였다. 그것은 마치 설교자에게 "우리는 이겼고 너희는 패배하였다"라고 환호하는 것 같다. 그러나 점차 본문의 다른 면이 눈에 띄기 시작했다. 그것은 본문이 노래로 되어 있다는 것이다. 그것은 환희로 가득 찬 찬양이다. 그러나 그 내용은 백성들의 승리에 관한 것이 아니라 하나님이 이루신 승리에 관한 것이다. 물론 이것으로 모든 문제가 해결된 것은 아니지만 이것은 분명 본문에 대한 하나의 새로운 관점을 제공한다.

이어서 설교자는 신학적인 검증을 위해 브루스 C. 버치(Bruce C. Birch) 등이 저술한 『구약신학 개론』(*A Theological Introduction to the Old Testament*)[29]을 참조하였다. 그곳에서 설교자는 이 노래가 실제로는 저자가 말하는 소위 "출애굽 신앙의 전형으로서… 하나님의 은혜에 대한 경험을 이해하는 패러

---

29 Bruce C. Birch, et al., *A Theological Introduction to the Old Testament* (Nashville: Abingdon Press, 1999), 120-25.

다임"³⁰을 요약해 보여 주고 있다는 사실을 알게 되었다. 이러한 전형은 "절망적 상황 ⇒ 예기치 못한 구원 ⇒ 공동체의 반응"으로 이어진다.³¹

한 걸음 더 나아가 설교자는 이 노래가 억압받는 백성들 가운데 해방된 무리로부터 나온 것임을 알았다. 자유를 얻은 저들이 보인 첫 번째 반응은 환호의 찬가였던 것이다. "해방된 이스라엘의 첫 번째 반응은 영광송이었다. 새로운 자유를 얻은 이스라엘의 기쁨은 자연히 찬양의 외침으로 변했던 것이다."³² 이러한 발견은 환희와 찬양에 대한 설교자의 통찰력에 초점을 맞추고 있다.

10) 본문에 대한 주석을 참조한다

본문을 석의하는 작업이 끝났다면 이제 성경 주석을 통해 본문을 탐구해야 한다. 구약학자인 버나드 W. 앤드슨(Bernhard W. Anderson)은 "우리는 왜 주석을 참조해야 하는가?"라고 물은 후, "주석을 찾는 것은 해석의 첫 단계가 아니라 마지막 단계가 되어야 한다"라고 말한다. 그럼에도 불구하고 주석은 설교자에게 매우 중요한 자료이다. 앤드슨은 "결국에는 주석을 참조할 수밖에 없다"라고 말한 후, 그 이유에 대해 다음과 같이 주장한다.

> 우리는 개인적 차원에서 본문을 해석하는 것이 아니며 또 그렇게 해서도 안 된다. 다만 이러한 개인적 관점을 검증하고 풍성하게 하며 바르게 잡고 더욱 심화시킬 수 있는 분별력 있는 공동체, 즉 보다 넓은 차원의 해석학적

---

[30] Ibid., 123.
[31] Ibid., 124.
[32] Ibid., 120.

영역에서 다루어져야 하기 때문이다.[33]

　앤더슨의 언급이 함축하고 있는 것은, 주석을 참조하는 것은 곧 설교자가 해석 공동체를 형성하는 것이며 본문에 대한 학문적 세미나를 여는 것과 같다는 것이다. 이것은 개인적인 성경 해석의 위험을 피할 수 있는 또 하나의 방법이다. 주석을 참조한다는 것은 본문에 어느 정도 익숙해진 설교자가 본문을 더욱 깊이 이해하고 자신의 생각이나 통찰력을 검증하기 위해 다수의 전문가나 학자들을 탁자로 불러모은 것과 같다. 설교자는 자신의 생각이나 관점을 이들과 서로 교환함으로, 본문에 대한 이해는 더욱 도전을 받고 풍성해질 것이다.

　설교자가 석의 과정의 초기 단계를 거치지 않은 채 처음부터 주석을 참고하게 되면 전문가의 의견이 쏟아지는 동안 꿀 먹은 벙어리마냥 앉아 있을 수밖에 없다. 그러나 우리는 주석을 참조하기 위해 오랜 시간을 기다렸다. 즉 본문에 대한 과제를 스스로 해결할 수 있을 만큼 충분한 준비기간을 거쳤기 때문에 이제는 본문에 관한 논쟁을 주도적으로 조절하고 전문가의 의견을 마치 동료나 상담가의 말을 듣듯이 편하게 들으며 스스로 토론의 한 축을 맡아 의견을 개진할 수 있는 준비를 갖춘 것이다.

　분명한 것은 우리가 테이블에 모을 수 있는 권위 있는 음성(주석)의 수가 많으면 많을수록 토론은 더욱 풍성하고 흥미로워 진다는 것이다. 최근의 주석들은 비평적 본문 해석에 관한 최신 용어들을 소개해 준다. 그러나 비평적 주석 이전의 옛날 주석들도 무시해서는 안 된다. 이들은 현대 비평주의의 굴절 렌즈가 놓친 이슈들을 다루고 있기 때문이다. 어떤 현대 주석은

---

[33] Bernhard W. Anderson, "The Problem and Promise of Commentary," *Interpretation* 36, no. 4 (October 1982): 342, 343.

본문이 교회 역사에 따라 어떻게 해석되어 왔는지에 대한 변천사를 보여 준다. 때때로 고대의 해석자들은, 정확히 말해 이 시대의 사람이 아니기 때문에, 현대인의 눈에는 감춰진 보화를 발견하는 데 도움을 준다.

무엇보다도 설교자는 성경학자 피오렌자(Elisabeth Schüssler Fiorenza)의 경고처럼 "기존의 전통적" 성경학자들에게 전적으로 의지해서는 안 된다. 해방신학이나 여성신학 및 민족적, 시적, 정신분석학적 접근과 같이 전통적 관점이 결여된 학문에 귀를 기울임으로써만이 지금까지 누리고 있던 모든 해석학적 기득권이 드러나고(비록 스스로는 "중립적"이며 "객관적"이라고 오판하고 있을지라도)[34] 마음속에 품고 있는 기존의 전제들이 도전을 받게 되며, 비로소 본문의 온전한 내용을 탐구할 수 있을 것이다.

대부분의 훌륭한 주석들에는 지금까지 살펴본 역사적, 문학적, 신학적 분야가 모두 망라되어 있으며 지금까지 우리가 단계별로 쌓아 온 내용들을 다듬어 주고 도전을 준다. 그러나 주석가는 설교를 책임진 사람들이 아니다. 결국 우리는 이러한 학문적인 것들로부터 떠나 스스로의 힘으로 설교를 듣기 위해 기다리고 있는 회중들에게로 가야 한다. 주석가는 기껏해야 이 길의 절반 정도만 함께 갈 수 있다. 사실 우리는 대부분 이보다 일찍 그들과 작별하고 혼자 힘으로 마지막 석의 단계에 이르게 된다.

5. 설교 작성

지금까지 우리는 다양한 주석 활동에 대해 살펴보았다. 이러한 고찰은

---

[34] Elisabeth Schussler Fiorenza, "Response(to Walter J. Burghardt)," in *A New Look at Preaching*, ed. John Burke, *Good News Studies* 7 (Wilmington, DE: Michael Glazier, 1983), 52.

전적으로 본문이 우리의 상황에 새롭게 말씀하는 것을 듣기 위해서이다. 우리는 본문을 면밀히 살펴보았다. 우리는 성령의 도우심을 간구하며 본문을 철저히 연구했다.

이제 가장 중요한 순간이 다가왔다. 성경을 석의하는 작업은 끝없이 진행할 수 있다. 성경은 아무리 배워도 다함이 없으며 모아야 할 자료나 참조해야 할 주석도 끝이 없다. 설교자는 결코 석의를 완벽하게 마쳤다는 생각을 가질 수 없지만 미진한 것들이 한두 가지가 아님에도 불구하고 설교 시간은 순식간에 다가온다. 우리는 알고 싶은 것을 다 알지 못했다는 점을 인정하지만 그럼에도 불구하고 이제 우리의 초점은 강단을 향해야 한다.

11) 본문이 자신과 회중에게 주시는 말씀을 정리한다

좋은 석의는 우리에게 올바른 방향을 제시해 주며 본문에 대한 잘못된 해석을 바로잡아 준다. 그것은 본문에 대한 중요한 정보를 제공해 줄 뿐 아니라 처음에는 결코 발견할 수 없었던 이슈나 문제점들을 드러내 준다. 석의는 우리에게 많은 도움을 주지만 정작 가장 중요한 것은 해 주지 못한다. 즉 본문이 이 순간 이 자리에 모인 회중들에게 하고 싶은 말씀이 무엇인지는 말해 주지 않는다. 설교자는 바로 이 문제를 해결해야 하며 그것은 위험하고 흥분되는 결정이다.

앞서 언급한 대로 성경 본문을 안다는 것은 다른 사람을 마음 깊이 아는 것과 같다. 다른 사람을 알기 위해서는 시간과 노력이 필요하다. 우리는 오랜 시간 동안 그들과 함께 있어야 하며 그들의 말을 자세히 들어야 한다. 또한 지금의 그들이 누구며 이전에는 어떠한 사람이었는지 알아야 하며 그들이 추구하는 이상은 무엇인지 알아야 한다.

우리는 그들에게 질문을 하고 자신의 삶에 대해 말해 주어야 하지만 우리의 말만 해서는 안 된다. 우리는 그들의 말을 사심 없이 들어야 하며 우리가 원하는 것이나 관심사가 아니라 할지라도 그들의 말을 존중해 주어야 한다. 우리는 여러 가지 다른 상황에서 그들을 지켜보아야 하며 그들의 행동에서 나타나는 가치관이나 헌신하는 일에 관해서도 알아야 한다. 우리는 그들의 생활 패턴이나 관습 및 습관에 대해서도 알아야 한다. 만일 그들을 바라보며 자신에게 비친 모습만 본다면 그들을 알 수 없을 것이다. 그들을 바라보며 나와 무관한, 단지 분석의 "대상"으로서만 생각한다면 우리는 결코 그들을 진정으로 알 수 없다. 오직 우리와 함께 하고 있는 그들에 대해 알 때만이 비로소 그들을 진정으로 안다고 할 수 있다.

석의 과정은 우리를 본문으로 인도한다. 그것은 몇 가지 중요한 전기적 자료를 제공하고 본문의 비밀을 일부 보여 주기도 한다. 그러므로 회중의 삶을 본문으로 가지고 가 그곳에서 간절히 간구하는 마음으로 오랫동안 머물며 우리와 함께 하는 본문의 실재를 분별하는 것은 오직 설교자의 몫이다.

이것은 여러 가지 사건이 복합된 하나의 이벤트이다. 본문과 회중 사이에는 분명히 무엇인가가 일어난다. 주장과 요구가 있고 그에 대한 응답이 주어지며 본문의 의지가 전달된다. 석의 과정의 마지막 단계로서, 설교자는 본문이 자신을 포함한 청중들에게 주시는 말씀을 서술함으로 본문과 설교 사이의 갭을 메우기 위한 첫 번째 줄을 던지게 된다. 우리는 다음의 문장을 완성함으로 본격적인 설교 작성에 들어가게 된다.

설교를 들을 회중에게 이 본문이 말하려는, 그리고 행하려는 것은… 이다.

이러한 "주장" 단계는 간단해 보이지만 그렇지 않다. 이 단계에서 설교자는 본문으로부터 개념만 진술하려는 유혹을 받는다. 가령 "모든 인간은 하나님의 형상대로 창조되었다"와 같은 식이다. 이 진술이 사실이기는 하지만 아직 **주장**으로 볼 수는 없다. 주장은 개인적으로 말하는 것이다. 그것은 현실의 사람들에게 하는 말이며 반응을 요구한다. 어떤 진술이 주장인지 아닌지를 검증하는 방법은 실제로 설교를 들을 사람들, 가령 드샨(DeShaun)이나 바라바(Baraba)에게 진술을 제시한 후 "이 진술이 여러분의 삶에 어떤 변화를 요구합니까?"라고 물어보는 것이다.

다음 진술을 살펴보라.

"드샨, 바라바, 여러분과 다른 사람들은 하나님의 형상을 따라 창조되었습니다."

이것은 주장이 아니다. 왜냐하면 이것은 단지 신학적 진리에 대한 단조로운 진술이기 때문이다. 이 진술은 어떤 반응도 요구하지 않으며 개념에 대한 선포일 뿐이다.

그러나 다음 진술을 살펴보라.

"드샨, 바라바, 여러분은 자신이 무가치하다고 생각될 때가 있음에도 불구하고 여러분은 하나님의 형상을 따라 지으심을 받아 하나님의 사랑을 받는 존재임을 확신할 수 있습니다."

이 진술이 어떤 반응과 관점의 변화를 요구하는지 주목하라.

이것은 주장에 해당된다. 확실히 이러한 진술 방식은 청중(여기서 드샨과 바라바로 묘사된)으로 하여금 자신을 다른 관점에서 바라보게 하며 자신에 대해 다른 생각을 하게 한다. 본문의 주장을 진술한다는 것은 본문에서 시간을 초월하여 오늘날의 상황에서 청중에게 생각과 마음과 행동의 변화를 요구하는 하나님의 복된 소식을 전하는 요소를 찾아내는 것이다.

제4장 설교의 초점과 기능

최근에 누군가 내 아들에게 나침반을 주었다. 나는 집안 모든 것이 어지럽게 널려 있는 와중에 그것이 집 주변 여기저기에 굴러다니는 것을 본다. 집안에 있는 어떤 것도 같은 자리에 놓여 있는 것이 없다. 심지어 그 나침반조차 볼 때마다 다른 곳에 놓여 있다. 그러나 나침반은 언제나 자신이 어디 놓여 있는지를 아는 것 같다. 내가 나침반을 볼 때마다 그것은 언제나 동일한 방향을 가리키고 있다. 이 일은 나에게 기독교의 증거와 관련하여 깊은 인상을 남겼다.

_ 칼 미캘슨(Carl Michalson), "복음과의 대화"『오늘의 신학』("Communicating the Gospel" in *Theology Today*)

만일 여러분이 무엇인가를 본다면 말해야 합니다.

_ 미국 국토안보부(U.S. Department of Homeland Security)

제4장

설교의 초점과 기능

"증언하다"라는 동사에는 '보다'와 '말하다'라는 두 가지 의미가 담겨 있다.

첫째, 증거는 보는 행위를 뜻한다.

"나는 월드시리즈 세 번째 경기를 보았다"거나 "소방대원들이 학교를 구하기 위해 사력을 다해 불을 끄는 것을 보았다"라는 말은 자신이 사건의 현장에 있었으며 그것을 직접 보고 경험하였다는 뜻이다. "증언하다"라는 말에 담긴 첫 번째 의미는 목격하다는 것으로, 관찰자로서 사건의 현장에 입회하여 자세히 지켜봄으로 무엇인가를 받아들이다(인식하다)라는 뜻이다.

둘째, "증언하다"라는 말에 내포된 다음 의미는 이와는 정반대의 뜻을 가진다. 즉 "자세히 지켜봄으로 무엇인가를 받아들이다"(taking something in)라는 뜻보다

"무엇인가 밖으로 끄집어내어 발표하다"(giving something out)라는 의미를 가진다. 무엇인가를 보는 것이 아니라 말한다는 것이며, 어떤 사건에 대해 아는 것이 아니라 다른 사람에게 그 사건에 대해 알린다는 것이다. 이와

같이 "증언하다"라는 말 속에는 먼저 인식하다라는 의미가, 다음으로 그것을 말로 나타내다라는 의미가 담겨 있다. 안나 카터 플로렌스의 말처럼 증거 형태의 증언은 다음과 같다. 그것은,

> 사건에 대한 진술 및 신앙에 대한 고백이다. 우리는 보고 들은 것을 말하며 믿는 바를 고백한다.[1]

물론 이 두 가지 의미는 불가분의 유대 관계로 결속되어 있다. 첫 번째 의미로 증언하지(목격) 않은 사람은 두 번째 의미로 증언(말로 표현)할 수 없다. 우리는 자신이 경험한 것에 대해서만 증언할 수 있다. 이것은 우리가 증언하기 전에 그 일에 관한 모든 것을 이해해야만 한다는 말은 아니다. 우리는 자신이 직접 경험하기는 했으나 이해하지는 못한 사건에 대해 증언할 때도 있으며 때로는 우리가 부분적으로만 아는 일에 대해 증언하기도 한다. 이것은 마치 "나는 그 일을 직접 보았으나 전부 다 목격하지는 못하였다"라고 말하는 것과 같다. 그러나 만일 우리가 전혀 보거나 경험하지 못하였다면 결코 증인이 될 수 없다. "나는 소방대원이 학교에서 일어난 화재에 용감히 맞서 한 시간이 채 못 되어 불길을 진압한 일에 대해 증언하고 싶다"라는 말은 화재 현장에서 직접 불과 싸웠던 사람이 해야 믿을 만한 증언으로서의 효력을 가지게 된다.

설교자는 성경 본문에 대한 석의 과정을 마치고 직접 설교하는 단계로 접어들므로써 첫 번째 의미의 증인으로부터 두 번째 의미의 증인으로 옮겨 간다. 지금까지 우리는 회중을 대신하여 성경으로 보냄을 받아, 본문과 만

---

[1] Anna Carter Florence, *Preachiong as Testimony* (Louisville: Westminster John Knox Press, 2007), xiii.

나 그것에 귀를 기울여 본문이 우리에게 주시는 말씀을 직접 듣고 경험하였다.

이제 우리는 설교를 향해, 강단을 향해, 회중을 향해 나아가 본문이 주신 말씀에 관한 진리를 전해야 한다. 본문으로부터 설교로 옮긴다고 하는 것은 목격하는 것으로부터 입증하는 것으로, 보는 것으로부터 말하는 것으로, 듣는 것으로부터 말하는 것으로, 인식하는 것으로부터 증언하는 것으로, 증인이 되는 것으로부터 증언하는 것으로 옮기는 것이다.

1. 본문에서 설교까지: 논쟁의 쟁점들

본문에서 설교로 옮기는 시점은 가장 중요한 순간이다. 석의 과정의 마지막 단계에서 이 과정의 목적은 사실상 본문이 오늘날 어떠한 의미로 우리가 처한 삶의 정황 속으로 다가오는지를 간략히 요약하여 본문이 무엇을 말하며 행하고 싶은지를 한 문장으로 제시하는 것이라는 사실을 잊지 말아야 한다.

본문의 주장을 진술하는 일은 판단이 요구되는 소명이다. 이것은 석의 과정에서 우리가 보고 경험한 모든 것에 근거한 결단이자 우리의 선택을 필요로 하는 결정이다. 아무리 작은 본문도 어떤 설교 한 편보다 길다. 그만큼 성경은 잠재적으로 많은 의미, 많은 설교를 제공하며, 그러기에 동일한 본문이라도 다시 대할 때는 지난번과 전혀 다른 음성을 듣게 되는 것이다. 본문의 주장은 매우 상황적인 말씀으로 제시된다. 즉, 우리는 이 말씀을 이 시점에, 이 본문으로부터, 이러한 상황, 이러한 삶의 위기에 처한, 이 백성을 위한 말씀을 듣고 있다는 것이다.

본문에는 오늘날 우리에게 주시는 주의 말씀이 있는가?

그러나 이제 성경 본문의 주장을 진술하기 위한 최선의 판단을 내렸기 때문에 이제 본문을 설교로 조직하는 작업으로 넘어갈 것이다. 이 과정에는 성경 장르(비유, 잠언, 서신, 기적 기사 등)로부터 설교나 훈계라는 장르로 바뀌는 장르의 전환이 포함된다.

"본문의 주장"으로부터 실제적인 설교로 이어지는 다리를 건너는 방법은 무엇인가?

결국 이러한 본문의 주장은 하나의 단순한 문장으로 제시된다.

그렇다면 어떤 식으로 이것을 보다 넓고 확장된 설교로 전개해 갈 것인가?

설교학을 가르치는 교수들은 설교를 준비하는 과정에서 가장 중요한 이 순간과 관련하여 의견의 일치를 보지 못하였다. 특히 두 가지 문제가 논쟁의 쟁점이 되고 있다.

첫째, 일부 설교학자는 설교자가 성경 본문에 대한 주석이 끝난 후에는 "회중에 대한 석의" 또는 "오늘날 그들이 처한 상황에 대한 석의"라는 유사한 과정을 수행하는 단계로 넘어가야 한다고 말한다.

그러나 나는 이러한 주장이 잘못되었다고 생각한다. 왜냐하면 이것은 설교자가 회중을 벗어난 공간에 성경 본문을 들고 있음을 함축하기 때문이다. 그러나 설교자는 결코 허공에 있지 않다. 앞서 언급한 대로 설교자는 하나님의 백성 가운데서 일어난, 공동체의 일원이며 회중의 한 부분이다. 사실 그는 회중으로부터 본문에 파송을 받은 자이다. 그러므로 설교자가 성경 본문을 주석할 때 회중은 이미 그곳에 있으며 실제로 본문 연구 그룹을 형성하기도 한다.

설교자의 생각과 상상력과 마음에는 언제나 그들이 있다. 설교자는 회중과 그들의 세계를 배제한 채 성경을 석의하는 무모한 작업을 해서는 안 된다. 설사 설교자가 그렇게 하고 싶다고 하더라도 할 수 없다. 설교자는 회중의 무덤가에 서 있으며 그들에게 환난이 닥칠 때 함께 울고 그들에게 기쁜 일이 있을 때 함께 웃으며 즐거워한다. 회중은 결코 낯선 공동체가 아니다.

설교자는 이 사람들로부터, 그들을 대신하여, 무엇보다도 그들과 함께 본문으로 간다. 이 세상에서 한편으로는 다른 사람과 동일한 인간으로서, 또 한편으로는 그리스도를 섬기는 자로서 저들이 겪는 생존 투쟁은 설교자의 투쟁이며 그들의 일상은 고스란히 본문 해석의 장이 되었다. 비록 질문에 대한 응답과 그 결과에 대한 책임은 설교자에게 있지만 석의는 믿음의 공동체 전체와 본문의 대화로 이루어진다. 이와 같이 석의는 교회가 대표자로 뽑은 설교자를 통해 수행되는 교회의 사역이다.

둘째, 설교자가 본문의 주장을 몇 가지 핵심 개념이나 설교 주제로 축약해야 한다는 전통적 견해에 관한 것이다.

특히, 지난 세대의 많은 설교학 저서들은 성경을 신학적 개념이나 진리의 보고로 보았으며 석의란 본문으로부터 가장 핵심적인 신학적 보화를 캐내는 작업으로 생각하였다. 일단 핵심 개념을 취한 설교자는 본문은 제쳐둔 채 그것을 대지나 소지와 같은 몇 개의 다양한 구성 요소로 세분하여 설교의 소제목별 "요지"를 구성한다.

그러나 20세기 중엽부터 시작하여 많은 설교학자들은 (성경학자들의 도움을 받아) 이러한 "핵심 개념"에 의한 접근 방식에 대해 점차 회의를 품고 비판을 가하기 시작했다.

먼저, 그들은 이 방식을 성경 자체에 대한 왜곡이라고 주장했다. 성경은 단지 개념(Idea)을 모아놓은 상자가 결코 아니다. 감명 깊은 소설을 읽거나 깊은 감동을 주는 영화나 연극을 보는 사람은 결코 자신이 체험한 놀라운 경험을 하나의 개념으로 요약해 제시하려 하지 않는다. 성경 석의는 적어도 성경을 대할 때마다 다양한 의미로 다가올 만큼 다면적인 작업이다. 따라서 성경 해석을 통해 여러 가지 사상이나 개념들이 드러나는 것은 사실이지만 그와 동시에 단순히 관념적 틀 속에 꾸겨 넣을 수만은 없는 분위기나 감동, 갈등, 계시적 직감 등과 같은 경험도 존재한다. 설교는 본문이 다루는 모든 영역에 충실해야 하며 핵심 사상만 다루는 설교자는 깊이 있는 설교를 할 수 없다.

다음으로, 설교학자들은 몇 가지 주제나 요지로만 구성된 설교는 맥빠진 모습으로 지척거릴 수 있다고 지적한다. 이러한 설교는 엄격한 직선적 논리에 따라 한치의 오차도 없이 진행되기 때문에 사람들은 이러한 직선적 설교를 듣기는 하지만 흥미를 느끼지는 못한다. 더구나 개념 중심적 설교를 주창하는 사람들은 기독교 신앙을 사람들이 동의하지 않을 수 없는 일련의 개념들, 교리적 주요 항목으로 축약할 수 있다고 거듭 주장한다. 따라서 복음은 여러 가지 명제를 나열한 목록으로 제시되었으며, 설교는 이러한 진리에 대해 설명하고 이들이 서로 어떻게 논리적으로 연결되는지를 알려주는 도구로 전락하고 말았다.

이에 따라 지난 반세기 동안 수많은 설교학자들은 개념 중심적 접근 방식을 통해 본문에서 설교로 옮기려는 시도를 향해 총구를 겨누어 왔다. 1950년대와 1960년대 초기에 있었던 몇 차례의 경고 사격이 있은 후 2년의 간격을 두고 개념 중심적 설교에 대한 본격적인 포문이 두 곳에서 열렸다. 첫 번째는 데이비드 제임스 랜돌프(David James Randolph)가 1969년에 처음 발표한 『설교의 회복』(*The Renewal of Preaching*)이며 두 번째는 1971년에 발표된 프레드 크래독(Fred Craddock)의 『권위 없는 자처럼』(*As One without Authority*)이다.

랜돌프는 당시 유럽에서 영향력을 확대하고 있던 "새로운 해석학"으로 알려진 언어 및 철학적 사조에 대해 공부했다. 이 해석학은 단순한 연구와 적용을 위한 사고뿐만 아니라 경험이 가능한 사건을 제공할 수 있는 언어(특히 성경 언어)적 능력을 강조한다. 새로운 해석학은 종종 "우리가 본문을 해석하는 것이 아니라 본문이 우리를 해석한다"는 슬로건을 인용한다. 다시 말하면 성경 본문은 분석이나 해부의 대상이 아니라 언어를 통해 해석자와 맞서 자기 인식을 촉구하는 능동적 영향력이라는 것이다.

랜돌프는 설교에도 이러한 논리를 적용할 수 있다고 생각한다. 그는 성경으로부터 나온 메시지로서 설교 개념 대신 "설교는 하나의 사건으로 이해되어야 한다"라고 주장한다.[2] 실제로 "설교는 청중이 처한 구체적인 상황에 대한 본문의 의미를 알기 위해 해석되는 사건"이다. 랜돌프에게 설교에 대한 새로운 해석의 의미는, 중요한 것은 설교가 **무엇이냐**, 또는 설교가 무엇을 **말하느냐**가 아니라 설교가 청중의 실제적 삶에서 무엇을 **하느냐**라는 것이다. 랜돌프는 1960년대에 회자된 용어를 사용하여 설교를 "사건"(a happening)으로 불렀다.[3]

그러나 새로운 해석학을 공부한 또 한 명의 설교학자이자 신약성경 학자인 프레드 크래독에게는 문제의 설교 개념을 보다 분명하고 체계적인 형식, 즉 하나의 방법론으로 제시해야 할 필요가 있었다. 설교에 대한 크래독의 초기 사상을 잘 보여 주는 『권위 없는 자처럼』은 새로운 해석학적 사상을 실제적인 설교법으로 제시한 소책자로 동시대 설교학 저서 가운데 지금까지 가장 중요하고 영향력 있는 저서 가운데 하나로 인정받고 있다.

크래독이 가장 많은 관심을 기울인 문제는 유능하고 책임감 있는 설교자가 개념 중심적이며 명제적인 설교에 성경 해석에 대한 열정과 흥분을 쏟

---

[2] David James Randolph, *The Renewal of Preaching* (Philadelphia: Fortress Press, 1969), 19.

[3] Ibid., 1.

아 부으려 할 때 종종 느끼는 좌절감이었다. 크래독에 따르면 설교는 본래 두뇌에서 진행되는 개념이 아니라 귀에서 일어나는 사건이다.

"믿음은 들음에서 나며…."[4]

크래독은 설교자에게 있어서 텍스트에 대한 석의는 새로운 발견을 위한 스릴 넘치는 과정이라고 말한다. 설교자는 본문을 대할 때 직감을 좇아, 모든 가능성을 열어두고 의미를 탐구하며, 본문 해석을 위한 단서들을 끼워 맞추어 나간다. 요컨대 석의란 정해진 길이 없이 여기저기 다니는 흥미진진한 모험으로, 모든 것을 직선적 논리로만 접근하려는 연역적 방식을 거부한다. 오히려 석의는 귀납적 논리를 따라 생각하고 일하며 시행착오를 겪으며 진행된다. 즉 본문에 대한 단편적 정보로부터 본문의 전체 의미에 대한 거시적 통찰력으로 향한다.

그러나 크래독은 이러한 흥분이나 감동은 석의로부터 설교로 옮길 때 대부분 사라져버린다는 것이 설교의 문제점이라고 지적한다. 나중에 크래독은 훌륭한 설교자는 "정보제공 능력"(informative force)뿐만 아니라 본문의 "형성적 능력"(formative force)을 경험하기 위해 충분한 시간을 보낸다고 말한다.[5] 설교 역시 본문에 대한 정보만 전달할 것이 아니라 본문의 형성적 힘을 구현해야 한다.

그러나 크래독은 불행히도 석의와 설교 사이에는 바람직하지 못한 논리적 전환이 발생한다고 말한다. 즉 석의 과정의 귀납적이고 탐구적인 자세가 설교의 단계로 넘어오면서 연역적인 훈계로 바뀐다는 것이다. 양쪽을 잇는 다리 이편에서 설교자는 본문에 대한 새로운 발견이라는 자유롭고 가슴

---

[4] Fred B. Craddock, "Inductive Preaching Renewed," in O. Wesley Allen, Jr., ed., *The Renewed Homiletic* (Minneapolis: Fortress Press, 2010), 45.

[5] Ibid., 51.

벅찬 경험을 한다. 그러나 설교자는 지금까지 이와 같은 석의 태도를 떠나라는 교육을 받아 왔기 때문에 다리 저편으로 건너갈 즈음에는 어느새 새로운 발견의 흥분은 사라지고 몇 가지 명제만 달랑 들고 간다. 다시 말하면 창조적 주석 사역을 통해 성경 본문이 설교자에게 하나의 사건이 되었으나 관행적 설교 구성 방식이 청중에게서 이러한 사건이 가지는 힘을 빼앗아버린다는 것이다. 즉 "드디어 찾았다!"(Eureca!)라는 감격의 외침이 막상 설교에서는 "오늘 아침 설교의 주제는 ~입니다"라는 딱딱한 말투로 바뀌게 되는 것이다.

설교자는, 만일 자신의 이미지가 높은 곳으로부터 아래에 있는 회중에게 진리를 전하는 자의 이미지와 동일하다면 모를까 그렇지 않다면 주제를 몇 가지 작은 대지로 나누는 순간 지금껏 경험했던 감격과 열정은 사라지고 만다. 설사 자신이 발견한 것을 강단에서 새롭게 재현하고 싶다는 생각이 잠시나마 들었다가도 사역자는 책상에서 연구한 것을 강단으로 가져가서는 안 된다는 신학교 시절의 경고를 떠올리며 묵살하게 되는 것이다.
그 다음에 설교자가 할 일은 무엇이겠는가?
그가 좋은 설교자라면 적어도 설교가 지루하게 되는 것만은 피하려 할 것이다. 그리하여 지루한 연역적 설명으로 이어지는 서너 개의 "대지"(요지) 사이에 유머나 인용문, 일화, 예화, 시를 넣을 것이며 어쩌면 이단에 대한 암시나 위협적인 말도 군데군데 넣을는지도 모른다. 그러나 지각 있는 설교자라면 자신의 설교가 무엇인가 잘못되었다는 사실을 본능적으로 알아차릴 것이다. 그러한 설교는 석의적 뒷받침도 없고 철저한 준비도 없으며 본문과도 무관하다. 이러한 흐름은 분명 잘못된 과정이 아닐 수 없다.[6]

---

6 Fred B. Craddock, *As One without Authority* (Nashville: Abingdon Press, 1971), 124-25. 그

크래독은 이 문제를 해결하기 위해서는 설교자가 석의할 때 경험한 귀납적 모험을 재창조하여 청중에게 재현해야 한다고 말한다. 요약하면, 설교자의 파란만장한 주석이 청중에게 파란만장한 설교로 바뀌어야 한다는 것이다. 크래독은 주석 작업을 하는 설교자들에게 이렇게 말한다.

> 나는 개인적으로 결론에 도달한 후 공적으로 결론을 선포하는 것은 부당하다고 생각합니다.
> 왜 청중으로 하여금 결론에 도달하게 하지 못합니까?
> 사역자가 10마일이나 앞서 있는 것을 설교 준비라고 부른다는 것은 부당하지 않습니까?[7]

크래독은 설교자란 모름지기 성경 해석을 위해 본문으로 갈 때 전체 회중이 결국 설교를 통해 겪게 될 것을 맨 처음 시도하는 개척자의 자세로 임하여야 하며, 본문의 능력을 체험하고 본문에 담긴 의미심장한 뜻을 발견해야 한다고 생각했다. 따라서 설교는 연역적이 아니라 귀납적으로 형성되어야 한다고 했다. 다시 말하면 설교자가 석의를 통해 발견한 것을 연역적 논리가 아니라 귀납적 논리를 따라 재현해야 한다는 것이 그의 주장이다. 설교자는 설교시 청중들을 본문으로 인도하여 일련의 작은 발견들을 하도록 함으로써 결국 "아하, 이것이 바로 본문이 우리에게 일으키시는(generating) 것이구나"라는 궁극적 발견을 하게 해야 한다는 것이다.

이러한 크래독의 주장에 대해서는 설교 형식에 대해 다룬 다음 장에서

의 주장의 핵심은 설교에 있어서 "귀납적 흐름"과 "연역적 흐름"의 구분에 있다. 이와 유사한 구분은 한 세대 전에 W. E. Sangster, *The Craft of the Sermon* (London: Epworth Press, 1954), 71-79에 의해 제시되었다.

7 Craddock, "Inductive Preaching Renewed," 45.

보다 자세히 살펴보겠지만 지금으로서는 그가 어떤 방식으로 본문과 설교 사이의 다리를 다시 놓는지에 대해 유의하는 것이 중요하다. 그는 결코 개념이나 사상을 본문에서 설교로 운반하는 다리가 아니라 발견 과정 자체를 운반하는 경험적 다리를 제시한다. 그가 원하는 것은 석의 과정에서 발생하는 여러 가지 사건들이 고스란히 설교의 사건들로 재현되는 것이었다.

이러한 크래독의 주장은 세간에 알려지자마자 즉시 신선한 새바람을 가져왔으며 설교학적 사고에 새로운 전기를 마련하게 되었다. 아울러 그는 명제적 설교를 반대하는 공동 전선에 동참하여 그들과 공동 보조를 취하였다. 그리하여 이야기 설교, 이미지 설교, 은유 중심적 설교, 우회적 설교, 대화식 설교, 산만하지 않은 비논설적 설교들이 빠른 속도로 20세기 후반의 설교 양식으로 자리잡게 되었다. 요컨대 "세 개의 대지로 이루어진 주제 설교"를 제외한 거의 모든 설교가 바로 이때 출현한 것이다. 당시의 분위기는 여러 가지 면에서 성경의 "개념이나 사상"에 초점을 맞춘 연역적 설교에 대한 반대 목소리가 무르익어 가던 때였다. 성경적 개념이나 유사 조직신학을 강조하던 당시의 지배적 성경신학 운동은 "새로운 해석학"과 사건 중심의 여타 성경 해석 방식에 급속히 길을 내 주고 말았다.

그러나 모든 사람이 명제적 설교에 대한 반대에 가슴 설렌 것은 아니다. 설교학 교수 가운데 한 명인 로날드 슬리스(Ronald Sleeth)는 개념에서 사건으로 전환한 설교자가 대부분 통속적 이야기나 피상적 자서전을 통해 "자기 표현이라는 미명 하에 자기 도취적이고 사소한 개인적 비유"를 늘어놓는 방식으로 전락하게 되었다고 염려한다. 슬리스는 이러한 흐름을 강력히 반대하고 본문에는 사실상 "핵심 개념"이 있으며 설교는 이러한 핵심 사상들을 중심으로 구성되어야 한다는 전통적 개념을 주장한다. 그는 다음과 같이 주장한다.

놀랍게도 설교는 전체 내용을 지배하는 명확한 주제가 있어야 한다는 생각에 부정적인 견해를 가진 자들이 많다. 어떤 사람들은 우리는 논리적으로 사고하지 않는 광적이고 만화경 같은 세계에 살고 있으며 모든 것을 한꺼번에 하려는 습성 때문에 사물을 전체적으로 이해하려고만 한다고 말한다.… 이들에게는 정해진 주제에 따라 강론하는 것만큼 다행스러운 일도 없을 것이다.

그러나 많은 설교들은 이러한 주제가 명확하지 않기 때문에 실패한다. 사람들은 무슨 말을 하고 있는지 도무지 이해할 수 없을 것이며 미스터리한 시간만 되고 말 것이다. 창의적인 말이나 감정에 호소하는 표정조차 실상은 청중들의 머리를 갸우뚱하게 만들 뿐이다.[8]

신학교에서 크래독에게 설교 방법론을 배운 아프리카계 미국인 설교학자 클레오푸스 라루(Cleophus LaRue)는 이런 방법이 흑인 교회의 현실과 동떨어진 것처럼 보였다고 회상한다.

내가 프린스턴신학교에 들어간 것은 1980년대이다. 당시 세 개의 대지와 한 편의 시로 이루어진 연역적 설교에 대한 크래독의 반대는 워낙 광범위하고 강력해서 '세 개의 대지와 한 편의 시로 이루어진 설교는 오래 전 역사'라는 인식이 만연해 있을 정도였다. 전날 저녁 뉴욕의 흑인 교회에서 3대지 설교를 들었던 나에게는 이런 인식이 충격적일 정도로 낯설었다. 나는 그 때 백인 설교학자들이 신봉하는 것과 흑인 교회에서 시행되고 있는 것 사

---

[8] Ronald E. Sleeth, *God's Word and Our Words: Basic Homiletics* (Atlanta: John Knox Press, 1986), 44.

이에 단절이 있음을 느꼈다.⁹

복음주의 설교 교사 가운데는 비개념 중심적(non-idea-centered) 설교에 대한 반대도 찾아볼 수 있다. 예를 들면, 복음주의 세계에서 가장 영향력 있는 설교학자 가운데 하나인 헤든 로빈슨(Haddon Robinson)은 확실히 크래독의 접근에 대해 알고 있으며 어느 정도 인정하지만 그럼에도 불구하고 "효과적인 설교는 전체적 통일성을 지향하는 성경적 개념에 초점을 맞춘다.… 사람들은 개념에 반응하여 삶을 형성하고 영원한 목적지로 향한다"라고 주장한다.¹⁰

2. 두 가지 길: 개념과 사건

대지, 명제, 핵심 개념, 파란만장함, 사건 발생, 그리고 연역적, 귀납적, 3대지 설교 및 내러티브 설교에 대한 갑론을박의 저변에는 사실상 성경적 설교의 타당한 강조와 관련된 매우 유익한 논쟁이 자리 잡고 있다. 소위 오래된 "주류" 교회에서 설교는 회중과 동떨어져 있으며 따분하다. "세 개의 대지 및 한 편의 시로 이루어진 설교"는 살아 있는 경험과 단절된 신학적 격언 및 진부한 이야기로 가득한 무미건조하고 추상적인 설교를 상징하는 말이다.

랜돌프와 크래독이 차분한 "메시지"보다 "사건"으로 가득한 열정적

---

[9] Cleophus J. LaRue, I Believe I'll Testify: The Art of African American Preaching (Louisville; Westminster John Knox Press, 2011), 23.

[10] Haddon W. Robinson, Biblical Preaching: The Development and Delivery of Expository Messages (Grand Rapids: Baker Book House, 2001), 39.

설교, 사건을 만들어내고 경험적 "아하!"를 외치게 하는 설교에 대한 약속으로 민감한 부분을 건드린 것은 놀라운 일이 아니다. 이러한 논쟁의 와중에 가끔 잊을 수 있는 것은 랜돌프와 크래독에게 이러한 이벤트성 설교는 여전히 진리와 개념 및 내용에 관한 것이라는 사실이다. 무게 중심이 사건 및 살아있는 경험 쪽으로 기운다고 해도 선포해야 할 메시지를 담은 복음은 여전히 존재한다.

그러나 라루가 언급한 흑인 교회나 많은 복음주의 교회처럼 전통이나 배경이 다른 곳에서도 설교는 많은 문제점을 드러낼 수 있지만 지루함이 이 리스트의 첫 번째 항목은 아니다. 따라서 성경적 개념에 초점을 맞춘 설교를 2-3개, 또는 그 이상의 대지로 제시하는 것이 이러한 전통에 도움이 되는 참되고 검증 가능한 방법이라는 사실을 의심할 이유는 없다.

그들은 좋은 대지를 선택하여 잘 전하기만 하면 된다. 그러나 여기서 종종 간과하기 쉬운 것은 이러한 "대지" 설교가 이론과 달리 명제적이거나 요약적이지 않다는 것이다. 설교는 기술적으로 세 개의 대지로 배열할 수 있지만 여전히 드라마, 내러티브, 사상의 전개, 시적 호소, 에너지 및 사건으로 가득하다. "대지"가 반드시 요약적일 필요는 없다. 그것은 설교적 모험의 이정표이다. 설교학자들이 설교자에게 성경적 개념을 찾을 것을 권할 때 이 개념은 무미건조하고 이성적인 교리가 아니라 살아 있는 역동적 진리로 보아야 한다. 따라서 무게 중심이 개념 쪽으로 기운다고 해도 여전히 사건으로 가득한 설교가 선포되어야 한다.

물론 사건과 개념이라는 두 가지 접근 사이에는 명백한 차이가 존재한다. 본문의 "핵심 개념"을 찾기 위해 성경 본문으로 가는 것과 본문에서 무슨 일이 일어나고 있는지, 본문이 어떤 경험의 세계를 형성하고 있는지 묻는 것은 확실히 다른 해석 방법이다. 청중에게 본문의 주요 사상을 논리적으로 제시하는 설교를 작성하는 일은 강력하고 생명력 있는 변화의 경험을 재촉하기 위한 드라마의 한 부분으로 설교를 디자인하는 것과 다르다.

그러나 어느 한 쪽도 다른 쪽을 위해 희생할 필요는 없다. 오히려 양자는 상호 보완적이며 중복적이라고 할 수 있다. 복음이 개념의 집합체인 것은 사실이지만 "시카고에서 로스앤젤레스까지는 2,100마일이다"와 같은 개념은 아니다. 복음은 "모든 일어난 사건에도 불구하고, 우리를 가로막는 모든 것에도 불구하고, 나는 당신을 사랑한다"와 같은 개념들로 구성된다. 그것은 개인적으로 말을 거는 형식의, 사건을 유발하는 개념이다.

따라서 일부 설교자 및 설교학 자들은 계속해서 "개념 설교"를 따라갔지만 다른 많은 사람들은 랜돌프와 크래독을 좇았다. 예를 들어, 유진 로우리(Eugene Lowry)는 성경 자체는 대부분 "비명제적"(nonpropositional)이라고 주장하고, 최악의 경우 명제적 사고는 "복음의 경험적 의미를 왜곡하거나 바꿀 수도 있다"라고 경고한다.[11] 그는 설교는 성격상 본질적으로 이야기가 되어야 하며(그가 말하고자 하는 것은 설교는 반드시 이야기로 채워질 필요는 없지만 내러티브의 플롯을 가져야 한다는 것이다) 그 이유는 이야기 형식이야말로 성경의 "심미적 커뮤니케이션"을 가장 잘 전달해 주기 때문이라고 주장한다.

어떤 사람들은 크래독보다 한 걸음 더 나아가 그가 대지나 명제를 제거하는 작업을 완성하지 못했다고 주장하며 크래독이 정문에서 막았던 개념(요지나 명제) 중심적 설교를 뒷문에서 맞아들였다고 비난한다. 설교자가 크래독의 방식대로 본문을 통해 흥미진진한 귀납적 탐구에 몰입하는 것은 사실이지만, 막상 모든 탐구가 끝나고 보면 결국 이러한 모험의 최종적 목적이자 탐구의 대상은 하나의 개념이라는 것이다.

설교자는 마치 재미있는 보물찾기를 하듯 본문을 여기저기 살피고 다

---

[11] Eugene L. Lowry, *Doing Time in the Pulpit: The Relationship Between Narrative and Preaching* (Nashville: Abingdon Press, 1985), 79, 80.

니며 바위 밑도 들춰보고 동굴 속도 조사하지만 결국 이러한 노력과 들뜬 마음을 통해 찾아낸 것은 본문에 숨어 있는 핵심 개념이다. 사실 크래독 자신도 석의의 목표는 "저자가 의도한 핵심 요지"를 찾는 것이며[12] 또한 설교에도 "주제가 있어야 하며 이와 같은 하나의 개념은 메시지를 준비하고 전하며 받아들이는 과정에서 창조적으로 습득되고 적용되어야 한다"라고 주장한다.[13]

따라서 자세히 관찰해 보면 결국 본문과 설교를 잇는 크래독의 다리를 건너는 것은 본문에서 나온 핵심 사상임을 알 수 있다. 그의 주장이 새로운 것이 있다면 그것은 이러한 사상이 혼자만 오는 것이 아니라 그것을 본문에서 처음 발견할 당시 사용되었던 귀납적 탐구 과정과 함께 온다는 것이다. 다시 말하면, 크래독은 사건과 개념 둘 다 효과적으로 활용했다.

그러나 크래독의 타협적 태도에 만족하지 못한 일부 설교학자들은 개념 중심 방법이 어떤 옷으로 갈아입고 오든 이러한 개념적 접근 전체를 거부했다. 그들은 소위 본문에 대한 심미적 접근을 선호했다. 즉 본문을 하나의 논리적이고 합리적인 사상으로 짜내는 대신 본문으로부터 전체적이고 경험적이며 반드시 논리적이거나 합리적이지만은 않은 결과를 얻으려 했다. 리처드 L. 에슬린저(Richard L. Eslinger)는 크래독에게 만일 설교자가 하나의 주제 사상을 도출할 수 없는 본문을 만나면 어떻게 할 것이냐고 추궁한다.

> 그럴 경우 설교자는 외부에서 주제를 가져오거나 설교의 통일성이 붕괴되는 위험에 처할 것이다.… 크래독의 "약점"은 모든 본문에 대한 해석적 결말이 하나의 명제로 귀결된다는 것과 이러한 명제는 고스란히 모든 설교적

---

[12] Craddock, *As One without Authority*, 105.
[13] Ibid., 100.

결말로 이어진다고 하는 가정에 있다. 이런 관점에서 볼 때 귀납적 설교와 연역적 설교는 큰 차이가 없음을 알 수 있다. 양자 모두 합리적 해석학과 결속된 것으로 보인다.[14]

크래독의 입장은 기술적인 의미에서 중심축이 되고 있음이 드러났다. 즉 모든 설교학 분야는 그를 중심축으로 돌고 있다. 그는 연역적이며 개념 중심적인 설교 방식과 귀납적이고 과정 중심적이며 심미적인 설교 방식 사이에 각각 한 발씩 딛고 서 있으면서 양자의 고리 역할을 하고 있다. 명제나 귀납적 흐름 및 이성적 설교학에 관한 그의 논쟁은 매우 설득력 있고 매력적이지만 한편으로는 설교자나 학생들에게 혼란을 주었으며 설교학자들 사이에서도 냉담한 반응을 보인 것이 사실이다.

그러나 결국 성경 연구와 해석학의 발전에 힘입은 설교학자들이 실제 설교 현장을 새로운 관점으로 보았을 때, 즉 설교자들이 신실하고 감동력 있는 설교를 할 때, 실제로 취했던 성경 해석 방식을 새로운 시각에서 바라보게 되었을 때, 비로소 한 줄기 빛이 어둠을 비취게 되었다.

3. 사건에서 주장으로

현실적으로 회중에게 설교하려는 설교자는 본문이 회중의 삶을 위해 주시는 말씀에 귀를 기울이며 실제로 그런 말씀을 기대하고 있다. 이와 같이 설교자는 본문을 단순한 역사적 자료로 생각하지 않고 믿음의 공동체를

---

[14] Richard L. Eslinger, *A New Hearing: Living Options in Homiletic Method* (Nashville: Abingdon Press, 1975), 91.

위한 살아 있는 말씀으로 생각한다. 순수한 역사가라면 자료를 찾기 위해 본문을 조사하겠지만 설교자는 무엇인가 일어나기를 바라면서 교회의 삶에 극히 중요한 말씀을 기대하면서 석의 작업을 수행한다. 데이비드 켈시(David Kelsey)의 표현을 빌면 설교자는 성경을 기술적 차원에서 일련의 문헌으로서가 아니라 경전으로서 대하여야 한다고 말한다. 그는 "성경을 '기독교 경전'이라고 부르는 이유 가운데 하나는 그것이 기독교 공동체의 삶이라는 정황에 적용될 때… 완전히 변화시킬 만큼 결정적으로 우리의 정체성을 형성하는 역할을 하기 때문"이라고 말한다.[15]

따라서 이와 같이 기독교 공동체라는 상황 아래서 해석된 본문이 기독교인의 정체성을 형성하는 역할을 한다면, 설교자가 본문을 석의하는 목표 역시 본문에서 추상적인 관념을 추출하거나 비개념적인 심미적 경험을 이끌어 내는 것이 아니라 오히려 본문이 능동적으로 이루어 가는 공동체의 자아 형성 사건 자체가 되어야 한다.

성경의 여러 단면들(개념, 언어, 문학적 형식, 사회적 및 역사적 정황)은 모두 합력하여 일련의 새로운 신실한 독자 그룹이 형성될 때마다 무엇인가 새로운 것을 주장한다. 켈시의 말을 조금 더 인용하면, "경전은 공동체의 정체성을 결정적으로 형성하는 무엇인가를 한다고 볼 수 있다."[16] 이와 같이 성경은 무엇인가를 말하며 동시에 그 무엇인가를 행한다. 설교 역시 이와 동일한 것을 말하고 행한다.

성경은 어떻게 그리스도인의 정체성을 형성하는가?

그것은 본문에 따라 다르다. 어떤 본문은 교리 전달을 통해 그리스도

---

[15] David H. Kelsey, *The Uses of Scripture in Recent Theology* (Philadelphia: Fortress Press, 1975), 91.

[16] Ibid., 208.

인의 정체성을 형성하며, 어떤 본문은 이야기를 통해 성경의 인물들에 대해 강력한 "인상을 심어줌"으로, 어떤 본문은 경이로움을 불러일으키거나 기억을 새롭게 회상시킴으로, 어떤 본문은 윤리적 주장을 통해 각각의 정체성을 형성한다. 그 외에도 정체성을 형성하는 방식은 얼마든지 있다. 본문은 다면적이며, 모든 본문은 나름대로 독특하고 복잡한 일련의 의도를 가지고 있기 때문이다.

물론 본문은 이 모든 일을 언어로 한다. 이것은 본문이 일정한 방식으로 무엇인가를 말함으로써 그 일을 한다는 것이다. 본문과 설교를 잇는 다리를 세우는 열쇠는 바로 이와 같은 말과 행위 사이의 상호 작용에서 찾을 수 있다. 이 다리는 말과 사건을 모두 운반할 수 있어야 한다. 설교자는 본문이 말하는 것과 본문이 하고 있는 것을 모두 설교로 가져가야 한다. 다르게 말하면 본문이 말을 통해 하고 있는 그것을 가져가야 한다.

이런 점에서 볼 때 핵심 사상을 강조하는 사람들은 옳다. 본문은 무엇인가를 말하며 따라서 사상을 표현한다고 볼 수 있기 때문이다. 그러나 사건을 강조하는 자들 역시 옳다. 본문은 일이 일어나게 하고 상상력과 귀를 통해 사건을 발생시키기 때문이다. 내용(content)과 의도(intention)는 단단히 결속되어 있으며 어느 하나만으로는 온전한 영향력을 가진 본문이 될 수 없다.

개념 중심적 설교와 사건 중심적 설교 둘 다 지지하는 자들은 결코 과장된 것이 아니다. 예를 들면, 유지 로우리(Eugene Lowry)는 자신의 심미적 방식에 대해 논증하기를 원하면서 "여러분은 교회에 가서 '나 같은 죄인 살리신'이라는 찬송을 부르면서 감격스러운 은혜에 빠져들겠지만 이것은 결코 지금껏 내가 산 것도 주님의 은혜라고 하는 3절의 명제적 가사 내용의 특수성 때문에 그런 것은 아니다"[17]라고 했다. 이러한 언급은 아마도 "나 같은 죄인 살리신"이라는 찬송이 주는 은혜의 경험은 한 구절의 가사 내용 때문만은 아니라는 뜻으로 해석된다.

이것은 분명 맞는 말이다. 그러나 이러한 경험은 찬송가 가사의 명제적 내용과는 전혀 무관하다고 주장한다면 그것은 잘못된 것이다. 물론 잘 모르는 가사라 하더라도 귀에 익숙한 찬송을 들으면서 깊은 감동에 사로잡히기도 한다. 그러나 이것은 우리가 그 찬송을 이미 알고 있는데다 이전에 그 찬송의 사상이나 주장, 약속 또는 경고하는 내용의 가사를 통해 자신의 정체성을 새롭게 형성한 적이 있기 때문이다. 만일 회중이 "나 같은 죄인 살리신"이라는 찬송가 곡조에 다른 가사, 예를 들어, "메리는 어린 양을 가졌다네"라는 동요 가사나 "자메이카여 안녕"이라는 가요 가사를 넣어 불러왔다면 전혀 다른 결과를 야기했을 것이다. 이와 같이 본문이 말하는 것은 그것이 행하는 것을 지배하는 것이 분명하다.

따라서 성경 본문은 개념적이며 사건적이라는 사고는 우리로 하여금 본문과 설교 사이에 보다 만족스러운 다리를 세우게 한다. 데이비드 버트릭(David Buttrick)은 이렇게 말한다.

> 진정한 '성경적 설교'는 메시지뿐만 아니라 그것이 가진 의도에도 충실하고자 할 것이다. '본문이 무엇을 하려고 하는가'라는 질문은 마땅히 설교학적 순종의 첫걸음이 되어야 한다.[18]

---

[17] Lowry, *Doing Time in the Pulpit*, 80.

[18] David G. Buttrick, "Interpretation and Preaching," *Interpretation* 25, no. 1 (January 1981), 58.

이와 동일한 맥락에서 에드워즈(O. C. Edwards Jr.)도 설교란 "단순한 사상에 관한 것이 아니라 사람들에게 영향을 끼치는 사상에 관한 것"임을 설교자들에게 주지시킨 바 있다.[19] 성경을 해석한다는 것은 전화할 때 상대방의 말을 끝까지 듣는 것과 같다. 우리는 성경 본문이 누군가에게 어떤 목적을 가지고 무엇인가를 말하는 것을 듣는다. 앞 장에서 살펴보았듯이 오늘날 해석가들의 가장 중요한 임무는 이미 일어난 하나의 역사적 행위로서 커뮤니케이션에 관해 탐구할 것이 아니라 지금 현재 우리에게 주장하고 계신 말씀으로서 커뮤니케이션을 경험하는 것이다.

과거 한때 성경 본문에 관한 모든 것은 당시의 첫 번째 독자들에게 말씀하셨으나 이제는 우리에게 새로운 주장을 하신다. 우리가 본문에서 설교로 가는 다리를 건널 때 가져가는 것은 단순한 사상이나 또는 귀납적 발견 과정이 포함된 사상을 가져가는 것이 아니라 지금의 독자들을 향한 본문의 주장을 가져간다. 본문의 의도는 본문이 메시지를 담고 있는 형식과 밀접한 관련을 가진다. 본문의 주장에는 메시지와 함께 이러한 의도가 담겨 있으며, 본문이 말하려는 것과 그것을 통해 하기를 원하는 것이 담겨 있다.

이것이 바로 석의 과정의 마지막 단계에서 설교자에게 "설교를 들을 회중에게 이 본문이 말하려는, 그리고 행하려는 것은… 이다"라는 문장을 완성하게 했던 이유이다. 설교자가 본문에서 설교로 가져가야 하는 것도 바로 이러한 본문의 주장이다. 즉, 본문이 독자들에게 말하기 원하며 그들과 함께 행하기 원하는 의도이다.

설교자는 다음 두 가지 의미 모두에서 증인이다. 즉 설교자는 석의를 통해 본문이 말하기 원하며 행하기 원하는 것을 목격한 자로서 증인이자 이

---

[19] O. C. Edwards Jr., *Elements of Homiletic: A Method for Preparing to Preach* (New York: Pueblo Publishing Co., 1982), 63.

제 이러한 주장을 설교를 통해 증언해야 할 자로서 증인이다. 이 과정은 사건에서 사건에 대한 주장으로 이어지는 하나의 원호(arc)를 형성한다. 본문의 사건에 관한 모든 정황은 본문의 주장을 통해 나타나며 이것은 곧 설교의 사건적 정황으로 인도한다.

4. 초점과 기능

설교자는 설교를 통해 성경이 말하고자 하는 것과 행하고자 하는 것을 말하고 행해야 한다. 설교의 다음 단계는 설교자가 하고 싶은 말과 하고 싶은 것을 보다 분명히 제시하는 것이다. 만일 본문의 주장을 한 문장으로 진술한다면 말하는 것과 행하는 것이 하나로 결속되어 따로 분리할 수 없겠지만 지금은 설교를 위해 말하는 것과 행하는 것의 두 요소를 하나씩 뽑아내어 구별하여 제시한다.

설교가 말하려는 목표를 "초점"(focus)이라고 한다면 설교가 행하려는 목표는 "기능"(function)이라고 할 수 있다. 모든 설교는 이 두 가지 목표를 중심으로 형성되기 때문에 설교자는 실제로 설교를 구성하는 첫 번째 단계로서 설교의 초점과 기능에 대해 명확히 해야 한다.

경험 있는 설교자는 대부분 설교의 초점과 기능에 대해 기록해 두지 않는다. 그들은 설교를 통해 무엇을 말하고 무엇을 해야 할지에 대해 직관적으로 알고 있다. 그러나 그렇지 못한 초보 설교자들은 초점과 기능을 정식으로 기록하는 연습을 해 보면 큰 도움이 된다. 경험 있는 설교자라 하더라도, 특히 설교를 준비하는 가운데 방향 감각을 잃고 당황할 경우, 잠시 뒤로 물러나 설교의 의도를 확실하게 하기 위해 설교의 초점과 기능을 정리함으로써 다시 길을 찾을 수 있다.

- **초점 진술**이란 핵심적이고 지배적이며 전체 설교 내용을 하나로 묶을 수 있는 주제에 대한 간략한 진술이다. 한 마디로 말하면 "무엇에 관한" 설교인가라는 것이다.
- **기능 진술**이란 설교자가 설교를 통해 회중들에게 일어나기를 바라는 일이나 사건에 대한 진술이다. 설교는 회중에게 무엇인가를 주장한다. 이것은 회중의 변화를 촉구하는 또 하나의 의사 전달의 방식이다(이러한 변화는 이미 발생했던 것을 더욱 깊게 하는 것일 수도 있다). 기능 진술이란 바라는 변화에 대한 목록이다.

물론 설교의 초점과 기능을 진술하는 것은 수사학적인 마술 묘기가 아니다. 설교가 말할 것과 행할 것을 설교자가 기록했다고 해서 사람들이 그대로 받아들이거나 변화하는 것은 아니다. 설교자가 설교를 통해 듣는 것과 일어날 일을 모두 알고 그것을 조정할 수 있을 것이라고 생각한다면 어리석고 즉흥적인 발상이 아닐 수 없다.

초점 진술이나 기능 진술은 단순히 설교 여정을 위한 나침반에 불과하다. 이들은 설교자가 통일성 있고 명확하며 본문에 기초한 설교를 구성할 수 있도록 이끈다. 이러한 진술이 없다면 설교는 목적 없이 방황하고 말 것이다. 그러나 이들은 분명히 설교 여정에서 회중에게 일어날 모든 것을 기술하지는 못한다.

초점 진술과 기능 진술이 설교자가 설교를 준비해 가는 동안 확실한 도움이 되기 위해서는 다음 세 가지의 원리를 따라야 한다.

1) 초점과 기능 진술은 성경 본문에 대한 석의 과정으로부터 직접 나와야 한다

로마서 8장 28-39절이 설교 본문으로 주어졌다고 생각해 보자.

우리가 알거니와 하나님을 사랑하는 자 곧 그의 뜻대로 부르심을 입은 자들에게는 모든 것이 합력하여 선을 이루느니라 하나님이 미리 아신 자들을 또한 그 아들의 형상을 본받게 하기 위하여 미리 정하셨으니 이는 그로 많은 형제 중에서 맏아들이 되게 하려 하심이니라 또 미리 정하신 그들을 또한 부르시고 부르신 그들을 또한 의롭다 하시고 의롭다 하신 그들을 또한 영화롭게 하셨느니라 그런즉 이 일에 대하여 우리가 무슨 말 하리요 만일 하나님이 우리를 위하시면 누가 우리를 대적하리요 자기 아들을 아끼지 아니하시고 우리 모든 사람을 위하여 내주신 이가 어찌 그 아들과 함께 모든 것을 우리에게 주시지 아니하겠느냐 누가 능히 하나님께서 택하신 자들을 고발하리요 의롭다 하신 이는 하나님이시니 누가 정죄하리요 죽으실 뿐 아니라 다시 살아나신 이는 그리스도 예수시니 그는 하나님 우편에 계신 자요 우리를 위하여 간구하시는 자시니라 누가 우리를 그리스도의 사랑에서 끊으리요 환난이나 곤고나 박해나 기근이나 적신이나 위험이나 칼이랴 기록된 바 우리가 종일 주를 위하여 죽임을 당하게 되며 도살 당할 양 같이 여김을 받았나이다 함과 같으니라 그러나 이 모든 일에 우리를 사랑하시는 이로 말미암아 우리가 넉넉히 이기느니라 내가 확신하노니 사망이나 생명이나 천사들이나 권세자들이나 현재 일이나 장래 일이나 능력이나 높음이나 깊음이나 다른 어떤 피조물이라도 우리를 우리 주 그리스도 예수 안에 있는 하나님의 사랑에서 끊을 수 없으리라 (롬 8:28-39).

설교를 위한 어떤 본문 석의도 마찬가지이겠지만, 본문의 주장도 부분적으로는 설교자가 어떠한 정황을 본문으로 가져오느냐에 달려 있다.

설교자가 큰 혼란에 처한 회중으로부터 왔거나 절망과 고통, 질병, 갈등과 번민, 생사를 다투는 문제 등으로 씨름하는 회중으로부터 왔다고 생각해 보라.

이러한 정황에 대해 본문은 확신과 소망으로 가득 찬 능력 있는 말씀을 주신다. 갈등, 가정의 붕괴, 가난, 암이나 큰 질병, 인종 차별, 죽음, 정부의 박해, 회중의 감소, 기아, 의심 등의 문제에 직면한 청중들은 "누가 우리를 그리스도의 사랑에서 끊으리요 환난이나 곤고나 핍박이나 기근이나 적신이나 위험이나 칼이랴"라는 본문의 핵심 구절로부터 자신의 외침을 발견할 것이다. 곧 이어 이러한 부르짖음에 대한 응답이 주어진다.

> 이 모든 일에 우리를 사랑하시는 이로 말미암아 우리가 넉넉히 이기느니라 … (어떤 것도) 우리를 우리 주 그리스도 예수 안에 있는 하나님의 사랑에서 끊을 수 없으리라(롬 8:37-39).

따라서 고통으로 당황하고 있는 회중을 대신하여 본문의 음성을 듣고 있는 설교자는 본문의 주장에 대해 다음과 같이 정리할 것이다.

- **본문의 주장**: 하나님은 그리스도를 통해 자녀된 우리를 결코 환난 가운데 버려두지 않으시며 설사 그렇지 않은 것처럼 보이는 상황에 처할지라도 우리를 사랑하시고 보호하신다.

설교자는 설교에서 이 주장을 다음과 같은 초점 진술과 기능 진술로 정리할 수 있다.

- **초점 진술**: 우리는 예수 그리스도를 통해 하나님이 우리를 위하신다는 것을 알았으므로 설사 그렇지 않은 것처럼 보이는 상황에 처할지라도 하나님께서 우리를 사랑하시고 보호하신다는 사실을 확신할 수 있다.

- **기능 진술**: 환난 가운데 고통당하고 있는 청중에게 이러한 확신과 소망을 심어 준다.

이 두 가지 진술은 설교자가 본문 석의를 통해 직접 도출해 낸 것으로서 설교를 통해 해야 할 두 가지 과업이다.

첫 번째 임무인 **초점 진술**은 설교를 통해 말해야 할 것으로서 설교 내용이자 본문의 사상에 해당한다.

두 번째 임무인 **기능 진술**은 설교를 통해 행해야 할 것으로서 설교가 수행해야 할 과업에 해당한다. 그러므로 이것은 "확신과 소망을 심어 주다"와 같은 동사로 표현된다.

설교는 전체적으로 이 두 가지 과업을 동시에 수행한다. 설교자는 이 두 가지 과업(말하고 행하는 것)을 중심으로 전체 설교를 구성함으로 설교의 모든 요소들이 그것의 성취를 향해 움직이게 한다. 결국 설교가 끝나게 되면 설교의 초점은 말해지고 설교의 기능은 성취될 것이다. 따라서 전체 설교는 본문이 회중에게 주장하는 주장에 대한 표현이자 그것에 대한 증거가 된다.

그렇다면 이 본문으로부터 올 수 있는 주장이나 초점 진술 및 기능 진술은 이것이 유일한가?

그렇지 않다. 이상의 주장이나 초점 진술 및 기능 진술은 절망 가운데 처한 회중을 위한 설교에 해당한다. 본문에는 많은 주장이 잠재되어 있으며 회중의 상황 변화에 따라 다른 석의 결과가 도출되며 따라서 설교의 과업도 달라진다.

설교자가 동일한 본문을 전혀 다른 상황에 처한 다른 회중을 위해 석의한다고 하자.

이 두 번째 그룹의 회중은 "긍정적이고 낙관적인" 기독교 신앙관을 가지고 있다. 이들은 대체로 복음에 대해 "적극적 사고"의 이미지를 가지고 있으며 문제에 부딪히더라도 쉽게 긍정적인 방향으로 생각한다. 이들은 낙관적이고 긍정적인 삶의 자세를 강조하기 때문에 때때로 인간 내면의 깊고 오랜 문제들에 대해서는 정직하게 맞서지 못한다. 이것은 그들에게 비극의 무거운 짐 때문에 신앙이 무너질지도 모른다는 두려움이 있기 때문이다.

로마서의 이 본문은 공공연히 환난을 당하여 불안해하고 있는 교회에 용기와 위로의 말씀을 주지만 동시에 이와 같이 "안심하라, 하나님은 우리를 사랑하신다"라고 생각하는 회중을 향해서는 전혀 다른 말씀을 주신다. 험난한 길은 건너뛰고 평탄하고 안전한 길만 고집하며, 어쨌든 편히 지내려는 이 두 번째 회중에 대해 동일한 본문은 다음과 같은 주장한 한다.

- **본문의 주장**: 아무리 절망적인 상황에 처할지라도 하나님의 보호와 인도하심을 의지할 수 있기 때문에 우리는 인생의 암흑기나 사망의 골짜기를 두려워할 필요가 없다.
- **초점 진술**: 진정한 믿음이란 인생은 언제나 즐겁고 긍정적인 것인 양 가장하는 것이 아니라 우리가 어떠한 위험과 절망 가운데 처할지라도 그리스도 안에 있는 하나님의 사랑이 우리와 함께하실 것이라고 믿는 것이다.

- **기능 진술**: 인생의 험난한 계곡을 만날 때 두려워하지 않도록 도와주고, 모든 것을 "긍정적이고 낙관적인" 관점에서 바라보는 피상적인 신앙관을 버리고 삶을 온전히 주장하시는 하나님만 신뢰하도록 도와준다.

이러한 초점 및 기능 진술은 첫 번째 것과 전혀 다르지만 분명히 동일한 본문에 기초한 석의 결과이다. 차이점이라면 회중이 처한 상황의 변화로 인해 본문의 다른 주장이 나오게 된 것이다.

2) 초점 및 기능 진술은 연관성이 있어야 한다

설교가 말하는 것은 설교가 행하는 것과 연관성이 있어야 하며 반대의 경우도 마찬가지이다. 초점 및 기능 진술은 이러한 연관성을 반영해야 하며 말과 행위의 상호 관계를 분명히 나타내어야 한다. 다시 말하면, 초점 및 기능 진술은 서로 연결되어 있는 한 쌍이자 상호 보완적 관계에 놓여야 한다.

설교자가 누가복음 6장 12-16절을 설교 본문으로 택했다고 하자.

이 본문은 예수께서 밤새워 기도하신 후 열두 제자를 택하시는 내용을 다루고 있다. 이러한 본문에 대한 해석이 끝난 후 설교자는 다음과 같은 초점 및 기능 진술을 작성하였다.

- **초점 진술**: 만물이 창조될 때와 마찬가지로 오늘날 교회의 지도자나 교회 선교의 양상도 그리스도의 기도로부터 시작되었다.
- **기능 진술**: 그리스도께서 지도자로 부르실 각양각색의 많은 사람들에게 (또한 이와 같이 다양한 부르심을 본 청중에게) 교회가 보다 개방적인 정신을 갖도록 촉구한다.

이러한 진술도 유익한 내용이기는 하다. 그러나 문제는 두 진술 사이에 연관성이 없다는 것이다. 이들은 각각 다른 설교에 속하며 각각의 진술은 서로 다른 짝이 필요하다. 설교 1은 원래의 초점 진술에 다음과 같이 보다 연관성 있는 기능 진술을 연결하였다.

[설교 1]
- **초점 진술**: 만물이 창조될 때와 마찬가지로 오늘날 교회의 지도자나 교회 선교의 양상도 그리스도의 기도로부터 시작되었다.
- **기능 진술**: 교회의 지도자나 교회를 섬기는 자들에게 그들이 바로 그리스도의 선교 사역에 동참하고 있다는 확신을 심어준다.

설교 2는 원래의 기능 진술에 보다 연관성 있는 초점 진술을 짝으로 연결했다.

[설교 2]
- **초점 진술**: 예수께서 기도하신 후 택하신 열두 제자가 매우 다양한 사람들로 구성되었듯이 계속해서 이러한 예수님의 부르심은 다양한 사람들에게 임할 것이다.
- **기능 진술**: 그리스도께서 지도자로 부르실 각양각색의 많은 사람들에게 (또한 이와 같이 다양한 부르심을 본 청중에게) 교회가 보다 개방적인 정신을 갖도록 촉구한다.

3) 초점 및 기능 진술은 명확하고 통일성이 있으며 단순해야 한다

설교자는 성경 본문에 대한 책임 있는 석의를 할 때마다 창조적이고 매력적인 통찰력을 얻을 기회가 더욱 많아진다. 설교자가 최대한 본문과 오랜 시간 함께 하며 열의와 기대감을 갖고 탐구한다면 처음에는 특별한 내용을 찾지 못했던 본문으로부터 풍성한 내용과 주장을 발견하는 경우가 종종 있다. 이때 설교자는 본문에서 듣고 본 모든 것을 설교로 옮기려는 유혹을 받게 된다. 이 유혹을 뿌리치지 못하면 설교는 모든 것을 성취하려는 설교자의 욕심 때문에 오히려 아무것도 이루지 못하고 끝나버릴 수 있다.

설교는 오직 한 가지만 말하고 행해야 한다. 즉 모든 설교는 본문이 요구하는 하나의 주장을 중심으로 구성되어야 한다. 초점 및 기능 진술을 작성하는 이유 가운데 하나는 주어진 날에 주어진 설교를 통해 본문으로부터 오직 한 줄기의 빛만을 청중에게 비치게 하기 위함이다.

이러한 원리에 함축된 실제적인 측면은 초점 및 기능 진술에 대한 점검을 통해 각각의 진술이 하나의 통일성 있는 임무를 가지고 있는지 확인해야 한다는 것이다. 만일 초점 진술이나 기능 진술이 여러 가지 다른 과제들을 요구한다면 이런 설교는 결국 동시에 여러 방향으로 가려다 비틀거리게 될 것이다. 물론 이 원리에 지나치게 충실하다 보면 극단적으로 단순화한 설교가 될 수도 있을 것이다. 그러나 그럼에도 불구하고, 초점 및 기능 진술은 본문으로부터 하나의 주장을 제시해야 한다는 본질적 원리는 준수되어야 한다.

초점 및 기능 진술이 명확하지 못하거나 구체성이 부족할 때도 이러한 문제가 발생한다. "하나님은 사랑이시다"나 "예수님의 탄생" 또는 "하나님은 우리에게 공의를 요구하신다"와 같이 지나치게 막연한 초점 진술은 설교자에게 도움이 되지 않는다. 마찬가지로 "회중에게 용서하는 마음을 갖게 한다," "기쁨을 창조한다," "봉사하게 한다"와 같은 기능 진술 역시 구체성이 결여되어 있다.

설교자가 요한복음 5장 1-18절을 본문으로 선택하여 설교를 준비하고 있다고 하자.

　본문은 예수께서 안식일에 베데스다 연못에서 앉은뱅이를 고치신 내용을 다룬다. 설교자는 이 본문이 여러 면에서 접근할 수 있는 좋은 본문이 될 수 있을 것이라고 생각한다.

　예를 들어, 이 설교자는 "유대인들이 이를 인하여 더욱 예수를 죽이고자 하니 이는 안식일만 범할 뿐 아니라 하나님을 자기의 친아버지라 하여 자기를 하나님과 동등으로 삼으심이러라"(요 5:18)는 마지막 구절에 특히 마음이 끌렸다고 하자.

　이 구절은 예수를 죽이려는 음모에 대한 신학적 이유를 제시한다.

　그러나 이와 동시에 설교자는 본문에 제시된 치유에 관한 기사에도 매력을 느꼈다. 이 치유 기사는 예수님과 그에 대한 살해 음모의 결과와 관계없이 그 자체만으로도 충분한 설교 거리가 될 수 있는 본문이다. 특히 설교자는 앉은뱅이에 대한 예수님의 다소 엉뚱한 질문에 호기심을 가졌다.

　예수께서는 그에게 "네가 낫고자 하느냐"(요 5:6)라고 물으셨다. 그는 38년이란 오랜 시간을 앉은뱅이로 지냈다. 그런 그에게 이러한 질문은 마치 그가 낫고 싶지 않고 지금처럼 앉은뱅이 상태로 지내고 싶다는 생각을 가지고 있기라도 한 듯한 질문이다. 그때 앉은뱅이는 "주여 나를 못에 넣어 줄 사람이 없나이다"(요 5:7)라고 외쳤다(과연 이는 필사적인 요구인가? 아니면 애처로운 부르짖음인가?). 이러한 외침은 그의 치유와 행동을 명하시는 예수님의 준엄한 말씀에 직면하게 된다.

　　　일어나 네 자리를 들고 걸어가라(요 5:9).

　이제 설교자는 이와 같이 심도 있는 관찰을 통해 마음에 와 닿는 몇 가지 가시적인 밑그림을 가지고 다음과 같은 초점 및 기능 진술을 작성하였다.

- **초점 진술**: 예수님은 논쟁적인 치유자였다.
- **기능 진술**: 이러한 사실이 청중들의 삶에 있어서 얼마나 중요한지를 이해하도록 도와준다.

그러나 이러한 진술은 효과적이지 못하다. 이런 내용은 너무 광범위해서 설교자에게 실제적인 도움을 주지 못한다.

본문이 예수님은 논쟁적인 치유자였음을 보여 주고 있는 것은 확실하나 그는 어떤 식으로 논쟁적인가 그리고 이러한 논쟁이 오늘날 청중과는 무슨 관계가 있는가?

또한 이것은 구체적으로 어떤 면이 청중의 삶에 중요하다는 말인가?

이에 따라 설교자는 다음과 같이 진술 내용을 수정하였다.

- **초점 진술**: 예수님은 우리가 고통을 느끼지 못하는 오랜 질병(불의에 대해 눈을 감아버린 영적 소경, 사랑에 대해 미동도 않는 영적 중풍, 불쌍한 자의 외침에 대해 귀를 닫아버린 영적 귀머거리)에 대해 "네가 진실로 낫고자 하느냐"라는 다소 혼란스러운 질문으로 우리를 동요시킨다. 그리스도의 능력으로 이러한 병이 나으면 악한 자들로부터 반발이 오는 것이 아니라 아이러니하게도 종교적 전통을 하나님의 뜻으로 착각하고 있는 사람들로부터 온다.
- **기능 진술**: 때때로 이러한 질병에 안주하려는 자세에 대해 그리스도께서 계속해서 도전하고 계심을 청중으로 깨닫게 하고 종교적 전통에 대한 우리의 충성이 때로는 우리를 구원하시고 치유하시는 사역에 방해가 될 수도 있다는 사실을 알게 한다.

이 진술은 보다 구체적으로 제시되었다는 점에서 앞의 진술보다 낫다고 할 수 있지만 너무 구체적이기 때문에 또 다른 문제를 야기하고 있음을 보게 된다. 즉 너무 길고 복잡하다는 것이다. 설교자는 이 치유 기사에 담긴 두 가지의 다른 양상에 관심을 가지고 둘 다 한 설교에 포함시켰다.

대부분의 경우(항상 그런 것은 아니지만) 이러한 설교는 한 설교에 소화할 수 있는 양보다 많은 분량을 담고 있다. 따라서 적어도 본문으로부터 나온 두 가지의 주장이 경쟁하듯 시간과 관심을 양분하게 된다. 결국 진술에 담긴 모든 내용을 가득 채운 설교가 될 것임이 분명한데 이러한 설교는 뒤죽박죽이 되거나 또는 동일한 본문으로부터 나온 몇 개의 독립적인 "단편 설교" 시리즈로 끝나버릴 공산이 크다.

첫 번째 초점 및 기능 진술은 지나치게 모호하며, 두 번째 진술은 너무 거창하고 양분되어 있으며 뒤섞여 있다. 이러한 사실을 깨달은 설교자는 다시 한번 보다 명확하고 단순하며 통일성 있는 초점 및 기능 진술을 작성하여 다음과 같이 두 가지로 제시하였다.

- **초점 진술 1**: 예수님은 우리가 고통을 느끼지 못하고 안주해 있는 오랜 질병에 대해 "네가 낫고자 하느냐"라는 다소 혼란스러운 질문을 던진다.
- **기능 진술 1**: 청중에게 이와 같이 안주해 있는 "침상"을 벗어 던지고 예수님이 제시하시는 건강한 삶을 살도록 도전한다.
- **초점 진술 2**: 때때로 그리스도의 치유 능력은 악한 자들로부터 반대를 받는 것이 아니라 아이러니하게도 종교적 전통을 하나님의 뜻으로 착각하고 있는 사람들로부터 온다.
- **기능 진술 2**: 때때로 종교적 전통에 대한 우리의 충성이 우리를 구원하시고 치유하시는 사역에 방해가 되고 있지는 않은지 자문해 보도록 촉구한다.

이러한 일련의 두 가지 진술은 제대로 적중하였다. 이들은 명확하고 단순할 뿐만 아니라 하나의 설교에서 모든 것을 이루려 하지 않기 때문에 통일성도 있다. 물론 이 본문으로부터 다른 훌륭한 초점 및 기능 진술이 얼마든지 나올 수 있지만 중요한 것은 설교자가 설교를 통해 무엇을 말하고 행할 것인가에 대해 분명하고 간결하게 서술하게 되었다는 것이다.

초점 및 기능 진술은 설교가 어디로 향하고 있는지를 분명히 제시할 때 훌륭한 진술이 된다는 사실을 알아야 한다. 이러한 진술은 설교의 궁극적인 목적지를 묘사한다. 이와 같이 진술이 제대로 되었을 때 설교자는 설교가 가야 할 방향에 대한 분명한 개념을 가지게 되며 어떻게 설교를 그곳으로 이끌어 갈 것인가에 대한 일관성 있는 계획을 세울 수 있다. 다시 말하면 우리가 효과적인 초점 및 기능 진술을 작성할 때 비로소 우리를 그곳 목적지로 인도해줄 설교를 기대할 수 있으며 아울러 그러한 설교를 만드는 일에 돌입할 수 있다. 설교의 초점과 기능은 적절한 형식을 요구한다. 이 적절한 설교 형식에 대해서는 다음 제5장과 제6장에서 다루게 된다.

제5장 설교의 기본 형식

우리는 설교가 가진 기본적 음악성에 대해 말할 수 있다. 결국 음악은 시간과 함께 진행되는 예술 형식으로 곡조와 화음과 리듬이 연이어서 진행된다. 노래를 건축물과 같이 쌓아올리는 사람은 아무도 없다. 음악은 다듬어 가는 것이며 공연되는 것이다.

_ 유진 L. 로우리(Eugene L. Lowry), 『말씀의 신비에 잠긴 설교』(*The Sermon: Dancing the Edge of Mystery*)

제5장

설교의 기본 형식

설교 형식은 마치 희귀 동물과 같다. 그만큼 설교 형식이나 구조는 여러 면에서 눈에 띄지 않는 요소이다. 대부분의 청중들은 "지금 들은 설교 형식이 무엇입니까?"라는 질문을 받으면 당황하게 될 것이다. 설교 내용이나 자신이 받은 감동에 대해서 묻는다면 쉽게 대답할 수 있지만 설교 형식은 마치 쉽게 간파하기 어려운 찬송가 운율과 같이 무의식 중에 흘러 보내기 쉽다.

이와 같이 비교적 눈에 띄지 않는 요소임에도 불구하고 형식은 설교의 효과나 영향력에 있어서 절대적인 중요성을 가지고 있다. 자동차의 기어가 소리 없이 자동 변속을 하듯 설교 형식도 눈에 띄지는 않지만, 설교의 잠재적인 에너지를 실제적인 동력으로 바꾸는 역할을 한다. 할포드 루코크(Halford Luccock)는 수년 전에 "설교의 동력은 치장에 있는 것이 아니라 구조에 있다"라고 했다.[1] 강둑이 강물의 흐름을 좌우하듯 설교 형식은 설교의 흐름이나 방향에 절대적으로 중요하다.

---

[1] Halford E. Luccock, *In the Minister's Workshop* (New York: Abingdon-Cokesbury Press, 1944), 118.

우리는 설교 형식에 대하여 이야기할 때 이 말의 용례에 대한 잘못된 선입견으로 자칫 실수를 범하기 쉽다. 우리는 마치 형식과 내용은 전혀 다른 별개의 실체인 것처럼 한편으로 내용에 대해 말하면 다른 한편으로는 형식에 대해 말하려는 경향이 있다. 우리가 머릿속에 그리고 있는 그림은 한편으로는 설교 내용을 더욱 심도 있게 발전시키고자 애쓰면서 다른 한편으로는 마치 짐을 싣기에 적절한 선적 컨테이너를 고르듯이 설교 내용에 적절한 형식을 찾기 위해 두리번거리는 설교자의 모습이다. 다시 말하면 내용은 설교의 중요한 알맹이이며 형식은 그것을 포장하는 껍데기에 지나지 않는 것으로 나"그러나 이러한 포장지 개념은 우체국 안에서나 필요한 것이지 밖에서는 아무런 쓸 데가 없다. 예술적 창작물(설교도 일종의 예술적 창작물이다)에서 형식과 내용은 쉽게 구별되지 않는다.

미켈란젤로의 조각 작품 "다윗"을 생각해 보라.

이 위대한 걸작품에서 "형식"과 "내용"을 따로 구별할 수 있는가?

피카소의 미술 작품 게르니카(*Guernica*)도 마찬가지이다.

이 그림의 형태나 색상에 담긴 내용과 형식의 상호작용을 어떻게 구분할 수 있겠는가?

또한 전성기 시절 마이클 조단이 기적적으로 허공을 나르며 골대를 향할 때의 전성기 시절 마이클 조단의 유연한 자태나 발레 "신데렐라"에서 무대를 가로 지르는 무용가 미스티 코플랜드의 신비로운 동작에서 형식과 내용을 구별할 수 있겠는가?

둘 다 탁월한 신체적 기량을 과시하는 동시에 심미적 사건에 해당하며 형식과 내용을 결합한다.

따라서 설교 형식과 내용을 별도의 실체로 생각하기보다 내용의 형식(form of the content)이라고 말하는 것이 낫다. 설교를 듣는 사람들은 거의 인식하지 못하지만 설교 형식은 설교의 외양을 형성하고 설교에 힘을 불어넣어 줌으로써 설교를 설교답게 만드는 중요한 요소가 된다. 형식은 설교 내용을 구성하는 본질적 요소이며 따라서 복음 전달을 용이하게 하거나 훼손할 수도 있다.

만일 설교가 사람을 현혹시키는 교묘한 방식이나 논리적 일관성이 없는 방식으로 구성되었다면 이러한 설교는 전달되는 내용과 상관없이 교묘하고 현혹적이며 일관성 없는 설교가 된다. 그러나 만일 설교 형식이 분명하고 생동감 있으며 청중을 초청하는 설교라면 이러한 명확성이나 생명력 및 기품은 설교 말씀의 일부가 되어 청중에게 전해질 것이다.

가장 단순히 말한다면, 설교 형식이란 설교에서 어떤 것을 말하고 어떤 것을 행하며 어떤 순서로 할 것인가를 결정하는 조직적인 계획이라고 할 수 있다. 예를 들면, 설교자가 청중이 생각하고 있는 문제를 제기하거나 질문을 던지는 것으로 설교를 시작한 후 나머지 시간에 성경 본문의 도움을 받아 이 질문에 대한 답을 도출하기로 결정했다면 이것은 본질적으로 설교 형식에 대한 결정이다.

이 경우, 설교자는 소위 질문과 응답(Question & Response)이라는 방식을 취한 것이다. 만일 설교자가 본문과 현 상황 사이를 오가면서 먼저 본문의 역사적 배경을 제시한 후 이러한 상황이 오늘날의 상황과 어떠한 유비적 관계를 가지는지 보여 주고 이러한 상황에 대해 본문은 무엇이라고 말씀하는지 살펴본 후에 다시 현 상황으로 돌아와 본문이 회중에게 새롭게 주시는 말씀을 전하기로 결정할 수 있다. 이 경우 형식은 과거와 지금, 본문과 현재의 상황, 당시 본문이 말한 것과 오늘날 회중에게 주시는 말씀을 연결하는 방식이 될 것이다.

설교는 여러 가지 형태와 모양 및 다양한 형식을 가질 수 있기 때문에 설교자에게는 특정 설교의 목적을 가장 잘 구현할 수 있는 형식을 창출해 내야 한다는 과제가 주어진다.

1. 개요 작성: 전통적 방식

설교나 연설 또는 강의처럼 구두로 전달하는 형식을 계획하는 전통적 방식은 개요를 만드는 것이었다. 즉 구두 전달 방식의 형식을 구성하는 고전적 방식은 메시지의 각 부분과 부분별 연결을 일목요연하게 볼 수 있는 개략적인 도표로서, 질서정연하고 논리적인 개요를 작성하는 것이다. 과거의 설교학 교재들은 대부분 이러한 개요 작성 방식이 설교의 구조를 구성하는 가장 효과적인 방법이라고 믿어왔다.

설교자가 개요를 미리 작성하는 것은 설교자로 하여금 무엇을 언제 말할 것인가에 대해서는 물론 어떤 방식으로 메시지의 다양한 조각들을 논리적으로 연결할 것인가에 대해 결정하게 한다. 좋은 개요만 준비되면 설교자는 거기에 살만 붙임으로 설교를 완성하게 된다.

좋은 개요는 어떻게 만들어지는가?

전형적인 설교 개요에 대해 살펴보면서 어떤 식으로 개요가 작성되었는지 알아보자.

시편 19편을 본문으로 설교한다고 가정해 보라.

시편 19편
1. 하늘이 하나님의 영광을 선포하고 궁창이 그의 손으로 하신 일을 나타내는도다
2. 날은 날에게 말하고 밤은 밤에게 지식을 전하니
3. 언어도 없고 말씀도 없으며 들리는 소리도 없으나
4. 그의 소리가 온 땅에 통하고 그의 말씀이 세상 끝까지 이르도다 하나님이 해를 위하여 하늘에 장막을 베푸셨도다
5. 해는 그의 신방에서 나오는 신랑과 같고 그의 길을 달리기 기뻐하는 장사

같아서

6. 하늘 이 끝에서 나와서 하늘 저 끝까지 운행함이여 그의 열기에서 피할 자가 없도다

7. 여호와의 율법은 완전하여 영혼을 소성시키며 여호와의 증거는 확실하여 우둔한 자를 지혜롭게 하며

8. 여호와의 교훈은 정직하여 마음을 기쁘게 하고 여호와의 계명은 순결하여 눈을 밝게 하시도다

9. 여호와를 경외하는 도는 정결하여 영원까지 이르고 여호와의 법도 진실하여 다 의로우니

10. 금 곧 많은 순금보다 더 사모할 것이며 꿀과 송이꿀보다 더 달도다

11. 또 주의 종이 이것으로 경고를 받고 이것을 지킴으로 상이 크니이다

12. 자기 허물을 능히 깨달을 자 누구리요 나를 숨은 허물에서 벗어나게 하소서

13. 또 주의 종에게 고의로 죄를 짓지 말게 하사 그 죄가 나를 주장하지 못하게 하소서 그리하면 내가 정직하여 큰 죄과에서 벗어나겠나이다

14. 나의 반석이시요 나의 구속자이신 여호와여 내 입의 말과 마음의 묵상이 주님 앞에 열납되기를 원하나이다.

본 시편에 대한 석의가 끝난 후 설교자는 앞 장에서 제시한 원리에 따라 다음과 같은 초점 및 기능 진술을 작성한다.

- **초점 진술**: 하나님은 자연의 경이 속에서, 성경과 선포되는 말씀을 통해, 그리고 매일의 삶 속에서 말씀하신다.
- **기능 진술**: 회중으로 하여금 하나님께서 그들에게 말씀하시는 다양한 방식에 대해 깨닫게 한다.

이러한 진술을 기초로 설교자는 다음과 같은 개요를 작성한다.

- 제목: 하나님은 어떻게 우리에게 말씀하시는가?[2]

  I. 하나님은 자연을 통해 말씀하신다(시 19:1-6).
     A. 무언의 침묵을 통해
     B. 우주의 경이로움 속에서

  II. 하나님은 신적 계시를 통해 말씀하신다(시 19:7-10).
     A. 성경을 통해
     B. 하나님의 사람들이 전하는 설교와 가르침을 통해

  III. 하나님은 우리의 경험적 삶 속에서 말씀하신다(시 19:11-14).
     A. 우리의 실패와 죄의식을 통해
     B. 믿음의 삶을 향한 우리의 몸부림을 통해

그렇다면 설교자는 왜 이와 같은 특정 형식의 개요를 작성하게 되었는가?

다른 방식으로 작성한 개요는 없는가?

이 경우는 아마도 성경 본문 자체가 설교자로 하여금 이런 식의 개요를 작성하도록 만든 것으로 보인다. 설교자는 석의 과정을 통해 본 시가 각각의 주제를 지닌 세 부분으로 구성된 것처럼 보인다는 사실을 알았다. 즉

---

[2] 이 설교 개요는 Harold T. Bryson and James C. Taylor, *Building Sermons to Meet People's Needs* (Nashville: Broadman Press, 1980), 94에 제시된 개요를 확대 개정한 것이다.

1-6절은 자연, 7-10절은 성경과 말씀 선포, 그리고 11-14절은 개인적 경험에 대한 말씀이다. 따라서 설교자는 이러한 통찰력을 바탕으로 초점 및 기능 진술을 작성하였으며 이 진술을 더욱 확대하여 개요의 주제와 대지를 작성하게 된 것이다. 그 결과 설교자가 본문에서 발견한 구조와 일치하는 세 가지 대지를 가진 설교가 나오게 되었다.

이 설교자는 이러한 개요가 본문의 자연스러운 흐름을 따랐을 뿐이라고 생각할 수도 있으나 사실 설교 개요는 본문에 의해 만들어지는 것이 아니라 결국은 설교자 자신이 만드는 것이다. 물론 이 시는 이런 식으로 본문을 나누지 않았으며 I, II, III과 같은 숫자를 사용하지도 않았다. 모든 설교 형식은 설사 본문을 한 절씩 개요로 작성한 것이라 할지라도, 결국 설교자가 본문에 새로운 설교 형식을 입혀 재작성한 것이다.

본문에는 얼마든지 다른 설교 형식이 사용될 수 있다. 시편 19편은 여러 각도에서 분석될 수 있으며 위에서와 같이 정해진 주제에 따라 세 가지 대지로 나누거나 본문의 순서를 반드시 따라야 할 필요는 없다. 이 개요는 설교자가 본문의 흐름을 좇아 작성하였으나 결국 이러한 설교 구조는 다른 모든 설교 형식과 마찬가지로 설교자의 상상력에 의한 창조적인 행위를 통해 나온 것이다.

그러나 이것을 좋은 개요라고 할 수 있는가?

우리는 어떻게 알 수 있는가?

종이에 기록된 것만 보아서는 좋아 보이지만 이 개요에 기초한 실제 설교가 좋은 형식이 될 수 있을 것인가에 대해서는 어떻게 알 수 있는가?

고전적 설교학자들은 이러한 문제에 지대한 관심을 가져 왔다. 이들은 지난 수년간 설교 개요가 갖추어야 할 사항들을 적은 목록표를 만들어 설교 개요의 수준을 가늠하는 일련의 점검표로 활용해 왔다. 다음은 전형적인 체

크리스트이다.[3]

> 통일성: 각 주요 주제는 전체적인 핵심 명제를 뒷받침해야 한다.
> 질서: 주요 부문은 동등한 중요성을 가지고 있어야 한다.
> 흐름: 각 주요 부문은 중복되지 않는 새로운 내용을 통해 사상을 연결해 가야 한다.
> 균형: 주요 부문은 평형적 구조로 진술되어야 한다.
> 절정: 주요 부문은 절정을 향해 점차 고조되는 방식으로 배열되어야 한다.

이 기준을 시편 19편의 설교 개요에 적용해 보면 어떻게 될까?

사실 매우 고무적인 결과를 얻을 수 있다. 이 개요는 모든 부문과 대지가 "하나님은 어떻게 우리에게 말씀하시는가"라는 동일한 기본적 개념과 연결된다는 점에서 확실히 통일성이 있다. 또한 적절한 질서도 갖추고 있다. 모든 부문이 동일한 것은 아니지만 대지는 대략 비슷한 비중을 가지며 군더더기가 전혀 섞이지 않았기 때문이다.

그러나 흐름에는 약간의 문제가 있을 수 있다. 왜냐하면 각 부문은 독립적이며, 시편 자체의 흐름을 따름에도 불구하고 각 부분의 순서는 독단적으로 보이기 때문이다. 개요에서 언급한 대로 대지 II가 이 시의 서두나 끝에 나올 수 없는 명확한 이유나 논리적 근거는 없는 것으로 보인다. 그러나 설교자는 각 부분을 본문에 있는 대로 제시하는 정직한 방법을 통해 이러한 약간의 복잡성을 해결할 수 있다. 그 결과 흐름은 다소 인위적이지만 청중이 방향을 잡지 못할 정도는 아니다.

---

[3] Merrill R. Abbey, *Communication in Pulpit and Parish* (Philadelphia: Westminster Press, 1973), 161-64.

균형에 있어서도 각 부분이 "하나님은… 을 통해 말씀하신다"라는 동일한 내용으로 이루어져 있어 평행적 구조를 보여 주고 있음을 알 수 있다. 다만 문제가 될 수도 있는 항목은 절정이다.

이 설교 개요는 진정 점차 절정을 향해 치닫는 구조로 되어 있는가?

물론 그렇게 볼 수도 있다. 즉 세 번째 대지는 설교를 청중의 개인적 삶으로 유도하며 이것은 하나의 잠재적인 절정이 될 수 있다. 그러나 이 설교자는 절정 부분에 대해 보다 많은 생각을 해야 할 것이다. 결국 이 모든 점을 고려해 볼 때 전통적 설교학 규범에 따르면 이 개요는 훌륭한 설교 형식을 약속하는 것으로 보인다. 여기까지는 문제가 없다.

2. 전통적 방식에 대한 의문

그러나 설교의 개요를 작성하는 것이 훌륭한 설교 형식을 만들기 위한 최선의 방법인가에 대해서는 의문을 가질만한 충분한 근거가 있다. 사실 지난 수십 년 간 대부분의 설교학 저서나 논문의 초점은 설교 형식에 맞추어져 왔다고 해도 크게 빗나간 말은 아닐 것이다.[4] 설교학자나 설교를 가르치는 교수들은 설교 개요에만 집착하던 지금까지의 방식으로부터 탈피하여 보다 창조적이고 역동적인 방식으로 설교 형식을 구성하고자 했다.

이것은 사실상 설교의 개요에 관한 문제는 개요 자체가 아니다. 결국 개요란 종이 위에 기록한 메모로서 설교의 구조를 일목요연하게 정리한 순

---

[4] Eugene Lowry는 *The Sermon: Dancing the Edge of Mystery* (Nashville: Abingdon Press, 1997), 20-28에서 "새로운 설교학"(1970년 이후 미국 설교학에서 발전된 설교에 대한 일련의 접근법)이 설교 형식에 관한 문제를 어떻게 다루고 있는지에 대해 매우 잘 제시한다.

수한 도표에 지나지 않으며, 혁신적이고 창조적인 설교를 비롯한 모든 설교는 개요로 나타낼 수 있다. 문제는 소위 개요를 작성할 때 가지는 전형적인 사고방식에 있다. 이러한 사고방식에는 개요를 통해 설교를 하나로 묶을 수 있다는 일종의 논리적 전제가 깔려 있다.

우리는 I, II, III이나 A, B, C와 같은 개요를 볼 때마다 이러한 단위들이 전체적 사상에 대한 개념적 구분이며 하위 단위(1, 2, 3··· a, b, c···)는 전체적 개념에 대한 다양한 측면을 보여 주는 세부 항목일 것이라는 생각을 지울 수 없다. 다시 말하면, 좋든 싫든 이러한 개요는 설교자로 하여금 설교의 명제적 측면으로 기울고 사건적 측면으로부터 벗어나게 한다는 것이다.

물론 매우 명제적인 설교도 있다. 이런 설교는 실제로 주요 사상이 어떻게 논리적으로 연결되어 있는지 가르치고 보여 주려는 목적을 가지고 있다. 그러나 모든 설교가 그런 것은 아니며 또한 그렇게 되어서도 안 된다. 만일 모든 설교가 I, II, III과 같은 개요로 이루어진다면 시간이 갈수록 복음은 본질상 몇 개의 논리적인 요소로 나눌 수 있는 일련의 핵심 사상이라는 인식이 확산될 것이다. 확실히 모든 설교는 논리적이어야 한다. 그러나 논리에도 여러 가지가 있다. 몇 가지만 예를 들어 보더라도 이야기의 논리, 귀납적 논리, 비유적 논리, 대화적 대화, 은유적 논리 등이 있다. 적어도 지금까지 우리가 작성 방법을 배워 왔던 개요는 우리의 선택의 폭을 좁혀 형식 논리학에 갇히게 하는 경향이 있다.

또한 설교학자들은 "흐름"에 대한 탁월한 언급에도 불구하고 개요를 작성하는 방식은 사실상 흐름이 부자연스럽고 정적이며 과장된 설교를 양산하는 경향이 있다고 비난한다. 즉, '다음 대지는,' '다음 대지는,' '다음 대지는'과 같은 식이다. 우리는 앞서 시편 19편에 대한 설교 개요에서 이 문제를 다룬 바 있다. 우리는 이 설교의 설교자가 "그리고 하나님께서 우리에게 말씀하시는 두 번째 방식은"이나 "하나님께서는 자연을 통해서 뿐만 아니라 계시를 통해서도 말씀하십니다"와 같은 말로 어쨌든 연결하려는 모습을 상상해볼 수 있다.

그러나 이와 같이 연결성이 약한 진술은 두 단위를 인위적으로 연결하려고 있다는 것만 드러낼 뿐이다. 단위 I은 단위 II로 자연스럽게 연결되고 있지 않으며, 단위 II는 단위 III으로 자연스럽게 연결되지 않는다. 다만 설교자는 청중이 따라해 주기를 바라면서 곡예용 밧줄에 기댄 채 몸만 다른 쪽으로 흔들고 있을 뿐이다. 아무리 오래된 개요 형식의 설교도 비판적인 눈으로 재확인할 수 있을 만큼 경험 있는 설교자라면 전혀 연결되지 않은 세 개의 작은 설교를 한 군데 모아 둔 것 같은 설교가 적지 않다는 것을 쉽게 알 수 있다고 한 크래독의 말은 옳다.

각 대지 간에는 연결이나 일반적인 유사성이 있을 수도 있지만 처음부터 끝까지 전체를 관통하는 하나의 흐름은 발견할 수 없으며, 각 요지는 마치 판자 위에 일정한 간격으로 박힌 같은 크기의 세 개의 못과 같다는 것이다.[5]

그러나 개요 작성에 대한 가장 많은 비판은 논리나 흐름(연결)이 아니라 이 개요가 애초에 조직하려고 의도했던 대상에 맞추어진다. 개요 작성 방법은 내용을 조직하는 데 초점을 맞추는 경향이 있지만 설교는 청취를 위한 윤곽을 제공하는 형식을 필요로 한다. 우리는 고등학교에서 학기말 리포트를 작성하는 법을 배운 이래로 개요란 우리가 수집한 자료, 논문, 보고서 및 강연 자료를 정렬하는 하나의 수단이라고 배웠다.

그러나 설교 형식을 만들 때 우리는 자료 정렬을 우선하지 않는다. 대신에 우리는 먼저 "어떻게 하면 청중이 이 설교 자료를 잘 들을 수 있을까?"라고 묻는다. 설교 조직은 목회적 양육 행위에 해당한다. 그것은 단순히 자료를 구성하는 차원이 아니라 커뮤니케이션의 형성이라는 측면에서 다루어

---

[5] Fred B. Craddock, *As One without Authority* (Nashville: Abingdon Press, 1971), 56.

야 한다. 전형적인 개요 작성 과정에서는 청중이 배제되지만 설교 형식은 단순한 자료 배열이 아니라 효과적인 청취를 위한 계획이다.

3. 이상적인 형식 찾기

전통적인 개요 방식에 매력을 느끼지 못한 많은 설교학자들은 적절한 설교 형식이 될 수 있는 대안을 찾기 시작하였다. 지난 수십 년간 설교학 분야의 많은 저서들은 형식 문제에 예리한 초점을 맞추어왔으며,[6] 이 저서들은 설교 자료뿐 아니라 인간의 역동적인 청취 과정도 설교 형식에 영향을 끼친다고 주장한다는 점에서 종전의 저서와는 구별된다.

사실 이러한 설교학의 발전이 전혀 새로운 것은 아니다. 대부분의 설교학의 역사는 인간의 내적 청취 과정에 항상 진지한 관심을 기울여 온 "세

---

6 예를 들어, Fred B. Craddock, *As One without Authority* (Nashville: Abingdon Press, 1978); Milton Crum Jr., *Manual on Preaching* (Valley Forge, PA: Judson Press 1977); Eugene L. Lowry, *The Homiletical Plot: The Sermon as Narrative Art Form* (Atlant: John Knox Press, 1980), *Doing Time in the Pulpit: The Relationship between Narrative and Preaching* (Nashville: Abingdon Press, 1985), *How to Preach a Parable: Design for Narrative Sermons* (Nashville: Abingdon Press, 1989), and *The Sermon: Dancing the Edge of Mystery*; Richard A. Jensen, *Telling the Story: Variety and Imagination in Preaching* (Minneapolis: Augsburg Publishing House, 1980); Edmund A. Steimle, Morris J. Niedenthal, and Charles L. Rice, *Preaching the Story* (Philadelphia: Fortress Press, 1980); Ralph L. Lewis and Gregg Lewis, *Inductive Preaching: Helping People Listen* (Westchester, IL: Crossway Books, 1983), Richard L. Eslinger, *A New Hearing: Living Options in Homiletic Method* (Nashville: Abingdon Press, 1987), and *Narrative Imagination: Preaching the Worlds That Shape Us* (Minneapolis: Fortress Press, 1995); Don M. Wardlaw, ed., *Preaching Biblically* (Philadelphia: Westminster Press, 1983); David Buttrick, *Homiletic: Moves and Structures* (Philadelphia Fortress Press, 1987); Paul Scott Wilson, *The Four Pages of the Sermon: A Guide to Biblical Preaching* (Nashville: Abingdon Press, 1999); and Joel B. Green and Michael Pasquarellow III, *Narrative Reading, Narrative Preaching* (Grand Rapids: Baker Academic, 2003).

속적" 수사학으로부터 형식에 관한 여러 가지 아이디어를 빌려 왔기 때문이다. 오늘날 설교학자들 사이에서 설교 형식에 관한 문제가 새롭게 부각되고 있는 것도 사실 인간의 청취와 관련된 심리학적 연구의 도움을 받아 "설교 형식이란 순수하지도 않고 중립적이지도 않다"라는 옛 진리를 재발견하기 때문이라고 할 수 있다.

설교 형식이란 단순히 메시지의 내용을 편리하고 논리적인 방식으로 배열하는 것이 아니다. 그것은 청중으로 하여금 특정 양식에 따라 메시지의 내용에 귀를 기울이도록 초청(어쩌면 요구)하는 것이다. 이와 같이 형식은 설교를 통해 청중에게 일어날 사건에 중대한 영향을 미친다.

앞에서 살펴보았듯이 개요를 반대하는 목소리 가운데 하나는 이러한 개요가 모든 설교를 I, II, III이라는 직선적인 논리의 패턴 하나로만 형성하는 경향이 있기 때문에 다른 형식적 대안을 선택할 여지가 없다는 것이었다. 아이러니하게도 몇몇 현대 설교학자들은 이러한 개요 방식을 반대하면서 설교 형식에 대해 자신이 생각하는 하나의 통일된(사람들이 엄격하다고 말할 만큼) 관점으로 그 자리를 대치하였다.

물론 이들 설교학자들은 설교가 다양한 형식을 가질 수 있으며 또한 그래야만 한다는 사실을 잘 알고 있다. 그러나 이들은 어떻게 하면 사람들이 실제로 귀를 기울일 것인가에 대해 깊이 생각한 후, 설교 형식은 듣는 사람이 실제로 복음을 듣고, 창조적이고 신실한 통찰력을 얻는 과정(개요 작성의 과정에서 전제한 논리적 사고 과정에 반대되는 것으로서)과 연결되어야 한다는 결론을 내렸다. 결과적으로 그들은 청중의 효과적인 청취에 가장 잘 부합되는 하나의 설교 형식을 찾아내어 그것이야말로 어떤 방식보다 나은 형식이라고 추켜세우기에 이르렀다.

1) 크래독의 귀납적 전개

　앞 장에서 언급한 프레드 크래독의 대표적 저서 『권위 없는 자처럼』 (*As One Without Authority*)도 종종 이러한 관점에서 읽혀져 왔다. 물론 크래독 자신은 여러 가지 설교 형식 가운데 하나의 대안을 제시하였을 뿐이며 "설교 형식은 신약성경 안에 있는 수사학적 형식만큼 다양해야 한다"라고 경고한다.[7] 그러나 크래독은 자신이 주장하는 "귀납적" 형식에 대해 독자들이 가장 우수한 설교 형식이라고 확신하지 않을 수 없을 만큼 강하게 설득하였다.

　간단히 말해 크래독은 설교자가 석의 과정에서 채택한 창조적인 탐구 과정과 동일한 방식과 절차에 따라 설교가 형성되어야 한다고 주장한다. 그의 주장에 의하면 설교자는 성경 본문을 연구할 때 본문이 의미하는 바를 미리 알 수 없기 때문에 본문의 의미가 최종적으로 드러날 때까지 여러 가지 단서를 종합하여 열심히 찾아야 한다.

　그러므로 설교는 상상력을 동원하여 이러한 귀납적 탐구를 재창조함으로써 청중이 설교자가 체험했던 경험을 공유할 수 있도록 해야 한다. 이것이 함축하고 있는 바는 이러한 방법이야말로 청중이 설교를 통해 설교자가 성경 본문으로부터 듣고 배운 방식 그대로 듣고 배울 수 있는 가장 좋은 방법이라는 것이다.

　따라서 청중은 서론을 통해 무엇에 관한 설교인지 듣는 대신 하나의 과정으로서 설교를 따라 가며 여러 증거 조각들을 짜 맞추어 결국 결론에 이르러서야 설교의 핵심 주장을 발견하게 된다. 사실상 청중은 귀납적 설교의 결론에 이르기까지 이론적으로는 이러한 탐구 과정에 동참해 온 것이며,

---

[7]　Fred B. Craddock, *As One without Authority*, 53.

설교자가 아닌 자신이 마음이나 삶 속에서 해결책을 찾음으로 설교를 완성하게 된다. 설교자가 책상에 앉아 석의를 통해 결국 스스로 본문의 의미를 찾아내듯이 회중석에 앉은 청중도 설교가 한 단계씩 진행되어 감에 따라 스스로 본문의 의미를 깨닫는 능력을 가지고 있어야 한다.

그렇다면 이러한 귀납적 설교 형식은 실제로 어떤 식으로 사용되는가?

그것은 I, II, III과 같은 대지로 구성되는 대신 일련의 작은 단편이나 전개적 요소로 구성되며, 점차 집약적으로 전개되다가 마침내 "아하!"라는 절정에 이르게 된다. 이 작은 단편들은 "이것은… 처럼 보이지만 여전히…"나 "물론… 그러나… " 또는 "이것과 이것은 모두… 지만 보다 넓은 의미에서 볼 때… "와 같이 회중으로 하여금 각 요소를 하나로 묶도록 도와주는 "전환용 표현"(transitional expressions)에 의해 연결된다.[8] 종합해 볼 때 크래독이 주장하는 설교 형식은 설교의 흐름을 유기적으로 조직함으로써 "사람들이 현실에서 일상적으로 경험하는 방식이나, 인생의 문제 해결의 노력이 지금껏 해 온 자연스러운 방식과 일치시키려는" 시도이다.[9]

크래독은 자신의 설교 형식을 "문제 해결의 노력"(problem-solving activity)이라고 불렀는데 이것이 그가 어떤 방식으로 설교의 구조에 접근하고 있는지를 이해하는 실제적인 열쇠가 된다. 크래독의 관점에서 보면 설교자는 특정 문제를 해결하기 위해 노력하고 있는 청중을 머릿속에 떠올리며 그들에게 필요한 모든 정보를 제공하고, 적절한 순서에 따라 스스로 그 문제를 해결할 수 있게 도와주는 설교를 준비해야 한다는 것이다.

크래독의 방식에서 우리가 기억해야 할 것은 설교를 통해 해결해야 할 문제는 언제나 "이 성경 본문이 오늘날 우리에게 주시는 말씀은 무엇인가?"

---

[8] Ibid., 156.

[9] Ibid., 66.

라는 물음이라는 것이다. 이 질문은 처음부터 공중에 매달려 있으며 설교는 이 질문에 대한 답을 찾기 위해 여러 가지 단서를 모으며 결국 청중이 자신에게 말씀하시는 본문의 주장에 대해 스스로 결정을 내릴 준비가 될 때까지 진행된다.

2) 로우리의(Eugine Lowry) '구성' 설교

또 하나의 강력한 문제 해결 형식이 유진 로우리(Eugine Lowry)의 유명한 저서 『이야기식 설교의 구성』(The Homiletical Plot)을 통해 제시되었다. 크래독에게 있어서 해결해야 할 한 가지 문제는 본문의 현대적 의미(contemporary meaning)였으나, 로우리에게는 청중이 느끼는 "어떤 필요성"도(그것이 본문으로부터 나온 것이든, 신학적 교리이든, 삶의 정황으로부터 나온 것이든 불문하고) 설교의 과제가 될 수 있었다. 로우리는 청중이 "모호함"을 느껴 해결하지 않으면 안 될 문제나 딜레마 또는 난처한 상황에 대해 언급함으로 설교를 시작해야 한다고 믿었다. 그는 "설교 형식에는 설교라는 사건에 없어서는 안 될 본질적인 요소가 하나 있는데 그것은 바로 '모호함'이다"라고 주장한다.[10]

물론 때때로 회중은 이미 문제점을 알고 그것의 모호함을 느끼고 있는 경우도 있다. 예를 들어, 장례식에서 죽음이라는 상황은 그 자체로 깊은 딜레마를 느끼게 한다. 이와 같은 상황에서 설교자는 따로 문제를 제기할 필요가 없다. 그것은 이미 깊이 드리워져 있기 때문이다. 그러나 대부분의 경우 설교자는 설교의 서두에 모든 것을 과감히 떨쳐버리고, 모두의 마음속에 이러한 모호함을 조성해야 한다.

---

[10] Lowry, *The Homiletical Plot*, 76.

로우리의 주장에 따르면 "오늘 저는 사랑에 관해 이야기하려 합니다"라는 말로 설교를 시작하는 설교자처럼 둔감한 사람도 없다. 이와 같은 서두는 아무런 긴장감도 조성하지 못하기 때문이다. 오히려 "우리의 문제는 몇 번이나 사랑의 손길을 내밀었음에도 돌아온 것은 깨지고 멍든 상처뿐이었다는 것입니다. 그러나 사랑은 이와 같이 반대를 무릅쓰는 것입니다"라는 말로 시작했다면 더 나았을 것이다.[11] 이러한 서두가 더 나은 것은 일종의 불균형을 창조하기 때문이다. 즉 우리의 일반적인 인식 수준에 사랑에 관한 경험적 문제를 제기함으로써 갈등을 조성하였다는 것이다.

로우리는 설교의 나머지 부분이 할 일은 "이와 같이 구체적이며 핵심적인 모호함을 해결하는 것"이며,[12] 자신은 이러한 목표를 달성하기 위해서는 설교가 어떻게 형성되어야 할 것인가에 대해 구체적으로 알고 있다고 주장한다. 그는 설교는 다음과 같은 다섯 가지의 기본적인 활동 또는 "단계"를 중심으로 구성되어야 한다고 주장한다(물론 이 다섯 가지 요소는 일종의 "개요"로 구성되어 있지만 로우리에 따르면 이 개요는 전통적인 개요와는 전혀 다른 논리적 체계를 기초로 한다).

1) **평정을 깨뜨림(갈등)**: 앞에서 살펴본 대로 설교자는 설교 초두에 모든 청중이 느낄 수 있도록 설교에서 다루게 될 "문제"를 제기한다.
2) **모순에 대한 분석(원인 분석)**: 이 단계에서 설교자는 문제에 대한 자세한 관찰과 조사를 통해 진단하고 그것이 인간의 삶에 들어오게 된 이유를 밝힌다.
3) **문제 해결의 실마리 제시(갑작스런 전환)**: 이것은 로우리가 말하는 "아하!"

---

[11] Ibid., 29-30.
[12] Ibid., 31.

라는 외침이 터져 나오는 곳이다. 이 단계에서 설교자는 복음으로부터 문제 해결의 실마리를 제공한다. 그러나 로우리는 이러한 해결책은 "세상 지혜"가 아니라 복음으로부터 오는 것이기 때문에 설교에서 이 순간은 실로 놀라운 시간이라고 말한다. 이 단계에서 청중의 기대는 "반전"되며, 이러한 실마리는 "갑작스런 조명"에 의해 드러난다.[13]

4) **복음에 대한 경험**: 이 단계에서는 전 단계에서 제시된 실마리가 보다 완전한 의미를 드러내며 구체적으로 부각된다.

5) **결과에 대한 기대(드러난 계시)**: 이 마지막 단계에서는 복음에 대한 새로운 발견이 미래로 확장된다.
"복음과 인간의 삶이 만나는 이러한 교차점에서 과연 우리는 무엇을 기대하고 무엇을 해야 하며, 또한 지금 우리가 할 수 있는 것은 무엇인가?"

최근에 로우리는 이러한 형식에 대한 생각을 다소 바꾸었다. 그는 다섯 가지 단계 대신 갈등, 복잡화, 갑작스런 전환, 드러남이라는 네 가지 단계를 제시하고 "복음에 대한 경험"은 여전히 나타나고는 있으나 어느 단계에서나 나타날 잠재적 가능성이 있다고 말한다. 그러나 로우리는 이러한 생각의 변화와 관계없이 여전히 핵심 사상으로부터 몇 가지 대지를 추출하는 연역적 방식 대신 유동적이며 극도의 긴장을 해결하는 방식의 설교 형식을 제시한다. 그는 이것을 "이야기"(narrative)라고 불렀는데 그 이유는 네 가지 (또는 다섯 가지) 요소가 마치 하나의 구조로 이루어진 에피소드와 같이 함께 연결되어 있기 때문이라고 말한다. 그러나 "이야기"라는 표현은 오해의 소지가 있다.

로우리의 5중 형식은 변화무쌍한 구조로 이루어진 실제 이야기의 구

---

[13] Ibid., 50.

성을 따른 것이 아니라 인간 문제를 해결하는 분야에서 일하는 사람들에게는 이미 잘 알려져 있는 "창조성 패러다임"(creativity paradigm)에 따른 것이기 때문이다. 창조성에 관한 많은 연구들은 인간의 오랜 문제들에 대한 혁신적 해결책을 발견한 사람들이 그와 유사한 방식을 사용하였다고 말한다. 연구에 따르면 그들은 이러한 문제와 오랫동안 씨름하며 힘들여 분석하였으나 정작 문제의 해결은 실로 한 순간의 갑작스럽고 놀라운 조명을 통해 이루어졌다고 말한다. 그러나 일단 문제가 해결되고 나면 이러한 방식이 모든 문제 해결 목록의 한 부분이 되어 그 후에 일어나는 어떤 문제에도 적용된다는 것이다.

따라서 로우리식 문제 해결 방식의 설교 형식은 이와 같은 인간의 창조성에 관한 전형적인 패턴에서 볼 수 있는 단계의 이름만 바꾼 것일 뿐이라고 해도 결코 과장된 말이 아니다.

3) 폴 스콧 윌슨의 네 가지 단계

문제 해결 방식 설교 형식의 세 번째 예는 신학적인 면에서 접근한 것으로, 설교학자인 폴 스콧 윌슨(Paul Scott Wilson)이 제시하였다. 윌슨의 설교학은 율법과 복음의 신학적 차이에 대한 고전적 견해에 토대를 두고 있다. 율법은 인간의 죄 및 타락한 실존의 비극적 속성에 대한 하나님의 심판이며, 복음은 궁극적인 구원의 자비이자 인간의 모든 삶에 개입된 신적 구원 운동이다. 윌슨은 율법과 복음을 보다 접근하기 쉬운 용어인 "곤경"(trouble)과 "은혜"로 바꾸고 이러한 곤경으로부터 은혜로의 움직임이야말로 복음의 기본적 구조(또는 그의 말처럼 "심오한 원리")를 반영한다고 주장한다.

그렇다면 이것은 실제 설교의 구조에서는 어떠한 형태로 나타날 것인가?

윌슨은 설교가 성경의 세계와 현실의 세계에서 곤경과 은혜를 동시에 제시하고 이 두 가지의 신학적 극점에 스파크를 일으킬 수 있는 에너지를 공급함으로 설교를 듣는 자가 살아날 수 있는 설교 형식을 요구한다. 하나님께서 거의 아무런 역할도 하지 않으시는 설교를 너무나 많이 들었던 윌슨은 설교에는 언제나 하나님의 행위가 나타나야 한다는 것을 특별히 강조한다. 설교학자 스티븐 패리스(Stephen Farris) 역시 그의 주장에 동의한다. "본문에서 하나님이 하시는 일은 무엇인가? 성경을 해석하는 사람들이 가장 대답하기 어려운 질문은 과연 하나님이 무엇을 하고 계신가?"라는 것이다.[14]

설교 형식에 관한 자신의 생각을 가장 명료하고 훌륭하게 표현하는 방법에 대해 수년 간 연구해 온 윌슨은 최근 "설교의 네 가지 단계"라는 매우 독창적인 개념을 제시하였다.[15] 이것은 설교가 네 가지의 기본적인 움직임(movement)으로 나뉘어야 하며 각각의 요소는 전체 설교 시간의 약 1/4을 차지해야 한다는 것이다.

1단계 — 성경 본문에서의 곤경.
2단계 — 현실에서의 곤경.
3단계 — 성경 본문에서의 은혜.
4단계 — 현실에서의 은혜.

이 네 가지 단계는 실제 설교에서 반드시 이러한 순서로 제시될 필요는 없다. 설교자는 각 단계를 자유롭게 넘나들 수 있어야 하며 그렇게 함으

---

[14] Stephen Farris, *Preaching That Matters: The Bible and Our Lives* (Louisville, KY: Westminster John Knox Press, 1998), 122.

[15] Paul Scott Wilson, *The Four Pages of the Sermon* (Nashville: Abingdon Press, 1999). Paul Scott Wilson, *Preaching and Homiletical Theory* (St. Louis: Charlice Press, 2004), 91-100.

로써 설교가 무리 없이 진행될 수 있다. 그러나 정상적으로는 4단계가 설교의 맨 마지막에 온다. 결국에는 은혜가 그리스도의 복음 안에서 승리하기 때문이다. 윌슨의 말처럼 "곤경으로부터 은혜로의 이동은 은혜가 보다 강력하며 전반적인 믿음의 흐름을 강화한다는 것을 보여 준다."[16]

크래독이나 로우리 및 윌슨과 같은 설교학자들은 설교 형식에서 창조성과 흥분을 회복하는 일에 많은 시간을 바쳤다. 그들은 복음을 발견하고 경험하는 과정에 초점을 맞춘 설교를 주창하였기 때문에 정적인 개요에 나타난 여러 가지 문제들을 극복하였으며 청중들이 설교라는 사건에 보다 적극적이고 책임감 있는 자세로 참여할 수 있는 방법을 제공하였다.

그러나 이들이 제시한 설교 형식에도 문제가 없는 것은 아니다. 우선, 아무리 사람들로 하여금 "아하! 나는 드디어 놀라운 새로운 진리를 발견하였다!"라는 외침이 터져 나오게 하는 방식이라 할지라도 인간의 창조성은 유약하며 예측할 수 없다는 사실을 염두에 두어야 한다. 놀라운 발견을 한 사람이 그러한 경험을 뒤돌아보며 자신이 발견했던 놀라운 통찰력의 순간까지 다시 한번 거슬러 올라갈 수는 있을 것이다. 그러나 다른 사람도 그러한 과정을 통해 동일하게 "드디어 찾았다!"(Eureca!)라는 감격의 발견을 할 것이라고는 결코 장담할 수 없다.

로우리가 자신의 다섯 가지 단계를 수정한 데에는 아마도 이러한 이유도 있었을 것이다. 설교의 3단계에서 적시에 갑작스러운 반전이나 놀라운 통찰력의 빛이 비춰기를 기대하거나 요구하는 설교 형식은 모든 성경 본문에 적용되는 것이 아니며 청중이 말씀을 듣고 변화하는 모든 양상이 그러한 방식에만 의존하는 것도 아니다.

문제 해결 방식의 설교 형식이 안고 있는 보다 근본적인 문제는 이러

---

[16] Wilson, *Preaching and Homiletical Theory*, 97-98.

한 형식이 언제나 신선한 통찰력을 줄 수 없다는 사실에 있는 것이 아니라 잘만 하면 설교자는 언제든지 청중의 관심을 끌어내기 위한 역할을 수행할 수 있다는 사실에 있다. 흥미로운 문제(그것이 "율법"이든, "갈등"이든, "곤경"이든)를 제기한 후 점차 그것을 해결해 가는 스타일의 설교는 청중에게 엄청난 호소력을 가지며, 따라서 설교자는 모든 설교를 이와 같이 호응도가 높은 패턴을 따라 추구하고 싶을 것이다.

그러나 앞에서 언급한 대로 설교 형식은 설교의 본질적 의미와 직결되며 만일 회중이 매주 문제 해결식의 설교만을 듣는다면 복음의 목적은 문제를 해결하는 것이라고 생각하거나 "아하!"라는 깊은 깨달음의 외침만이 복음을 듣는 최상의 경험이라고 생각할 것이다. 그러나 때때로 복음은 모호함을 해결해주지 못하고 오히려 그것을 조성할 때가 있다. 때때로 복음은 예기치 못한 놀라운 말씀이나 우리의 삶을 흔들어 놓는 말씀을 통해 "아하!"라는 외침을 터져 나오게 하는 대신 오히려 "먼 옛날이야기"와 같이 친숙하고 믿음직스러운 확신의 말씀으로 다가오기도 한다.

사실 하나의 거대한 이야기로서 성경 자체는 문제로부터 해결점을 향해 전개되거나 "곤경"으로부터 "은혜"로 나아가는 것이 아니라 하나님께서 "보시기에 좋았더라"고 말씀하셨던 창조로부터 시작한다. 곤경은 그 이후에 발생한다. 윌슨은 자신의 설교 구조가 문제 해결식 모델로 이루어졌다고 비판하는 자들에 대해 그들이 "복음은 관계"라고 하는 중요한 사실을 간과하고 있다고 반박한다.[17] 그러나 사실 "곤경에서 은혜로" 전개되는 패턴을 따라 구성된 설교는 신학적으로 볼 때 결국 문제 해결식 설교 형식의 변형된 형태에 불과하다.

풍성한 신학적 함축이 담긴 "곤경"과 "은혜"라는 도식이 윌슨의 처음

---

[17] Ibid., 98.

주장과 달리 포괄적이지 않으며 통일성도 없다는 사실을 보여 주는 몇 가지 다른 이유도 있다. 물론 "곤경"과 "은혜"라는 범주가 "설교의 구조도 신학적이어야 하며 온전한 그리스도인이 되기 위해 설교는 인간이 처한 상황과 함께 하나님의 행위에 관한 선포가 포함되어야 한다"라는 사실을 다시 한 번 각인시켜 준다는 점에서는 매우 유익하다. 윌슨 자신도 인간의 나약함을 망각한 어떠한 은혜의 선포도 값싼 은혜가 될 수밖에 없으며 은혜를 말하지 않고 인간의 죄와 문제만 두드려대는 것 역시 단순한 도덕적 훈계에 불과하다고 하는 중요한 사실을 강조한다.

그러나 결국 "율법"과 "복음"(또는 "곤경"과 "은혜")만으로는 설교의 구조를 완전히 조직할 수 있을 만큼 포괄적이지 못하다.

첫째, 성경에서 "율법"과 "복음"이라는 용어는 언제나 정반대의 개념으로 나타나지는 않는다.

율법은 인간의 죄를 심판하는 동시에 인간의 삶에 대한 하나님의 은혜로운 뜻을 드러낸다. 십계명은 우리의 죄를 드러낼 뿐만 아니라 자유를 선포한다("나는 너를 애굽 땅 종 되었던 집에서 인도하여 낸 너의 하나님 여호와로라 너는 다른 신들의 종 되었던 것으로부터 자유함을 받았느니라 속박에서 벗어나 그 땅에 들어간 너에게 모든 것을 주었은즉 탐내거나 살인하거나 도적질하거나 거짓 증거하지 말라"). 다시 말해 한편으로 보면 하나님의 율법은 우리의 깨진 상태를 보여 주지만 다른 각도에서 보면 율법은 공의로우며 소망으로 가득한 세계를 보여 준다. 이것이 하나님의 복음인 것이다.

윌슨의 말을 빌리면 성경에서 곤경은 은혜가 될 수 있으며 은혜는 곤경이 될 수 있다.

욥의 고난은 모두 곤경뿐이었으며 은혜의 방편은 없었는가?

선지자들은 백성들이 처한 곤경에 대해 지적하지만 그들의 말과 행위는 종종 곤경을 야기하기도 하는데 이러한 "이스라엘의 곤경"은 은혜로 가득하다. 예수께서 죄인들과 함께 먹고 마신 결과 곤경에 빠뜨리게 하였으나 이러한 곤경을 통해 은혜가 더욱 풍성히 넘쳤던 것이다. 예수께서 지신 십자가 역시 곤경과 은혜가 함께 융합되어 있다.

둘째, "곤경"과 "은혜"는 매우 강력하고 광범위한 성경적 구조이지만 웬만큼 확장되지 못하는 한 기독교 증거의 전 영역을 카버하기에는 벅찬, 특정한 신학적 범주에 머무를 수밖에 없다.

윌슨이 잘 말한 대로 "곤경"과 "은혜"는 구속이나 구원과 같은 보다 광범위한 교리의 핵심적인 카테고리이다. 물론 구속에 관한 교리는 중요하다. 그러나 기독교 신앙의 모든 국면을 구속 교리 하나로만 설명할 수는 없다. 창조와 섭리 및 하나님의 영원하심과 선하심 등과 같은 기독교 주제들은 모두 구속과 관련되지만 그것과 동일하다고 볼 수는 없다.

요컨대 복음은 단 하나의 형식으로 선포되기에는 너무나 풍성하고 복잡하며 다양하다. 자신의 초기 독자들 가운데 일부가 다른 방식은 일체 배제한 채 귀납적 문제 해결 형식만 사용하고 있다는 사실을 잘 알고 있는 크래독은 나중에 나온 저서를 통해 하나의 설교 형식만을 반복해서 사용하는 것은 말씀의 온전한 선포를 제한하는 경향이 있다는 점을 강력히 주장하였다.

설교 형식은 청중의 신앙을 형성한다. 그러나 설교 형식이 신앙의 질적인 면에 얼마나 큰 영향을 주는지 아는 설교자는 별로 없는 것 같다. 매주 논쟁적 삼단 논법과 같은 연역적 방식으로 설교의 틀을 세우는 설교자는 항상 예배에 참석하는 교인들의 신앙적 관점에 맞추어 그러한 형식을 제시하는 경향이 있다. 그리스도인이 된다는 것은 자신이 옳다는 것을 입증하는 것이다. "전에는… 그러나 이제는…"의 패턴을 집요하게 구사하는 설교자들은 청중에게 회심이야말로 신자가 되기 위한 바른 모델이라는 사실을 강조한다.

회중에게 그들이 직면한 문제에 대해 언제나 "이것이냐 저것이냐"라는 양자택일의 틀을 제시하는 설교는 지나친 단순화와 고지식함, 그리고 신앙은 언제나 긴박한 선택이라는 개념에 초점을 맞춘다. 반대로 "이것도 저것도" 수용하는 설교는 지평을 넓혀 관용적인 입장을 견지하지만 결코 청중에게 긴박한 결단을 내리도록 도전하는 법은 없다. 이와 같이 설교 형식은 대단히 중요하다. 그날 다룰 주제와 상관없이 설교자는 설교 형식을 통해 경직되게 하거나 관대한 모습을 보일 수 있으며, 율법적이기도 하고 은혜로울 수도 있으며, 포용적이기도 하고 배타적이기도 하며, 공격적이 되거나 유화적이 될 수도 있으며, 논쟁을 원하거나 즉각적인 응답을 요구할 수도 있다.[18]

4. 활동사진

데이비드 버트릭(David Buttrick)은 설교 형식과 청취 과정의 관계에 대해 가장 집요한 관심을 기울인 현대 설교학자이다. 사실 버트릭의 주관심사를 "청취 과정"이라는 한 마디로 표현하기에는 무리가 있다. 정확히 말하면 그의 관심사는 설교가 어떻게 청중의 의식 속에 믿음을 형성하는가라는 보다 심오한 문제에 초점을 맞춘다.

그는 이렇게 주장한다

---

[18] Fred B. Craddock, *Preaching* (Nashville: Abingdon Press, 1985), 173-74.

설교의 구조는 마치 즉흥적으로 떠오른 일련의 생각과 같이 회중의 의식 속에 떠다니며 그들의 신앙을 형성할 수 있도록 기술적인 배열을 통해 순차적으로 전개되면서 생생한 이미지를 형성해야 한다.[19]

버트릭은 이와 같이 다소 복잡한 내용을 설교 형식에 대해 다룬 『설교학』(Homiletic)이라는 방대한 분량의 저서에서 보다 길고 자세하게 설명한다. 훌륭한 설교 형식에 대한 버트릭의 생각은 "인간의 마음은 마치 자동초점 카메라와 같이 작동한다"라는 단순한 유추에 기초한다. 세상에 있는 모든 것은 인간의 의식이라는 렌즈를 통해 볼 수 있지만 사진을 찍는 사람은 누구나 알고 있듯이 그 모든 것을 필름에 담지는 않는다. 사진사는 먼저 사진에 담으려는 대상을 정한 다음 그 물체에 카메라의 초점을 맞춘 후에 앞뒤의 전경과 배경의 범위를 조절한다.

이와 마찬가지로 인간의 마음도 먼저 초점을 맞출 분야를 정한 후에 광각렌즈를 사용하여 보다 넓은 의미 영역을 담거나 또는 렌즈의 각도를 좁혀 보다 작은 영역을 담기도 한다. 또한 마음의 카메라는 특정 의미 구조를 부각시키기 위해 광선 차단용 "필터"를 장착시킬 수 있으며 "구도"를 결정하거나 "보는 각도"를 선택하기도 한다.[20] 모든 준비가 완료되면 셔터가 열리고 물체의 상이 기억 속에 담기며 다시 셔터가 닫히면 필름은 다음 단계로 이동한다.

물론 이것은 하나의 유추이지만 버트릭은 이러한 유추를 통해 설교자에게 필요한 여러 가지 사항들을 찾아낸다. 설교자는 사진을 잘 찍도록 돕는 사람과 같다. 그는 청중에게 일련의 흥미로운 장면들을 제시한 후 그것

---

[19] David G. Buttrick, "Interpretation and Preaching," *Interpretation* 25, no. 1 (January 1981): 55-56.

[20] Buttrick, *Homiletic*, 294.

들을 각자의 사진에 담게 한다. 설교자가 성경을 해석할 때 그들은 계시적 상징에 담긴 "이해의 현장"(fields of understanding)을 발견하며, 설교자의 임무는 청중으로 하여금 이러한 현장을 마음의 필름에 담을 수 있도록 제시하는 것이다. 버트릭은 "설교란 의식을 통해 회중에게 어느 정도 구조화된 이해의 틀을 전수하는 것이다"라고 주장한다.[21]

이것은 설교 형식과 무슨 관계가 있는가?

설교는 구체적인 개념의 흐름이다. 설교자는 한 가지 개념을 제시한 후 계속해서 다른 개념을 제시한다. 설교자가 이와 같이 새로운 생각을 제시할 때마다 청중은 마음의 카메라에 그것을 담아내기에 바쁘다. "여기에 이런 장면이 있습니다"라고 말할 때마다 "찰칵"거리는 소리가 난다.

설교가 끝난 후 청중에게 남는 것은 무엇인가?

설교가 빈약한 내용으로 구성되었다면 그들에게는 아무렇게나 찍은 스냅 사진들만 쓰레기더미와 같이 남아 있게 될 것이다. 그러나 만일 설교가 훌륭하게 구성되었다면 일련의 장면들이 생동감 있게 이어지는 영상 슬라이더와 같이 일관성 있는 이해의 틀이 형성될 것이다.

이와 같이 설교는 개념에서 개념으로 이어지는 언어의 움직임이라고 할 수 있으며, 이러한 이유로 버트릭은 설교를 구성하는 각각의 개념이나 단위 요소를 "움직임"(move)이라고 불렀던 것이다. 인간의 의식에 대해 이러한 인식을 가지고 있었던 버트릭은 움직임이 하나의 청사진에 따라 이루어져야 한다고 주장한다. 모든 움직임은 다음과 같은 세 가지의 필수적인 요소로 구성된다.[22]

---

[21] Ibid., 320-21.

[22] 이러한 Buttrick의 "흐름"에 관한 내용은 *Homiletic*에 대한 필자의 서평(*Theology Today*, 45, no. 1[April 1988]: 109-10)에서 따온 것이다.

1) **시작하는 말**: 설교자는 하나의 명료한 문장을 통해 이 움직임의 핵심 개념을 제시하고 무엇에 관한 움직임인지를 분명히 밝혀야 한다(예를 들어, "우리는 모두 죄인입니다"). 이것은 청중으로 하여금 "이것을 찍으십시오"라고 하는 초청이다. 또한 서두는 이러한 움직임이 어떻게 이전의 움직임과 연결되는지를 보여 주고 움직임의 관점에 대해 제시하며 움직임의 감정적 분위기를 조성해야 한다.

2) **전개**: 움직임의 중심부로서 때로는 의미를 분명히 하거나 예화를 통해, 때로는 반대 의견을 통해 핵심 개념을 보다 구체적으로 제시한다.

3) **마치는 말**: 간략한 결론적 진술을 통해 움직임의 핵심 개념을 다시 한번 확인함으로 청중에게 하나의 움직임이 끝났음을 알린다. 이렇게 해서 청중의 카메라 셔터는 닫히고 필름은 다음 움직임을 위해 준비하게 된다.

버트릭은 현대인은 주의력을 집중하는 시간이 점차 짧아지고 있기 때문에 오늘날 대부분의 사람들이 하나의 사상에 집중하는 시간은 약 4분밖에 되지 않으며 따라서 모든 움직임은 그 시간 안에 끝나야 한다고 주장한다. 따라서 잘 짜여진 20분 분량의 설교는 이상의 세 가지 요소를 정확히 갖춘 움직임이 5-6개를 넘지 않는다.

지금까지 우리는 버트릭의 설교 형식 이론에 관한 기초적인 내용에 대해 살펴보았다(전체 내용은 『설교학』에 상세히 나와 있으며 상당히 복잡하다). 우리는 그가 제시한 구조가 대단한 내용임을 인정하는 한편 몇 가지 비판적인 의문도 제기하여 보았다.

긍정적인 측면에서 볼 때 버트릭은 우리가 설교할 때 청중의 마음에 어떠한 일이 일어나는가에 대해 오랫동안 심각하게 고심할 것을 촉구한다. 그는 설교 형식과 언어의 능력이 무엇인가를 일으킬 수 있다고 생각한다. 정확히 말해 그는 설교가 어떻게 형성되느냐에 따라 전혀 다른 방식으로 믿음이 형성된다고 믿었다. 이것은 설교 형식을 단순한 수사학적 차원의 문제가 아니라 신학적이자 윤리적인 이슈로 승화시켰다.

무엇보다도 버트릭은 크래독이나 로우리 및 윌슨과 마찬가지로 설교 형식에 있어서 움직임이라는 문제가 얼마나 중요한지에 대해 초점을 맞추었다. 사실 버트릭의 접근 방식은 하나의 설교 형식을 제시하지 않고 사상의 전개라고 하는 포괄적 방식을 제공하기 때문에 여러 가지 다양한 구조로 나타날 수 있다. 따라서 회중은 점진적이고 순차적인 복음 이해의 과정에 모든 의식의 움직임을 맡긴 채 어느 한 순간 전광석화와 같은 깨달음이나 마음의 상처를 줄지도 모르는 설교의 능력만 바라보지 않는 한 버트릭의 방식을 그대로 경험하는 것은 불가능하다. 그러나 이러한 버트릭의 방법은 적어도 두 가지의 문제점을 안고 있다.

첫째, 인간의 의식 속에서 실제로 여러 가지 개념이 버트릭이 주장하는 방식처럼 형성될 수 있는가?이다.

그럴 수 있다고 생각한다. 그러나 항상 그런 것은 아니다. 버트릭은 모든 "움직임"에 대해 사상을 진술하고 그것에 대해 상세히 전개한 후 마지막에 다시 한번 그것을 진술하는 세 가지 요소로 구성되기를 바란다. 그러나 현실에 있어서는 내가 가지고 있는 좋은 개념(하나님은 자비로우시다는 개념이나 가족이 나를 사랑한다는 개념과 같이)이 반드시 그런 식으로 나에게 "일어나는" 것은 아니다. 버트릭의 주장은 천편일률적 사고방식에 대한 추상적이고 도식적인 설명에 불과하며 이러한 과정이 설교의 모든 영역에 규범으로 적용되어야 한다는 일종의 선언에 해당할 뿐이다. 따라서 덜 직접적이지만 보다 시적인 방식의 복음 이해는 존재하지 않는다.

둘째, 버트릭의 형식에 또 한 가지 의문은 설교를 "개념에서 개념으로 이어지는 언어의 움직임"이라고 보는 시각이 과연 옳으냐하는 것이다.

설교란 여러 가지 개념을 엮어놓은 것에 불과한가?

흔히 좋은 설교를 듣다보면 어느 순간은 마치 장례식에서 온 회중이 "내 주는 강한 성이요"라는 찬송을 부를 때와 같은 감동에 젖어든다. 여기에는 여러 가지 개념이 담겨 있는 것이 분명하지만 이러한 개념은 대부분 기억과 경험, 슬픔과 소망 이라는 틀 속에 하나로 결합되어 있기 때문에 별도로 떼어내거나 하나의 개념으로 축약하여 제시한다는 것은 불가능하다.

"이 찬송을 부를 때 떠오르는 핵심 개념은 무엇입니까"라고 묻는 것은 이러한 점을 간과한 데서 오는 잘못된 질문이다. 설교에 아무런 사상이 없거나 전혀 관계없는 개념들로 연결되어 당황스러움만 안겨준다면 아무런 의미가 없을 것이다. 확실히 설교는 일련의 개념을 잔뜩 싣고 트랙을 도는 화물차 이상의 것이다.

5. 여러 가지 좋은 형식들

설교 형식에 관한 설교학자들 간의 논쟁이 계속되면서 설교 형식은 성경 본문의 주장과 청중의 필요성, 즉 성경 본문으로부터 우리에게 나타나는 복음과, 설교를 듣는 자들의 청취 능력 및 패턴이라는 두 가지 요소의 상호작용을 통해 형성되어야 한다는 사실이 분명해졌다. 청취의 역동성은 설교 형식을 구성함에 있어서 매우 중요하면서도 간과되는 요소이기는 하지만,

그것이 설교를 구성하는 유일한 기준은 아니며 반드시 출발점이 되어야 하는 것도 아니다.

　만일 우리가 사람들이 구두로 전달되는 메시지를 어떻게 듣는가에 초점을 맞추어 설교 형식에 대한 구상에 착수한다면 어쩔 수 없이 인간학적 차원에서 설교 메시지의 전달에 가장 적합한 청취 패턴에 대한 추상적인 설명만 늘어놓을 수밖에 없을 것이다. 우리는 사람들이 언제나 갈등이나 모호함과 같은 문제를 해결하기 위해 이야기 형식의 귀납적 청취에 익숙해 있다고(또는 적어도 가장 진지하게 듣는다고) 생각하려는 경향이 있다.

　그렇다면 움직일 수 없는 결론은 설교는 이야기식이나 귀납적 방식 또는 문제 해결 방식이나 흐름(move)이라는 시스템을 가진 구조가 될 수밖에 없을 것이다. 인간의 청취 형태는 결국 이러한 방식에 의존하기 때문이다. 설교학자 리처드 리셔(Richard Lischer)는 이와 같이 설교학이 인간학으로부터 도움받는 것을 반대한다.

> 우리는 은연중에 설교 형식에 꼭 들어 맞는 유리 구두만 발견할 수 있다면 설교는 아름다운 공주로 변할 것이며 우리 자신도 변화할 수 있을 것이라고 기대한다. 수사학은 당연히 설교학과 동맹체를 이루고 있다고 생각하는 사람도 있다. 그러나 언제나 그래왔듯이 맹목적인 인간학을 수반한 수사학은 설교학에 위험만 초래할 뿐이다. 그렇게 되면 설교학은 스스로 해결책을 찾지 못하고 이와 같은 일반 원리들만 쳐다볼 수밖에 없을 만큼 위기에 빠질 것이다.[23]

---

[23] Richard Lischer, "Preaching and the Rhetoric of Promise," *Word and World* 8, no. 1(Winter 1988); 69.

우리는 리셔가 흔드는 경고의 깃발에 유의해야 한다. 앞에서 살펴본 대로 형식은 중립적이 아니며, 만일 설교가 어떠한 형식을 취해야 할지를 문화(culture)에게 묻는다면 좋든 싫든 결국 우리는 복음 대신 문화를 전파하게 될 것이다. 반면에 문화를 전혀 배제한 채 천국이나 성경에만 있는 순수한 설교 형식만 추구한다면 헛수고만 하게 될 것이다. 그런 것은 존재하지 않기 때문이다.

실제로 성경은 문화로부터 다양한 문학적 형식을 빌려와 선포의 수단으로 사용하고 있음을 보여 준다. 신약성경을 보는 관점 가운데 하나는 복음을 이해하기 쉬운 형식으로 표현하려 했던 초창기의 노력이 반영된 기록으로 보는 것이다. 본문을 잘 연구해 보면 복음이 다양한 형식으로 표현되어 있음을 알 수 있다. 본문에 따라 논리적 주장이 제시되기도 하고 솔직한 이야기를 들려주기도 하며 난해한 비유를 베풀거나 찬미의 송가가 터져 나오기도 한다.

이 모든 형식들, 즉 이야기, 삼단논법, 시, 선언, 서신 및 묵시는 세속 문화에서 볼 수 있는 것들이지만 이렇게 빌려 온 형식은 예외 없이 복음 선포를 돕는 수단으로 사용되었다. 어떠한 형식도 복음을 온전히 나타내지는 못한다. 많은 형식들이 사용되었지만 각각의 형식은 단지 순서에 따라 특정 상황에서 복음의 한 단면을 제시할 뿐이다.

우리는 이러한 역학적 관계를 기독교 설교의 전 역사에서 찾아볼 수 있다. 리셔는 "역사적으로 교회는 계속해서 설교 형식을 바꾸어 왔다.… 어떠한 설교 형식도 표준이 되지는 못했으며 다만 수사학적 정황만 유지되었을 뿐이다"라고 말한다.[24]

복음이 충실히 선포되었을 때는 언제나 신앙적 요구와 청중의 구체적

---

[24] Ibid., 70.

인 상황이라는 두 요소를 동시에 만족시키는 적절한 형식이 요구되어 왔지만 이러한 형식은 언제나 변할 수 있는 가변성을 안고 있었던 것이다.

이와 같이 좋은 설교 형식이란 그 시대에 살고 있는 구체적인 사람들에게 해당되는 특정한 진리의 말씀을 전하는 설교로부터 나온다.

어떤 사람이 다른 사람에게 중요한 사실을 말해야 할 상황에 있다고 생각해 보라.

"당신을 사랑합니다"와 같은 말은 기쁘고 좋은 말이지만 동시에 위험한 말이기도 하다. 또한 "당신이 하는 일은 별로 만족스럽지 않습니다. 계속 있으려면 더 잘하셔야 합니다"와 같은 말은 하기 힘든 말이 아닐 수 없다. 이런 말을 하는 사람은 어떻게 말을 해야 할지에 대해 결정해야 한다. 어느 면에서는 메시지의 성격 자체가 일정한 형식을 요구한다. "당신을 사랑합니다"와 같은 말은 사적이고 직접적이며 진솔하게 전해야 한다. 다시 말하면 그 말을 듣는 사람에게 적절한 형식이 되어야 한다는 것이다.

당신을 사랑한다는 말은 내가 사랑하고 있다는 사실을 이미 알고 그것을 확인하려는 사람에게 말 할 때와 그러한 사실을 전혀 모르고 충격으로 받아들일 수 있는 사람에게 말할 때는 다르게 말해야 한다. 이와 같이 어떤 사실을 전해야 할 때 그것을 어떻게 전달할 것인가 하는 것은 전적으로 전하는 말의 내용과 그것을 듣는 사람 사이의 상호 작용의 결과에 달려 있다.

설교자는 특정 성경 본문으로부터 들은 복음의 진리를 다른 사람에게 증거하는 사람이다. 이러한 설교 형식과 관련하여 설교자에게 가장 중요한 문제는 어떻게 이러한 성경의 주장을 사람들이 들을 수 있도록 증거할 것인가라는 것이다. 그러므로 설교자는 당연히 자신이 전하는 진리에 대해 관심을 가져야 하지만 어떻게 하면 회중이 그것을 들을 수 있을 것인가라는 부분을 염두에 두어야 한다. 마찬가지로 설교자는 회중이 어떻게 들을 것인가라는 부분에 관심을 가져야 하지만 언제나 그들이 듣고 있는 진리와 연계해서 생각해야 한다. 이야기, 논리적 진술, 역사적 설명, 수사학적 질문, 시 등 여러 가지 다양한 기법이나 구두로 전달되는 문학 장르가 사용되고 있지만, 이것은 어디까지나 특정 상황에 처한 특정 회중에게 복음을 전하는 임무를 완수하기에 가장 적절한 형태이기 때문이다. 이와 같이 모든 설교 형식은 설교를 둘러싼 특정 상황에 맞추어 재단한 맞춤복이 되어야 한다.

6. 만족스러운 설교 형식 찾기

설교자는 앞서 언급한 대로 성경 본문과 청중, 즉 성경이 전하려는 증거와 그 증거를 듣고 받아들일 사람을 연결하는 증인이다. 그가 선 교차점의 양쪽은 모두 설교 형식과 관계가 있다. 증언 자체는 본질적으로 일정한 전달 방식이 있으며 청중은 수용 능력이나 필요에 따라 그와 다른 전달 방식을 요구한다. 좋은 설교 형식은 이 두 요소의 상호 작용의 산물로 나타난다.

설교자는 어떻게 주어진 설교에 적합한 최상의 형식을 찾거나 만들 수 있는가?

가끔은 기가 막히게 좋은 설교 형식이 불쑥 나타나기도 한다. 이들은 마치 "이것이 바로 이 설교에 가장 적합한 형식이다. 이 보다 더 좋은 형식은 있을 수 없다"라고 외치는 듯하다. 때로는 설교가 어떻게 목적지에 도달할 것인지에 대해서도 모르는 채 설교를 작성하기 시작하여 설교자나 설교가 함께 결론에 이를 무렵이 되어서야 구조가 드러나는 경우도 있다.

다음에 제시된 세 가지 단계는 설교 형식에 있어서 가장 중요한 문제가 무엇인지 가늠할 수 있게 해준다. 어느 면에서 이곳에 제시된 방법은 설교에 대해 미리 생각하고 최상의 정렬 방법을 제시하는 것을 목적으로 하기 때문에 공상적인 개요 작성 방법으로 보일 수 있다. 그러나 이 방법은 설

형식을 결정함에 있어서 청취 과정에 중요한 역할을 부여하려는 시도이기도 하다. 일이 잘 풀릴 경우, 그 결과는 설교 내용을 담을 수 있는 형식이 되겠지만 동시에 청중의 귀가 번쩍 뜨일만한 감동적 방식으로 내용을 행동으로 옮기기도 한다.

1) 설교의 초점 및 기능 진술로부터 시작하라

설교 형식을 구성하는 출발점은 설교의 초점과 기능, 즉 이 설교는 무엇을 말하고 싶어 하며 무엇을 행하고 싶어 하는가에 대한 진술로 시작해야 한다. 우리가 이러한 초점과 기능에 시선을 고정한다면 작성된 설교 형식은 흐름과 통일성 및 긴장을 가질 것이다.

흐름을 가질 수 있다는 것은 초점과 기능 진술이 실제로 설교의 목적지를 가리킬 것이기 때문이다. 설교는 초점이 언급한 장소, 기능이 성취된 장소로 향할 것이다. 설교는 목적지에 도달하기까지 끝나지 않을 것이며, 설교 형식은 청중이 설교 여정을 시작할 때의 출발지로부터 설교가 끝날 때 있고 싶은 장소까지 가는 여정을 추적하는 지도가 될 것이다.

통일성을 가질 수 있다는 것은 설교의 모든 것이 초점이 말하고 기능이 수행한 것을 향해 형성될 것이기 때문이다. 설교에는 잠시도 한눈 팔 여유가 없다. 좋은 형식에는 오직 초점과 기능이 제시하는 목적지에 도달하기 위해 필요한 단계만 포함될 따름이다. 그 외 불필요한 요소는 모두 제거되어야 한다.

긴장을 가질 수 있다는 것은 초점이 말해지고 기능이 성취되기까지는 불확실성이 존재하기 때문이다. 감정적인 면에서나 지적인 면에서 설교는 목적지에 도달한 때 "도착으로 인한 안도감"을 느낀다. 그때까지 청중은 일이 끝나지 않았음을 직감하고 압박감을 느끼며 재촉을 받는다.

이 과정이 어떻게 일어나는지 살펴보자.

앞서 제4장에서 살펴보았던 로마서 8장 28-39절의 초점 및 기능 진술을 다시 한번 살펴보자.

- **초점 진술**: 우리는 예수 그리스도를 통해 하나님이 우리를 위하신다는 것을 알았으므로 설사 그렇지 않은 것처럼 보이는 상황에 처할지라도 하나님께서 우리를 사랑하시고 보호하신다는 사실을 확신할 수 있다.
- **기능 진술**: 환난 가운데 고통당하고 있는 청중에게 이러한 확신과 소망을 심어 준다.

물론 이러한 초점 및 기능 진술은 주석, 특히 설교자가 로마서 본문의 주장이라고 생각하는 것으로부터 나온다. 그러나 이제 우리는 앞서 언급한 대로 이러한 진술을 이 설교의 목적지로 본다. 모든 것이 제대로 되었다면 설교의 끝남과 동시에 설교의 초점이 말해지고, 해야 할 기능도 성취되었을 것이다. 설교자는 설교가 출발할 시점에 회중이 있던 곳으로부터 어딘가 다른 새로운 곳, (기능이 진술한 대로) 그들이 낙심에 빠져 있을 때 부활과 소망을 가질 수 있는 곳으로 그들을 옮겨 놓았을 것이다. 왜냐하면 (초점이 진술한 대로) 그들은 "하나님이 우리를 위하신다는 것을 알았으므로 설사 그렇지 않은 것처럼 보이는 상황에 처할지라도 하나님께서 우리를 사랑하시고 보호하신다는 사실을 확신할 수 있다"라는 진술을 들었기 때문이다.

청중으로 하여금 여기저기로 옮겨 다닐 수 있게 하기 위해 설교 형식은 그들을 일련의 단계로 인도하여야 한다. 우리는 이 일련의 단계에 대해 버트릭(Buttrick)이 사용하는(완전한 정의는 될 수 없지만) "흐름"이라는 용어로 부를 것이다. 왜냐하면 각 단계는 설교의 이동, 즉 목적지를 향한 흐름을 추진하기 때문이다. 따라서 이제 설교자는 묻는다.

이 "흐름"은 무엇이며 어떤 순서로 배열되는가?

이러한 것들을 말하고 행하기에 가장 좋은 형식은 무엇인가?

2) 초점과 기능으로 제시된 설교의 전반적 과제를 보다 작은 "흐름"으로 나누어라

초점과 기능 진술은 설교에서 수행해야 할 전체적인 과제들이 무엇인지를 보여 주는데 이러한 과제들은 동시에 성취할 수 없다. 이들은 설교의 전 영역에 걸쳐 보다 작은 흐름을 통해 조금씩 수행될 것이다. 따라서 설교자는 초점과 기능 진술을 일련의 작은 과업들로 나누어야 한다.

예로 든 본문의 초점 진술은 "우리는 예수 그리스도를 통해 하나님이 우리를 위하신다는 것을 알았으므로 설사 그렇지 않은 것처럼 보이는 상황에 처할지라도 하나님께서 우리를 사랑하시고 보호하신다는 사실을 확신할 수 있다"는 것이다. 이 진술이 우리가 전체 설교를 통해 말해야 할 내용이다. 그러나 이러한 진술을 한번에 다 말할 수는 없다. 그 대신 우리는 이러한 초점 진술을 몇 개의 작은 과제, 또는 흐름으로 나누어 설교 전체를 통해 성취할 수 있다. 설교자는 회중에게 이러한 초점을 이해시키기 위해 설교의 몇몇 지점에서 다음과 같은 흐름을 수행해야 한다.

흐름 A: 로마서 8장을 통해 예수 그리스도 안에서 하나님께서 우리를 위하신다는 사실을 어디서 어떻게 보았는지에 대해 말한다. 실제 설교는 본문의 신학적 주장을 살펴보고 그리스도 안에서 우리가 발견한 것이 실제로 하나님께서 우리와 함께하시며 우리를 위하심을 보여 주는 데 얼마간의 시간이 소요될 것이다.

흐름 B: **하나님의 사랑과 보호하심이 없었던 것처럼 보이는 경험에 대해 제시하고 설명한다.** 설교에서는 단순히 우리가 때때로 하나님의 사랑과 돌보심에 의문을 가질 때가 있다고 말하는 것만으로는 부족하다. 설교자는 이러한 경험에 대해 자세히 설명하고 어떻게 그것이 의문을 가지게 했는지에 대해 보여 주어야만 한다.

흐름 C: **우리가 예수 그리스도 안에서 발견한 것이 어떻게 하나님의 사랑과 돌보심에 대한 확신을 갖게 했는지에 대해 자세히 설명한다.** 이것은 다소 어려운 과제가 될 것이다. 설교자는 단순히 청중들로 하여금 하나님의 사랑과 돌보심을 확신해야 한다고 주장할 것이 아니라 실제로 이러한 확신이 어떻게 오늘날에도 가능한지에 대해 분명히 보여 주어야 한다.

이제 "환난 가운데 고통당하고 있는 청중에게 이러한 확신과 소망을 심어준다"고 하는 기능 진술에 대해 살펴보자.

전체 설교가 이 기능을 행하기 위해서는 다음과 같은 과제를 완수해야 한다.

흐름 D: **하나님의 변함없는 사랑과 돌보심에 기초하여 환난 가운데 있는 청중에게 확신을 심어 준다.**

흐름 E: **어려운 상황에 맞서 몸부림치고 있는 그들에게 소망을 품게 한다.**

후자의 두 가지 흐름은 모두 기능과 관련되며 정서적인 차원에서 수행되어야 한다는 사실을 주목하라.

설교자는 결코 "따라서 우리는 사도 바울이 말한 이 구절을 통해서 하나님의 사랑과 돌보심을 확신하고 소망을 가질 수 있습니다"라는 말로 대충 얼버무리려 해서는 안 된다. 확신과 소망은 논리의 문제가 아니라 경험과 느낌의 문제이며, 이러한 설교의 기능을 완수하기 위해서는 설교자가 인식적인 차원이 아니라 감정적인 차원에서 말해야 하는 것이다.

청중의 상황에 따라 설교자는 기능과 관련된 한 가지 임무를 더 수행해야 할 때도 있다.

> 흐름 F: **고난에 정직하게 맞서지 못하는 모든 피상적인 확신에 대해 지적하라.**

만일 청중이 "부드럽고 달콤한" 피상적 신학의 희생양이 되었다면 적극적으로 설교를 저항하는 이러한 생각은 회중 안에서 과감히 제거되어야 한다. 강력한 저항을 전혀 받지 않는 설교는 거의 없다. 따라서 설교자는 어느 한 순간 이러한 비판의 목소리를 잠재우고 혼란함을 제거해야 한다.

3) 이러한 흐름을 정렬하기 위한 순서를 결정하라

이제 앞서 열거한 흐름들을 위치시킬 가장 좋은 순서를 결정해야 한다. 집을 지을 때도 순서를 결정하는 일은 반드시 해야 하는 중대한 일이다. 우리는 재료를 구입하기 전에 먼저 계획을 세우며, 마루를 깔기 전에 먼저 기초를 놓으며, 지붕을 덮기 전에 먼저 기둥을 세운다.

그러나 설교에서는 이러한 선택이 분명하지 않다. 설교는 청중의 상상력과 마음에서 일어나는 언어적 사건이기 때문에 집을 건축하는 것과는 다르다. 우리는 마음만 먹으면 지붕을 먼저 올릴 수도 있다. 청중으로 하여금 그것을 상상 속의 공중에 떠 있게 하고 그 아래서 설교의 집을 건설해 나갈 수도 있다. 설교의 순서에 대한 결정은 전적으로 청중의 필요나 수용 능력에 달려 있다.

따라서 설교자는 어떠한 순서로 설교를 전개해야만 청중이 잘 들을 수 있을지에 대해 고민하는 과정이 필요하다. 설교자는 "본문에 대한 설명을 먼저 한 후에 그것이 우리의 삶에 어떠한 교훈을 주는지를 보여 주어야 하는가?" 아니면 "우리의 필요에 대해 먼저 이야기한 후 본문은 그것에 대해 무엇이라고 말씀하는지를 보여 주는 것이 보다 효과적일까?"라고 자문해 볼 수 있으며, 또는 "우리의 필요에 대해 먼저 이야기한다면 본문을 삶에 대한 새로운 시각을 열어 주는 방식이 아니라 문제에 대한 임시변통의 해결책으로 보지는 않을까?"라고 생각할 수도 있을 것이다. 이와 같이 좋은 설교 순서를 찾는다는 것은 결국 어떻게 하면 청중이 설교의 초점과 기능에 대해 잘 듣고 반응할 수 있을 것인가에 대한 판단이라고 할 수 있다.

앞서 예로 든 로마서 8장의 설교에서 우리는 설교의 초점과 기능을 수행하기 위해 필요한 5-6개의 흐름(A, B, C, D, E 및 아마도 F)를 제시하였다.

이 설교를 위해 가장 좋은 순서는 어떤 것일까?

설교자는 최상의 전략을 세워야 한다. 다음은 어떤 설교자가 이 설교를 위해 배열한 순서이다.

[설교의 순서 1]
    흐름 B: **문제의 제기**. 여기서 설교자는 청중으로 하여금 하나님의 사랑을 거부하게 만드는 것처럼 보이는 고통스러운 경험이라는 "어려운 작업"으로부터 시작한다.

    흐름 F: **문제에 대한 잘못된 반응**. 설교자는 문제를 제기한 후 이러한 문제에 대한 전형적으로 얕은 신앙적 반응을 제시한 후 어떤 부분이 부족한지에 대해 설명한다.

흐름 A: **복음에 대한 보다 깊은 반응.** 이제 설교자는 로마서 8장으로 돌아와 바울은 고난에 대해 어떻게 반응하였는가에 대해 보여 준다.

흐름 C: **우리를 위한 복음.** 로마서 8장의 약속이 어떻게 오늘날 우리에게도 적용되는지 설명한다.

흐름 D: **재보증 제공.** 앞서 언급한 대로 이 단계는 설교를 정서적 차원으로 옮겨간다. 설교자는 확신과 위로의 말씀이나 이야기를 통해 고통받는 청중에 대한 하나님의 영원하신 사랑과 돌보심에 기초한 확신을 제공한다.

흐름 E: **소망 의식.** 설교자는 정서적 차원을 유지하며 어려운 상황에 맞서 힘들게 싸우고 있는 백성에게 소망을 심어준다.

이 설교자가 한 일은 여섯 개의 필요한 과제와 여섯 개의 흐름을 가장 적절한 시점이라고 생각하는 곳에 하나씩 배열하는 순서로 구성하는 것이다.

이 설교자는 회중이 처한 위기로부터 시작하여 설교의 나머지 부분은 이러한 위기에 대한 복음의 반응에 대해 상세히 파고들기로 결정했다는 사실에 주목하라.

따라서, 기본적으로 이 설교자는 여섯 개의 흐름을 통해 이루어지는 문제 해결 방식의 설교 형식을 정교하게 만든 것이다. 그러나 이러한 순서만이 과제를 배열하는 유일한 방법은 아니다. 다음은 다른 설교자의 배열 방식으로, 동일한 성경 본문 및 동일한 초점과 기능을 사용하지만 형식은 다르다.

[설교의 순서 2]

흐름 F: **고난에 대한 잘못된 반응에 대해 열거한다.** 설교자는 이러한 설교

배열을 통해 출발점을 달리하기로 결정한다. 설교자는 "각인을 찍은 조문 편지"를 예로 들며 우리의 문화가 모든 면에서 고난에 대해 얼버무리고 있다는 사실을 다룬다.

흐름 B: **고난에 대한 실제적 경험에 기초한 반대 제기.** 이제 설교자는 흐름 F에서 제시한 정서적 요인들이 실제로 인간이 경험하는 깊은 고난에 대한 것인지에 대해 도전할 것이다.

흐름 A: **로마서 8장에 나타난 바울의 증거에 대해 살펴본다.** 여기서 설교자는 성경 본문으로 돌아와 고난에 대해 언급한 용어에 대해 살펴본다.

흐름 C: **본문의 증거를 현재적 경험과 연결한다.** 여기서 설교자는 로마서 8장의 언어를 청중의 현재적 경험과 연결한다.

흐름 D와 E의 결합:**복음의 약속을 정서적 차원으로 이어가라.** 마지막 흐름으로서 설교자는 이러한 주장을 확신과 소망의 감성적 실재 속으로 가져간다.

두 설교 형식은 동일한 흐름을 채택하지만 각각 다른 순서로 전개된다. 첫 번째 설교자는 매우 솔직한 "문제-반응"(problem-response) 형식을 사용한다. 문제를 제기하고 잘못된 반응을 정리한 후 보다 깊은 반응을 위해 로마서 본문으로 넘어간다. 그러나 두 번째 설교자는 다소 다른 결정을 하며 따라서 다른 형식을 작성한다. 이 설교자는 문제 자체로부터 시작하지 않고 세속 문화에서 고난당한 사람에게 안부나 묻는 감상적인 해결책을 제시하는 잘못된 위로자들에 대한 언급으로부터 시작한다. 이어서 이러한 감성이 얼마나 피상적인 것인지를 보여 주기 위해 인간의 고난에 대한 실제적인 경험을 제시한 다음 설교자는 보다 깊은 대답을 위해 본문으로 돌아온다. 따라서 첫 번째 설교자가 "문제/반응" 형식을 사용한다면 두 번째 설교자는 "문화적 관점/복음의 증거" 형식을 사용한다. 첫 번째 설교에서 복음은 청중의 아픈 문제에 반응한다. 두 번째 설교에서 복음은 대중의 문화적 태도에 반박하는 주장을 제시한다.

    어떤 형식을 택할 것인가 하는 것은 설교자의 판단에 달려 있다. 설교가 기독교적 선포 행위와 관계된 것이라면 청중은 결코 수동적이 되어서는 안 된다. 그들은 설교자와 함께 선포적 사건을 구현하는 사역에 동참해야 하며 설교자는 회중이 능동적이고 창조적인 청취를 하기에 가장 적합한 설교 형식을 택해야 한다. 만일 회중이 이러한 설교의 구조적 흐름을 좇아오지 못한다면 상당히 힘든 경험을 할 수밖에 없을 것이다. 최근 한 연구 단체가 설교에서 무엇을 어떻게 들었는지에 대해 조사한 결과 상당수 교인은 설교가 논리적 순서를 따라 전개되지 않아 따라갈 수 없다고 불평했다고 한다. 한 신자는 다음과 같은 자신의 경험담을 들려주었다.

> 얼마 전에 우리 교회는 외부 목사님을 초청하여 설교를 들은 적이 있었는데 정말 끔찍했습니다. 저는 그때까지 질서정연하고 체계적이며 어디론가 목적지를 향해 가고 있는 설교를 들었습니다. 그러나 이 목사님은 이것저것 어찌나 장황스럽게 말씀하시는지 지쳐버리고 말았습니다. 저는 설교를 듣는 것이 너무 힘들었습니다. "도대체 무슨 말씀을 하시려는 걸까?" 설교 듣기에 지쳐버린 저는 "이 분은 다시 초청하지 않았으면 좋겠다"라고 생각했습니다.[25]

---

[25] Ronald J. Allen, *Hearing the Sermon: Relationship/Content/Feeling* (St. Louice: Chalice Press,

7. 좋은 설교 형식의 두 가지 사례

좋은 설교 형식의 또 하나의 사례는 누가복음 2장 1-20절을 본문으로 한 에드먼드 스타이믈(Edmund Steimle)의 성탄절 이브 설교, "태풍의 눈"(The Eye of the Storm)[26]을 들 수 있다. 이 설교 전문은 부록 A에 제시되어 있다. 이 설교의 초점은 "어둠에 묻혀 모든 것이 고요하고 밝기만 한" 밤을 배경으로 하는 예수님의 구유 탄생에 관한 아름다운 이야기가 예수께서 겪으신(또는 오늘날 우리가 겪고 있는) 번민과 고통, 고난과 핍박과는 전혀 무관한 낭만적인 이야기인 것처럼 현혹되어서는 안 된다는 데 맞추어져 있다. 이 설교의 기능은 예수님의 탄생을 "꿈속의 화이트 크리스마스"와 같이 감상적이고 향수에 젖은 눈으로 바라보는 회중의 잘못된 시각을 바꾸어 예수님은 갈등과 혼동으로 가득 찬 세상에 대한 하나님의 반응으로 오셨다고 하는 심오한 진리로 받아들이게 한다.

따라서 스타이믈은 힘든 과제를 수행해야 했다. 성탄 이브에 온 가족과 함께 성전을 가득 메운 회중 앞에 선 그는 따뜻하고 가족적이며 사랑으로 넘치는 성탄을 기대하고 있는 저들에게 성경 본문에 기초하여 도전을 주었다. 그는 설교 형식을 다음과 같이 구성하였다.

> 흐름 A: **이 흐름에서 지배적인 이미지를 제시한다: 허리케인과 태풍의 눈.**
> 이 단계에서 스타이믈은 1950년대에 자신이 경험했던 태풍 허리케인에 대해 묘사한다. 이 태풍의 파괴력은 엄청났다. 억수 같은 비와 세찬 바람과 함께 나무가 뿌리째 뽑히고 도로에는 금이 갔다. 그 때 갑자기 숨도 쉴 수 없을 만큼의 고요함(태풍의 눈)이 찾아왔으

2004), 53.

[26] Edmund A. Steimle, "The Eye of the Storm," in Steimle et al., *Preaching the Story*, 121-25.

며 곧 이어 새로운 격랑이 시작되었다.

흐름 B: **이 흐름에서 이러한 이미지를 본문에 적용한다.**
이 단계에서 스타이믈은 누가복음에 기록된 예수님의 탄생 기사를 자신이 경험한 허리케인에 비교한다. 먼저 이스라엘에 대한 하나님의 진노, 노아 홍수, 바벨론 포로 및 로마의 정복과 같은 태풍이 한 차례 몰아친 후 잠시 고요한 정적이 흐른 후 젖먹이에 대한 무차별 학살, 동족에게 버림받은 예수님의 십자가 처형과 같은 본격적인 후폭풍이 이어진다.

흐름 C: **이 흐름에서 예수님의 탄생에 관한 기사가 어떻게 초대교회에서 "태풍의 눈"이 되었는지에 대해 설명한다.**
이 단계에서 스타이믈은 예수님의 탄생 기사가 고통과 번민으로 가득한 세상으로부터 조용히 물러나기 위한 의도로 기록된 것이 아니라 오히려 이러한 번민과 고통이 몸에 배여 있던 초기 그리스도인들이 듣고 가슴에 새겨야 할 말씀으로 주어졌던 것임을 설명한다.

흐름 D: **이 흐름에서 이 기사가 어떻게 오늘날 교회에 "태풍의 눈"이 될 수 있는지를 보여 준다.**
이 단계에서 스타이믈은 중동 지역의 폭력과 빈곤, 가정의 와해 등 청중에 게 불어닥치고 있는 오늘날의 태풍에 대해 예시한 후 만일 성탄에 관한 기사가 단순히 이러한 태풍을 잊어버리기 위한 향수에 젖게 하는 것이라면 들을 가치도 없다는 것을 보여 준다. 그는 계속해서 예수님의 탄생 기사는 감상적인 평화가 아니라 사람의 지혜로는 도저히 깨달을 수 없는 평화, 태풍의 눈과 같은 평화임을 주지시킨다.

우리는 스타이믈이 설교 형식을 매우 세심하게 구성하고 있음을 볼 수 있다. 그는 단순히 무엇인가를 말하는 데만 관심을 가진 것이 아니라 청중이 그것을 가시적으로 바라볼 수 있게 하였으며 그로 말미암아 성탄에 대한 잘못된 관점을 버리고 본문이 의도하는 성탄의 의미를 붙잡을 수 있도록 했던 것이다.

설교 형식의 또 한 가지 훌륭하고 보다 복잡한 사례는 바바라 브라운 테일러(Barbara Brown Taylor)의 감동적인 설교 "잃은 것과 찾은 것"(The Lost and Found Department)[27]이다. 이 설교는 누가복음 15장에 나타난 잃은 양, 잃은 드라크마, 잃은 아들(탕자)에 관한 예수님의 세 가지 비유에 기초한다. 이 설교의 전문은 부록 B에 수록되어 있다.

테일러는 자신의 주석을 통해 본문이 회개에 관한 말씀이라는 보편적 해석이 잘못되었음을 밝히고 있다. 그녀는 세 가지 비유의 핵심 주제는 회개가 아니라 기쁨이라고 생각했다. 즉 본문은 잃은 것을 찾고 회복한 것에 대한 하늘의 기쁨과 우리의 기쁨을 보여 준다는 것이다. 이러한 해석은 설교에서 문제 제기로 이어졌다.

그녀는 회중이 이 비유에 관한 설교를 이미 여러 번 들었기 때문에 전통적 해석이 마음속 깊이 뿌리 내리고 있을 것이라고 생각하였다. 그들은 아마도 스스로 "잃어버린 어린 양"이나 "집나간 탕자"로 여길 것이며 이 비유의 목적은 자신들의 회개와 전적으로 하나님의 자비에 의지할 것을 촉구하는 말씀이라고 생각할 것이다. 그러나 테일러는 본문이 이와는 다른 방향

---

[27] Barbara Brown Taylor, "The Lost and Found Department," in *The Preaching Life* (Cambridge, MA: Cowley, 1993), 147-53.

으로 전개되고 있다는 사실을 발견하였다.

그렇다면 테일러는 어떻게 본문의 의미를 다르게 알고 있는 회중의 마음을 돌릴 수 있는 설교를 작성할 수 있을 것인가?

이 문제에 답하기 위해 먼저 이 설교의 초점 및 기능 진술에 대해 살펴보자.

- 초점 진술: 우리의 가정과 달리 누가복음 15장의 예수님의 비유는 우리의 악한 행위를 고치고 회개하고 촉구하기보다 잃어버린 것을 찾아 기뻐하라는 말씀이다.

- 기능 진술: 누가복음 15장의 비유에 대한 청중의 선입관을 바꾸고 그들로 하여금 잃어버린 자를 찾는 아름다운 사역에 기쁜 마음으로 동참하게 한다.

다음은 그녀가 이러한 초점 및 기능 진술을 완수하기 위해 택한 형식이다.

흐름 A: 누가복음 15장에 대한 전통적 해석

테일러는 누가복음 15장을 "복음 중의 복음"이라고 칭하며 "우리는 스스로 이 교훈을 받는 대상이라고 생각해 이 이야기를 좋아한다"라고 지적한다.[28] 우리는 자신을 잃은 양, 잃은 드라크마, 잃은 아들로 생각하며 언제든지 회개하고 돌아와 사랑의 하나님의 자비를 구할 준비가 되어 있다. "이 비유는 나에 관한 이야기이며 나는

---

[28] Ibid., 147.

언제나 이 교훈을 되새기고 있다"라고 그녀는 말한다.[29]

흐름 B: 전통적 해석에 대한 도전

그러나 테일러는 이러한 전통적 해석에 대해 두 가지 면에서 도전한다.

첫째, 그녀는 이 비유의 원래 청중인 종교 지도자들은 우리와 달리 이 이야기를 그다지 달갑게 생각하지 않았다는 점을 지적한다. 그들은 예수께서 "선한 마음을 지닌 좀도둑"과 같이 동정의 여지가 있는 죄인이 아니라 창녀나 마약 판매상과 같은 실제적 죄인을 대상으로 사역한다는 것에 대해 몹시 불쾌하게 여겼다. 종교지도자들 역시 죄인의 처지에 대해 전혀 모른 척한 것은 아니다. 그러나 이것은 어디까지나 어느 정도의 사회적인 용납을 전제로 한 것이었는데 예수님은 이러한 한계를 넘어섰다고 생각했던 것이다.

둘째, 테일러는 이 이야기의 핵심은 회개라는 주장은 문제가 있다고 지적한다. 그녀는 "잃은 양은 회개치 않았으며 잃은 드라크마도 마찬가지이다. 그들은 단지 주인이 다시 찾았을 뿐이다.…"라고 말한다.[30]

흐름 C: 도전에 대한 반응: 세 가지 가능성

테일러는 설교에서 이러한 요지를 매우 창조적인 움직임으로 전개해 나간다. 본문에 대한 전통적 해석이 안고 있는 문제점을 제시한 그녀는 이 문제에 대해 회중이 보일 수 있는 반응으로 다음 세 가지의 가능성을 제시한다.

---

[29] Ibid., 148.
[30] Ibid., 150.

1) 이것은 예수께서 즉석에서 임시변통으로 만드신 이야기이다. 따라서 우리는 본문의 세부적 내용이 잘 연결되지 않더라도 크게 개의치 말아야 한다. 요컨대 원래의 해석을 고수해야 한다.
2) 예수님은 이 이야기의 결론을 독자의 상상에 맡겼으나 후대 편집자들에 의해 새로운 모습으로 바뀌면서 회개가 강조되었다. 회개라는 주제가 이야기의 세부 내용과 잘 연결되지 않은 이유는 바로 이 때문이다.
3) 우리는 처음부터 요점을 놓쳤다. 이것은 "결코 잃은 양이나 잃은 드라크마에 관한 이야기가 아니라 선한 목자와 충성스런 관리인에 관한 이야기이다."[31]

흐름 D: 이 흐름에서 세 번째 반응에 대한 촉구

이 흐름에서 테일러는 먼저 예수께서 저희에게 "너희 중에 어느 사람이 양 일백 마리가 있는데…"라고 하신 것은 그들 스스로 자신을 잃은 양이 아니라 목자로 생각하라는 말씀임을 지적한 후 우리도 목자의 입장에서 이 말씀을 들어야 한다고 말한다. 그녀는 회중에게 본질적으로 흐름 C에서 제시한 세 번째 반응을 보일 것을 촉구한다. "세 번째 반응을 보일 경우, 즉 자신을 기꺼이 목자로 여기는 순간 이 이야기는 다르게 들리기 시작한다."[32]

흐름 E: 찾는 기쁨에 대한 경험

이제 테일러는 어려운 과제를 앞에 두고 있다. 그녀는 회중이 세 번째 반응을 보여 자신을 목자라고 생각한다면 "잃은 양"을 찾는

---

[31] Ibid.
[32] Ibid., 151.

것이(양의 회개 여부와 관계없이) 얼마나 기쁜 일인지를 보여 주려고 한다. 말하자면 그녀는 회중이 깨달을 뿐 아니라 그러한 기쁨을 실제로 누리기를 원하고 있는 것이다. 이를 위해 그녀는 인식적인 차원 뿐만 아니라 감성적인 차원에서도 청중에게 접근해야 한다.

그녀는 먼저 낯선 사람들과 함께 열흘간 사막 여행을 떠났던 경험을 들려주었다. 일행 중에는 유달리 사람을 피곤하게 하고 귀찮게 구는 한 여자가 있었다. 테일러는 그녀가 얼마나 여러 가지로 피곤하게 했는지를 자세히 설명하였다. 여행 5일 째 되는 날 일행은 광야에서 길을 잃게 되었다. 10시간 정도 헤매던 끝에 결국 비가 쏟아지는 어둠 속에 캠프를 치게 되었다.

그러나 인원을 점검해 보니 한 명이 보이지 않았다. 문제의 그 여자가 사라진 것이다. 그녀는 길을 잃었던 것이다. 일행의 리더는 플래시를 들고 그녀를 찾아 어둠 속을 나섰다. 모두가 걱정하는 가운데 몇 시간이 흐른 후에 이윽고 리더는 결국 "잃은 양"을 찾아 왔다. 모든 사람들은 기뻐 환호하였다. 그러나 아무도 그녀가 자신의 잘못을 뉘우쳤는지, 앞으로는 보다 단체 생활에 협조적인 사람이 되겠다고 약속했는지 묻지 않았으며 관심도 가지지 않았다. 일행은 오직 그녀를 찾았다는 사실만으로 기뻤던 것이다.

테일러는 이 이야기를 통해 설교의 초점과 기능을 확실히 인식시키고자 했다. 그녀는 이 이야기가 본문에 대한 새로운 관점을 제시해 줄 뿐 아니라 찾는 일의 기쁨을 경험하도록 촉구하는 감성적 호소가 되기를 원했다.

흐름 F: **결론: 실마리 묶기**

일반적으로 설교자는 이쯤에서 흐름 F에서 제시한 본문에 대한 새로운 통찰력 및 감동과 함께 서둘러 마무리 지으려고 할 것이다. 그러나 테일러는 의사전달이라는 측면에서 상당한 오해의 위험이 있음에도 불구하고 설교의 결론을 다음과 같이 맺었다.

나는 잃은 자들을 애타게 찾아다닐 때… 잃은 자들에게 편승하려는 사람들을 그냥 놓아둘 수 없었다. 그들은 단순히 잃어버린 자가 아니라 나쁜 사람들이라고 생각한다. 왜냐하면 그때 나는 그들을 버릴 수도 있었기 때문이다. 나는 자신을 찾아주기 원하는 선한 사람들에게 초점을 맞추고 싶다.… 나는 죄인 하나 때문에 이와 같이 선한 사람들을 무시하는 하늘에 대해 생각해 보았다. 나는 하나님께 자비를 구하고 싶었다.

그 때 누군가 뒤에서 내 이름을 부르는 소리가 들렸다. 크고 거무칙칙한 손이 내 목덜미를 잡아 공중에 번쩍 들어올리더니 향기로운 풀 냄새와 햇빛이 비취는 안식처와 같은 곳에 내려 놓았다. 나는 너무나 놀랐다. 내 마음은 찢어지고 깨어졌다. 어이없게도 나는 그렇게 찾은 바 되었던 것이다. 어딘가 아득히 먼 곳에서 천사들이 기뻐 환호하는 소리가 들렸다.[33]

    설교를 이런 식으로 끝맺는 것은 시적이면서도 한편으로는 위험한 발상이 아닐 수 없다. 테일러가 원한 것은 지금까지 우리가 이 이야기에 대해 가지고 있었던 잘못된 선입견(이 이야기는 회개치 않고 있는 실제적인 죄인들과는 차원이 다른 사람들, 즉 이미 회개했거나 회개할 필요가 없는 우리와 같이 선한 사람들

---

[33] Ibid., 153.

에 관한 이야기라는 생각)과 달리 사실상 우리는 회개한 죄인이 아니며 오히려 회개하지 않고 잃어버린 죄인임을 보여 주는 이야기라는 것이다.

우리가 목자에 의해 찾은 바 되었을 때 우리는 비록 회개하지 않은 상태였으나 온 하늘이 기뻐하였다. 이와 같은 전개는 거의 곡예에 가까운 어려운 흐름일 뿐 아니라 우리에 대한 이미지가 설교 초두에서 이미 거부한 바 있는 잃은 양의 이미지를 가진다는 점에서 위험이 따른다. 그러나 테일러는 이 이미지가 독자들을 미로에서 건져 소기의 목적지로 인도하는 힘이 있다고 믿었던 것이다.

8. 형식에 생명력을 불어넣기

본 장에서는 설교 형식을 만드는 과정에 대해 살펴보았다. 이것은 우리가 기본적인 설교의 구조에 대한 첫 번째 결정을 하도록 도와준다. 그러나 이 모든 것은 단지 설교의 뼈대에 해당할 뿐이다. 우리는 설교의 목적(초점 및 기능)이 무엇인지 안다. 또한 우리는 이러한 설교의 초점과 기능을 성취하기 위해 필요한 세부 과제가 무엇인지도 안다. 우리는 어떻게 하면 그곳에 도착할 수 있는지를 보여 주는 지도, 즉 목적지에 이르기 위해 가장 좋은 순서와 필요한 흐름들에 대해 살펴보았다. 그러나 완전한 설교 형식은 목적지와 그곳에 도착하는 지도 이상의 것이다.

이제 우리는 이러한 뼈대에 살을 붙이고 힘을 불어넣어야 하며, 형식에 생명을 불어넣어야 한다. 이것은 이러한 과업들을 역동적으로 연결하는 방식과 그 일을 실제로 수행하기 위해 필요한 요소에 대해 살펴봄으로써 가능하다. 이러한 내용에 대해서는 제6장에서 살펴볼 것이다.

제6장 형식 다듬기

시인이나 설교자는 말씀의 형식이 하나님의 끊임없는 창조적 활동에 대한 표현이라는 사실을 기억할 때마다 감동을 받는다. 실로 그가 없이는 어떤 말씀도 의미 있는 결합이 될 수 없다.

_ 로버트 E. C. 브라운(Robert E. C. Browne), 『말씀의 사역』(*The Ministry of the Word*)

제6장

형식 다듬기

　우리는 앞 장에서 기본적인 설교 형식의 작성에 대해 살펴보았다. 형식은 본질적으로 설교 여정을 위한 지도이자 목적지를 향해 가는 동안 거쳐야 할 흐름들을 보여 주는 도면이다. 설교가 각 흐름을 통해 진행되는 동안 일련의 커뮤니케이션 작업이 수행된다. 이렇게 해서 모든 흐름이 완성되면 드디어 설교의 초점은 전달되고 설교의 기능은 성취된다.

　어떤 설교자는 기본 형식만 가지고 설교를 완성하기도 한다. 그들은 여정을 위한 지도인 기본 형식만 사용하여 설교를 완성하려 한다. 머릿속에서 오직 생각만으로 조각들을 붙여 나가는 사람들처럼 어떤 설교자는 직관적으로 설교 형식이라는 뼈대에 살을 붙인다.

　그러나 지도를 보는 것과 실제 여행을 하는 것은 다르다. 설교 형식을 실제 설교로 바꾸는 것은 생각처럼 명료하고 쉬운 일이 아니다. 예기치 않은 상황에 처거나 생각지도 못한 장애물을 만나기도 하고 때로는 지도상에는 없는 우회로가 갑자기 나타나기도 한다. 따라서 우리는 설교자가 기본 형식에 나타난 일련의 흐름들을 어떻게 완전하고 풍성한 실제 설교로 바꿀 수 있는지 연구해야 한다.

　예를 들어, 어느 회사가 다른 도시에 가서 근무하는 조건으로 한 여직원을 승진시키려고 한다. 인사부장은 그녀에게 이러한 계획과 함께 그녀가 이 제안을 받아들이지 않아도 불이익을 당하는 일은 없겠지만 앞으로 이러한 기회는 쉽게 오지 않을 것임을 알리려 한다.

이 소식을 전해야 하는 인사 담당자의 임무는 설교 형식의 한 흐름과 같다. 인사 담당자는 자신이 할 일을 알고 있지만 이것은 실제로 무엇을 어떻게 말해야 할지를 아는 것과는 전혀 다르다. 그가 웬만큼 서투른 사람이 아니라면 그 여직원의 사무실 문을 벌컥 열고 "우리는 당신을 지역 판매 책임자로 승진시켜 디트로이트로 보내기로 했습니다. 가고 안 가고는 당신 마음이지만 이런 기회는 다시 오지 않을 것입니다. 할 말 있습니까?"라고 말하지는 않을 것이다.

이렇게 말하는 것은 기술적으로는 할 일을 한 것이 될지는 모르겠지만 맡은 사명을 완전히 성취했다고 볼 수는 없다. 그 직원은 이 소식을 대안과 함께 제시된 호의적인 기회로 받아들이는 것이 아니라 마치 폭탄을 맞은 것처럼 크게 당황하게 될 것이다. 인사 담당자가 보다 능숙하고 세련된 사람이라면 어떻게 하면 회사가 바라는 것을 제대로 전달하여 본인의 생각이 충분히 반영될 수 있을까에 대해 보다 깊이 생각할 것이다.

이와 같이 의사전달에 대해 진지하게 생각하는 태도야말로 참된 증인으로서 신실한 설교자가 가져야 할 자세이다. 회중의 삶에 대한 복음의 요구나 주장을 증거할 때에는 회중이 그것을 듣고 받아들일 수 있는 방법을 알아야 한다. 설교 형식을 다듬는다는 것은 성경의 주장을 사람들이 진지하게 듣고 반응할 수 있도록 제시하는 방법에 대해 철저히 생각하는 과정이다. 물론 이것은 명료성에 관한 문제이기는 하나 자유에 관한 문제이기도 하다. 설교는 복음을 사람들이 이해할 수 있도록, 그리고 사람들이 자유롭게 반응할 수 있도록 제시해야 한다. 설교자가 마음만 먹으면 설교 형식은 거짓과 속임수 및 강요를 위한 도구가 될 수도 있다. 그러나 설교 형식이 복음을 좇아 형성될 경우 자유롭고 인간적인 결정의 장을 제공하게 될 것이다. 이와 같이 기본적 설교 형식을 구체화시키는 것은 여러 가지 면에서 목회적 관심을 보여 주는 행위이다.

1. 거리 측정

기본적 설교 형식을 다듬고 확장하는 과정은 제시된 형식의 흐름을 살펴보고 청중이 받아들일 수 있는 분량을 측정하는 일부터 시작된다.

제5장에서 살펴본 바 있는 가상의 설교자가 제시한 로마서 8장 설교의 첫 번째 흐름을 예로 들어보자.

> 흐름1: **문제의 제기**. 청중을 끈질기게 괴롭히고 있는 "집요한 문제"로부터 시작한다.
> [과제: 하나님의 사랑과 돌보심이 없는 것처럼 보였던 경험에 대해 열거하고 설명한다.]

이 설교자가 설교의 첫 흐름에서 성취하고 싶어 하는 것은 분명하다. 그는 로마서 8장의 복음이 "우리가 고난당할 때 당신은 어디 계십니까"라는 부르짖음에 가장 좋은 응답이 될 것이라고 생각했다. 따라서 이 설교의 첫 번째 흐름은 청중의 삶 속에서 은연중에 이미 경험하고 있는 부르짖음의 현장을 드러내는 데 초점을 맞춘다.

이와 같이 잘 짜인 첫 번째 흐름은 전체 설교 여정에서도 반드시 필요한 것으로서 특히 이 설교의 목적을 보여 주는 다음과 같은 초점과 기능을 감안하면 더욱 그렇다.

· **초점 진술**: 우리는 예수 그리스도를 통해 하나님이 우리를 위하신다는 것을 알았으므로 설사 그렇지 않은 것처럼 보이는 상황에 처할지라도 하나님께서 우리를 사랑하시고 보호하신다는 사실을 확신할 수 있다.

· **기능 진술**: 환난 가운데 고통당하고 있는 청중에게 이러한 확신과 소망을 심어 준다.

그러나 탁상에서 생각하는 설교 흐름과 그것을 실제 설교로 옮기는 것은 전혀 차원이 다르다. 청중을 괴롭히는 "집요한 문제"에 대해 설명한다는 것은 다음과 같다.

"실제로 설교를 듣는 회중에게 무엇을 의미하는가?"

"여기서 설교는 어떠한 종류의 변화를 요구하고 있으며 이러한 변화는 청중에게 무엇을 의미하는가?"

설교의 모든 흐름은 청중에게 일종의 변화를 요구한다. 그들은 새로운 것을 배우거나 잘 알고 있던 것에 대해 보다 깊이 이해할 수 있으며 어떤 것을 새로운 관점으로 바라보거나 무엇인가를 느끼거나 어떤 일을 하고 싶은 감동을 받기도 한다. 설교자는 청중이 이 흐름과 관련하여 어느 지점에 와 있는지 확인하고 청중에게 이 여정에 함께 동참하자고 권할 시점은 언제쯤이 될는지에 대해서도 살펴보아야 한다.

그렇다면 위에서 예로 든 설교는 어떠한 변화를 요구하고 있는가?

이 설교는 청중에게 자신의 삶 속에서 겪었던 일정한 경험에 대해 회상하게 하며, 그러한 경험이 하나님의 섭리를 의심했던 순간이었음을 깨닫고 느끼도록 요구한다. 그러나 만일 청중이 이미 "하나님의 사랑과 돌보심이 없는 것처럼 보였던 경험"에 대해 절실하게 깨닫고 이러한 경험을 마음에 깊이 간직한 채 교회로 왔다면 이러한 변화를 요구할 수 없을 것이다. 그들은 이미 이 여정을 끝냈으며 따라서 이 흐름은 불필요하다. 그러나 청중이 사실상 아직 그곳까지 이르지 못하였다면 설교자에게 "우리는 우리가 겪고 있는 부정적 경험의 의미를 알고 싶습니다"라고 외치지 않을 가능성이 얼마든지 있으며, 이 경우 그들에게는 이 흐름이 절실히 필요할 것이다.

그러나 이 흐름과 관련하여 청중은 어느 지점까지 와 있는가?

설교자는 다음과 같은 여러 가지 가능성을 고려해 볼 수 있다.

- 어쩌면 청중은 지금까지 순탄한 삶을 살아왔기 때문에 많은 사람들이 "하나님의 사랑과 돌보심이 없는 것처럼 보이는 경험"을 하고 있다는 사실조차 모르고 있을 수 있다. 다시 말하면 그들은 이러한 경험에 대해 모르며 굳이 알 필요도 없다. 설교자는 이러한 가능성에 대해 생각해 보지만 곧 이어서 거절한다. 대부분의 사람들은 어쨌든 성인이 되기까지 갖가지 모양의 실패와 고통, 이해할 수 없는 고난 및 의심을 불러일으키는 다른 여러 가지 경험을 하게 되며 이러한 것들을 모르고 산다는 것은 생각하기 어렵다.

- 어쩌면 청중은 의심을 야기하는 많은 경험을 하였으나 예배를 드리는 동안은 그러한 것들에 대해 구태여 생각하지 않고 있는지도 모른다. 설교자는 그럴 가능성이 매우 농후하다고 생각한다. 만일 그렇다면 설교에서 이 흐름은 이러한 경험에 대한 청중의 기억을 표면화시켜 나열하는 수단이 되는 것이다.

- 그러나 이때 설교자는 이 문제를 보다 깊이 생각해 본다. 그렇다! 청중은 의심이 나는 경험이 있지만 이러한 경험에 대해 전혀 상반된 태도를 보이는 것이다. 어떤 사람들은 자신이 겪은 고통과 실패의 경험은 하나님이 함께 하지 않은 것처럼 보이는 순간이었다고 주장할 준비가 되어 있

다. 자식이 죽거나 가정이 깨어지고 사업이 실패하기도 하며, 개인적 가치관이 무너지고 사고로 불구가 되거나 후유증이 계속되기도 한다. 이러한 경험은 이들 청중의 신앙 속에서 아픈 상처이자 드러난 상처로 남아 있으며 그들은 이러한 경험에 대해 드러내 놓고 말한다.

그러나 청중들 가운데는 이와 같이 노출된 상처가 자신의 하나님에 대한 이해에 영향을 주는 것을 꺼리거나 두려워하는 사람도 있다. 그들은 해결할 수 없는 삶의 고통이 자신의 믿음에 끼칠 잠재적인 파괴력을 깨닫고 자신이 믿는 신조와 의심을 별개의 것으로 생각한다. 그들에게 의심이란 있을 수 없으며 또 그렇게 할 수도 없다. 이것은 그들이 무지해서라기보다 일단 의심을 허용하게 되면 그것이 그들의 신앙을 송두리째 뿌리 뽑아버릴 것을 두려워하기 때문이다. 만일 설교자가 이 단계에서 하나님의 돌보심과 사랑을 의심하게 만든 고통스러운 경험에 대해 경솔하게 늘어놓으며 책망이라도 한다면 청중은 두려움과 분노로 반응하거나 아마도 귀를 닫아버릴 것이다.

그런가 하면 어떤 사람들은 삶 속에서 고난을 경험하지만 일종의 해결책을 통해 스스로 헤쳐 나가는 사람도 있다. 그것은 건전한 해결책일 수도 있고 그렇지 않을 수도 있지만 개중에는 고난의 와중에서 믿음을 지키는 방법을 찾은 사람도 있을 것이다. 따라서 설교자는 이런 사람들에게 고난은 도저히 해결책이 없는 신학적 문제라고 전제해서는 안 된다.

청중에 대해 알면 알수록 우리의 생각은 더욱 예리해진다. 앞서 언급한 대로 설교를 통해 복음을 증거하는 사람은 믿음의 공동체의 일원으로서 그들 가운데서 나온다. 따라서 특정 공동체가 그리스도의 사명을 신실하게 수행하기 위해 고군분투하는 현장에 설교자가 깊이 개입하면 할수록 그들이 복음을 더욱 잘 받아들일 수 있는 설교를 만들 수 있다.

우리는 여기서 설교의 과정에 청중이라고 하는 새로운 요소를 첨가하는 것이 아니다. 앞에서 주장한 대로 청중은 이미 성경 석의 과정에 포함되어 있다. 설교자는 그들을 대신하여 그들에 의해 성경 본문으로 보냄을 받았으며 그들의 필요, 두려움, 의문, 책무, 신학적 관점, 친족관계, 빈민 등과 같은 모든 삶의 요소들은 본문에 대한 설교자의 질문을 형성한다. 설교자는 본문이 설교를 들을 사람들에게 주시는 구체적인 말씀을 이미 들었다. 따라서 우리는 뒤늦게 청중을 끌어들이고 있는 것이 아니다. 오히려 우리는 우리가 직관적으로 알고 있는 것을 표면화하며, 흐름을 따라 처음부터 끝까지 설교가 진행되는 동안 어떻게 하면 석의 과정에서 이미 드러난 본문과 청중의 상호 작용을 충실하게 표현할 수 있을 것인가에 대해 찾으려 한다.

따라서 설교 형식의 첫 번째 흐름만 살펴보더라도 설교자는 이 설교 여정을 떠나는 청중의 출발점이 다르다는 것을 알게 된다. 어떤 사람들은 이 흐름에서 요구하는 변화를 기꺼이 받아들일 것이고 어떤 사람들은 거부할 것이며 또 어떤 사람들은 스스로 이미 이러한 문제를 넘어섰다고 생각할 것이다.

모든 청중이 이 여정에 동참할 수 있도록 이 흐름을 발전시킬 수 있는 방법은 없는가?

어느 면에서는 "없다"라는 것이 솔직한 대답이다. 모든 설교나 설교의 흐름이 모든 청중에게 꼭 들어맞거나 동일한 은혜를 줄 수는 없으며 또 그렇게 해야만 하는 것도 아니다. 청중의 입장에서 보면 우리는 대부분 어느 한 설교나 설교의 한 부분이 꼭 나에게 주시는 말씀같이 들리지만 다음 번 설교에서는 그렇지 않은 경험을 한다. 그러나 다른 사람들은 그와 정반대의 경험을 할 수도 있다.

기독교 예배 윤리 가운데 하나는 모든 설교, 모든 기도, 모든 찬송이 오직 나의 필요를 위해 나에게만 맞추어져야 한다는 생각을 버려야 한다는 것이다. 사실 어떤 의미에서 복음을 듣는다는 것은 나와는 다른 상황에 처한 사람들에게 해당되는 말씀을 "엿듣는" 것이다. 설교자의 입장에서 보면 본문의 말씀을 직접 경험한 사람은 종종 회중 가운데 어떤 사람들에게 꼭 필요한 말씀을 전하게 되지만 모든 사람에게 언제나 동일한 은혜를 끼치는 설교를 하려다 보면 오히려 지루한 일반론으로 끝날 수 있다. 반대로 설교자가 언제나 동일한 그룹(믿음이 강한 자, 어른, 가족, 남자, 여자, 부자, 외로운 자, 불신자)에만 말씀을 전한다면 온전한 복음이 선포되지 못할 것이다.

앞에서 예로 든 설교자는 비록 출발점은 제각기 달랐지만 당연히 모든 청중을 이 여정의 첫 흐름에 함께 데리고 가려 할 것이다. 그렇다면 설교자는 이러한 청중의 차별성을 인정하는 언어를 찾아야 한다. 아마도 설교자는 다음과 같은 첫 번째 설교 초안을 작성할 수 있을 것이다.

> 흔히들 세상을 어느 정도 살다 보면 때때로 험난한 곳과 두려운 골짜기를 지나기도 하는 것이 인생이라고 말합니다. 사실 그렇습니다. 이 아침에 예배드리러 오신 여러분도 이러한 고통과 어려움, 실패와 의심을 어느 정도 경험해 보았을 것입니다. 이것이 인생입니다.
> 우리 가운데는 이러한 경험이 마치 드러난 환부와 같은 사람도 있을 것입니다. 지금도 그곳을 건드리면 우리는 여전히 고통으로 부르짖게 될 것입니다. 우리가 정직하다면 하늘을 향해 왜 사랑의 하나님이 우리를 이런 식으로 고통을 주느냐고 항변할 것입니다. 어떤 사람들은 이와 같이 나쁜 기억이나 고통스러운 경험을 체념으로 받아들이고 있지만 그들에게도 역시 여전한 상처로 남아 있습니다. 사실 무거운 짐이 아닐 수 없습니다. 그러나 이러한 어둠으로부터 고개를 돌려 희망의 빛에 초점을 맞추는 사람도 있습니다. 그들은 이러한 고난을 통해 어떠한 유익을 주시려는가 하고 기대합니다. 그러나 우리가 이러한 경험에 대해 어떻게 생각하든 우리는 모두 이

와 같은 경험을 한다는 것이 사실입니다. 우리는 이와 같은 상처를 안고 살아갑니다.

2. 설교 자료 찾기

지금까지 설교자는 청중이 이 첫 번째 흐름에서 어느 지점까지 와 있는지에 대해 고심해 왔으며 첫 번째 초안도 작성해 보았다. 그러나 설교자는 무엇인가 더 필요하다는 생각이 들었다. 초안은 훌륭하지만 그리 깊은 수준까지는 이르지 못한 것 같다. 그래서 설교자는 "청중을 위해 여기에 무엇을 더 붙일 수 있을 것인가?"라고 생각한다. 이제 그는 이 흐름을 더욱 부각시켜 줄 자료를 찾게 되었다. 설교자가 이 흐름에 대해 깊이 생각하던 중 청중을 의심에 빠지게 한 경험은 누구에게나 있다는 사실만 제시할 것이 아니라 실제로 청중으로 하여금 실패와 고통과 이별과 신앙의 위기를 초래했던 경험을 불러일으키도록 하는 것이 필요하다는 생각이 들었다.

어떠한 자료가 그런 역할을 할 수 있을 것인가?
어떻게 전달하면 저들의 기억을 불러일으킬 수 있을 것인가?
설교자는 다시 한번 여러 가지 가능성에 대해 생각해 본다. 그는 먼저 이야기 자료가 떠올랐다. 이야기가 이러한 기억의 물꼬를 터 줄 것이라고 생각한 설교자는 적절한 이야기들을 떠올려 보았다. 아마도 역사적으로 잘 알려진 예화면 좋을 것이다. 43세에 장님이 되어 "하나님은 왜 나에게 빛을 거두시고 날품팔이를 강요하시는가?"라는 외침을 시로 고백하였던 존 밀턴(John Milton)의 이야기도 괜찮을 것이다.

이것은 하나님의 섭리에 관한 신학적 질문이 분명히 제기될 수 있는 한 개인의 경험으로서, 이것을 다시 한번 들려줌으로써 청중은 자신의 삶에서 이와 유사한 사건들을 떠올릴 것이다. 그러나 다시 한번 곰곰이 생각해 본 설교자는 이것이 가장 좋은 자료는 아니라는 결론을 내렸다. 밀턴과 같은 역사적 사례는 분명 중요한 이슈를 제기해 주는 것이 사실이지만 이 설교를 듣는 회중과는 너무 동떨어진 이야기이다. 그들은 이 이야기를 실제적인 삶의 한 단면으로서가 아니라 세속 문학적 역사 속의 한 예로서 받아들일 수도 있다.

따라서 설교자는 보다 가슴에 와 닿을 수 있는 실례가 필요했다. 설교자는 그러한 실례를 한 가지 알고 있다. 얼마 전에 교회 일에 헌신적으로 봉사하던 한 신실한 젊은 부인이 유방암으로 비극적인 죽음을 맞았다. 이 사건은 설교를 듣는 많은 사람들의 뇌리에 여전히 남게 될 것이다.

그러나 다시 생각해 보니 설교자는 그 일을 직접 언급하는 것이 지혜롭지 못하다는 것을 알았다. 회중 가운데 있는 남은 유가족에게 도리가 아닌 데다가 어떤 면에서 보면 이 부인의 죽음에 관한 이야기는 너무 가슴에 와 닿기 때문에 오히려 지금도 생생한 슬픔으로 인해 청중들은 이것이 결코 그 사건에 모든 초점을 맞춘 설교가 아니라는 생각을 하지 못할 것이기 때문이다.

결국 설교자는 청중의 공감대를 끌어내기 위해 가장 좋은 방법은 하나의 이야기가 아니라 신앙의 위기를 초래할 수도 있는 여러 가지 상황을 하나씩 간략히 묘사한 일련의 삽화라고 생각한다. 이러한 삽화는 일상의 삶으로부터 나온 것으로 약간의 간격을 두고 하나씩 제시함으로 청중으로 하여금 자신의 경험을 떠올릴 시간을 갖게 한다. 따라서 설교자는 이와 같은 삽화를 몇 가지 첨가하여 설교 서문 초안을 다음과 같이 고쳤다.

흔히들 세상을 어느 정도 살다 보면 때때로 험난한 곳과 두려운 골짜기를 지나기도 하는 것이 인생이라고 말합니다. 사실 그렇습니다. 이 아침에 예배드리러 오신 여러분도 이러한 고통과 어려움, 실패와 의심을 어느 정도 경험해 보았을 것입니다. 이것이 인생입니다.

- 때로는 꿈과 로맨스로 시작하나 결혼이 분노와 이별로 끝나기도 합니다. "하나님께서 맺어주신 것"은 실패로 끝나버리고 우리는 도대체 하나님은 우리가 갈라설 때 어디에 계셨는가라고 반문하게 됩니다.
- 불치의 병에 걸려 아무런 희망도 없는 쇠약한 몸을 이끌고 고통 가운데서 과연 하나님의 돌보심은 어디에 있는가라고 부르짖기도 합니다.
- 한때 사랑했던 사람과 함께 앉아 삶을 나누었던 식탁의 빈 자리를 바라보며 왜 하나님은 그를 데려가셔야만 했는지 의아해 하기도 합니다.
- 자식들에게 전혀 무관심하거나 사랑보다 체벌만 하는 부모로부터 깊은 상처를 받기도 합니다. 하나님도 이런 아버지가 아닌지 의심하기도 합니다.

우리 가운데는 이러한 경험이 마치 드러난 환부와 같은 사람도 있을 것입니다. 지금도 그곳을 건드리면 우리는 여전히 고통으로 부르짖게 될 것입니다. 우리가 정직하다면 하늘을 향해 왜 사랑의 하나님이 우리를 이런 식으로 고통을 주느냐고 항변할 것입니다. 어떤 사람들은 이와 같이 나쁜 기억이나 고통스러운 경험을 체념으로 받아들이고 있지만 그들에게도 역시 여전한 상처로 남아 있습니다. 사실 무거운 짐이 아닐 수 없습니다. 그러나 이러한 어둠으로부터 고개를 돌려 희망의 빛에 초점을 맞추는 사람도 있습니다. 그들은 이러한 고난을 통해 어떠한 유익을 주시려는가 하고 기대합니다.

그러나 우리가 이러한 경험에 대해 어떻게 생각하든 우리는 모두 이와 같은 경험을 한다는 것이 사실입니다. 우리는 이와 같은 상처를 안고 살아갑니다.

분명한 것은 설교자는 이 모든 것에 대해 자신이 처한 상황에 따라 분명히 다른 결정을 내릴 것이라는 사실이다. 회중과의 친밀한 관계가 형성되어 있는 경우, 유방암으로 죽은 부인에 관한 이야기가 사생활에 대한 침범이 되지 않고 오히려 문제 제기에 가장 효과적인 방법이 될 수도 있을 것이다. 그러나 회중에 따라서는 의심에 관한 성경적 사례가 더 큰 권위와 효력을 가질 수도 있다.

여기서 우리가 중요하게 살펴보아야 할 것은 설교자가 설교의 각 흐름, 즉 기본 형식의 각 부분에 대해 진지하게 생각하는 과정이다. 형식의 각 흐름는 수행해야 할 과제가 있으며, 설교자는 설교가 이 과제를 수행하는 것이 과연 지금 현재 설교를 듣고 있는 "이 사람들"에게 어떤 의미가 있는지 물어보아야 한다. 설교자는 이 점을 염두에 두고 필요한 자료를 선택하게 된다. 여기에는 이야기, 설명, 용어의 정의, 가르침, 찬양, 인용, 대화, 이미지, 실제적 사례, 수사학적 질문, 개인적 고백, 설득을 위한 논쟁, 시, 성경 구절, 해석학적 정보와 같은 것들이 있다.

이제 우리는 어느 새 설교를 하나의 "전달 체계"(system of communication)로, 그리고 설교 형식은 이 체계에 대한 설명으로 이해하기 시작했다. "전달 체계"라는 말은 확실히 멋진 표현은 아니지만 그럼에도 불구하고 설교의 모든 부분이 합력하여 하나의 통일성 있는 결과를 향해 전개된다는 점을 부각시켜 준다는 점에서 적절한 표현이라고 할 수 있다. 설교의 각 흐름은 전체 설교 과제 가운데 하나를 택하게 되는데, 여기서 우리는 전체 목적을 가장 효과적으로 수행하기에 적합한 자료가 어떤 것인지를 결정해야 한다.

이것은 일부 설교학 저서에서 발견되는 설교 형식과 관련하여 일반적으로 생각하고 있는 잘못된 충고로부터 벗어나게 해준다. 이러한 충고는 모두 "모든 설교 형식에는 예화가 있어야 한다"라는 독선적이고 기계적인 관념이나 "회중에게는 대지와 대지 사이에 약간의 시간이 필요하다"라는 식의 유사 심리학적 조언에 기초하고 있다.[1] 이와 같이 이론에 치중한 잘못된 규칙들은 목표를 놓쳐버리게 한다. 설교의 각 흐름은 설교자와 청중이 오직 그 설교에만 해당하는 특정 역할을 수행해주기를 요구하기 때문에 형식에 관한 모든 선택은 특별한 목적을 가진 결정이라고 할 수 있다.

3. 다른 사례들

다음은 실제 설교에 기초한 예로서 설교자가 어떻게 기본적 설교 형식을 세련되게 다듬었는지를 보여 준다.

첫 번째, 윌리엄 윌리몬(William Willimon)은 예수께서 부자에게 "네게 오히려 부족한 것이 있으니 가서 네 있는 것을 다 팔아 가난한 자들을 주라"고 말씀하신 내용(막 10:17-22)을 본문으로 설교하였다. 그는 이러한 예수님의 명령을 보다 듣기 좋고 덜 요구적인 말씀으로 희석시키려는 어떠한 시도에 대해서도 청중들이 비판적인 자세를 가지는 것이 필요하겠다는 생각에 설교의 한 흐름에 포함시켰다. 문제는 윌리몬이 예수님의 명령을 축소시키려는 이러한 경향을 직접 공격할 경우 사람들이 그를 불청객이나 달갑지 않은 적으로 여겨 배척할 소지가 다분하다는 것이다. 그래서 윌리몬은 간접적인 방법을 사용하기로 결정하였다.

그는 청중을 비난하는 대신 스스로 예수님의 말씀에 항거함으로써 회

---

[1] 조직적 설교에 대한 보다 복잡한 논쟁에 대해서는 Thomas G. Long, "Pawn to King Four: Sermon Introductions and Communicational Design," *Reformed Review* 40, no. 1 (Autumn 1986): 27-35를 보라.

중으로 하여금 본문의 요구로부터 벗어나려는 자신의 아이러니하고도 흥미로운 시도를 "엿듣게" 한 것이다. 다음은 그의 설교 일부를 발췌한 것이다.

예수님은 그를 사랑하사 "가서 네 있는 것을 다 팔아 가난한 자들을 주라"고 하셨습니다. 그에게는 "한 가지 부족한 것"이 있었는데 그것은 전통적 도덕이나 현실적, 실제적 윤리의 영역을 초월하는 것이었습니다.
물론 만일에 내가 당시에 예수님의 입장이었다면 그렇게 말하지 않았을 것입니다. 나 같으면 그 부자 청년에게 장학기금을 부탁하거나 교회 예산을 위해 보다 많은 헌금 지원을 약속받으려 했을 것입니다. 나는 이것이 곧 그 청년을 위한 목회적 관심이라고 생각합니다. 내가 만일 그 청년 앞에 서 있다면 예수님과 달리 가능한 그의 개인적 약점을 건드리지 않고 어느 정도 안정된 세속적 삶에 대한 필요성이나 실제적이고 달성 가능한 목표에 대한 욕망을 인정하였을 것입니다. 나는 목회상담학을 공부한 적이 있습니다. 그래서 나는 그가 경제적으로는 부유하나 영적으로나 심리학적으로는 여전히 가난하고 불쌍한 거지라는 사실을 알고 있습니다. 그 역시 우리처럼 최선을 다하고 있습니다.
나는 그것으로 충분합니다. 그러므로 우리 성도들은 상담이나 신앙 지도를 받을 때 "가서 네 있는 것을 다 팔아 가난한 자들을 주라"와 같은 "불합리한" 말씀을 결코 듣지 않으실 것입니다. 자신이 할 수 있는 최선을 다하고 있다면, 그리고 마음에 무슨 일을 결정했든 그것이 옳은 것이라면 나는 그것으로 만족합니다.
…"내가 무엇을 하여야 영생을 얻으리이까?"
만일 예수님이 오늘날과 같은 신학 교육을 받았다면 이렇게 말씀하지 않았을까요?
"글쎄, 너의 사회적, 경제적 여건을 고려할 때 실질적으로 할 수 있는 일이 무엇이라고 생각하느냐?
무슨 일을 하는 것이 옳겠느냐?"
그러나 여러분!
마가는 그때 예수님이 그 청년에게 매우 부담스러운 말씀을 하셨으며 그것은 예수께서 그를 사랑하셨기 때문이라고 했습니다. 나는(그리고 여러분도 대부분) 사랑이라는 미명 하에 그들을 구원하기보다 조금 덜 비참한 삶으로 인도하려고 하지나 않았는지 두렵습니다.[2]

두 번째, 헨리 미첼(Henry Mitchell)은 "종말로 형제들아 무엇에든지 참되며 무엇에든지 경건하며 무엇에든지 옳으며… 이것들을 생각하라"는 빌립보서 4장 8절을 본문으로 설교한 적이 있다. 그는 설교의 한 흐름을 통해 청중이 "그리스도인은 바울의 권면을 좇아 참되고 경건하며 옳으며 정결한 것에 대해 생각할 때에 그들은 신실하고 정확한 기억력을 사용하여 자신이 살고 있는 세계를 창조해 가는 일에 동참한다"라는 본문의 핵심 개념에 대해 이해하기를 바랐다.

따라서 이 흐름의 과제는 이러한 개념을 명확히 가르치는 것이었으며 이에 따라 미첼은 바울 사상을 쉽게 이해하도록 도와줄 몇 가지 교훈적인 사례가 필요하다고 판단했다. 그는 두 가지 사례를 생각하였다. 하나는 TV 매체를 통해서이고 또 하나는 노예였던 자신의 선조의 역사로부터였다. 그 결과 다음과 같은 설교문이 나오게 되었다.

다시 말하면 바울은 우리에게 재방송되는 프로그램에 대한 현명한 선택을 권면하고 있습니다. 여러분은 이번 여름에 이미 방영된 프로그램 가운데

---

[2] William H. Willimon, "Love in Action," 1988년 2월 14일 듀크대학교(Duke University) 채플 시간에 행한 설교.

어떤 것을 선택하여 보든, 그것이 가장 재미있는 프로라고 생각할 것이며 결코 가장 재미없는 프로가 아니라고 확신할 것입니다. 나의 선조들도 그랬습니다. 그들 역시 일터에서 그러한 선택 과정을 거쳤던 것입니다. 그들은 본능적으로 하나님을 찬양할 거리를 찾았습니다.

이것은 대체로 아프리카 종교에 기원을 둔 결과입니다. 그들은 반복적으로 그러한 삶을 살아 왔던 것입니다. 작은 감사의 생활이 수백 번이나 반복되는 동안 비록 다양하지는 않지만 그들의 삶의 질을 크게 바꾸어 놓았습니다. 다른 농장에 있는 친척이 찾아오는 기쁨이나 한때 회생이 어렵다던 아이가 다시 건강을 회복한 것과 같은 일들은 해마다 반복되는 여름 일정 가운데 큰 감사의 조건이 되었던 것입니다.

그들은 정확한 이유도 모른 채 은밀한 "찬양의 장소"를 세우고 예배하며 부르짖었던 것입니다.… 그들이 살아남을 수 있었던 것은 바로 그 때문입니다. 이러한 삶은 지금도 여전히 그들의 생존에 영향을 끼치고 있습니다. 여러분은 이러한 사실에 대해 어떻게 생각하십니까?[3]

세 번째, 바바라 K. 런드블라드(Barbara K. Lundblad)는 성전에서 있었던 어린 사무엘과 늙은 엘리에 관한 이야기(삼상 3:1-18)를 해석하면서 본문 속에서 오래된 신앙과 어린 신앙 사이의 상호 작용을 발견하였다. 이러한 상호 작용은 특히 나이 많은 사람이 젊은이에게 줄 수 있는 지혜의 축복과 관련된 것이었다. 그녀는 본문에 담긴 이러한 의도를 전달하기 위해 다음과 같은 두 부분을 설교 형식에 포함시켰다.

먼저, 청중이 엘리를 성경에서만 볼 수 있는 "비현실적인" 인물이 아

---

3   Henry H. Mitchell, "To Think on These Things," 1978년 7-9월 National Radio Pulpit에서 행한 설교(New York: National Radio Pulpit, 1978), 53.

니라 말년에 노쇠한 몸을 이끌고 세월과 싸우고 있는 실제적인 인물로 보도록 하는 흐름과 다음으로, 청중에게 자신의 원숙함으로 젊은 사무엘에게 축복하고 있는 엘리의 모습을 보여 주는 흐름이다. 그녀는 이 두 가지 흐름에서 필요한 것은 엘리에 관한 성경의 정보와 세월의 무상함에 대한 현대적 관점을 함께 엮어 제시함으로써 청중으로 하여금 자연스럽게 성경의 이야기에 동참하게 하고 오늘날 우리에게 주시는 본문의 교훈을 경험하게 하는 것이라고 생각하였다. 다음은 그녀가 제시한 두 흐름이다.

엘리라는 사람이 있었습니다. 그는 늙었으며 더 이상 볼 수 없을 만큼 눈도 어두웠습니다. 그는 노년에 가족으로 인한 기쁨을 맛볼 수 없었습니다. 자식들이 여호와 앞에서 악을 행하였기 때문입니다. 그러나 그는 그들의 행악을 말리려고 하지 않았으며 사실 말릴 수도 없었습니다. 그에게 남은 시간은 얼마 되지 않았습니다.… 그는 더 이상 직업이나 공부나 자식에 대한 계획도 없었습니다. 그러나 더욱 고통스러운 것은 조셉 시틀러(Joseph Sittler)의 말처럼 "모든 인간관계의 끈이 하나씩 끊어져버린다는 것"입니다. 친구도, 동료도, 평생의 반려자도 이제는 떠나고 없습니다. 하나씩 하나씩 사라지고 만 것입니다. 어릴 적 나를 알던 사람은 아무도 남아 있지 않습니다.… 대학 동창도, 젊었을 적 직장 동료도 갔습니다. 얼마 전 한 나이 많은 부인이 오래된 편지 묶음을 버려야 하는 괴로운 심정을 나에게 토로한 적이 있습니다. 그녀는 아파트에서 편지 박스들을 치우지 않을 수 없었습니다.… 그것을 둘 공간이 없었기 때문입니다. 그녀는 이렇게 말했습니다. "그러나 나는 가끔 혼자 만일 이렇게 글로 기록된 것마저 없다면 내가 정말 30년 전에도 존재하였는지 확신할 수 있을까라는 생각을 해봅니다. 내가 그때 살아 있었음을 기억해 줄 사람이 남아 있어야 말이죠."
엘리 역시 모든 삶의 연줄들이 하나씩 사라지고 말았습니다. 평생의 사역,

그가 바쳤던 모든 충성도 이제는 의문 가운데 남아 있을 뿐입니다. 그는 자식들에게 어떤 좋은 것도 남겨두지 못했습니다(예컨대, 30년 동안 돌보았던 회중은 이제 몇 사람 남지 않았으며… 자신이 쓴 책들은 할인 코너에서 2.98달러에 팔리거나 구세군 재단에 기증되었습니다). 그에게는 모든 것이 오직 과거 시재로만 존재할 뿐이며 기억할 가치조차 없는 것이었습니다.

그러나 그를 이 땅에 조금 더 머무르도록 간청하는 한 음성이 있었습니다. 사실 그 음성은 엘리에 관한 것이 아니라 어린 사무엘에 관한 것이었습니다. 그는 어둠 속에서 음성을 듣고 밤중에 엘리를 찾아온 것입니다. 당시는 "사무엘이 아직 여호와를 알지 못하고 여호와의 말씀도 아직 그에게 나타나지 아니한 때"였습니다.

어떻게 그 어린 소년이 그것이 자고 있는 자신을 부르는 하나님의 음성이라고 생각할 수 있었겠습니까?

그것이 여호와의 말씀이라고 말해 줄 사람은 앞도 잘 보지 못하는 늙은 노인뿐이었습니다.… 엘리만이 사무엘에게 "여호와의 말씀"은 그렇게 임한다고 말해 줄 수 있었습니다. 비록 모든 삶이 끝나버린 것 같아 우수에 젖어 있던 늙은 제사장이었지만 침상 곁에서 아직도 졸린 눈으로 바라보는 어린 소년과 그 엄청난 옛적 이야기를 연결할 수 있는 고리 역할을 할 수 있는 것은 오직 엘리뿐이었던 것입니다.

…따라서 엘리는 자신의 상한 심령보다 깊고, 악행에 빠진 자식들에 대한 실망보다 깊으며, 자신의 의심보다 깊은 곳… 나이든 사람만이 알 수 있는 영의 깊은 곳으로부터 말하였던 것입니다. 그들은 인생의 모든 면과 그 허무함을 보았으며 그것의 가능성과 한계에 대해서도 잘 알고 있습니다. 그러나 어린 소년은 아직 그러한 일들을 알지 못합니다. 그래서 엘리는 사무

엘에게 "그는 여호와시니 가서 누우라"고 했던 것입니다.⁴

네 번째, 에드먼드 스타이믈(Edmund Steimle)은 요한계시록 3장 14-22절을 본문으로 설교를 준비하면서 가르치는 흐름이 필요하다고 생각하였다. 본문의 핵심 구절은 "볼지어다 내가 문 밖에 서서 두드리노니 누구든지 내 음성을 듣고 문을 열면 내가 그에게로 들어가 그로 더불어 먹고 그는 나로 더불어 먹으리라"는 20절이다.

스타이믈은 본문에 대한 주석을 통해 이것은 교회에 긴급한 회개를 요청하는 말씀임을 알았다. 또한 사람들은 일반적으로 이 구절에 대해 인자하게 우리를 초청하시는 예수님에 대한 다정한 모습으로 인식하고 있다는 것도 알았다. 따라서 설교의 가르치는 흐름에서 수행해야 할 과제는 이러한 대중의 잘못된 인식을 바꾸어 본문의 원래 의도를 알리는 것이었다.

어떻게 하면 회중으로 하여금 익숙한 성경 구절의 의미를 버리고 보다 공격적이며 도전적인 말씀으로 받아들이게 할 것인가?

스타이믈은 우선 대중적 인식을 바로잡아 줄 수 있는 자료가 필요했으며 아울러 본문 자체로부터 이러한 인식을 바꿀 수 있는 분명한 증거가 필요했다.

기독교가 수세기를 내려오는 동안 예수께서 밖에서 문을 두드리는 모습은 홀만 헌트(Holman Hunt)의 그림에 많은 영향을 받았습니다. 그는 예수께서 부드럽고 다정한 얼굴로 등불을 들고 낡은 집 앞에서 조용히 문을 두드리고 계시는 모습을 그렸던 것입니다. 우리가 잘 알고 있는 윌리엄 하우(Wil-

---

4　Barbara K. Lundblad, "Growing Old and Passing On," 1985년 5월 19일 Lutheran Series of the Protestant Hour에서 행한 설교(New York: Lutheran Church in America, 1985), 34-35.

liam W. How)의 찬송도 마찬가지입니다.

"주 예수 대문 밖에 기다려 섰으나 단단히 잠가 두니 못 들어오시네
나 주를 믿노라고 그 이름 부르나 문 밖에 세워 두니 참 나의 수치라."

이러한 찬송이나 성화가 수세기 동안 기독교에 어떤 위로를 주고 어떤 고상한 감정을 불러일으켰든 간에, 이들은 모두 왜곡된 것으로서 "볼지어다 내가 문 밖에 서서 문을 두드리노니"라는 익숙한 구절에 담긴 실제적 상황에 대한 인식과는 거리가 먼 것입니다.

우선 본문에서 예수님의 얼굴은 부드럽고 다정한 모습이 아닙니다. 밧모섬의 요한은 요한계시록 첫 장에서 교회를 향해 말씀하시는 우리 주 그리스도의 얼굴을 다음과 같이 묘사했습니다.

"몸을 돌이켜 나에게 말한 음성을 알아 보려고 돌이킬 때에 일곱 금 촛대를 보았는데 촛대 사이에 인자 같은 이가 발에 끌리는 옷을 입고 가슴에 금띠를 띠고 그의 머리와 털의 희기가 흰 양털 같고 눈 같으며 그의 눈은 불꽃 같고 그의 발은 풀무불에 단련한 빛난 주석 같고 그의 음성은 많은 물 소리와 같으며 그의 오른손에 일곱 별이 있고 그의 입에서 좌우에 날선 검이 나오고 그 얼굴은 해가 힘있게 비치는 것 같더라"(계 1:12-16).

많은 물소리와 같은 음성은 결코 "부드럽고 온화한" 음성이 아닙니다. 라오디게아교회에게 하신 말씀은 다급하고 엄한 톤으로 하신 말씀입니다.

"내가 네 행위를 아노니 네가 차지도 아니하고 뜨겁지도 아니하도다 네가 차든지 뜨겁든지 하기를 원하노라 네가 이같이 미지근하여 뜨겁지도 아니하고 차지도 아니하니 내 입에서 너를 토하여 버리리라 네가 말하기를 나는 부자라 부요하여 부족한 것이 없다 하나 네 곤고한 것과 가련한 것과 가난한 것과 눈 먼 것과 벌거벗은 것을 알지 못하는도다 내가 너를 권하노니 내게서 불로 연단한 금을 사서 부요하게 하고 흰 옷을 사서 입어 벌거벗은 수치를 보이지 않게 하고 안약을 사서 눈에 발라 보게 하라 무릇 내가 사

랑하는 자를 책망하여 징계하노니 그러므로 네가 열심을 내라 회개하라" (계 3:15-19).

그런 후 곧 "볼지어다 내가 문 밖에 서서 문을 두드리노니"라는 동일한 말씀이 이어집니다. 이것은 결코 우리의 반응을 오래 참고 기다리고 계신 부드러운 이미지의 예수님에 대한 모습이 아니라 자기 만족에 도취해 미지근한 상태에 있던 교회를 향한 다급한 마지막 외침이었던 것입니다.[5]

다섯 번째, 아네트 소웰(Annette Sowell)은 1995년 오클라호마 시에 세워진 연방 건물이 폭파된 후 국가 추모일에 행한 설교에서 이러한 비극 가운데서도 하나님은 그곳에 계셨다고 하는 신학적 주장을 하고 싶었다. 그는 이것을 막연하고 광범위한 신학적 주장을 통해 대충 제시하는 대신 하나님이 어디에 어떤 식으로 나타나셨는지를 구체적으로 제시하는 것이 필요하다고 생각하였다. 다음은 그녀의 설교 내용이다.

예수님은 의사와 간호사들을 신생아 치료실로 보내시고 구조대원들을 폭파된 건물 안으로 보내셨으며 경찰을 구호 센터로 보내셨습니다. 그들은 고통당하다가 이미 하늘나라로 간 어린이들을 하나님께서 보내신 소방관들에게 인계하셨습니다.
예수님은 아마추어 사진사를 보내어 세상에는 나쁜 사람보다 좋은 사람이 더 많다는 사실을 온 세계가 영원히 기억할 수도 있도록 사진을 찍게 하셨습니다.
예수님은 헌신적인 교사와 행정가들을 학교로 보내어 아이들에게 칼이나

---

5   Edmund A. Steimle, "Last Call," 1973년 7월 1일 Lutheran Series of the Protestant Hour에서 행한 설교 (New York: Lutheran Church in America, 1973), 14-16.

총이나 마약은 결코 삶의 방편이 될 수 없으며 하나님의 뜻도 아니라는 사실을 가르치게 하셨습니다.

예수님은 적십자와 아동구호 기금을 보내어 아이들과 가족을 먹이고 보살피게 하셨습니다.

실로 이 모든 과정에 하나님이 함께하셨던 것입니다.

이 모든 과정에는 조금의 실수도 없었습니다. 하나님이 그곳에 계셨기 때문입니다. 그는 오클라호마 군 형무소에서 이 나라의 법에 의해 처벌을 받기 위해 기다리고 있는 한 사람과도 함께 계셨습니다. 우리 하나님은 우리 모두를 위해 마음 아파하고 계십니다.[6]

여섯 번째, 설교에서 보다 어려운 과제 가운데 하나는 신학적 주장을 일상적 경험으로 옮기는 것이다. 복음은 우리에게 사랑과 용서와 신실함과 믿음을 요구한다고 말하는 것과 실제로 사람들에게 이러한 요구가 그들의 삶에서 어떤 의미를 가지는지 보여 주는 것은 전혀 별개의 문제이다. 나는 예수께서 무화과나무를 저주하신 특이한 이야기(막 11:11-25)를 본문으로 설교를 준비한 적이 있다. 나는 본문을 통해 들은 주장을 회중에게 전하고자 했다. 즉 하나님 나라의 능력으로 산다는 것은 "세상이 불모지로 보고 아무런 희망도 갖지 않는 바로 그곳"에서 기도하며 일하며 열매를 바라는 삶을 의미한다는 것이다. 나는 이 설교의 기본 형식을 구상하면서 본문의 주장이 실제적인 삶 속에서 어떠한 의미와 모습으로 다가올 것인지를 보고 경험하는 흐름이 청중에게 필요하다는 것을 알았다. 나는 실제로 본문과 같은 삶을 살았던 한 사람에 관한 이야기가 이 과제를 수행하는 데 좋은 자료가 될

---

6 Annette Sowell, "Through It All, There is God," in Joseph R. Jeter Jr., *Crisis Preaching* (Nashvill: Abingdon Press, 1998), 150-51.

수 있을 것이라고 생각하였다(설교에서 이야기나 경험을 인용하는 문제에 관한 보다 자세한 설명은 8장에서 다룬다). 다음은 설교의 일부분이다.

얼마 전에 나는 비행기 옆자리에 앉은 사람과 대화를 나누게 되었는데 그것은 상당히 심각한 내용이었습니다. 그에게는 30대에 뇌에 이상이 생겨 수년간 요양원에 갇혀 있는 아들이 하나 있다고 했습니다. "우리는 그를 더 이상 사랑할 수 없었습니다"라고 그는 말했습니다. "인정하기 힘들지만 우리는 그를 사랑하는 것을 멈추었습니다. 아무런 응답도 하지 못하는 사람을 사랑한다는 것은 쉬운 일이 아닙니다. 우리는 가끔 그를 찾아갔지만 아들로서의 감정은 점차 사라지고 있었습니다. 그러던 어느 날 그를 만나기 위해 요양원에 갔을 때 한 낯선 방문객이 그의 방에 있었습니다. 그는 종종 요양소의 환자들을 방문하시는 근처 교회의 목사님이었습니다. 우리가 도착했을 때 그는 마치 아들이 알아듣기라도 하듯이 아들에게 얘기하고 있었습니다. 그런 후 그는 마치 아들이 듣고 있기라도 하듯이 성경을 읽어주었습니다. 마지막으로 그는 마치 아들이 그가 기도하고 있는 것을 알고 있기라도 하듯이 아들을 위해 기도했습니다. 나의 첫 번째 반응은 "이 사람이 아직 우리 아들이 어떤 상황인지 모르고 있는가?"라는 것이었습니다. 그러나 나는 곧 그렇지 않다는 것을 알았습니다. 그는 모든 것을 알고 있었던 것입니다. 그가 아들을 온전한 사람처럼 돌보고 있었던 것은 아들을 믿음의 눈으로 바라보고 이미 나은 사람으로 대했기 때문입니다. 그 목사님은 우리에게 아들을 사랑할 수 있는 능력을 회복시켜 주었습니다."

기뻐합시다.

그리스도 안에 있는 하늘나라의 능력은 병상에 누워 있는 사람이라도 결코

하나님의 사랑에서 벗어날 수 없다는 사실에 기뻐하시기 바랍니다.[7]

일곱 번째, 때때로 설교의 흐름은 청중으로 하여금 무엇인가를 깨닫게 할 뿐만 아니라 느끼게 해야 한다. 청중이 느끼게 하기 위해서는 이야기, 이미지, 노래, 시 또는 점차 의미를 드러나게 하는 침묵의 언어와 같은 특별한 언어가 필요하다.

존 반노스달(John Vannorsdall)은 부활하신 그리스도께서 엠마오 노상의 두 제자를 만나신 본문(눅 24:13-35)에 대한 설교에서 어떻게 제자들이 부활하신 그리스도와 함께 이야기하고 있다는 사실도 모른 채 "우리는 이 사람이 이스라엘을 구속할 자라고 바랐노라"고 말했는지에 대해 설명한다. 반노스달은 자신과 청중을 제자의 입장에 놓았다. 그는 청중이 엠마오 제자들의 좌절된 소망을 깨달을 뿐 아니라 자신의 깨어진 이상과 산산조각이 나고만 소망을 느낄 수 있기를 바랐다. 그는 이를 위해서는 청중의 상상력을 자극하는 언어가 필요하다는 사실을 알았다. 다음은 그가 작성한 설교문이다.

우리는 한때 세상이 더 나아질 것이라고 생각한 적이 있습니다. 아시다시피 우리에게는 비전이 있었습니다. 우리는 쓰레기로 뒤덮인 거리보다 푸른 잔디가 가득한 세상, 서로 모른 척하고 지나치지 않고 이웃을 보면 반갑게 인사하는 세상, 노인들이 지혜롭고 존경을 받는 세상, 약한 자를 괴롭히는 자들이 사라지고 이윤을 추구하기보다 게임을 즐기며 춤 하나면 최고의 순수한 낙으로 만족할 수 있는 세상을 바랐습니다. 우리는 흰 눈과 같이 깨끗하고 봄 향기가 그윽하며 가을의 아름다움이 가득한 이상적인 세상을 꿈

---

[7] Thomas G. Long, "Sermon: Figs Out of Season," in *Preaching Biblically*, ed. Don M. Wardlaw (Philadelphia: Westminster Press, 1983), 99, 100.

꾸었습니다. 한때 우리는 세상이 더 나아질 것이라고 믿었던 적이 있었습니다.

우리는 한때 우리가 더 나은 사람이 될 수 있다고 생각한 적이 있습니다. 우리는 가족들이 부끄러워하기보다 자랑스럽게 여기는 사람을 꿈꾸었습니다. 우리가 감히 진리를 말하며 그것을 듣는 모든 사람들이 놀라서 "감사합니다. 주님, 마침내 진리를 듣게 되었습니다"라고 말하는 꿈같은 순간을 상상하였습니다. 우리는 거리에서 불량배에게 폭행을 당한 사람을 구하거나 무고히 압제를 받고 있는 사람들을 위해 싸우는 변호사가 되는 생각도 해봅니다. 우리는 굶주림의 문제를 해결할 수 있는 획기적인 방법을 발견한 과학자나 엄청난 생산성을 자랑하는 기술자가 될 수도 있었습니다. 한때 우리는 우리가 더 나은 사람이 될 수 있다고 믿었던 적이 있었습니다.

우리는 한때 하나님이 자신의 백성을 위해 계획을 가지고 계신다고 믿었던 적이 있습니다. 그의 계획은 결혼과 자식의 기쁨을 누리게 하고, 우리를 모든 죄와 죄책으로부터 벗어나게 하며, 화평한 삶과 전쟁이 없는 세상, 여름이면 시원한 숲이 우거지고 온갖 동물이 함께 뛰어노는 세상을 만드시는 것이라고 생각했습니다. 한때 우리는 하나님이 자신의 백성을 위해 계획을 가지고 계신다고 믿었던 적이 있었습니다.

엠마오로 가는 두 제자 역시 "우리는 이 사람이 이스라엘을 구속할 자라고 바랐노라"고 고백했던 것입니다.[8]

---

8 John Vannorsdall, "A Day Far Spent," 1981년 5월 3일 Lutheran Series of the Protestant Hour에서 행한 설교 (New York: Lutheran Church in America, 1981), 10.

4. 저장 창고로부터 탈피하기

앞 장에서부터 지금까지 우리는 창조적 행위로서 설교 형식, 즉 설교에서 주장하는 내용과 특정 청중의 청취 과정 사이의 상호 작용에 대해 살펴보았다. 모든 설교 사건은 일련의 자체적 변수와 특정 상황에 따라 전개된다. 따라서 지금까지 우리는 모든 설교 형식은 새롭게 구성되어야 하며 항상 새로운 옷을 맞추듯이 준비되어야 한다는 점을 강조하였다.

그러나 확실히 설교 형식과 관련된 여러 가지 방법에 대해서는 외부적 비판도 존재한다. 한 번도 본 적도 없고 시도해 본 적도 없는 형식을 매주 만들어내겠다는 생각은 오히려 창조적 에너지에 무리를 가하고 생각을 위축시킨다.

시행착오를 통해 대부분의 설교에 유익한 것으로 검증을 받은 일련의 설교 형식은 없을까?

모든 설교가 세 가지 대지로 이루어져야 하며 각각의 대지에는 마치 샹들리에 속에 있는 전구와 같이 예화가 있어야 한다는 주장은 많은 문제점을 안고 있지만 적어도 강력한 효과를 가진 전통적인 방법으로 여겨 왔다.

오래된 설교학 저서들 가운데 많은 책이 설교 형식의 "유형"에 대한 목록을 제시하였다. 이러한 목록의 특징은 자주 사용되는 여섯 개 남짓한 설교 형식 패턴을 포함하고 있다는 것이다. 문제는 이들 형식이 어떻게 하면 본문의 주장과 그것을 받아들이는 청중의 수용성 사이의 상호 작용을 통하여 가장 적절한 설교 형식이 나올 수 있을 것인가에 대한 어떠한 논의도 없이 제시되었다는 것이다. 다시 말하면 설교를 어떻게 형성할 것인가에 대한 어떠한 이론도 없고 신학적 측면이나 커뮤니케이션 측면에서의 뒷받침도 없이 다만 저장 창고에 쌓인 것과 같은 형식에 대한 목록만 있다는 것이다. 여기에 함축된 것은 설교자가 마음에 드는 형식을 찾아 설교를 그 틀에 끼워 맞출 때까지 창고를 뒤져야 한다는 것이다.

이것은 이러한 목록이 전혀 가치가 없다는 말은 아니다. 사실 이러한 목록은 우리가 그것을 창고 속에 보관된 박스라는 시각으로부터 벗어나 우리가 찾고 있는 설교 형식에 관한 여러 가지 역동적인 질문에 대한 해답 가운데 하나로 바라본다면 그것은 여전히 가치가 있는 것이다. 다시 말하면 각각의 모든 설교에 있어서 설교 형식과 관련된 모든 이슈에 관해 심사숙고할 때 결국 마지막 결론은 전혀 새로운 것이나 혁신적 형식이 아니라 많은 설교자들이 이전에 여러 번, 그것도 매우 효과적으로 사용했던 형식이라는 것이다.

다음은 자주 사용되는 설교 형식으로 이러한 형식에 어울리는 설교 유형에 대한 설명과 함께 제시한다.

1) 만일 이것이 … 이면 이것은 … 이며 따라서 … 이다

이 형식에서 설교의 각 흐름은 이전 흐름에 논리적인 기초를 둔다. 설교의 결론적인 주장은 마지막에 오며 사슬과 같이 연결된 작은 주장들의 맨 마지막 매듭을 맺는다. 이것은 상당히 공격적인 형식으로 이러한 설교 형식에 가장 알맞은 것은 교육적인 설교이다.

2) 이것은 … 점에서 사실이며 또한 … 면에서나 … 면에서도 사실이다

루코크(Luccock)는 이 형식을 "다면체 보석과 같은 설교"(jewel sermon)라고 불렀으며 생스터(Sangster)는 "다면체 설교"(facet sermon)라고 불렀다. 이것은 설교자가 설교의 핵심 주장을 먼저 제시한 후 그것을 돌려서 다양한 면들을 보여 주기 때문이다. 이 형식은 특히 내적 복잡성을 가진 주장이나 핵심 주장이 다양한 청중에게 다양한 방식으로 영향을 미치는 설교에 적합하다.

3) 문제는… 이다. 이에 대한 복음의 대답은… 이며 이것이 함축하고 있는 뜻은… 이다

이것은 종종 "율법-복음"이나 "문제-해결"형식으로 불리며 이 형식은 인간의 딜레마에 대한 탐구로부터 시작하여 그것에 대한 해결책으로서 설교의 주장을 제시한다. 이 형식은 청중이 어떠한 필요나 위기에 대해 공감대를 형성하고 있는 경우에 가장 효과적이다.

4) 복음은… 라고 약속했다. 이 약속을 따라 사는 방법은… 이다

이 형식은 인간의 특정 딜레마로부터 시작하지 않고 본문의 주장을 먼저 선포한 후 이어서 이 주장에 담긴 확신이나 윤리적 요구에 대해 살펴본다. 어떤 사람은 이것을 "지시-명령적"(indicative-imperative) 형식이라고 부르는데 이것은 윤리적 함축을 담은 기능을 수행해야하는 설교에 가장 적합하다.

5) 본문의 역사적 배경은… 이다. 본문이 오늘날 우리에게 의미하는 바는… 이다

이 형식에서는 먼저 본문의 배경(예를 들어, 기원전 8세기의 이스라엘의 사회경제적 상황에 대한 아모스의 언급)이 주어진 후 오늘날 우리에게 주시는 본문의 교훈(예를 들어, 오늘날 사회경제적 상황에 대한 아모스의 말씀)을 제시한다. 이것은 당시와 지금(then/today)이라는 두 개의 큰 흐름으로 수행되거나 뒤섞어서 사용하는 시리즈(then/today, then/today, then/today)로 수행될 수 있다. 또 하나의 변형된 형식은 "과거를 회상하는" 형식(today/then/back to today)이다.

이 형식은 설교자가 본문과 현재적 상황 사이에서 소위 제임스 샌더스 (James Sanders)가 주장하는 "역동적 유추"(dynamic analogy)[9]를 확인할 수 있는 본문에 적합하다. 어떠한 역사적 상황도 똑 같이 반복되지는 않지만 역동적 유추는 우리가 일정한 방식을 통해 본문에 제시된 인물이나 상황과 동일시 함으로 본문이 제시하는 긴장과 그것을 해소해 가는 과정에 동참할 때에 가능하다.

6) 이것은··· 도 아니고··· 도 아니며··· 이다

이 설교 형식은 주로 일련의 질문으로 시작한다. 가령 "예수님은 '인자를 인하여 사람들이 너희를 미워할 때에는 복이 있다'라고 하셨는데 이 말씀의 의미는 무엇이라고 생각합니까?"와 같은 질문이다. 이어서 몇 가지 잘못된 대답이나 불완전한 대답을 제시한 후 그것이 해답이 될 수 없는 이유와 함께 하나씩 제거해 나가다가 결국 본문이 의도한 온전한 주장을 제시한다.

이 형식은 원래의 질문이 수수께끼와 같은 질문이거나 평소에 익숙한 문제에 대한 새로운 통찰력이 요구되는 경우에 가장 효과적이다. 이것을 변형시킨 형태는 "이것은··· 이것도···"(This··· and this too)이나 "이것은··· 또는 이것은···"(Either this··· or this)의 형식이다.

---

[9] James A. Sanders, *God Has a Story Too: Sermons in Context* (Philadelphia: Fortress Press, 1979), 20.

7) 우리는 일반적으로 … 라고 알고 있다. 그러나 복음은 … 라고 주장한다

이 형식은 종종 "반증"(rebuttal) 형식으로 불린다. 그러나 불행하게도 이 이름은 논쟁적 의미를 함축하고 있다. 이 형식은 어떤 것에 대해 일반적으로 알고 있는 세속적인 입장에 대해 가능한 호의적인 태도로 완전하게 서술하는 데 최선을 다한 후 복음의 주장을 통해 그러한 관점을 더욱 풍성하게 하거나, 고치고 도전하며 다른 것으로 대치하거나 새롭게 한다. 이것은 청중에게 어떤 것을 새로운 관점으로 보게 하는 기능을 수행해야 하는 설교에 적합한 형식이다.

8) 이것은 … 그러나 이것은 … ? 그렇다면 이것은 … 그러나 이것은?

이 형식은 독백으로 진행되는 대화체 형식이다. 이것은 질문식 대화 스타일을 모델로 한 것으로 설교의 각 흐름은 그 흐름에 대한 질의나 확인이 이어진다. 이 형식은 설교의 주장이 복잡 미묘하거나 논쟁적일 때 가장 효과적이다.

9) 이런 이야기가 있습니다

사실상 이야기 형식에는 다음과 같은 여러 가지 유사한 형식들이 포함되어 있다.

(1) 하나의 이야기

드물기는 하지만 가끔 전체 설교가 하나의 이야기로 이루어지는 경우가 있다. 그것은 성경 이야기를 그대로 옮긴 것이 될 수도 있고 우리 시대의 이야기를 다시 들려주는 것이 될 수도 있다. 모든 이야기는 자체적인 통찰력을 가지고 있다.

(2) 이야기와 묵상

이 형식은 먼저 이야기를 한 후 통찰력과 인도하심을 얻기 위해 그것을 묵상한다.

(3) 이야기의 일부, 묵상 그리고 나머지 이야기

때때로 설교자는 이야기의 첫 부분만 제시한 후 잠시 멈춘다. 그리고 해소되지 않은 긴장에 대해 여러 가지 방식으로 탐구한 후 이야기를 맺는다. 이것의 변형된 형태는 이야기와 묵상 형식으로 이루어진 여러 개의 에피소드로 나누는 방법이다.

(4) 이슈와 이야기

이것은 앞에서 언급한 "문제-해결"형식의 변형된 형태이다. 여기서 이야기는 설교의 시작 흐름에서 제시한 이슈나 문제에 대한 해답으로서의 역할을 한다.

10) 이런 서신이 있습니다

이 형식에서 설교는 회중이나 다른 누군가에게 보내는 하나의 서신으로 구성된다. 설교는 일반적인 서신 형식을 따라 전개된다. 이 형식은 특히 개인적 친밀감(나에게만 온 편지)을 불러일으키고 복음의 애정어린 면을 부각시키는 데 효과가 있다.

11) 이것이…? 혹은 저것이…? 이것과 저것은 모두…

이 형식은 역설적이거나 양면성을 가진 설교의 주장을 제시한다. 예를 들면 "예수님은 종으로 오셨습니다. 예수님은 주로 오셨습니다. 예수님은 종이자 주로 오셨습니다"라거나 "제자들은 뱀처럼 지혜롭습니다. 제자들은 비둘기처럼 순결합니다. 제자들은 뱀처럼 지혜롭고 비둘기처럼 순결합니다"와 같다.

이상, 이러한 목록은 얼마든지 더 있지만 이 정도면 충분하다. 이미 여러분은 이러한 목록의 변형된 형태나 결합된 형태 또는 다른 여러 가지 가능성들이 대충 머릿속에 떠올랐을 것이기 때문이다. 여기서 기억해야 할 중요한 사실은 우리는 처음부터 이러한 추상적 형식 가운데 하나를 택하여 그것에 설교를 억지로 끼워 맞추면 안 된다는 것이다.

우리는 설교의 초점과 기능으로부터 시작하여 그것에 적합한 바른 형식을 구성해야 한다. 설교자에게는 이와 같이 표준적인 형태가 마치 음악가에게 있어서 몇 가지 정형화된 코드나 같다. 우리는 코드에 대해 연구하며 그것은 언제나 우리의 연주 목록 가운데 있지만 막상 설교라는 노래를 할 때에는 그것에 가장 적합한 형식이 요구된다.

5. 다양성의 중요성

성경 본문에 나타난 수사학적 형식의 다양성은 전술한 설교 구성 과정의 유동성과 함께 결합되어 매우 다양한 설교 형식을 창출해 낸다. 실제적인 면에 있어서 설교자는 몇 가지 설교 형식만 선호하는 편협한 사고방식에서 벗어나야 한다. 설교자로서 우리는 우리가 듣고 배우는 방식에 맞는 설교 형식을 만들려는 경향이 있다. 따라서 우리는 자신이 선호하는 형태를 의식적으로 넘어서야만 한다.

확실한 이유는 밝혀지지 않았지만 청중의 청취 스타일은 매우 다양한 것으로 알려진다. 개인적 언급이나 목회적 경험을 많이 담고 있는 설교는 어떤 사람에게는 매우 강력한 감동을 주지만 다른 사람에게는 오히려 지적이지 못하다는 평을 듣기도 한다. 자유분방하고 예술적이며 상상력이 풍성한 설교는 어떤 사람에게는 신앙에 대해 새로운 관점으로 바라보게 하지만 다른 사람에게는 동일한 설교임에도 불분명하고 혼란을 야기하는 설교라는 인식을 준다. 매우 조직적이고 논리 정연한 설교에 대해 어떤 사람은 명료하고 깊은 통찰력을 지닌 설교의 전형으로 받아들이지만 다른 사람은 따분하고 틀에 박힌 설교라고 생각할 것이다.

어떤 목회자는 매주 오랜 시간 동안 본문을 석의한 후 그것을 바탕으로 풍성한 내용의 설교를 하였으나 일부 회중이 설교할 때 "성경을 전하지 않는다"라며 불평하는 것을 듣고 당황스러웠다고 한다. 나중에 알고 보니 문제는 그의 설교에 성경적 부분이 부족한 데 있는 것이 아니라 설교 형식이 대다수 회중의 청취 스타일과 맞지 않았다는 데 있었던 것이다. 회중은 "성경적 원리"를 듣고자 했으나 그는 성경적 이미지를 전하려 했으며, 회중은 본문으로부터 정보를 듣고자 했으나 그는 본문에서 경험한 것을 재현하려 했으며, 회중은 직접적인 전달을 원했으나 그는 우회적인 방식으로 전달하였다. 성경 본문이 설교를 지배한 것은 사실이나 대다수 청중이 듣고 이해할 수 있는 방식은 아니었던 것이다.

한때 설교는 계란을 바구니에 담는 행위와 같은 것으로 여겼다. 계란은 설교의 핵심 개념이나 요점이며 바구니는 청중의 마음이라고 생각했던 것이다. 설교자는 계란을 넣었고 청중은 그것을 받아들였다. 따라서 설교자는 능동적이며 청중은 수동적이었다. 설교자가 세심하고 기술적으로만 한다면 설교를 통해 모든 사람의 바구니에 많은 계란을 깨지 않고 담을 수 있을 것이다. 만일 설교자가 자신의 설교가 얼마나 효과적이었는지를 알고 싶다면 설교가 끝난 후 회중에게 얼마나 많은 내용(대지나 요점)을 기억하는지 물어보면 된다. 다시 말하면 "얼마나 많은 계란을 담았느냐?"라는 것이다.

그러나 인간의 커뮤니케이션에 관한 연구는 통찰력 있는 설교자라면 이미 알고 있는 한 가지 분명한 사실을 보여 준다. 그것은 청중은 청취 과정에서 결코 수동적이지 않다는 것이다. 강단과 회중석 사이에는 에너지와 활력이 가득 차있다. 설교자가 설교할 때 청중은 다음에 무슨 말이 나올 것인가에 대한 기대감으로 앞서 가기도 하고 되돌아서서 지금까지 말한 것을 다시 한번 정리하고 마음속으로 설교자와 논쟁하며 자료를 다시 한번 정렬해 보거나 메시지에 자신의 생각을 첨가하기도 하며 잠시 방황하다가 다시 돌아오기도 한다(가끔 있는 일이지만!). 요약하면 청중은 설교를 함께 만들어가는 자이다. 설교자는 계란만 던져 주면 되지만 청중은 그것으로 오믈렛을 만들며, 75명에게 던져진 설교는 사실 청중에 의해 75개의 연관성 있는 설교로 바뀌게 되는 것이다.

설교자와 청중 사이에 진행되는 이와 같은 협력적 사역과 관련된 한 가지 놀랍고 실망스러운 사실은 그것이 일치와 불일치를 동시에 요구한다는 것이다. 설교자와 청중 사이에 적어도 어느 정도의 불일치마저 없다면, 즉 양자간의 상호 작용에서 어느 정도의 놀라움이나 갈등조차 없다면 커뮤니케이션을 생동감 있게 유지시켜 줄 힘을 잃게 될 것이다. 그러나 지나친 일치는 기대감을 사라지게 하고 따분하게 만든다.

한편 이러한 협력적 사역이 상호적이 되기 위해서는 충분한 공감대가 형성되어야 한다. 설교의 전달과 청취 형태 사이의 지나친 불일치는 커뮤니케이션의 와해를 가져올 수 있기 때문이다. 이것이 바로 앞에서 언급한 바 목회자가 청중으로부터 설교가 성경적이지 못하다는 불평을 들은 이유이다.

말하자면 불일치가 일치를 압도해 버린 것이다.

　이와 같은 사실은 설교를 구성하는 데 어떠한 영향을 주는가?

　아무리 조화롭고 동질성을 가진 청중이라고 할지라도 복잡하고 다양한 청취 스타일을 가질 수 있다. 이러한 사실을 감안할 때 설교자는 모든 요소를 희망이 없다고 여겨 청중의 입장은 전혀 고려하지 않은 채 자신이 알고 있는 최상의 설교를 준비하여 듣는 것은 청중 각자가 알아서 하라는 식의 설교를 하려는 유혹에 빠질 수 있다. 설교자의 설교 스타일이 맞지 않다면 길 건너 다른 교회로 가서 맞는 설교를 찾아보라는 식인 것이다.

　그러나 현실적 상황에서는 이와 같은 과잉 반응이 정당화되지 않는다. 실제로 청중은 다양한 청취 스타일을 가지고 있으며 이러한 스타일은 복잡할 뿐 아니라 완전히 이해할 수도 없는 과정으로 이루어진다. 그러나 이러한 청중의 스타일은 오직 하나의 주파수만 가진 것이 아니라 상당히 넓은 주파수대로 형성되어 있는 것으로 보인다. 다시 말하면 어떤 청중은 특정 방식으로 구성된 설교를 선호하며 또 이러한 스타일의 설교로부터 보다 많은 것을 얻는다고 말한다. 이러한 설교는 자신의 청취 스타일에 맞게 구성되었기 때문에 설교가 더욱 분명하고 감동적으로 들리는 것이 사실이다. 그러나 이것이 그들이 "들을 수 있는" 유일한 설교 스타일이라고 말할 수는 없다. 만일 그들이 생소한 형식의 설교를 듣는다면 그것을 어느 정도 거부하거나 탐탁치 않게 생각하며 받아들이거나 자신의 청취 수준에 맞추어 적절히 재구성하려고 할 것이다.

　그러나 사실 그들은 설교가 그들이 들을 수 있는 일정한 영역을 완전히 벗어나지 않는 한 그것을 들을 수 있다. 뿐만 아니라 이것은 그들에게 그런 식의 설교를 들을 수 있는 보다 깊은 청취 능력을 개발할 수 있는 기회도 될 수 있다. 매주마다 회중에게 설교해야 하는 설교자는 어떻게 하면 더욱 효과적으로 설교할 수 있을 것인가에 대해 배울 것이며 회중 역시 이런 설교자의 설교를 듣는 법을 배울 것이다. 시간이 지남에 따라 눈에 보이지 않게 설교자와 회중은 점차 최상의 커뮤니케이션을 형성해나갈 것이다.

그렇다 할지라도 분명히 차이점은 있다. 회중 가운데는 첫째, 둘째, 셋째와 같은 직선적 설교를 선호하는 부류와 그렇지 않은 부류가 있게 마련이다. 결론을 청중에게 맡기는 설교를 원하는 사람들이 있는가 하면 완전한 결론을 맺어주기를 바라는 사람들도 있다. 이러한 차이점을 인식할 때 우리는 설교 작성을 목회자의 양육 활동의 한 행위로 보게 된다.

자유분방하고 논리적 연결이 부족하며 수시로 상징적 이미지 속을 들락거리는 설교자에게는 때때로 그런 형식에서 탈피하여 보다 체계적이고 조직적인 형식의 설교를 준비함으로 그런 식의 설교에 보다 효과적인 반응을 보이는 회중에게 제시하는 것이 필요하다. 또한 분명한 개념적 이정표를 세우고 확고하게 정해진 설교 여정을 따라 한 치의 오차도 없이 진행하는 설교자는 때때로 보다 유연한 형식의 설교를 보완하는 것이 필요하다. 복음은 매우 다양한 형식으로 우리에게 다가온다. 복음을 충실히 증거하려는 설교자라면 다양한 설교 형식을 통해 이러한 복음의 풍성함을 전할 것이다.

제7장 설교의 시작과 연결 및 끝맺음

때때로 나는 새로운 이야기를 시작했으나 좀처럼 이야기를 풀어나가지 못할 때면 화롯불 앞에 앉아 작은 오렌지 껍질을 짜서 불 가장자리에 떨어뜨린 후 푸른 불꽃이 일어나는 것을 바라보곤 했다. 나는 일어나 파리의 지붕들을 바라보며 생각했다. '걱정할 것 없다. 너는 지금까지 글을 써 왔으며 앞으로도 쓸 것이다. 네가 할 일은 하나의 진실한 문장을 쓰는 것이다. 네가 알고 있는 진실한 문장을 쓰라.' 결국 나는 하나의 진실한 문장을 썼으며 거기서부터 글을 쓰기 시작하였다.
— 어니스트 헤밍웨이(Ernest Hemingway), 『매년 날짜가 달라지는 절기』(*A Moveable Feast*)

제7장

설교의 시작과 연결 및 끝맺음

많은 사람들이 설교학 교재를 집필하면서 빠지지 않고 다루는 내용이 있는데 그것은 어떻게 설교를 시작할 것인가라는 문제이다. 모르긴 해도 거기에 소요된 잉크만 해도 상당한 양이 될 것이다. 설교의 시작 또는 전통적으로 알려진 소위 "서론"에 대한 이러한 관심은 다소 흥미롭기조차 하다. 사실 서론에 관해 언급해야 할 대부분의 내용은 설교의 다른 부분에도 모두 똑같이 적용되기 때문이다. 설교의 서론도 나름대로의 역할이 있지만 설교의 다른 부분도 마찬가지이다. 서론은 서론으로서의 역할을 완수하기 위해 일정한 자료가 필요하지만 설교의 다른 흐름 역시 자료가 필요하기는 마찬가지이다. 어떤 면에서 설교의 서론은 전혀 특별한 것이 아니다. 설교의 여정에는 여러 가지 흐름이 있으며 서론은 단순히 맨 앞에 나오는 단계일 뿐이다.

1. 설교의 서론

그러나 한편으로 보면 설교의 서론은 특별한 관심을 받을 만도 하다. 설교학자들은 이구동성으로 설교를 전개함에 있어서 시작 부분이 매우 중요하다고 말한다. 설교의 모든 흐름은 수행해야 할 과제가 있는 것이 사실이지만 서론이 수행해야 하는 과제는 독특하며 설교의 결과에 중대한 영향을 미친다. 흔히 설교는 시작이 좋아야 하고 서론은 특정 역할을 순조롭게 수행해야 하며 그렇지 못하면 전체 설교를 망치게 된다고 한다.

문제는 서론의 중대성을 동일하게 주장하는 설교학자들 간에 서론의 정확한 과제가 무엇인지에 대해서는 의견의 일치를 보이지 못하고 있다는 것이다. 거의 모든 사람들은 설교의 서론이 무엇인가 특별하고 중요한 역할을 한다고 믿고 있는 것 같다.

그러나 그 역할이란 것은 정확히 무엇을 말하는가?

설교학 교재 서론 부분을 보면 대체로 설교의 과제에 관한 두 가지의 "일반 상식적인" 개념이 반복되고 있음을 볼 수 있다. 이들은 워낙 자주 인용되기 때문에 자세히 살펴볼 필요가 있다.

첫째, 우리는 설교의 서론은 주의를 끌 수 있는 것이어야 한다는 주장을 자주 듣는다. 다시 말하면 서론은 청중의 귀를 쫑긋 세우게 해야 한다는 것이다.

서론은 마치 드럼이나 트럼펫이 팡파르를 울리는 것과 같은 역할을 통해 다음에 무슨 일이 벌어질 것인가에 대해 호기심 어린 관심을 불러일으켜야 한다. 제럴드 케네디(Gerald Kennedy)는 서론과 관련하여 "우리는 단지 사람들이 우리가 할 말을 듣고 싶어하게 해야 한다"[1]라고 했다. 조지 스위지(George Sweazey)는 예전 라디오 시대로부터 도출한 다음과 같은 이미지를 통해 보다 직접적이고 생생하게 묘사한다.

---

1 Gerald Kennedy, *His Word through Preaching* (New York: Harper & Brothers, 1947), 58.

회중은 찬양대의 찬양이 끝나면 편안한 자세로 앉아 여기저기 둘러본다. 방금 읽은 성경 본문이 흥미롭지 않았다면 회중의 마음이 방황하고 있을는지도 모른다. 사람들은 설교자의 음성을 마치 낮잠 자기에 좋은 분위기 있는 음악처럼 듣고 싶어 할 수도 있다. 이제 바야흐로 청중은 막 잠에 빠질 찰나에 있다. 이때 설교자의 서두는 "잠깐만 기다리시오. 그쪽으로 다이얼을 돌리지 마시오. 여기 당신이 듣고 싶어 하는 것이 있습니다"라고 말하는 것과 같아야 한다.²

설교의 서론은 청중의 관심을 불러일으키는 것이어야 한다는 주장은 너무나 명백한 것처럼 보이기 때문에 이러한 주장이 지나치게 비관적인 가정, 즉 청중은 설교가 시작될 때부터 관심이 없거나 산만한 마음으로 앉아 있기 때문에 호각을 불어 주의를 집중시켜야 한다는 가정 하에서 나왔다는 사실마저 간과할 정도이다.

그러나 사실 대부분의 청중은 참을 수 없이 지루한 예배 때문에 몽롱한 상태로 빠지게 하지만 않는다면 기대감과 순수하게 들을 준비를 하고 설교를 듣는다. 설교의 은혜 가운데 하나는 비록 설교에 대해 자주 실망한 적이 있다고 하더라도 청중은 매번 새로운 설교를 들을 때마다 오늘은 자신에게 꼭 필요한 중요한 말씀을 들을 수 있을 것이라고 생각하며 설교를 듣는다는 것이다. 다음과 같은 랜달 니콜스(Randall Nichols)의 주장은 맞는 말이다.

우리는 서론의 목적은 "사람들의 주의를 끄는 것"이라는 말을 귀가 따갑도

---

2   George E. Sweazey, *Preaching the Good News* (Englewood Cliffs, NJ: Prentice-Hall, 1976), 95.

록 들어 왔다.

그렇다면 실제적으로, 설교자가 설교 시간에 강단에 올라왔는데 모든 사람이 주의를 집중하지 않은 때를 한 번이라도 본 적이 있는가?

더욱 고통스러운 사실은 우리는 이미 그들의 관심과 주의를 받아 왔으며 그것도 그들의 자유로운 의사에 의해 기꺼이 그렇게 한 것이다. 우리는 곧 시작될 설교에 참여하겠다는 회중의 의사를 전해 들었다.… 설교자가 회중의 주의가 집중되지 않은 가운데 설교를 시작하는 일은 결코 없다.

5분 후에 시작해도 아무 문제없이 지나간 적이 얼마나 많았는가?[3]

그렇다면 설교의 서론의 목적은 청중의 주의를 집중시키는 것이라는 말은 잘못된 것이다. 대부분의 경우 청중은 자유의사에 따라 주의를 기울이기도 하고 그렇지 않기도 한다. 이러한 회중의 의사는 간절히 원하는 곳으로 움직이는 것이지 설교자 때문에 아무렇게나 포기할 수는 없는 것이다. 설교의 서론은 청중의 관심을 빼앗지 못한다. 우리는 이미 그들의 관심을 받고 있다. 정확히 말해서 설교의 서론은 청중의 관심을 잃지 않도록 노력해야 한다고 해야 맞는 말일 것이다. 그러나 이러한 지혜는 설교의 다른 부분에도 모두 동일하게 적용된다.

둘째, 어떤 사람들은 설교의 서론이 수행해야 할 임무는 서론(introduction)이라는 이름 속에 함축되어 있다고 말한다. 즉 설교를 소개하는(introduce) 것이며, 본론으로 제시될 볼거리에 대한 개관이라는 것이다.

이것은 전체 설교가 말할 것에 대해 맛을 보여줌과 아울러 그것을 통

---

[3] J. Randall Nichols, *Building the Word: The Dynamics of Communication and Preaching* (San Francisco: Harper & Row, 1980), 102-3.

해 설교가 지향하는 계획의 일부를 드러낸다는 의미이다. 일리언 존스(Ilion T. Jones)는 이것을 다음과 같이 설명하였다.

> 설교의 서론은 안내원이 관광객을 데리고 국립공원 등산을 떠나기 전에 흑판에 그려 놓은 안내 지도와도 같다. 이 지도는 그들이 이 여정에 동참할 것인지 말지를 결정하게 할 뿐만 아니라 앞으로 전개될 것들에 대한 견본을 제시하는 것이기도 하다.[4]

이러한 생각은 모두 청중의 입장을 우선적으로 고려한 것으로 서론은 설교가 지향할 지표이자 청중이 기대하는 지표에 대한 선언이 된다. 청중은 전체 설교가 무슨 내용에 대해 대충 어떻게 전개될 것인지에 대해 듣기 때문에 청중의 입장에서 필요한 것이 무엇인지를 예측하게 되며 그에 따라 적절한 청취 다이얼을 맞추게 된다.

이런 점에서 랜달 니콜스는 "서론"이라는 전통적 용어를 치료학에서 빌려온 개념인 "계약"(contract)이라는 용어로 대치할 것을 제안하였다.

> 서론의 목적은 설교자와 청중 사이에 "커뮤니케이션을 위한 계약"을 수립하는 것이다. 이것은 앞으로 전개될 메시지에서 어떤 내용을 어떤 방식으로 말하고 어떠한 깨달음이나 실천을 위해 노력할 것이며 쌍방은 메시지의 전개 과정에서 이를 위해 힘쓰겠다고 하는 상호 동의이다. 이러한 "계약" 개념은 목양이나 상담 분야에서 매우 익숙한 개념이다. 즉 양육하는 자와 양육을 받는 자는 일정한 목적을 일정한 방식에 의해 함께 이루어가겠다는 동의를 하는데 이것이 바로 계약의 의미를 지닌다는 것이다. 설교학에서도

---

[4] Ilion T. Jones, *Principles and Practice of Preaching* (Nashvill: Abingdon Press, 1956), 153.

마찬가지이다. 이 두 가지는 모두 동일한 커뮤니케이션 현상 안에서 일어나는 사건이다.[5]

이런 관점에서 설교자는 서론을 말할 때 강단에 기대어 서서 "오늘 나는 이런 문제에 대해 이러저러한 방식으로 이야기하고자 합니다. 들어보시겠습니까?"라고 말한다. 이것은 보다 긍정적인 청중의 이미지를 제시한다는 점에서 사람들의 관심을 끌어 모으기만 하려는 서론보다 나은 것으로 보인다.

청중은 결코 산만하고 혼미한 상태에 있는 사람들이 아니라 주의력이 있고 진지하며 신중한 사람들이며 그들을 위해 준비된 말씀이 앞으로 어떻게 전개될 것인가에 대해 서론을 통해 미리 들을 만반의 준비를 마친 사람들인 것이다. 집중력으로 가지고 능동적으로 들을 것인가 아니면 다른 생각이나 하며 산만한 마음으로 앉아 있을 것인가에 대한 선택도 그들에게 달려 있다.

그러나 실제로 청중은 앞으로 설교에서 제시할 것을 미리 듣고 싶어하거나 또는 미리 들어야 할 필요가 있는가, 다른 말로 하면, 청중은 앞으로 무슨 말을 할 것인지를 미리 알면 설교를 더 잘 들을 수 있다는 말인가?

데이비드 버트릭은 그렇게 생각하지 않는다. 그는 이러한 접근은 인간 사회의 커뮤니케이션을 풍성하게 하는 데 없어서는 안 될 긴장감을 파괴하고 발견의 참뜻을 왜곡하기 때문에 설교의 서론에서 "앞으로 할 것을 미리 말하는 것"에 대해 신랄하게 비판한다.

서론은 설교의 구조를 다 알고 있는 듯이 미리 드러내어서는 안 된다. 만일

---

[5] Nichols, *Building the Word*, 101.

연극의 막이 오르기 전에 관객이 읽을 수 있도록 안내 팸플릿에 전체 줄거리가 다 나와 있다면 연극에 대한 긴장감은 사라지고 말 것이다. 관객은 어떤 일이 일어날지 이미 다 알고 있는 것이다. 인간의 사고는 종잡을 수 없다고 하는 이유는 인간은 모두 다르게 생각하고 말하기 때문이다. 그래서 우리는 갑작스러운 마음의 변화나 예기치 못한 사고의 전환에 끊임없이 놀라는 것이다. 긴장감(예기치 못한 가능성)을 없앤다는 것은 실로 무자비한 짓이다.[6]

설교의 서론은 미리 보여 주는 것이어야 한다는 예고적 개념을 지지하는 자들은 이러한 방식이 긴장감을 파괴한다는 점에 대해서는 인정하면서도 이것은 실패가 아니라 장점이라고 우긴다. 긴장감은 브로드웨이 연극이나 탐정 소설에나 필요한 것이지만 설교는 의혹과 서스펜스가 아닌 명료함과 정직함을 추구한다고 그들은 주장한다.

그러나 이미 형식에 관한 논의에서도 살펴보았듯이, 사실 좋은 설교는 이 점에 있어서 매우 다양하다. 어떤 설교는 처음부터 모든 베일을 완전히 벗겨내고 자신의 주장을 드러내 보인 후 나머지 시간에는 그 주장에 대해 더욱 자세히 다룬다. 어떤 설교는 탐구 과정의 결과로서 주장을 드러낼 시점을 향해 천천히 점차 다가간다.

두 설교 모두 나무랄 데 없이 훌륭한 설교이다. 적어도 기독교 설교라면 내숭을 떨며 필요한 정보를 움켜쥐고 일부러 긴장감을 조성하거나 불필요한 추측을 하게 함으로 청중들을 가지고 놀아서는 안 되는 것이다. 그러나 모든 설교는 타이밍이 중요하다. 설교자는 청중이 가장 잘 듣도록 하기 위해서는 어떤 것을 언제 말해야 할까에 대해 결정해야 한다.

---

6   David Buttrick, *Homiletic: Moves and Structures* (Philadelphia: Fortress Press, 1987), 85.

따라서 예고적 개념의 서론이 안고 있는 문제는 설교에 따라 달리 적용되어야 하는 타이밍에 대한 결정을 모든 설교에 일률적으로 부과해 버린다는 것이다.

예를 들어, 내가 여러분에게 친구와 다투었던 이야기를 한다고 생각해 보자.

처음에는 화가 나 심하게 싸웠지만 결국 나는 그와 화해하고 더욱 우정을 돈독히 하였다면 어떻게 전달해야 할까?

어떤 상황에서는 이렇게 말할 것이다.

"나와 마태 사이에 있었던 불미스러운 일에 대해 말하려 합니다. 처음에는 심하게 다투었지만 지금은 끝나고 그를 가장 가까운 친구의 하나로 생각합니다. 그러니까 약 3개월 전이었습니다…."

그러나 상황에 따라서는 이렇게 말할 수도 있을 것이다.

"3개월 전 나는 마태로부터 전화를 받았는데 그는 매우 흥분해 있었습니다. 그래서…"

첫 번째 예에서 나는 전체 사건에 대한 대략적 윤곽을 제시한 후 그 사건의 자초지종에 대해 자세히 말해 주었다. 이제 여러분은 이 사건이 어떻게 끝날 것인지에 대해 미리 알고 있으며 따라서 무슨 일이 일어났느냐가 아니라 어떻게 그런 일이 일어났느냐를 알기 위해 나머지 이야기를 들을 것이다. 그러나 두 번째 예의 경우 여러분은 무슨 일이 일어났는지 모르며 심지어 이 이야기가 무엇에 관한 이야기가 될 것인지도 모른다. 그러나 어쨌든 지금으로서 여러분은 이 이야기가 무엇인가에 관한 이야기이며 그것이 무엇이든 적절한 때가 되면 드러날 것이라고 믿고 들을 것이다.

첫 번째 예의 경우 나는 여러분에게 긴장감을 주지 않도록 처음부터 의도적으로 내 패를 다 보여 주기로 결정한 것이다. 내가 이렇게 결정한 이유는 굳이 긴장감이 필요한 이야기도 아닌데다 그로 인해 발생할지도 모를 불필요한 오해를 미연에 방지하려는 생각에서였다. 어쩌면 여러분도 친구와 다투어본 적이 있을 것이며 그래서 나는 유사한 경험이 있는 여러분에게 이와 같이 결말이 좋았던 고무적인 사례를 보여 주고 싶었던 것이다. 따라서 나는 처음부터 "결국 모든 것이 잘 끝났습니다"라고 사실대로 말해 주었던 것이다.

그러나 두 번째 예의 경우 나는 다른 목적이 있었던 것이다. 어쩌면 나는 마태가 화를 내었을 때 내가 당했던 괴로움을 여러분도 느끼고 나를 이해해 주기를 바라는지도 모른다. 나는 이 다툼이 나를 놀라게 하고 당황스럽게 했던 것과 똑같은 방식으로 여러분을 놀라게 하고 당황스럽게 해 주기를 바라는 것이다. 따라서 나는 이 사건이 가져다 줄 충격과 극적 효과를 염두에 두고 이야기를 전개하였다. 이것은 결코 여러분을 기만하거나 내숭을 떨려는 것이 아니라 이 사건의 감정적 효과에 긴장감이 꼭 필요하다고 생각하기 때문이다.

여기서 내가 말하고자 하는 요점은 같은 이야기에 대한 두 가지 전혀 다른 방식의 서론이 제시되고 그에 따라 듣는 사람의 청취 경험은 달라지지만 두 가지 모두 나름대로 효과적이라는 것이다. 이야기를 전개함에 있어서 두 가지 서론 가운데 어떤 것이 효과적인지는 대화와 관련된 모든 상황을 어떻게 보며 그 사건을 어떤 방식으로 활용할 것이냐에 달려 있다.

설교의 서론도 마찬가지이다. 때로는 처음부터 속을 내보이는 것이 좋을 때도 있고 때로는 설교가 전개되어 감에 따라 서서히 내어 놓는 것이 좋을 때도 있다. 그렇기 때문에 설교의 서론은 반드시 설교 형식과 내용을 미리 보여 주어야 한다는 생각은 옳지 않다. 따라서 설교의 서론은 청중의 관심을 모아야 할 책임이 없으며 반드시 설교의 윤곽을 미리 제시해야 할 필요도 없다.

그렇다면 서론의 책임은 무엇인가?

우리는 다음 네 가지로 설명할 수 있다.[7]

1) 설교의 서론은 암시적으로든 명시적으로든 청중에게 일정한 약속을 해야 한다

우리는 다른 사람의 말을 들을 때 상대방이 말한 것을 받아들이지만 때로는 말하는 상대방보다 앞서 나가 그가 무슨 말을 할 것인지 예상하기도 한다. 모르는 사람의 전화를 받은 경우 저쪽에서 "저는 아만다 스미스라고 합니다"라고 하면 우리는 즉각 추적 장치를 발동하여 아만다 스미스가 누구며 무슨 말을 할 것인지 추측하기 시작한다. 계속해서 상대가 "저는 시발전위원회에서 일하는데 연례 기금 마련 캠페인을 벌이는 중입니다"라고 하면 우리는 이미 상대보다 앞서 나가 그녀는 나에게 기부금을 부탁하는 말을 할 것이라고 직감한다.

우리는 말하는 사람보다 빨리 듣고, 상대방의 생각보다 꾸준히 앞서 달리며, 대화가 진행되어갈 것이라고 생각하는 지점에 이미 가 있다. 실제로 성미 급한 청중이 말의 전개가 느린 사람의 말을 듣다 보면 상대보다 앞서 그가 무슨 말을 하려고 하는지 끊임없이 추측하며 때로는 기다리기에 지쳐서 그의 말을 중도에서 끊고 싶다는 유혹을 받기도 한다.

설교를 시작할 때에도 청중은 앞으로 설교가 어떤 방향으로 전개될 것인지를 생각하며 앞서 달린다. 우리가 알든 모르든, 좋아하든 그렇지 않든, 청중은 설교의 서두를 통해 설교의 나머지 부분이 어떠한 내용이 될 것인지를 추측한다. 이와 같이 청중은 단순히 설교 자체를 경청하는 것이 아니라 자신이 기대하고 있는 것을 듣기 위해 설교를 경청하고 있는 것이다.

---

[7] Thomas G. Long, *The Senses of Preaching* (Atlanta: John Knox Press, 1988), 65-68.

따라서 설교의 서론을 위한 우리의 첫 번째 규칙은 반드시 지켜야 할 원칙이라기보다는 실제로 발생하는 상황에 대한 묘사라고 할 수 있다. 원하든 원하지 않든, 설교자는 설교 첫머리에 청중에게 암시를 주며 이러한 암시는 결국 설교의 나머지 부분이 어디로 향할 것인지에 대한 회중과의 약속이 되는 것이다. 이것은 물론 설교자의 의도와 상관없이 단지 청중의 기대 때문에 일어난다. 그러나 그렇다고 해서 설교자가 어떤 약속을 하고 어떤 기대를 조성할 것인가에 대해 전혀 간섭하거나 통제하지 못한다는 말은 아니다.

앞에서도 언급했듯이 일부 설교학자는 설교가 시작되는 이 순간의 신비감을 걷어내고 설교의 나머지 부분에 대한 개요를 제시해야만 설교자의 책임을 다하는 것이라고 생각했다. 그러나 전에도 말했지만 이것은 지나치게 과장된 표현이다. 모든 것을 드러내는 것이 중요한 것이 아니며 항상 바람직한 것도 아니다. 설교의 첫 시간에 청중에게 필요한 것은 전체 설교에 대한 대략적인 개관이 아니라 청취와 관련된 신뢰할 수 있는 방향 제시, 즉 오리엔테이션이다. 어떤 설교는 오리엔테이션이 충분하고 완전하게 제시되지만 다른 설교에서는 단지 암시만으로 끝날 수 있다. 청중은 자신이 바른 길로 가고 있다는 것만 알면 되며 전체 여정의 윤곽을 반드시 다 알아야 하는 것은 아니다. 이것이 바로 서론의 개념을 설명할 때 "약속"이라는 용어를 사용한 이유이다. 약속이라는 것은 상호 인정하는 일정한 미래를 향해 가리키는 것으로 정확히 그것을 어떻게 성취할 것인가에 대해 반드시 구체적으로 제시할 필요는 없다.

간단히 말하면, 설교자는 청중으로 하여금 전체 설교가 어떤 모습이 될 것인지에 대해 어느 정도 정확히 예측할 수 있도록 설교를 시작해야 한다. 현실적으로 이러한 약속은 개별적 설교나 설교와 관련된 상황에 따라 미묘하지만 믿을 수 있는 암시로부터 시작하여 설교의 계획에 관한 보다 충분한 설명에 이르기까지 다양하게 나타난다.

설교자는 서론에서 어떤 약속을 해야 하는지를 어떻게 결정하는가? 사실 이러한 결정은 설교자가 소위 초점과 기능 진술을 작성할 때 이미 정해진다. 초점 및 기능 진술은 전체 설교가 무엇을 말하고 무엇을 행할 것인지에 대해 밝히고 있으며 서론의 과제는 이러한 목적을 제시하는 것이다.

실제로 서론이 어떻게 약속하는지를 살펴보기 위해 서론에 대한 몇 가지 사례들을 살펴보자.

약속이 분명히 이루어진 경우의 예부터 살펴보자.

다음은 갈라디아서 5-6장에서 인용한 구절에 기초한 설교의 서론이다.

> 저는 "갈라디아서에 나타난 자유"라는 전체 주제로 일련의 설교를 해 달라는 요청을 받았을 때 특별히 자유와 정치적 책임이라는 주제에 초점을 맞추어 달라는 부탁을 받았습니다. 그리스도인의 자유는 개인적 양심의 자유, 내적 두려움으로부터의 자유, 죄책감으로부터 자유 및 기타 인격적 문제와 깊은 관련이 있다는 사실을 잘 알고 있지만 오늘 아침에 제가 다룰 주제는 이러한 것들이 아닙니다. 우리가 이러한 자유에 대해 생각해 볼 때 모든 자유는 상호 관련성이 있지만 때때로 우리는 특정 자유에 초점을 맞추어 보다 자세히 살펴보기도 합니다. 이처럼 오늘 아침 우리도 자유와 정치적 책임에 대해 살펴보고자 합니다.
>
> **질문:** 한 가지 물어보겠습니다. 여러분은(혼자 힘으로) 갈라디아서로부터 정치적 자유에 관한 통찰력을 찾을 수 있다고 생각하십니까?
>
> **대답:** 그것은 생각처럼 쉽지 않습니다. 저는 처음에 그것이 불가능하다고 생각하였습니다. 정치는 바울의 화살통에 있는 가장 강력한 화살이 아닐

뿐만 아니라 그는 이 문제를 다른 성경, 특히 로마서 13장에서 다루고 있기 때문입니다. 이 구절은 흔히 현재의 상황이나 권력 구조를 지지하는 근거로 인용되고 있습니다. 그러나 제가 본 서신(갈라디아서)을 깊이 살펴보니 저에게 보다 분명하고 확실하게 다가오는 한 가지 사실이 있었는데 그것은 비록 바울이 결코 우리의 정치적 상황을 염두에 두고 기록한 것은 아니지만 우리의 정치적 상황에 적용할 수 있는 내용에 대해 말씀하고 있다는 것입니다.[8]

이것은 상당히 자세하고 솔직한 서론이다.
이 설교자는 무엇을 약속했는가?
이 서론을 들은 사람이라면 누구나 설교의 나머지 부분은 당연히 갈라디아서에 나타난 자유라는 신학적 개념에 함축된 의미와 함께 이러한 자유의 개념을 개인적 관심사에 초점을 맞춘 일반적 의미에서가 아니라 현재의 정치적 상황과 관련하여 제시해줄 것이라고 기대할 것이다. 사실 설교자는 이 약속을 매우 분명하게 제시했으며 만일 설교의 나머지 부분이 그렇게 하지 못한다면(실제로 이런 경우는 자주 있다) 청중을 잘못된 길로 인도하는 것이다.

이제 약속이 덜 분명하게 제시된 서론을 살펴보자.
다음은 바디매오라는 소경이 고침을 받는 이야기(막 10:46-52)에 기초한 설교의 서론이다.

소경 바디매오가 고침을 받은 놀라운 이야기는 이 시대에 기록된 것이 아

---

[8] Robert McAfee Brown, "Freedom and Political Responsibility," in *Proclaiming the Acceptable Year: Sermons from the Perspective of Liberation Theology*, ed. Justo L. Gonzalez (Valley Forge, PA: Judson Press, 1982), 117.

니므로 현대적 잣대에 기준한 질문은 삼가주시기 바랍니다.

"혹시 바디매오가 안질을 앓고 있었던 것은 아닙니까?,"

"예수님은 최초의 각막이식 수술을 하신 것입니까?,"

"바디매오는 정서적 불안과 같은 심리적 요인에 의해 우연히 소경이 된 것은 아닙니까?"

이와 같은 것들은 모두 예리한 질문임에 틀림없지만 잘못된 질문이며 마가 역시 여기에 대해 어떠한 대답도 하고 있지 않습니다.

대신 19세기로 되돌아가 다른 나라에 사는 다른 민족이 가지고 있는 다른 세계관으로 바라봅시다.

당시의 상황과 동일한 입장에서 이야기를 들읍시다.[9]

이 경우 설교자는 이 설교가 어떻게 전개될 것인지에 대해 아무런 언질도 주지 않는다. 사실 우리는 아직까지 이 설교의 주제조차 모른다. 우리는 이 설교가 앞으로 무엇을 할 것인가에 대해서보다 앞으로 하지 않을 것(소경 바디매오에 관한 현대적 질문에 대한 답변)에 대해 더 많이 들었다. 그럼에도 불구하고 이 설교자는 한 가지 암시적인 약속을 하고 있다. 그것은 이 설교에서 부적절한 현대적 질문은 무시할 것이며 당시의 문화적, 역사적 배경 하에서 바디매오 이야기에 담긴 통찰력을 찾을 것이라는 점이다. 청중은 이러한 통찰력이 어떤 모습이 될 것인지에 대해 아무런 암시도 받지 않았지만 설교의 나머지 부분을 통해 무엇인가 새롭고 예기치 않은 것을 들을 것이라고 믿는다. 그들은 지금까지 이 이야기에 대해 가지고 있던 선입견은 이 새로운 관점으로 말미암아 도전을 받게 될 것이다.

---

9 John R. Fry, "Blindness," in *Fry, Fire and Blackstone* (Philadelphia: J. B. Lippincott Co., 1969), 45.

서론에 관한 또 하나의 예를 살펴보자.
이것은 기도에 관한 설교에서 나온 것이다.

> 우리는 왜 기도를 합니까?
> 왜 우리는 이 거대한 허공에 대고 말하거나 가장 깊은 내면의 어둠을 향하여 부르짖는 것입니까?
> 다윗은 왜 자식이 죽어갈 때 금식하며 부르짖었습니까?
> 왜 예수님은 겟세마네 동산으로 가셨습니까?
> 어떤 사람들은 왜 고개를 숙이거나 손을 들거나 무릎을 꿇은 채 한 마디의 응답이라도 듣기 위해 우리를 둘러싼 침묵을 향해 요구하는 것입니까?
> 그 이유는 너무 많아 한 주일 설교로는 다 말씀드릴 수도 없거니와 동시에 그것은 말로 표현하기에는 너무 어렵기도 합니다.
> 우리는 왜 기도합니까?[10]

이 서론에 포함된 약속은 무엇인가?

설교자는 "우리는 왜 기도합니까?"라는 질문에 "제한된"(qualified) 답변을 하겠다는 약속을 하였다. 여기서 "제한된"이라는 표현을 사용한 것은 서론을 끝맺고 있는 수사학적 질문("우리는 왜 기도합니까?") 앞에 이미 그 이유가 한 편의 설교에 담기에는 "너무 많고" 말로 표현하기에는 "너무 어렵다"는 사실을 전제하기 때문이다. 따라서 청중은 마땅히 이 질문에 대해 다룰 것이라고 기대하지만 그들이 받은 약속은 설교에서 제시될 답변의 내용보다 많지는 않은 것이다. 설교자는 이미 그것이 부분적이고 결론 없는 답변

---

10 Cynthia A. Jarvis, "Let Us Pray: Why Do We Pray?" 1985년 8월 4일 Nassau Presbyterian Church, Princeton, NJ.에서 행한 설교.

이 될 것이라는 점을 통보하였기 때문이다.

이와 같이 설교의 서론을 하나의 약속 제시로 이해하는 관점에는 많은 서론에서 볼 수 있는 전형적인 약점 가운데 하나가 드러난다. 종종 설교자는 설교를 흥미진진한 방식으로 시작하겠다는 생각으로 청중을 일순간에 사로잡을 수 있는 기발하고 현란한 서론을 구상한다. 이러한 서론이 청중의 관심을 끌 것이라는 데에는 의심의 여지가 없지만 동시에 그들은 청중에게 지키지 못할 약속을 한 것이다.

존 킬링거(Jhon Killinger)의 말처럼 이들은 늑대가 나타나지 않았는데도 "늑대가 나타났다!"고 외친 양치기 소년과 같다.

> 설교자는 '들어보시라! 여러분은 엄청난 설교를 듣게 될 것이다'고 외치지만 막상 얼마간의 현혹적인 시간이 지나고 아무런 구체적인 것도 제시하지 못할 때 회중은 다시는 속지 않으려 할 것이다.[11]

2) 설교의 서론은 청중이 원한다고 생각하는 약속을 해야 한다

청중은 설교의 서론을 앞으로 설교에서 제시할 것에 대한 약속으로 듣는다. 따라서 이 약속은 청중에게 가치 있는 것이어야 한다. 우리는 설교를 시작할 때 반드시 청중의 관심을 끌어 모을 필요는 없지만 그들의 삶에 의미를 주는 설교를 약속함으로 관심을 다른 데로 돌리지 못하게 유지시켜야 한다. 다음은 막달라 마리아가 부활하신 주님을 만난 이야기를 다룬 요한복음 20장 11-18절을 본문으로 한 설교의 서론이다.

---

[11] John Killinger, *Fundamentals of Preaching* (Philadelphia: Fortress Press, 1985), 84.

주께서 부활하신 아침 막달라 마리아와 부활하신 주님이 만나는 장면은 참으로 이해할 수 없는 내용으로 가득합니다. 마리아는 무덤 밖에 서서 울고 있었습니다. 그것은 주님이 돌아가신 것 때문만이 아니라 주님을 두었던 무덤이 비어 있었기 때문입니다. 그녀는 동산지기라고 생각한 사람을 돌아보며 울며 말했습니다.

"주여 당신이 옮겼거든 어디 두었는지 내게 이르소서. 그리하면 내가 가져 가리이다."

그러나 그의 입으로부터 나오는 대답은 "마리아야"라는 한 마디뿐이었습니다. 자신의 이름을 부르는 이 한 마디에 마리아의 슬픔은 놀라움으로 변하였으며, 지금까지 동산지기라고 생각했던 막연한 추측은 이제 살아 계신 주님을 대하고 있다는 확실한 인식으로 바뀌게 된 것입니다. 그러나 그때, 막상 그녀가 눈물을 거두고 가까이 가려 하자 예수님은 참으로 곤혹스럽고 이해할 수 없는 말씀을 하셨습니다.

마리아가 "랍오니!"라고 외치며 다가가자 예수님은 뒤로 물러나시며 "나를 만지지 말라 내가 아직 아버지께로 올라가지 못하였노라…"고 하셨던 것입니다.

"나를 만지지 말라."

부활하신 주님이 어떻게 이런 이상한 말씀을 하셨을까요?

이 말씀은 무슨 의미를 담고 있을까요?

수세기 동안 성경학자들은 이 말씀에 당황하면서 그 의미에 대해 나름대로 여러 가지 주장을 제시하였습니다.

과연 어느 주장이 옳을까요?

예수님이 이 말씀을 하신 참 뜻은 무엇일까요?

이 설교자는 서론을 통해 예수께서 "나를 만지지 말라"고 하신 말씀의 참 뜻을 밝히기 위해 역사적으로 요한복음 20장이 어떻게 해석되어 왔는지에 대해 살펴볼 것을 약속하고 있다.

이것은 과연 청중이 원하는 약속인가?

그것은 당연히 이 설교를 듣는 청중이 누구냐에 따라 달라진다. 어떤 사람은 분명히 요한복음 주석을 면밀히 살펴보며 예수님의 말씀에 대한 가장 좋은 해석을 찾아내려고 하는 사람도 있을 것이다. 그러나 대부분의 청중은 이런 방식이 그다지 와닿지 않을 것이다. 그들은 이런 방식이 오히려 곤란을 초래할 수도 있다고 생각할 것이다.

어쨌거나 이것은 예수님의 말씀이기 때문에 우리는 그 의미를 알고 싶어해야 한다. 그러나 우리를 괴롭히는 것, 이 서론이 주의를 끌지 못하는 것은 바로 "예수님이 의미하는 것을 찾아내었다고 하자. 그래서 어쨌다는 말인가?"라는 회의감인 것이다.

아마도 이 설교자는 예수께서 말씀하신 의미를 정확히 찾아내는 것이 오늘날 성도들에게 잠재적으로 중요하다고 믿는 것 같다. 그렇다면 적어도 그러한 사실에 대한 몇 가지 암시가 이 서론의 약속의 일부로 포함되어야 할 것이다. 다음은 같은 본문에 기초한 다른 설교자의 서론이다.

막달라 마리아와 부활하신 주님이 만나는 장면을 묵상하고 있을 때 저는 환상적으로 청명한 아름다운 밤을 가르며 시카고에서 뉴욕으로 가는 비행기 속에 있었습니다. 33,000피트나 되는 상공이었음에도 불구하고 지면 아래로 보이는 수천 개의 반짝이는 빛은 마치 그 속에 사는 사람들이 느껴질 만큼 가깝게 생각되었습니다.

초저녁에 TV를 보는 사람, 친구를 만나는 사람, 숙제하고 있는 어린이, 지하 작업장에서 일하는 사람, 차를 타고 급히 이동 중인 사람들. 저는 불현

듯 이들 가운데 누군가 빈 무덤 밖에서 일어난 일이나 마리아가 예수께 했던 질문이나 예수님이 대답하신 내용에 대해 조금이라도 관심을 가지고 있을 것이라는 상상이 참으로 어리석었다는 생각이 들었습니다. 즐겨보는 프로그램, 슈퍼마켓에서 치솟는 식료품 값, 최근 동네에서 발생한 사건, 지역 고등학교 농구팀의 승리와 같은 것들에 더 많은 관심을 갖지 않겠습니까? 그럼에도 불구하고 사실 저들은 모두 옛 것과 새 것, 좋았던 옛 시절과 혼란스러운 현재, 옛 생활 방식과 새로운 생활 방식, 옛날의 도덕적 기준과 오늘날의 도덕적 기준, 안정되고 소박했던 과거와 전통이나 도덕이나 기준의 급속한 변화로 간담마저 써늘한 현재, 이와 같은 양자 간의 긴장에 대해 관심을 가지고 있습니다.

저들은 대부분 옛 것에 집착하여 새로운 변화를 거부하려 할 것입니다. 급속한 변화가 거의 매일 일어나 우리를 충격에 빠뜨릴 때 우리는 옛 것에 집착함으로 새로운 확신과 안정을 찾으려 할 수도 있습니다. 이러한 사실은 주께서 부활하신 날 무덤 밖에서 일어났던 막달라 마리아와 예수님에 관한 이야기로 우리를 인도합니다.[12]

이 서론에 이어지는 설교 역시 "나를 만지지 말라"고 하는 예수님의 수수께끼 같은 말씀의 의미를 찾으려 할 것이다. 그러나 이 서론은 이 구절의 의미를 찾기 위해 해석학적 대안들을 살펴보는 추상적인 탐구와는 다른 약속을 한다. 이 서론은 청중에게 직접적으로 중요한 문제, 즉 옛 것과 새 것 사이에서 우리가 경험 하는 긴장에 대한 통찰력을 제공하기 위해 성경 본문과 씨름하는 설교가 될 것임을 약속한다. 이것이 대부분의 청중이 원하

12　Edmund A. Steimle, "Do Not Cling to Me," 1973년 4월 22일 Lutheran Series of the Protestant Hour에서 행한 설교 (New York: Lutheran Church in America, 1973), 13-14.

는 약속이다.

설교의 서론은 청중이 원하는 것을 약속해야 한다는 시각에 분명히 반대하는 목소리도 있다. 즉 이러한 서론은 편안하고 아무런 요구도 하지 않으며 그들이 듣고 싶어 하는 것만을 말하는 방식으로 복음에 접근하는 것이 아닌가라는 것이다.

만일 성경 본문에 충실하기 위해서는 다소 어렵고 부담스러우며 무엇인가를 요구하는 말씀을 전할 수밖에 없을 경우 어떻게 설교할 것인가?

복음 가운데 회중에게 필요한 말씀이지만 그들이 꼭 듣고 싶어 하지는 않는 경우 어떻게 할 것인가?

우리는 이 문제와 관련하여 우리 자신 및 자신의 청취 경향에 대해 살펴봄으로 접근할 수 있다. 우리는 누구나 자신을 불편하게 하는 말보다 기쁘게 하는 말을 듣고 싶어하는 것이 당연하다. 우리는 비판보다 칭찬해 주는 말을 바라고, 요구보다 격려해 주기를 바라며, 판단받기보다 인정해 주기를 바란다. 우리가 진정 원하는 것이 이것뿐이라면 설교의 서론은 사람들이 원하는 것을 약속해야 한다는 주장은 잘못된 것이다. 왜냐하면 이러한 서론은 자신이 좋아하는 것만 들으려는 잘못된 이기주의에 영합하는 것이기 때문이다.

그러나 사실 우리가 원하는 것은 이와 같이 단순하지 않고 보다 복잡하다. 우리 마음 한 편에서는 편안한 것만 들으려 하지만 다른 편에서는 어떤 희생이 있더라도 진리를 들으려고 한다. 우리 마음의 첫 번째 영역은 두 번째 영역과 싸운다. 대체로 이 싸움에서 첫 번째 영역이 이기지만 진리에 대한 갈망을 완전히 없애지는 못한다.

누군가 우리에게 와서 "제가 염려가 되서 그러는데 드릴 말씀이 있습니다"라고 하면 우리는 대개 비판적인 말을 할는지도 모른다는 생각에 움츠리게 된다. 한편에서 우리는 다음에 이어질 말을 듣고 싶어 하지 않지만 또 한편에서는 그 말을 듣고 싶어 한다. 우리가 그 사람을 신뢰하지 않거나 그 말이 우리를 선도하기보다 상처를 줄 것이라고 생각되면 우리는 귀를 닫아버릴 것이다. 그러나 만일 우리가 그를 신뢰하거나 그의 말이 괴롭기는 해도 결국 우리를 위해서 하는 말이라고 생각되면 기꺼이 감수하며 듣게 되는 것이다.

인간의 청취와 관련된 이러한 현실은 기독교 공동체의 상황에 적용할 때 보다 깊고 풍성해진다. 교회가 하는 이야기는 확실히 귀를 닫고 거부하게 만드는 이야기 가운데 하나이다. 그러나 다른 한편으로 이 이야기는 귀를 열어 듣고 회개하도록 만드는 이야기이기도 하다. 회중(또는 설교자)은 언제나 지시나 명령과 같은 복음적 요구의 영역만 들으려 한다고 생각하는 것도 비현실적이지만, 사람들은 설교에서 오직 편안한 말과 현상 유지에 필요한 말만 들으려 한다는 생각 역시 너무 냉소적인 발상이다.

회중은 설교를 추상적으로 듣지 않으며 보다 넓은 자신의 신앙 경험 안에서 듣는다. 우리는 심판도 하나님의 사랑의 일부로 보는 관점에서 신앙을 고백한다. 어폐가 없는 것은 아니지만, 그럼에도 불구하고 우리는 회중이 도전과 요구를 하겠다고 약속하는 설교를 듣고 싶어한다고 단언할 수 있다.

따라서 설교의 서론은 청중이 원하는 약속을 해야 한다고 말할 때 우리는 결코 청중을 "즐겁게 하는" 설교와 청중에게 요구하는 설교를 구분하고 있는 것이 아니라 청중과 관련이 있는 설교와 청중과 무관한 설교를 구분하고 있는 것이다.

어떤 설교의 서론은 설교의 나머지 부분이 자기만 알고 있는 종교 용어 게임판 위에서 장기 알을 옮기는 것같이 될 것이라고 약속한다. 청중은 즉시 마음 깊은 곳으로부터 "그래서 어쨌다는 말이냐"라고 외칠 것이고 더 이상 듣지 않으려 할 것이다. 그러나 또 어떤 설교의 서론은 이 설교는 우리 모두의 삶에 중요한 몇 가지 문제를 다루게 될 것이라고 명백히(또는 은연중에) 밝힌다. 이런 서론은 기쁨을 주거나 심판을 선언할 것이며, 사랑을 표현하게 하거나 죄를 고백하게 할 것이며, 우리의 믿음을 강화시키거나 우리의 환상을 무너뜨리게 할 것이다. 그러나 이런 것들은 모두 우리의 실제적인 삶에 매우 중요한 말씀이 될 것이다.

여기서 우리가 배워야 할 또 하나의 교훈이 있다. 그것은 만일 자신에게 선택권이 주어진다면 사람들은 전적으로 파괴적인 메시지는 결코 들으려 하지 않을 것이며 들을 수도 없다는 것이다. 복음이 때때로 우리에게 여러 가지를 요구하는 것도 우리를 멸망시키기 위해서가 아니라 생명을 주기 위해서이다. 심판의 낫을 휘두르며 설교를 시작하는 설교자는 결국 청중이 재빨리 그 길을 벗어나는 방법을 배운다는 것만 발견하게 될 것이다. 어느 교회 여 성도는 담임목사가 "나는 오늘 아침에 누군가를 꾸짖으려(화나게 하려) 합니다"라는 말로 설교를 시작하였다고 했다.

얼마나 교만한 시작인가?

이것은 복음도 아니고 성경 본문이 주장하는 바도 아니다. 다만 "내가 누군가를 꾸짖겠다"라는 것이다. 그 성도는 "우리 목사님은 거의 모든 설교에서 그런 말을 한다. 그가 모르는 것이 있는데 그것은 이미 우리의 마음이 굳어 있다(화나 있다)는 사실이다"라고 말한다. 문제는 청중이 설교자나 그의 설교가 좋을지 나쁠지를 금방 알아챈다는 것이다. 다시 한번 말하지만 설교의 서론을 통해 구분하려는 것은 그것이 "듣기 좋은" 말을 약속하느냐 "듣기 싫은" 말을 약속하느냐가 아니라 "파괴적인 말씀"을 약속하느냐 "구속적인" 말씀을 약속하느냐가 되어야 한다.

3) 설교의 서론은 설교의 나머지 부분도 동일한 커뮤니케이션 수준으로 제시될 것이라는 약속을 해야 한다

설교의 서론에서 우리가 제시하는 약속은 일정한 어조의 색채를 띠고 있다. 만일 설교가 사려 깊고 정확한 언어로 어떤 문제를 제기하였다면 청중은 당연히 설교의 나머지 부분도 사려 깊고 정확하게 제시될 것이라고 기대하게 된다. 만일 서론이 감정적인 반응을 불러일으켰다면 설교의 나머지 부분도 갑자기 지적이며 인식적인 태도로 돌변하여 그 문제를 다루어서는 안 된다. 다음은 마가복음 5장 21-43절에 대한 설교의 서론이다.

> 우리는 오늘 말씀의 중간 부분(25-34절)에서 다소 특이하게 전개되는 장면을 보게 됩니다. 몸에서 피가 멈추지 않는 혈루증을 12년 동안이나 앓고 있는 한 여인이 수많은 군중을 뚫고 예수님의 뒤로 다가와 그의 옷에 손을 대었습니다. 그 순간 흐르던 피가 즉시 멈추었고 그 여자는 자신이 나았다는 것을 몸에 느꼈습니다. 예수님은 능력이 자기에게서 나간 것을 아시고 즉시 "누가 내 옷에 손을 대었느냐?"라고 물었습니다. 놀란 제자들은 황당하다는 듯이 "무리가 에워싸 미는 것을 보시며 누가 내게 손을 대었느냐 물으시나이까?"라고 대답했습니다. 그러나 예수님은 주위를 둘러보셨습니다. 계속해서 보고 계시니 결국 그 여자가 두려움에 떨며 나아와 예수께 모든 사실을 고했습니다. 예수님은 그녀에게 무슨 일이 있어났는지 설명해 주었습니다.
> "딸아 네 믿음이 너를 구원하였으니 평안히 가라…."
> "누가 내게 손을 대었느냐?"
> 나는 삼년 전에 처음으로 이 말씀에 사로잡혀 전율한 적이 있습니다. 나는 그 순간을 잊지 못합니다. 이 사건은 점차 나에게 무엇인가를 말해 주었습

니다. 그것은 예수님에 관해, 나 자신에 관해, 그리스도인의 삶에 관한 것입니다. 이 시간에 이 세 가지에 관한 말씀을 드리려 합니다.[13]

이 서론은 무엇을 약속하고 있는가?

한 편으로 이 설교자는 "누가 내게 손을 대었느냐?"라는 예수님의 질문을 세 가지 면에서, 즉 예수님에 관해, 우리 자신에 관해, 그리고 그리스도인의 삶에 관해 제시할 것이라고 약속하였다. 그러나 이 서론의 어조를 감안하면 그 이상의 것을 약속하고 있는 것이 분명하다.

감정이 담겨 있는 표현들에 주의해보라.

"특이한 전개," "피가 멈추지 않는," "몸에 느꼈다," "두려움에 떨며," "사로잡혀 전율한." 이러한 표현들은 청중에게 이 서론이 인식적인 차원과 정서적인 차원이라는 두 가지 차원에서 동시에 진행되고 있음을 보여 주며, 이것은 곧 나머지 설교도 같은 차원에서 전개될 것이라는 것을 약속하고 있다. 요약하면, 어떤 이슈에 대해 지적이고 분석적인 접근을 약속하는 설교도 있지만 이 설교는 그렇지 않다는 것이다. 이 설교의 목적은 청중들 역시 "누가 내게 손을 대었느냐?"라는 예수님의 질문에 "사로잡혀 전율"하게 하는 것이다.

이와 같이 설교의 서론은 나머지 설교의 커뮤니케이션 수준과 일치해야 한다. 데이비드 버트릭의 말처럼 "서론은… 청중의 해석학적인 이해를 위한 방향을 제시해야 한다. 적어도 서론이 끝나면 사람들은 설교를 들을 준비가 되어 있어야 하며, 그것도 일정한 방식으로 들을 준비가 되어 있어

---

[13] Walter J. Burghardt, "Who Touched Me?" in *Sir, We Would Like to See Jesus: Homilies from a Hilltop* (Ramsey, NJ: Paulist Press, 1982), 99.

야 한다.[14]

4) 설교의 서론은 전체 설교를 염두에 두고 진행되어야 하지만, 바로 다음 흐름과도 직접적인 내용적 연결이 되어야 한다

존 킬링거는 "좋은 서론은 안내를 잘해야 한다. 그것은 사람들을 설교 속으로 안내한다"라고 했다.[15] 넓은 의미에서 볼 때 이 말은 서론이 사람들을 전체 설교 속으로 인도한다는 뜻이다. 앞에서 살펴본 대로 설교의 서론이 약속을 하면 설교의 나머지 부분은 그 약속을 이행하는 일을 한다. 그러나 서론은 청중을 전체 설교로 인도하는 것 외에도 설교의 다음 단계로 사람들을 인도해야 한다는 협의적 의미도 있다. 그러므로 서론이 끝나면 청중은 전체 설교가 어디로 가고 있는지 알아야 하며 또 다음 흐름으로 들어갈 준비가 되어 있어야 하는 것이다.

데이비드 버트릭은 고린도전서 11장 17-32절을 설교하기로 생각하였다. 본문은 고린도 성도들이 극심한 논쟁에 빠져 있는 상황에서 성만찬의 의미에 관해 다룬다. 전체 설교는 교회의 평화와 갈등이라는 문제에 초점을 맞추어 다루려고 한다. 따라서 서론은 그것을 염두에 두어야 한다. 그러나 서론에 이어지는 설교의 두 번째 부분에서 설교자는 특별히 성만찬에 관해 다루고 싶어한다. 그러므로 서론은 다음 단계인 이 두 번째 부분에 대해서도 염두에 두어야 한다. 버트릭은 다음 세 가지의 가능성을 가지고 서론을 구성해 보았다.[16]

---

[14] Buttrick, *Homiletic*, 90.

[15] Killinger, *Fundamentals of Preaching*, 83.

[16] Buttrick, *Homiletic*, 84-84.

서론 1.

고린도에 있는 한 작은 교회는 불행히도 오늘날 많은 교회가 그러하듯이 분열이라는 문제에 빠져 있었습니다. 파벌 싸움을 하고 있었다는 말입니다! 부자와 가난한 자, 종과 자유자, 청빈한 신앙과 방종한 신앙이 서로 갈라져 갈등을 조장했던 것입니다. 고린도교회는 "갈등 치유"에 정통한 목회자가 아니라면 가기를 꺼려할 수밖에 없는 교회였습니다. 모든 파벌이 끼리끼리 뭉쳐 각자의 지도자를 택하고 서로 으르렁거렸기 때문입니다.

이 서론은 교회의 갈등이라고 하는 전체 설교의 중심 이슈에 대해 잘 제시하고 있다. 그러나 다음 흐름인 성만찬에 관한 논쟁에 대해서는 청중에게 아무런 준비도 시키지 못하고 있다. "이 서론은 갑자기 성만찬에 관한 내용으로 넘어가야 하기 때문에 지나친 비약으로 비칠 수 있다"라고 생각한 버트릭은 다음과 같은 내용의 서론을 준비하였다.

서론 2.

성만찬은 대부분의 회중에게 엄숙하고 거룩한 시간입니다. 우리는 엄숙한 마음으로 성만찬상 앞으로 모입니다. "이것은 나의 몸이라"는 목사님의 선포에 이어 우리는 함께 떡을 나눕니다. 이러한 성만찬은 수세기 동안 그리스도인들이 모여 생명의 떡과 잔을 나누기 위해 차려졌습니다. 그러므로 성만찬은 성도의 삶에 있어서 특별하며 어느 때보다 엄숙하고 경건한 순간인 것입니다.

이 서론의 문제점은 첫 번째 예와 반대이다. 설교의 다음 흐름을 염두에 두고 있다는 점에서는 아무런 문제도 없으나 설교 전체의 관심사에 대해서는 아무런 암시도 없다는 것이다. 이 서론은 단지 성만찬에 관한 내용에 대해서만 약속을 한다. "그 결과 막상 설교가 교회의 갈등이나 연합에 관한 문제를 다루게 되면 서론은 특별한 의미가 없는 하찮은 것이 되거나 잘못 인도한 꼴이 되고 만다"라고 버트릭은 주장한다. 그래서 그는 다음과 같은 세 번째 서론을 작성하였다.

서론 3.
수년 전 가족이 다시 하나가 되는 내용을 담은 영화가 나온 적이 있습니다. 이 가족은 항상 다투기를 좋아했습니다. 그들은 항상 삐걱거리고 서로 이간하였으며 한번도 사이가 좋았던 적이 없었습니다. 그럼에도 불구하고 그들은 매년 파티를 열고 함께 모였습니다. 그들은 언제나 긴 식탁에 함께 앉았습니다. 그러나 누가 보더라도 그들이 서로 곁눈질하고 상대의 눈길을 피하며 못 본 척하는 것을 눈치 채지 못할 사람은 없을 것입니다.

이 서론은 교회의 갈등이라고 하는 설교 전체의 주제를 염두에 두고 있을 뿐만 아니라 청중으로 하여금 자연스럽게 다음 흐름인 성만찬에 관한 논의로 끌어들인다. 따라서 이것은 설교 전체의 내용뿐만 아니라 바로 다음 단계에 대해서도 제시하고 있다는 점에서 앞의 두 서론보다 분명히 나은 서론이다.

2. 연결

설교의 구성 요소를 나타내는 명칭은 무수히 많다. 이 책에서 주로 사용하고 있는 "흐름"이라는 표현을 비롯하여 대지, 움직임, 에피소드, 단위,

영역, 면(page) 등이 그것이다. 이들을 어떻게 분류하든, 중요한 것은 설교가 논리적 흐름에 의해 배열된 일련의 부분들로 구성되어 있다는 것이다. 심지어 우리는 설교를 긴 복도를 따라 방으로 들어가는 문이 일렬로 배치되어 있는, 마치 학교 복도와 같은 것으로 생각할 수 있다.

이 "방들"은 대지, 단계, 조각이며, 우리가 무엇이라고 부르던, "복도"는 이들을 함께 묶고 다음 흐름으로 이동하게 하는 논리적 실이다. 우리는 복도를 따라 내려가면서 첫 번째 방에 들어간다. 그곳에는 이야기와 역사적 교훈이 있으며 온갖 상상력이 동원되기도 할 것이다. 이어서 우리는 복도로 나와 다시 다음 방으로 들어가는데 그곳에서는 무엇인가 다른 것들을 듣고 보고 배우고 경험하게 된다.

이제 "복도에서" 일어나는 일에 대해 자세히 살펴보고 설교의 주요 부분들 사이에는 어떤 재료가 사용되는지에 대해 알아보자.

이해를 돕기 위해 우리는 TV에서 축구 중계를 하는 스포츠 아나운서를 생각해볼 수 있다. 중계 방송은 주로 두 명의 중계 아나운서와 한 명의 해설자에 의해 진행된다. 중계 아나운서가 하는 일은 경기의 주요 동작에 대해 설명하는 것이며 해설자의 임무는 시청자가 경기를 바르게 평가하고 이해할 수 있도록 경기 중간중간에 중계 내용에 대해 부연 설명을 곁들이는 일이다. 설교자는 이 두 가지 역할을 다 한다. 그들은 설교의 주요 재료(경기 동작)에 대해 전하는 동시에 설교 중간중간에 이 재료를 어떻게 이해하고 받아들이며 평가해야 하는지에 대해 해설을 한다.

전통적으로 설교의 각 부분 사이에 있는 이 작은 토막들은 한 부분에서 다른 부분으로 이동하는 지점을 나타낸다고 해서 "전환점"(transitions)이라고 불렀다. 많은 설교자들은 이러한 전환점을 대수롭지 않게 생각하는 실수를 함으로써 단지 설교의 흐름을 이어주는 무미건조하고 기계적인 삽입구(둘째로, 다음으로 드릴 말씀은, 결론적으로)로 대체하였다. 그러나 우리가 커뮤니케이션이라는 관점에서 이와 같은 전환적 요소에 대해 살펴본다면, 설교의 각 부분을 이어주는 이러한 연결구는 설교의 명료성이나 활력 및 흐름에 있어서 절대적으로 중요하다는 것을 알 수 있다.[17] 연결구는 대개 간단하지만 커뮤니케이션과 관련된 다음 네 가지의 중요한 전달 임무를 수행한다.

1) 연결구는 설교의 한 부분(바로 앞부분)을 종결함으로 청중이 바른 궤도 위에 있음을 다시 한번 확인시켜 준다

설교의 각 흐름은 설교의 전체적인 진행과 전개에 일정한 기여를 하며, 청중이 설교가 끝날 때까지 길을 제대로 찾아가기 위해서는 각 흐름에 대한 청취 임무를 효과적으로 수행하여야 한다. 무엇보다도 연결구는 설교의 한 흐름을 끝맺으며, 그 흐름에서 가장 중요한 것(그것이 무엇이든)을 제시한다. 다음은 전형적인 연결구의 예이다.

아시다시피 초대교회는 하나님의 나라가 곧 임하여 역사의 막을 내리고 모든 피조물은 하나님의 승리의 장중에 들어갈 것을 학수고대하며 살았습니다. 따라서 바울이 "기뻐하라… 주께서 임하신다"고 했던 것은 조금도 이상할 것이 없었습니다. 그러나 오늘날 이 시대는 그로부터 실로 많은 시간이 흘렀습니다. 이제 우리는 마땅히 임박한 재림에 들떠 "곧 오소서 임마누엘"이라고 찬양하며, "남은 자들"이라는 소설 한 권쯤에 관심을 가질 때도 되었습니다마는 오히려 우리는 지평선만 바라보며 하나님의 나팔소리를 기다리기에 지쳐있습니다. 우리는 "나라가 임하시며…"라고 기도하지만 그다지 숨을 죽이며 기다리고 있지는 않습니다.

---

[17] Buttrick, *Homiletic*, 70-74에 나오는 "논리적 연결구"에 관한 훌륭한 설명을 참조하라.

이 연결구는 임박한 종말에 대한 초대교회의 기대를 담고 있는 설교의 한 부분에 이어진다. 이 연결구의 첫 번째 역할은 이 부분의 핵심 내용, 즉 "초대교회는 하나님의 나라가 곧 임하여 역사의 막을 내리고 모든 피조물은 하나님의 승리의 장중에 들어갈 것을 학수고대하며 살았다"라고 하는 핵심 내용을 반복하는 것이다.

이것은 청중에게 어떤 역할을 하는가?

이것은 설교의 이 부분까지 따라오고 있는 사람들에게 자신이 메시지를 제대로 이해하고 있다는 확신을 다시 한번 심어 주는 역할을 한다. 이것은 마치 약도를 들고 친구의 파티에 찾아가는 것과 같다.

"B길을 따라 6마일쯤 간 후 다리 건너 좌측으로 세 번째 골목으로 들어서면 언덕 위에 청색 집이 보일 것입니다."

그래서 우리는 B길을 따라 6마일쯤 간 후 다리를 지나 골목을 세어가다 세 번째 길에서 좌회전하였다. 우리는 길을 바로 왔다고 생각하지만, 청색 집이 보이면 비로소 제대로 찾아 왔음을 알게 된다. 마찬가지로 설교의 연결구를 통해 우리가 들었다고 생각하는 것을 다시 한번 확인하게 되면 지금까지 제대로 듣고 있었구나라고 생각할 것이다. 그러나 잘 알아듣지 못하였거나 마음이 딴 데로 가 있던 사람은 이러한 연결구를 통해 다시 한번 설교의 흐름으로 들어와 바른 길을 갈 수 있는 계기가 되는 것이다.

2) 연결구는 설교의 다음 부분이 앞부분과 논리적으로 어떻게 연결되는지를 보여 준다

앞에서 예로 든 연결구 가운데 특히 "오늘날 이 시대는"이라는 구절을 살펴보자.

"그러나"라는 짧은 접속사 하나가 청중에게 설교의 다음 부분이 앞부분과 논리적인 대조를 이룰 것이라는 사실을 알려 준다. 따라서 청중은 설교의 두 부분 사이의 긴장감을 예측하게 된다. 설교의 부분들 사이에는 여러 가지 유형의 논리적 연결이 존재한다. 다음은 일반적인 연결구이다.

(1) "그리고"

이러한 유형의 연결구는 점증적, 누적적 방식으로 연결한다. 이것은 사실 "이것은 사실이며, 그리고(and) 이것도 사실이다"라고 말한다. "덧붙여서, 더구나, 다시 한번 말하면,… 뿐만 아니라… 도 역시, 뿐만 아니라, 또 하나의" 등은 모두 이러한 특성을 가진 연결구이다.

(2) "그러나"

이 유형은 논리적인 대조를 가져오며, 이 유형에 속한 전형적인 형태는 "그러나, 그렇지만, 그럼에도 불구하고, 다시 생각해보니, 이것에도 불구하고, 한편으로는" 등이 있다.

(3) "만일… 면"

이 유형은 설교의 다음 부분의 타당성이 부분적으로 앞부분에 달려 있음을 보여 준다. 이 유형에 사용되는 용어는 "그렇다면, 왜냐하면,… 이기 때문에, 그렇기 때문에, 그러므로, 만일… 면" 등이다.

(4) "다른 말로 하면"

이 유형은 설교의 다음 부분이 동일한 맥락의 다른 관점에서 앞부분을 반복한다. 전형적인 형태는 "다시 한번 고찰해 보면, 보다 깊은 의미에서, 이것은 어쩌면" 등이 있으며 "왜 그렇습니까?"와 같은 수사학적 질문도 여기에 해당한다.

(5) "새로운 시작"

이러한 연결구는 비교적 드문 유형으로 설교의 다음 부분이 앞부분과 내용적 연관이 없음을 알림으로 설교의 논리적 연결을 끊는 경우이다. 전형적인 형태로는 "이 문제는 잠시 접어두고, 그러나 실질적인 문제는,… 는 어떤가?" 등이 있다.

3) 연결구는 설교의 다음 부분의 내용을 예측해야 한다

좋은 연결구는 앞부분의 핵심 내용에 대해 제시해줄 뿐만 아니라 앞으로 올 내용에 대한 암시도 주어야 한다. 이것은 청중으로 하여금 설교의 다음 부분에 대해 경청하고 메시지를 기대하게 한다.

앞에서 제시한 예문을 다시 한번 살펴보자.

"그러나 이 시대는 그로부터 실로 많은 시간이 흘렀습니다"라는 구절은 청중에게 설교의 다음 부분에서 "우리 시대에는 하나님의 나라가 임하기를 간절히 기대하였던 초대교회와 같은 자세를 계속 유지하는 것이 어렵다"라는 이야기를 할 것임을 미리 보여 준다.

4) 연결구는 청중이 설교를 어떻게 이해하며 어떠한 자세로 임해야 하는지에 대해 최소한의 "특정 색채"를 가미해야 한다

앞에서 예로 든 설교는 하나님의 나라의 도래에 대한 초대교회의 생생한 기대감을 묘사하는 한편 우리는 왜 이러한 기대감이 결여되었는지에 대해 다음 부분에서 다루게 될 것임을 보여 주었다.

그러나 설교자는 청중이 이러한 설교상의 전환을 어떤 식으로 느끼도록 해야 하는가?

청중이 초대교회의 종말관을 더 이상 유지하지 못하는 것에 대해 스스로 부끄러워하게 해야 하는가, 아니면 일세기 그리스도인들의 천진난만함에 대해 콧방귀를 끼며 자신은 과학 시대에 살고 있음을 기뻐하도록 해야 할까?

앞의 예에서 설교자는 다음과 같이 말했다.

> 그러나 오늘날 이 시대는 그로부터 실로 많은 시간이 흘렀습니다. 이제 우리는 마땅히 임박한 재림에 들떠 "곧 오소서 임마누엘"이라고 찬양하며, "남은 자들"이라는 소설 한 권쯤에 관심을 가질 때도 되었습니다마는 오히려 우리는 지평선만 바라보며 하나님의 나팔소리를 기다리기에 지쳐있습니다. 우리는 "나라가 임하시며…"라고 기도하지만 그다지 숨을 죽이며 기다리고 있지는 않습니다.

그는 청중에게 특정 색채가 가미된 주석을 통해 청중으로 하여금 신약성경과 현 시대의 분기점, 하나님의 나라를 소망하는 자와 그것을 포기한 자와의 중간 지점에 서 있고 싶어 하도록 넌지시 비춘다.

따라서 연결구는 설교의 한 부분을 끝맺는 동시에 그 부분과 설교의 다음 부분을 잇는 논리적 "접착제" 역할을 함과 아울러 청중에게 다음에 올 내용을 예측케 하며 설교에 임하는 자세에 대한 일말의 지침을 제공한다.

앞에서 예로 든 연결구는 이러한 과제를 완벽히 수행하고 있다. 첫 번째 두 문장은 끝맺음을 하고 있으며 "그러나"라는 단어는 논리적 연결을, 그리고 이어지는 몇 구절은 설교의 다음 부분에 올 내용을 예측하고 있으며, "남은 자들이라는 소설" 및 "그다지 숨을 죽이며…"라는 구절은 청중으로 하여금 당시 성경의 주장과 수세기가 흐른 오늘날의 현실 사이에 자리를 잡도록 한다. 연결구가 수행해야 할 네 가지 임무를 모두 훌륭히 수행한 것이다.

그러나 커뮤니케이션 측면에서 볼 때 한 설교의 모든 연결구가 위의 예문과 같이 완전하게 제시될 필요는 없다. 때로는 한 마디의 말(그러나, 그럼에도 불구하고)이나 간단한 제스처(눈을 치켜뜨거나, 어깨를 으쓱하거나, 머리를 흔드는 등), 또는 단순한 침묵으로도 충분하다. 설교를 연결할 때 우리가 할 일은 청중이 설교의 흐름을 제대로 좇아왔다는 것을 스스로 확인할 수 있도록 충분한 안내를 해주는 것이다.

만일 우리가 아무런 도움도 주지 못하거나 충분한 도움을 주지 못한다면 청중은 설교가 마치 혼란스럽고 논리적 흐름이 단절된 에피소드의 연속으로 생각할 것이다. 우리는 왜 다음에 이 내용이 나오는지 알지만 그들은 모른다. 따라서 우리는 설교의 논리적 흐름을 명료하게 해야 한다. 그러나 한편으로 우리가 너무 많은 도움을 제공한다면 청중은 지루하게 생각하거나 아니면 우리가 너무 순진하거나 생색을 낸다고 생각할 것이다.

설교의 연결을 어떻게 완성할 것인가는 각자의 판단에 달린 문제이다. 예를 들어, 앞부분의 내용이 명료하고 메시지가 분명한 경우 끝맺는 말은 생략할 수도 있을 것이다. 청중은 이미 요점을 잘 알고 있으며 따라서 굳이 그것을 다시 반복할 필요는 없다. 그러나 만일 내용이 복잡하거나 모호할 경우 확실한 끝맺음을 하는 것이 중요하다. 일반적으로 설교를 잘못 연결하여 설교의 흐름을 혼란에 빠뜨리는 것보다 차라리 연결구 자체의 완전성이나 명료성 면에 있어서 하자가 있는 편이 낫다.

3. 끝맺음

설교를 끝맺는 일과 관련하여 우리는 두 가지 중요한 질문을 제기할 수 있다. 그것은 언제, 그리고 어떻게 끝맺을 것이냐라는 것이다.[18] 첫 번째 질문과 관련하여 루터는 "청중이 가장 경청하고 있을 때 마쳐라"고 충고한 것으로 알려진다. 이것은 물론 과장된 말이기는 하지만 그럼에도 불구하고 그의 말속에는 지혜가 담겨 있다. 사실 청중은 설교가 언제 끝날 지에 대해 직관적으로 안다. 마찬가지 방식으로 그들은 언제 이야기가 끝나며, 농담이 끝나며, 대화가 끝나는지를 알고 있으며 설교에 대해서도 "마치는 시간에 대한 감(sense)"이 있다. "지금쯤 설교를 끝내어도 되겠다고 싶은 곳이 두세 곳 있었으나 목사님은 그렇게 하지 않았다"라고 하는 말은 비단 설교의 지루함이나 길이에 대한 불평만은 아닌 것이다.

청중은 메시지의 균형이나 전체성에 대한 직관적인 이해가 있으며, 따라서 설교를 마칠 시간에 대한 기대가 무산되면 그들은 무의식적으로 책을 덮어버리고 듣지 않으려 한다. 설교가 해야 할 중요한 말을 다했는데도 계속되거나 설교자가 명백한 멈춤 표시를 무시한 채 계속 달린다면 청중은 의아해하거나 짜증을 낼 것이다. 청중이 듣기를 끝낸 후에 계속되는 결론은 마치 상여를 부여잡고 가는 것이나 같다.

---

[18] 일부 설교학자들은 누가 끝낼 것인가라고 하는 세 번째 요소를 포함시키려 한다. 누가 결론을 내릴 것인가? 설교자인가 청중인가? Fred Craddock은 귀납적 방법의 설교에 대해 설명하면서 청중이 결론을 내리는 것이 더 낫다고 주장한다. "청중이 설교를 완성한다… 여기서 말하는 것은…청중의 동참이 본질적이라는 것이다. 그것은 축도 후에나 필요한 요소가 아니라 설교의 사상과 흐름 및 의사결정 과정 전반에 걸쳐 본질적인 요소로 동참한다는 것이다. 이러한 과정은 설교에 있어서 일종의 미완성, 즉 결론의 개방성을 요구한다." Fred B. Craddock, *As One without Authority* (Nashville: Abingdon Press, 1971), 64. Craddock은 설교의 결론을 독자에게 열어둘 것을 주장한다. 만일 설교자가 모든 것을 끝내겠다는 유혹을 뿌리칠 수만 있다면 청중은 스스로 결론을 내리고 그것을 "자신의 것으로" 소화하게 된다는 것이다. 이러한 언급은 다음 두 가지 점에만 유의한다면 매우 바람직한 주장이라고 할 수 있다. 즉 이것은 모든 설교에 해당하는 것은 아니라는 것과 설교자는 청중이 설교를 완성할 수 있도록 자료와 지침을 제공할 책임이 있다는 것이다. 다른 말로 하면, 열린 결론이란 설교자가 설교 상자를 마치 장난감 통처럼 예배당 가운데 내려놓고 "원하는 것을 골라가라"고 말하는 것과는 다르다.

고도의 기술적인 설교자는 설교의 길이를 시의적절하게 조절한다. 그들은 청중이 원하는 시간을 즉시 알아차리며 필요하면 언제든지 서둘러 마무리하고 마쳐버린다. 그러나 우리는 대부분 이러한 기술이 없다. 우리는 일단 설교를 시작하면 마치 줄 타는 사람이 관객이 떠나고 안전망이 치워졌다 하더라도 맞은 편 끝까지 계속해서 건너가야 하는 것처럼 설교를 멈출 수 없다.

따라서 우리는 대부분 설교를 마칠 시간에 대한 결정을 강단에서 하는 것이 아니라 설교를 준비하면서 한다. 이 점에 있어서 가장 도움이 되는 것은 간단명료하고 뚜렷하며 일관성 있는 설교 형식이다. 명확한 초점과 기능을 가진 설교는 오직 한 가지만 말하고 행하려 하기 때문에 이 형식은 이러한 목적을 효과적으로 성취하는 도구가 되는 것이다. 우리가 만일 이러한 설교 형식에 대해 비판적으로 보고 사실상 두 가지 이상의 것을 말하고 행하려 한다면, 이는 같은 공간에서 동시에 두 가지 이상의 설교를 경쟁시키는 것과 같다. 이들 중 하나는 당연히 청중의 관심을 받겠지만 다른 하나는 청중의 귀에 대고 마치 에서가 그러했던 것처럼 "복이 이 하나 뿐입니까? 내게도 축복하소서"라고 부르짖으며 절망적으로 매달릴 것이다. 또한 회중 가운데 누군가는 "벌써 설교를 끝내었어야 할 곳이 두세 번 있었지만 목사님은 그렇게 하지 않았다"고 불평할 것이다.

설교의 결론을 어떻게 맺을 것인가라는 문제에 있어서 핵심 요소는 설교의 목적이 무엇이냐, 즉 설교의 초점 진술에서 원하는 것이 무엇이냐라는 것이다. 설교는 청중이 선포된 말씀을 어떻게 받아들이느냐에 따라 확실히, 그리고 기꺼이, 설교자가 생각하는 그 이상의 것을 한다. 그러나 이것은 설교가 목적이 없어도 된다거나 목적이 모호해도 된다는 말은 아니다. 설교자로서 우리는 모든 설교가 무엇인가를 성취하기를 원하는데 이와 같은 바람은 모두 초점 진술에 잘 제시되어 있다.

일반적으로 설교의 목적은 가르치거나 감동을 주거나 실천하게 하는 것이며 또는 이 세 가지를 적절히 섞은 것이라고 할 수 있다. 이러한 목적은 분명히 서로 얽혀 있다. 예를 들어, 새로운 사상을 가르치면 감동을 받을 뿐 아니라 행동으로 나타나게 되는 것이다. 따라서 이들은 각각 독립된 개별적 범주로 볼 것이 아니라 하나의 강조점으로 보아야 한다.

설교를 끝맺는 말이 전체 설교의 기본적 기능과 어떻게 연결되는지 알아보기 위해 네 편의 실제 설교에 나타난 결론을 살펴보자.

첫째, 다음은 종려 주일에 행한 설교의 결론이다.

설교자는 이 날이 즐겁고 희망에 찬 행진의 날이었는지 절망적이거나 또는 비극인 날이었는지 물어보는 것으로 이 설교를 시작하였다. 설교자는 이와 같은 세 가지 관점의 용어, 즉 낙관주의, 절망, 비극에 대한 자세한 해석에 많은 시간을 보내었다. 그는 청중이 이들 용어가 안고 있는 문제점과 함께 종려 주일은 비극적인 관점에서 볼 때만이 신학적인 이해가 가능하다는 사실을 알려주고 싶었다. 이 설교는 감동적인 면이나 윤리적 함축도 없지는 않지만 가르치는 설교가 가장 제격이었던 것이다. 다음은 이 설교의 결론이다.

> 저는 낙관주의도 괜찮다고 생각합니다. 우리는 인생의 어두운 면을 벗어나 가능한 햇볕 드는 곳으로 걸어야 합니다. 절망도 이해할 수 있습니다. 우리 모두는 가끔 절망하기도 합니다. 그러나 그것은 너무 쉬운 탈출구입니다. 낙관주의도 절망도 우리가 생각하는 삶의 이미지에 대한 윤곽을 그리기에는 너무나 편협하며 깊이도 없습니다.
>
> 그러나 비극은 확실합니다. 그것은 진리를 말해줍니다. 그것은 우리의 머

리를 맑게 해 주며 우리의 뒤를 든든히 바쳐줍니다. 종려 주일은 비극입니다. 이날은 인생의 모든 것을 아신 예수 그리스도께서 자신에게 주어진 사명을 다하신 날입니다. 그는 어떠한 증오나 변명도 없이 오직 순종하는 마음으로 이 일을 행하셨던 것입니다. 그것은 비극이었습니다. 강력하고 확실한 비극이요, 찬송받기에 마땅한 비극이었습니다.
"찬송하리로다 주의 이름으로 오시는 이여."[19]

이 결론에는 새로운 정보가 전혀 없다. 결론에 언급된 모든 진술은 앞에서 이미 말한 것을 다시 한번 반복한 것이다. 이러한 결론은 본질적으로 설교에서 말한 것의 요약이다. 지금까지 설교를 통해 제시된 모든 것들은 단 두 개의 문단으로 요약되었으며 이것은 전체 설교의 가르치는 기능을 훌륭히 수행하고 있다.

둘째, 다음은 마른 뼈의 골짜기에서 에스겔이 본 이상(겔 37:1-14)에 관한 설교의 결론이다.

이 설교에서 설교자는 오순절에 임한 성령과 함께 오늘날의 정치 윤리적 현실과 관련하여 본문에 관해 몇 가지를 가르쳤다. 그녀는 남아프리카공화국의 인종 분규에 관한 예를 들면서 특히 모고파(Mogopa)의 작은 도시에 사는 흑인들이 겪은 참상에 대해 들려주었다. 그들은 정부로부터 마을을 떠나 흑인 자치구로 가서 살라는 명령을 받았다. 정부는 불도저를 보내어 그 지역을 밀어버렸으며 이제 모고파는 현대식 마른 뼈의 계곡이 되고 말았다.
이 설교자는 청중이 본문을 이해할 뿐 아니라 오늘날에도 이러한 "마

---

[19] ohn Vannorsdall, "A Small Parade," 1985년 3월 31일 Lutheran Series of the Protestant Hour 에서 행한 설교 (New York: Lutheran Church in America, 1985), 8.

른 뼈의 계곡"이 존재한다는 사실을 알기를 원했다. 그러나 그녀는 무엇보다도 청중이 오늘날 이와 같이 소망을 잃고 굶주림에 빠져 있는 저들에게도 성령의 바람이 새로운 생명을 가져다 주신다는 사실을 진정으로 느낄 수 있기를 원하였다. 다음은 이 설교의 결론이다.

하나님은 진흙 속에도, 마른 뼈에도, 모고파에 있는 사람들에게도, 제자들에게도… 그리고 오늘날 여러분이 처한 삶 속에도 생기를 불어넣어 주십니다. 그것은 동일한 생기이며 같은 성령입니다. 그는 우리에게 임재하시며 우리를 보호하시고 위로하십니다. 이 하나님의 생기는 우리를 모고파 사람들과 연결하며, 예루살렘의 제자들과 연결합니다. 이 생기가 의미하는 것은 믿음은 단순한 기억이나 희망 사항 이상의 것이라는 사실입니다. 이 생기는 우리에게 전해진 이야기와 결합되어 있습니다. 그러나 마른 뼈와 같은 역사 속에 생기를 불어넣어 이야기에 생명을 주는 것은 오직 성령이십니다.
오 하나님!
모고파에서 쫓겨난 우리의 형제자매들에게 당신의 생기를 보내소서.
당신의 생기로 그들이 소생케 하소서.
그들에게 당신의 보호하시고 위로하시는 임재를 체험케 하소서.
오 하나님!
오늘날 교회에 당신의 뜻을 나타내소서.
그리하여 단순한 건물, 마른 뼈와 같은 역사 이상의 것이 되게 하소서. 당신의 생기를 우리 가운데 불어넣어 주시사 거짓에 맞서 담대히 진리를 말하게 주소서.
오 하나님!
바짝 말라 아무런 소망도 없는 우리의 삶의 골짜기에 당신의 영, 예수께서 약속하신 그 성령을 보내주소서.

우리에게 성령을 보내시사 "나라이 임하옵시며 뜻이 하늘에서 이룬 것같이 땅에서도 이루어지이다"라는 기도대로 되게 하소서. 아멘.[20]

이러한 결론은 극적이며 열정적이다. 설교자는 감동적인 언어, 힘 있는 언어, 기도의 언어를 사용한다. 이것은 어떠한 기교나 전략이 아니라 부르짖음이다. 설교자는 본문이 인간의 깊은 내면을 향해 부르짖는 소리를 들었다. 이 설교는 바로 그곳을 향하여 선포되고 있으며 이 설교의 결론 역시 마음에서 마음으로 호소하고 있다.

셋째, 다음은 감정에 호소하고 있는 또 하나의 결론으로 성경 본문은 이사야 40장 31절이다.

오직 여호와를 앙망하는 자는 새 힘을 얻으리니 독수리의 날개 치며 올라갈 것이요 달음박질하여도 곤비치 아니하겠고 걸어가도 피곤치 아니하리로다(사 40:31).

설교자는 "여호와를 앙망한다"라는 구절에 대해 우리의 힘으로 할 수 없는 것을 하나님이 해주시리라고 신뢰하는 것을 의미한다고 해석하였다. 그러나 이 설교자는 단순히 본문의 의미를 설명하는 이상의 것을 하고 싶었다. 그는 하나님에 대한 이러한 신뢰감을 청중이 느끼고 경험하게 하고 싶었다. 그래서 그는 자신이 심장병으로 투병했던 경험에 대해 이야기하는 것

---

20 Barbara K. Lundbald, "Longing for Breath," 1985년 5월 26일 Lutheran Series of the Protestant Hour에서 행한 설교 (New York: Lutheran Church in America, 1985), 40.

으로 설교를 맺었다. 의사는 그에게 수영을 권했는데 그는 수영을 하면서 신뢰에 관한 한 가지 교훈을 얻게 되었다.

> 내가 깨달은 가장 중요한 사실은 적어도 내가 수영하고 있는 동안에는… 물이 나를 떠받쳐 줄 것이라고 가정한다는 것입니다. 40년 전 지금처럼 1마일을 쉽게 헤엄치지 못하였던 십 대 시절에 나는 이 교훈을 배웠습니다. 그와 동시에 전혀 여유 있게 기다리지 못하고 오직 빠질지도 모른다는 걱정으로 필사적으로 발버둥치던 극도의 긴장감과 뻣뻣함은 사라졌습니다.

그는 이와 같이 신뢰감을 가지고 수영하는 사람의 이미지를 다음과 같이 설교의 결론에 담았다.

> 인생의 물 위에 누워 한두 번씩 손발을 움직이며 여호와를 기다리는 사람은 새로운 힘을 얻을 것입니다. 하나님의 섭리를 굳게 믿고 하나님은 그들이 회복하는 중에도 그들을 돌보아 주시리라는 것을 알고 있는 사람들이야 말로 육체적, 정신적, 영적인 모든 면에서 새로운 힘을 얻을 것입니다. 그들은 독수리와 같이 날개치며 올라갈 것이며 기쁨과 승리의 삶을 살 것입니다. 아무리 멀리 달리고 수영해도 피곤치 않을 것이며 걷고, 또 걸어도 지치지 않을 것입니다.[21]

우리는 이 결론을 통해 우리가 느낀 것만큼 많이 배우지는 못한다. 여기에 사용된 언어는 시적이고 성경적이며 풍성한 이미지를 사용하고 있으

21　Henry H. Mitchell, "To Run and Not Be Weary." 1978년 여름 National Radio Pulpit에서 행한 설교(New York: National Pulpit, 1978), 45.

며 청중의 감동에 초점을 맞춘 설교 전체의 목적과도 부합된다.

넷째, 다음의 결론은 행동의 변화를 목적으로 한 강림절 설교의 일부분이다.

설교자는 회중에게 그리스도인의 봉사와 실천의 삶을 살기를 바라면서 다음과 같이 설교를 끝맺었다.

우리가 주님의 임재하심을 체험하기 위해서는 거듭나야 합니다. 세상이 잃어버렸다고 생각하는 것을 얻기 위해서는 감춰진 것을 볼 수 있는 새로운 눈과 어떠한 위험도 감수하겠다는 새로운 용기가 필요합니다. 이러한 중생은 바울이 말한 바 하나님께서 우리 안에 이미 시작하신 선한 일입니다.
이것은 일상의 삶에서 무엇을 의미합니까?
이에 관한 구체적인 내용은 많고 위험도 따릅니다. 이것은 대부분의 사람들이 무시하는 인간의 문제에 관심을 가지는 것입니다. 이것은 자신을 위해 주장하지 못하는 가난한 사람들을 대변해 주는 것입니다. 이것은 다른 사람이 피를 요구할 때 자신은 용서를 베푸는 것입니다. 이것은 다른 사람이 질서에 안주할 때 공의를 부르짖는 것입니다. 이것은 "대가가 무엇이냐?"라고 묻지 않고 시간과 돈을 주는 것입니다. 이것은 쾌락과 편리함 및 지위에 대한 우상으로부터 등을 돌리는 것입니다. 이것은 오직 하나님 나라의 도래만으로 만족하는 것입니다.
재림 신앙을 가지시기 바랍니다. 때때로 엄청난 고독감이 밀려오겠지만 결코 여러분은 혼자가 아닙니다. "하나님은 자비와 공의로 당신의 영광의 빛을 통해 이스라엘 백성을 기쁨으로 인도하신다"(바룩서 5:9, NAB)라고 했습니다. 예수님이야로 영광의 빛이십니다. 그는 하나님의 자비와 공의의 표시이자 보증입니다. 그는 한때 세상에 계셨습니다. 참으로 극심한 고독 속에서 그는 "나의 하나님 나의 하나님 어찌하여 나를 버리셨나이까?"라는 사형수의 외침을 부르짖었던 것입니다. 그러나 하나님은 승리의 부활을 통해 그를 사망에서 일으키시고 모든 사람에게 새로운 소망을 주신 것입니다. 그는 우리의 수고가 결코 헛되지 않다는 사실을 보여 주는 하나님의 약속입니다. 그는 여러분이 결코 미래를 두려워 할 필요가 없으며 기꺼이 변화를 받아들여도 좋다는 하나님의 약속입니다. 하나님의 나라는 바로 이러한 변화를 통해 올 것이기 때문입니다. 그러므로 그의 길을 준비하시기 바랍니다. 그는 결코 알지 못하는 능력도, 낯선 사람도 아닙니다. 그는 전에도 계시고 앞으로도 영원히 계시며 여러분과 동행하실 주님입니다.[22]

이 결론에는 확실히 감정적인 면과 인식적인 면이 있다. 그러나 이 결론의 가장 중요한 특징은 청중이 실천해야 할 구체적인 행위의 목록에 있다. 즉, 인간의 문제에 관심을 가지고, 가난한 자를 대변하며, 용서를 베풀고, 공의를 주장하며, 아낌없이 물질과 시간을 주라는 것 등이다. 설교자가 이 설교를 다른 방식으로 끝맺고 싶다면 그 대안으로서는 여러 가지 실천 목록 대신 실제로 설교의 요구 사항을 실천한 사람에 관한 이야기를 들려주는 방법이 있을 것이다.

물론 좋은 설교는 설교자의 결론으로 끝나지 않는다. 좋은 설교는 계속해서 청중(그리고 설교자)이나 믿음의 공동체의 삶 속에 남아 역사한다. 어떤 사람은 "그 주간에 다시 한번 생각하게 되는 설교라면 성공적인 설교라고 생각합니다"라고 했다. 이것은 조심스러운 기준이기는 하지만 틀린 말도 아니다. 지나치게 깔끔하게 끝나버린 설교, 그래서 사람들이 "그래! 그

---

[22] Richard John Neuhaus, "Change for the Kingdom"s Sake," in *Preaching in the Witnessing Community*, ed. Herman G. Stuempfle, Jr. (Philadelphia: Fortress Press, 1973), 53-54.

거야"라고 생각하는 설교, 청중에게 전혀 갈등의 여지를 전혀 남겨두지 않는 설교, 이러한 설교가 제시하는 산뜻함은 결코 복음의 속성이 아니다. 배런 폰 후겔(Baron von Hugel)은 "내가 만일 "2+2=4"라는 식으로 종교를 이해할 수 있다면 종교란 이해할 가치도 없는 것이다"라고 했다.[23]

부록에서는 두 개의 탁월한 설교를 찾아볼 수 있다. 클레오푸스 라루(Cleophus LaRue)의 "왜 걱정합니까?"(부록 C), 가이네스 키렐리(Ginger Gaines-Cirelli)의 "특수 효과"(부록 D)가 그것이다. 우리는 두 설교에 대해 서두, 끝맺음 및 연결구와 관련하여 분석할 것이다.

---

[23] Baron von Hugel, as quoted in Robert E. C. Browne, *The Ministry of the Word* (London: SCM Press, 1956), 50.

제8장 설교에 있어서 이미지와 경험

> 기독교 신앙은 언제나 살과 피, 시간과 공간에 관련되어 있다. 특히 나와 당신의 살과 피에 관련되며, 우리가 속한 시공 세계, 날마다 발부리를 걸려 넘어지면서도 양식 있는 사람인 양 보이기 위해 버둥거리며 살아가고 있는 이 세상과 관련된다.
>
> _ 프레드릭 뷰크너(Frederick Buechner), 『어두움 속에서의 속삭임』(*Whistling in the Dark*)

> 설교는 고상한 공연을 하는 것이 아니다. 그것은 모든 성도가 함께 하나님 앞에서 공동의 경험을 찾아 나서는 것이다. 강단에서 전하는 이야기는 "나의" 이야기만 되는 것이 아니라 "우리의" 이야기이며 하나님의 이야기이다. 설교의 발판은 이 세 가지가 균형을 이룬 삼각다리를 버팀목으로 서 있다. 이들 가운데 어느 하나가 빠진다면(또는 너무 길거나 짧아도) 모든 것이 흔들려 넘어지고 말 것이다.
>
> _ 바바라 브라운 테일러(Barbara Brown Taylor), 『설교하는 삶』(*The Preaching Life*)

제8장

설교에 있어서 이미지와 경험

예수님은 하나님의 나라를 좋은 씨를 밭에 뿌린 농부나 종과 금전 문제를 해결하려 했던 주인에 비유했다. 또한 예수님은 하나님 나라가 마치 여자가 가루 속에 넣은 누룩, 겨자씨 한 알, 밭에 감춰진 보화, 좋은 진주를 구하는 장사, 바다에 친 그물, 잃어버린 드라크마를 찾는 여인, 종들을 불러 소유를 맡긴 후 먼 길을 떠난 사람과 같다고 하셨다. 예수님은 이야기와 비유를 통해 말씀을 전하셨으며 하나님의 나라에 대해 말씀하실 때는 종종 일상적 경험에서 우러나오는 익숙한 이미지를 사용하셨다. 그 후로 기독교 설교자는 예수님의 모범을 따라 이야기나 이미지, 은유 및 기타 일상생활에서 비롯된 비유를 사용하여 복음을 전하였다.

물론 이것은 전혀 놀랄 일이 아니다. 복음은 사람들이 실제로 살아가고 있는 삶에 대해 주장하며, 기독교의 증거는 자연히 인간 실존의 영역으로부터 나온 경험이나 사례에 초점을 맞출 수밖에 없다. 사실 추상적 사고의 영역에만 머물러 있으면서 밭과 농작물, 사무실과 통근, 부모와 자식 고용주와 노동자, 잔치와 축제, 노동과 휴식, 질병과 죽음 등 현실 세계의 어떠한 영역도 다루지 못하는 설교는 결코 기독교 설교라 할 수 없다.

그러나 과연 어떠한 경험과 이미지를 설교에 담을 것인가?

어떻게 그들을 설교로 엮을 것인가?

그렇게 해서 우리가 얻으려는 효과는 무엇인가?

일상적인 경험을 설교에 담는 것은 겉보기에는 단순하고 저절로 되는 것 같지만 그 이면에는 매우 복잡한 수사학적, 신학적 문제가 깔려 있다. 이야기, 이미지, 비유 및 경험은 설교를 치장하기 위한 단순한 장식품이 아니라 오히려 능동적인 의사 전달 요소이다. 이러한 것들은 청중의 마음속에 무엇인가 일어나게 한다는 점에서는 강력한 요소이지만 동시에 잠재적으로는 파괴적 속성을 가진 시적 요소가 될 수도 있다.

이미지는 의미를 명확하게 해주기도 하지만 잘못 인도할 수도 있다. 예를 드는 것은 복음의 진리를 실제적 경험을 통해 배우게 하지만 복음을 단지 세속적인 것으로 만들어버릴 수도 있다. 이야기는 풍성한 활력을 불어넣어 줄 수도 있지만 감상적이거나 지루하고 싫증나게 할 수도 있다. 경험을 잘 선택하면 사람들에게 제자도에 대한 새로운 가능성을 품게 할 수 있지만, 인위적인 경험은 사람들을 교묘히 조정하여 언어적 함정에 빠뜨릴 수 있다.

더구나 설교에 삶의 한 단면을 끼워 넣을 때마다 우리는 알든 모르든 은연중에 신학적 주장을 하고 있는 것이다. 우리는 설교에 포함시키기 위해 선택한 경험과 이미지를 통해 명백히, 또는 은연중에, 현실적 삶의 특성과 복음의 속성 사이에 특별한 관계를 형성한다. 예를 들어, 감상적인 설교 이야기는 복음 자체가 감상적이라는 인상을 준다. 목사만이 할 수 있는 경험으로 가득 찬 설교는 참된 신앙은 "전문적인" 그리스도인들만의 것이라는 메시지를 던지게 된다.

또는 설교자가 힘들고 고통스러운 상황 속에서 하나님을 신뢰하는 법을 배우게 된 사람들의 이야기를 설교에 넣기로 했다고 생각해 보라. 만일 이 설교자가 이러한 경험에 대해 진솔하게 이야기하고자 한다면 사람들이 역경과 싸우며 신앙을 향해 나아갈 때마다 겪었던 불확실함이나 해결하지 못한 문제도 함께 이야기할 것이다. 다시 말하면, 경험에 대해 진솔하게 말한다고 하는 것은 복음이 긍정하는 모든 것이 그것을 부정하는 인간의 의심이나 갈등을 즉시에 사라지게 하지는 않는다는 신학적 주장도 함께 제시하는 것이다. 그렇지 않고 만일 설교자가 이러한 경험의 거칠고 어두운 면은 제외시킨 채 단순하고 행복하며 무조건 승리하는 이야기로 바꾸어버린다면, 끝나지 않은 고난과 계속되는 갈등에 대한 여지는 거의 없이 오직 복음의 비현실적인 승리의 모습만 전달될 것이다.

따라서 만일 우리가 이야기나 사례나 경험이나 이미지를 지혜롭게 사용하고자 한다면 여러 가지 많은 요소들을 고려해야 한다. 우리에게 필요한 것은 이러한 요소들이 설교에서 어떠한 기능을 하며, 청중에게 끼칠 잠재적인 영향력은 얼마나 되며, 복음의 속성에 관한 어떠한 암시적 메시지를 전할 수 있을 것인지에 대해 이해하는 것이다. 다시 말하면 우리는 이들 요소가 설교에서 무엇을 할 것인가에 대해 물어보아야 한다.

물론 이 질문에 대한 대답은 설교의 전반적인 목적에 대한 기존 이해에 달려 있다. 고전적 수사학을 배운 초기 설교학자들은 일반적으로 설교의 궁극적 목적이 설득이라고 생각하였다. 설교자는 설득력이 있어야 한다고 생각한 이들 설교학자들은 이야기나 사례를 설교를 더욱 설득력 있게 하기 위해 사용된 수사학적 도구로 생각하였다.[1] 그들은 고대 수사학자로부터 설교자가 사용할 수 있는 여러 가지 유형의 이야기, 은유, 전설, 비유 및 유추 등과 관련된 전문 술어(예를 들어, 실례, 비유, 상징)를 빌려왔으며 이들의 용

---

1 예를 들어, 14세기의 설교학자 Basevorn의 Robert가 그의 에세이 "Ornamentation"에서 "the winning-over of the audience"에 대해 언급한 내용을 살펴보라. *Theories of Preaching: Selected Readings in the Homiletical Tradition*, ed. Richard Lischer (Durham, N.C.: Labyrinth Press, 1987), 219-23을 참조하라.

법, 기능 및 잠재적 효과 등에 대해 자세한 설명을 제공하였다. 설교자는 나무 대신 언어를 사용하는 목수이고 그의 임무는 설득력 있는 설교를 견고히 구성하는 것이며 이야기나 실례 및 유추와 같은 것들은 이러한 설득 임무를 수행하는 전문적인 도구로 간주되었던 것이다.

1. 창문 깨기

그러나 19세기 및 20세기 초에 나온 설교학 교재에는 이미지, 실례 및 이야기의 역할에 대한 전혀 다른 이해가 대두되었다. 전문적 술어나 카테고리에 대한 기존의 분류는 "예화" (illustration)라고 하는 포괄적인 용어가 나오면서 상당 부분 사장되었다. 이야기, 역사적 일화, 실례, 용어 설명, 자연으로부터의 유추 및 심지어 역할 모델로 설정된 인물에 이르기까지 오늘날 설교에서 생각할 수 있는 모든 현대적 요소는 "설교 예화"로 불렸다.

고대 설교학자들은 목수-설교자에게 적어도 구체적인 이름과 함께 특별히 제작된 수사학적 도구들로 가득한 공구함을 제공하였다. 그러나 이제 망치나 톱, 송곳은 모두 예화라고 하는 하나의 다목적 도구로 대치되고 말았다. 이것은 오늘날 설교에서도 여전히 대중적인 용어로 사용되고 있다. 설교에 사용되는 이야기나 실례를 묶어 책으로 엮은 것을 예화집이라고 불렀으며, 설교자는 전형적으로 일상의 삶을 설교로 가져오는 모든 수단을 설교에 대한 예증이라고 불렀다.

"예화"라는 용어가 이렇게 부상하게 된 것은 어떠한 변수도 개입하지 않은 중립적 상태에서 이루어진 것은 아니다. 이러한 변화의 이면에는 설교의 목적에 대한 기존의 전반적인 이해에 보다 깊은 변화가 있었던 것이다. 예화를 든다(예증한다, 조명한다)는 것은 "빛을 던져 준다"는 의미를 가지고 있다. 계몽기로부터 20세기를 향하여 오면서 설교학자들은 설득을 위한 수사학이라는 초기 설교 개념을 복음적 사상을 명료하고 논리적이며 합리적으로 제시한다는 오늘날의 설교 개념으로 점차 대치하였다. "설득자"는 교회 강단에서 "설명하는 자"에게 점차 밀려나기 시작하였다. 만일 설교자의 주 임무가 복음의 진리를 알기 쉽고 이해할 수 있도록 드러내는 것이라면 빛을 던져주는 훌륭한 예화가 이런 목적에 가장 부합될 것이다.

아이러니한 것은 복음을 전한다는 것은 일련의 체계적인 개념들을 논리적으로 제시하기만 하면 된다는 사상에 신학적인 혐오감을 느끼는 설교학자들조차도 자신들의 교재의 실제적인 부분에서 오히려 이러한 견해를 강조하고 있다는 사실이다.[2] 모든 설교는 "주제"를 개발해야 한다고 생각하였으며 예화는 이 주제를 알기 쉽게 조명하는 도구로 간주되었다. 흥미로운 것은 설득에 초점을 맞춘 옛 언어들이 완전히 사라지지는 않았다는 사실이다. 다만 그 중요성이 현저히 떨어졌을 뿐이다.

19세기 및 20세기 초에 나온 설교학 교재에는 다음과 같은 전형적인 예화의 목적이 여전히 나타나는 것을 볼 수 있다.

"예화는 사람들을 설득하도록 돕는다."[3]

"예화는 청중의 거부감을 무마시킨다."[4]

---

[2] 예를 들면 Ilion T. Jones, *Principles an Practice of Preaching* (Nashville: Abingdon Press, 1956) 이 있다. 1950년대의 전형적인 교재였던 이 책은 설교란 사람들이 "복음의 진리를 알고 깨닫도록" 설득하는 목적을 가진 "구속적인 행위"라고 강조한다. 그러나 이 책의 "설교 실천" 부분에는 예화의 사용을 포함한 모든 설교 구성에 있어서 거의 절대적으로 개념적이며 이론적인 접근을 추구한다.

[3] W. E. Sangster, *The Craft of the Sermon* (London: Epworth Press, 1954), 208.

[4] Geroge E. Sweazey, *Preaching the Good News* (Englewood Cliffs, N. J.: Prentice-Hall, 1976), 194.

"예화는 진리를 설득하기 위해 사용된다."[5]

그러나 이와 같이 설득을 위한 목적은 중요도에 있어서 맨 뒷전으로 밀려났으며[6] 가장 중요한 우선권은 깨우침을 주는 것에 주어졌다. 이들 교재가 주장하는 예화의 가장 중요한 목적은 "진리를 견고히 세우는 것"[7]과 "메시지를 분명히 드러내는 것,"[8] 그리고 설교의 핵심 사상에 대해 "청중이 깨닫도록 하는 것"[9]이다.

이 시대의 설교학자들은 이와 같이 예화의 "명확히 하는 기능"에 대해 설명하는 방법을 찾을 때면 종종 매우 계시적인 이미지(예화에 대한 조명)를 사용하였다. 그들은 예화를 "말씀의 창문"(windows on the word)이라고 부른다. 그들은 설교란 이성과 논리라는 재료를 사용하여 짓는 집이며 예화는 확실한 깨달음의 빛을 받아들이는 창문이라고 주장한다. 19세기의 유명한 설교자이자 설교학자인 스펄전(Charles Haddon Spurgeon)은 학생들에게 설교학을 가르칠 때 이 이미지를 사용하였다.

집에 창문을 내는 가장 큰 이유는… 빛을 들어오게 하기 위해서이다. 비유나 직유 및 은유는 이러한 효과가 있다. 따라서 우리는 이러한 것들을 사용

5　Jones, *Principles and Practice*, 139.

6　적어도 최근의 설교학 교재 가운데 한 권(John Killinger, *Fundamentals of Preaching* [Philadelphia: Fortress Press, 1985], 107-110)은 설득이라는 요소가 빠진 것만 제외하면 초기 교재의 목록과 거의 유사한 예화의 목적들을 제시한다. 오늘날 설교학계는 설득이란 말을 인위적으로 조작한다는 뉘앙스로 받아들이기 때문에 설교에서는 언제나 부정적인 요소로 작용한다. 이와 다른 관점에 대해서는 Ronald E. Sleeth, *Persuasive Preaching* (Berrien Springs, MI.: Andrews University Press, 1981)을 보라.

7　Jones, *Principles and Practice*, 137.

8　Sangster, *The Craft of the Sermon*, 206.

9　Sweazey, *Preaching the Good News*, 193.

하여 주제를 깨닫게 한다."[10]

이 말에 담긴 의도는 분명하다. 설교는 이런 개념, 저런 개념을 논리적으로 전개해 가며 진행되지만 어느 순간에 이르면 도움이 없이는 이해하기 힘들 만큼 개념이 모호해지거나 어려워진다. 이때 설교자는 예화라는 창문을 열어 조명의 빛을 들어오게 함으로써 희미해져 가던 내용을 분명히 깨닫게 한다는 것이다.

이제 우리는 설교에 사용되는 모든 경험적 요소들을 "예화"라고 부르며 그것을 "말씀의 창문"으로 생각하는 관점은 모두 교훈적이고 이성적이며 개념적인 설교관에 기인한다는 것을 쉽게 알 수 있다. 그러나 오늘날까지 사실상, 기독교 공동체에서 일어나고 있는 하나의 사건으로서 설교는 결코 그러한 활동이 아니었다. 심지어 설교자가 최선을 다해 이성적인 설교를 하려고 했을 때에도 교회는 그 속에서 어떻게 하든 교훈적 메시지 외의 것, 그 이상의 것을 들으려 했던 것이다.

이러한 사실을 보여 주는 한 가지 증거는 이성적 차원의 예화 이론이 설교학 교재에서는 논리적으로 받아들여졌지만 강단과 회중 사이에서는 별 효과가 없었다는 점이다. 이 말씀의 창에는 숨길 수 없는 균열이 있었던 것이다.

매주 설교하는 설교자는 이 이론이 무엇인가 잘못되었다는 것을 직관적으로 알았다. 예화에 대한 이런 관점은 이론적으로는 좋아 보였지만, 실제로 적용하는 데에는 문제가 있었던 것이다. 설교자가 설교를 논리적으로

---

[10] John R. W. Stott, *Between Two Worlds: The Art of Preaching in the Twentieth Century* (Grand Rapids: Wm. B. Eerdmans Publishing Co., 1982), 240에 인용된 Charles Haddon Spurgeon 의 *Lectures to My Students*를 보라.

전개해 가는 중에 막상 예화의 창을 열고 이야기, 실례, 이미지와 같이 의미를 명확히 해주는 도구들을 사용하려고 하면(어떤 교재는 "각 대지마다 하나의 예화를 사용해야 한다"고 주장한다) 어김없이 골치 아픈 부작용이 발생하였던 것이다. 즉 예화는 종종 설교의 나머지 부분을 압도해 버렸다. 청중은 설교의 주제보다 예화에 더 관심을 보였다. 다른 말로 하면, 사람들은 창문만 기억하고 그것에만 관심을 가졌으며 정작 그것이 조명하려는 내용은 쉽게 잊어버렸던 것이다.

처음에 설교학자들은 이에 대해 그들의 이론이 잘못된 것이 아니라 설교자와 실제 설교에의 적용에 문제가 있다고 생각하였다. 그들은 설교자가 너무 많은 예화를 사용하였으며 잘못된 예화가 많았다고 말한다. 설교자는 핵심에서 벗어나 그럴듯하게 치장한 일련의 이야기로 설교를 채웠다. 설교는 창문만 달린 "유리 집"이 되었으며 화려한 외관에도 불구하고 구조적으로는 부실한 건물이 되고 말았다. 예화의 "과잉 사용"에 대한 심각한 경고가 제기되었으며, 설교자는 가급적 사소한 "일화"로 설교를 채우지 말라는 것과 또 좋은 예화 자료라 할지라도 예화가 "빛을 조명하는 것이 아니라 스스로 빛이 되는 일"이 없도록 "적당히," "현명하게," "조심해서" 사용하라는 충고를 끊임없이 들었다.[11]

솔직히 일부 설교자는 설교할 때 설교 내용과는 무관한 장식적인 일화를 제멋대로 사용하였다(지금도 일부 설교자는 그렇게 하고 있다). 그러나 회중이 개념적 설교보다 예화에 더 관심을 가지는 주된 이유는 "예화"나 "말씀의 창"이라는 용어 자체 때문이라기보다 이야기나 이미지 및 실례가 더 나은 전달 능력과 효과가 있기 때문이다.[12]

---

[11] Stott, *Between Two Worlds*, 240-41.
[12] "예화"라는 말이 합리주의적인 과거에 의해서 돌이킬 수 없이 오염되었다고 믿고 있는 오

청중이 예화에 매력을 느끼는 것은 재료만 잘 선택한다면 예화는 복잡 미묘한 방식으로 믿음을 심어주기 때문이다. 확실히 예화는 말씀의 창이 될 수도 있지만 한편으로는 말씀을 만나고, 분별하며, 발견하고, 경험하는 장이 될 수도 있다. 유명한 설교학 교수인 프레드 크래독(Fred Craddock)은 다음과 같이 주장하였다.

> 좋은 설교에서 예화라고 불리는 것들은 사실 설교를 조명해 주는 이야기나 일화라기보다 오히려 설교의 주장 자체이다. 다시 말하면, 이야기는 불확실한 다른 방식으로 연관되어 있는 어떤 메시지에 대한 조명이라기보다 전체 메시지를 품고 있다.[13]

이러한 크래독의 주장은 예화 자료가 설교에서 차지하는 역할과 관련한 전반적인 문제에 대해 재고해야 한다는 최근 설교학계의 강력한 움직임을 대변한다. 우리는 편의상 "예화"라는 말을 계속 사용할 수도 있지만 그것을 더 이상 유일하고 통일성 있는 범주로 생각할 수는 없다. 예화 자료에는 여러 유형이 있으며 이들 각각은 설교에서 특별하면서도 서로 다른 잠재적 기능을 수행한다. 예화 가운데는 개념을 명확히 해주는 것도 있지만 다 그런 것은 아니다. 어떤 예화는 회중을 설득하는 것을 돕지만 다른 것은 전혀 다른 영향을 끼친다. 설교자는 주어진 설교에 가장 적합한 자료를 선택하기 위해 각 유형의 예화가 어떠한 기능을 하는지 알아야 한다.

설교학자들은 잘 만들어진 설교는 통일성이 있으며 설교의 각 요소는

오늘날 일부 설교학자들은 설교학적 어휘에서 예화라는 말을 아예 빼버리자고 말한다. 버트릭과 같은 사람들은 이 용어를 계속 사용하기는 하였으나 제한된 범위 내에서만 사용하였으며 "이미지"나 "은유" 및 "사례"와 같은 용어들과 함께 사용하였다. David Buttrick, *Homiletic: Moves and Structures* (Philadelphia: Fortress Press, 1987), 113-51을 보라.

[13] Fred B. Craddock, *Preaching* (Nashville: Abingdon Press, 1985), 204.

하나 같이 조화를 이루며 전체를 지향한다고 늘 생각하였다. 그러나 오늘날 설교학자들은 여기서 한 걸음 더 나아가 다양한 형태의 예화 자료를 포함하여 설교의 각 부분이 어떻게 다른 제 요소와 조화를 이루어 통합된 커뮤니케이션 행위를 수행하는지를 정확히 이해함으로써 더욱 진척된 사고를 하게 되었다. 현대적 경험의 한 단면이나 이야기, 은유 또는 이미지가 설교에 들어올 때는 보다 큰 설교의 목적에 기여하기 위한 특정 임무를 수행하기 위해서이다. 설교 예화를 "말씀의 창문"으로 보는 관점이 가지는 가장 큰 결점은 모든 예화 자료가 "개념의 명료화"라고 하는 단 하나의 유일한 전달 과제만 가진다고 보는 것이다. 그러나 사실 예화 자료는 커뮤니케이션 측면에서 그 이상의 역할을 한다. 따라서 우리는 이들의 진정한 의사소통 영역을 파악할 수 있도록 예화에 대한 더욱 폭넓은 이해를 추구해야 한다.

2. 공구함 다시 채우기

우리는 제6장에서 설교를 작성한다는 것은 설교의 전체적인 목적(기능 및 초점)을 일련의 작은 과제로 나눈 후 각각의 과제를 성취하기 위해 필요한 재료를 결정하는 작업임을 살펴보았다. 과제를 성취하기 위해 필요한 자료에는 여러 가지가 있으며, 어떤 과제에는 성경에서 인용한 내용이나 신학적 개념에 대한 설명 및 여러 가지 이슈에 대한 분석과 같은 자료가 필요할 것이다.

그러나 일정한 예화 자료가 필요한 과제도 있다. 언제, 어떠한 자료가 필요한지 알아보기 위해서는 여러 유형의 예화의 잠재적 기능에 대해 살펴볼 필요가 있다. 다시 말하면 우리는 설교자의 공구함으로부터 "예화"라고 하는 잘 다듬어지지 않은 단 하나의 다목적용 도구를 끄집어낸 후 우리에게 유용한 전문적인 예화 도구로 바꾸어야 한다.

설교에서 예화는 본질적으로 문장 속에 나타난 하나의 비유적 표현과 같은 역할을 한다. 대부분의 설교 예화는 세 가지 유형의 다른 비유법(직유, 대유, 은유) 가운데 하나로서 역할을 한다. 다음에 제시한 유추, 실례 및 은유는 세 가지 기본적 예화에 해당하는 세 가지 비유법이다.

1) 유추 형식

유추 형태의 예화는 설교에서 마치 일반 문장 속의 직유법(simile)과 같은 역할을 한다. 즉 설교의 이슈나 주제, 개념 및 행위를 다른 것에 비유하는 것이다. 직유는 이런 것이다.

"조지에게 급한 일을 맡기지 말라. 그는 굼벵이 같다."

여기서 "조지"와 "굼벵이"는 분명히 두 개의 전혀 다른 실체이며 따라서 일반적으로는 이 둘을 동시에 언급하지 않는다. 그러나 이러한 예상을 깨고 직유는 양자 간의 비교와 이해를 돕기 위해 이 둘을 동시에 언급한다. 두 실체는 본질적으로 매우 다르지만 한 가지 공통점을 가지고 있는데 그것은 느리다고 하는 것이다. 굼벵이를 건드려 보면 느릿느릿 기어가는 것을 볼 수 있는데 조지의 행동 역시 그만큼 굼뜨다는 것이다.

이와 같이 직유는 중첩되는 특정 영역을 나타내며 "같이"나 "처럼"과 같은 용어를 사용하여 두 실체를 연결한다. "조지"와 "굼벵이"는 한 가지 점에서는 닮았으며 어쩌면 양자 간의 유일한 유사성이 될 수도 있는 그것은 둘 다 답답할 정도로 느리다는 것이다.

직유는 매우 세련된 비유법이다. 그것은 외과 수술과 같은 정확성을 가지고 있다. 그러므로 만일 우리가 직유를 의도된 비교의 영역을 넘어서 사용한다면 결과는 전혀 엉뚱한 방향으로 흐를 수 있다.

누군가가 "그녀는 최종적으로 결심할 때 불독과 같다"라고 말했다고 생각해 보라.

이 여자는 어떻게 불독과 같다는 것인가?

이 비유가 의도하고 있는 분명한 요지는 그녀가 결단을 내릴 때 매우 완강하고 집요하다는 점에서 마치 불독과 같다는 것이다. 그러나. 만일 듣는 사람이 그녀가 불독과 같다는 말을 다르게 받아들였다면, 예를 들어, 뒷마당에서 웅크리고 앉아 뼈다귀를 뜯거나 거리에서 차량을 뒤쫓는 모습을 상상한다면 이러한 이미지는 사라져버릴 것이다. 다시 말하면 직유는 두 용어 사이에 의도된 하나의 지점에 정확히 레이저의 초점을 맞출 때에만 도움이 된다는 것이다.

이것은 유추 형식의 예화가 가지는 목적이 무엇인지를 보여 준다. 즉 우리가 알고 있는 삶의 한 국면이 우리가 알아야 할 필요가 있는 복음의 한 국면과 유사하다는 점에 초점을 맞춤으로써 분명하고 강조적인 통찰력을 이끌어낸다는 것이다.

다음과 같은 유추 형식의 예화를 살펴보자.

나는 캐나다 국경 근처에 있는 한 작은 마을에서 자랐습니다. 그곳의 겨울은 길고 때로는 잔인할 만큼 추위가 혹독하기로 유명했습니다. 작은 마을의 중심가에는 한쪽에는 시간을 가리키고 다른 한쪽에는 온도를 가리키는 회전 간판이 달린 은행이 하나 있었습니다. 한겨울의 온도는 수시로 영하로 내려갔습니다.

매년 초봄이 되면 해가 광장을 비추는 시간이 길어져 간판의 온도가 한 시간 남짓 가량 영상을 가리키는 날도 있습니다. 하지만 그림자가 드리우는 오후가 되면 온도가 내려가고, 우리는 혹한기가 끝나려면 아직 수 주는 더 기다려야 한다는 사실을 압니다. 그러나 그럼에도 불구하고 그날은 마을 사람 모두 주목하는 기쁜 날이기도 합니다. 마을 사람들은 모두 은행의 온도계가 처음으로 영상을 가리켰다는 소식을 주고받습니다. 우리는 그날 겨울의 힘이 파괴된 첫 번째 표지를 본 것입니다.

이와 같이 우리는 부활절에 부활하신 그리스도를 통해 죄와 사망의 권세가 깨어진 첫 번째 표지를 봅니다.

이 설교자가 말한 것은 신학에 관한 것이 아니다. 그것은 기상학에 관한 내용이다. 그러나 그것은 신학과 **유사하며**, 신학과 유사하기 때문에 청중에게 부활의 본질에 대한 깨달음을 줄 수 있다. 다음은 직유 형식의 유추에 대한 또 하나의 사례이다.

저는 어릴 때 물웅덩이를 보러 다니는 것을 좋아했습니다. 저는 여기 저기 웅덩이를 옮겨 다니며 어떻게 저 큰 하늘이 이렇게 작은 물 속에 비치는지 궁금해하였습니다. 오늘 저는 하늘과 땅에 있는 그 많은 이야기들이 어떻게 예수님과 중풍병자의 이야기와 같은 작은 성경 이야기 속에 담겨 있는지 놀라울 따름입니다.[14]

작은 물웅덩이를 통해 그 속에 비친 광대한 하늘을 바라보는 것과 조그만 성경 이야기 속에서 하늘과 땅의 이야기를 보는 놀라운 경험은 동일한 것이 아니다. 그러나 설교자는 두 경험을 동일한 선상에서 제시한다. 이 둘은 작은 공간에 그보다 큰 것을 담고 있다는 점에서 내용적 평행을 이루고 있으며 서로 유추적 관계에 놓여 있다고 할 수 있다. 이것은 적어도 현재로

---

14 William Sloane Coffin, "The Courage to Love," in *Coffin, The Courage to Love* (San Francisco: Harper & Row, 1982), 9.

서는 성경의 특징과 물웅덩이에서 놀던 설교자의 어린 시절을 연결하는 단 하나의 유일한 연결이다.

이러한 유형의 예화가 주는 효과는 명확한 이해를 제공한다는 것이다. 그것의 주 기능은 명료성을 제공하는 것이지만 그 과정에서 다소 충격적인 방식도 동원된다. 이와 같이 의미를 보다 분명하고 명확히 하는 기능을 가진 유추 형식의 예화는 수 세기전 설교학 교재들이 개념의 명료화라는 목적과 함께 "예화"라는 말을 강조할 때 그들이 염두에 두고 있던 바로 그 예화와 같은 개념으로 볼 수 있다.

다음은 스코틀랜드의 유명한 설교가 제임스 S. 스튜어트(James S. Stewart)의 설교에 나타난 또 하나의 유추이다. 그는 설교 가운데 다음과 같은 예화를 통해 과거에 사랑으로 가득 찬 하나님의 임재하심에 대한 생생한 기억은 하나님께서 안 계신 것처럼 보이는 때에도 여전히 계속된다는 개념을 제시했다.

> 저는 언젠가 인터라켄 근처에서 안개 속에 가려 있던 융프라우(Jungfrau)를 보기 위해 몇 날 며칠을 기다렸던 생각이 납니다. 사람들은 그곳에 산이 있다고 했습니다. 그들은 그곳에 사는 사람들이었고 따라서 그곳에 대해 누구보다 잘 알고 있음에도 불구하고 저는 어리석게도 그 말을 의심했습니다. 그러던 어느 날 안개가 걷히자 갑자기 눈앞에 큰 산이 나타났던 것입니다. 다음 날 다시 안개가 꼈지만 저는 이미 내 눈으로 산을 확인하였기 때문에 그 말이 사실인 것을 알고 있었습니다.
> 우리가 보았던 기억을 굳게 붙드시기 바랍니다.
> 지금 자욱한 안개로 인해 하나님의 얼굴이 가려졌습니까?
> 그러나 우리는 이미 보았고 그것은 여전히 사실임을 알고 있습니다. 그것은 너무나 확실한 사실이기에 우리는 그로 인해 살기도 하고 죽기도 하는

것입니다.[15]

이런 경험은 생생하며 스튜어트가 사용한 언어는 감동력도 있다. 그러나 이 예화의 가장 큰 목적은 깨닫게 하는 데 있다. 스튜어트는 보이지 않는 신앙에 대한 신학적 사상과 융프라우를 본 경험 사이의 유추를 통해 깨우치려 한 것이다.

유추 형식의 예화는 아마도 설교에서 가장 흔히 볼 수 있는 타입의 예화 자료일 것이다. 이러한 자료는 하나의 완전한 이야기로 제시되기도 하지만 그보다는 주로 단순한 경험적 삽화나 하나의 이미지로 제시된다(예를 들어, "세례 요한은 광야에 모인 무리들 앞에서 마치 시골 천막부흥회의 부흥사처럼 외쳤다"거나 "예수님은 바리새인 시몬의 집에서 마치 「트리뷴」[Tribune]이라는 잡지의 '패션' 난에 등장하는 디너 파티와 같이 화려한 잔치에 참석하셨다"). 다음은 스가랴 8장 1-8절에 대한 설교에 제시된 유추 형식의 예화에 대한 또 하나의 예이다.

스가랴 선지자에 따르면 하나님의 나라는 어떤 곳입니까?
그곳은 시민 공원과 같습니다. 나이 많은 사람들이 더 이상 춥거나 외롭거나 아프거나 늙지 않는 곳, 모두가 공동체의 일원으로 생활하는 곳입니다. 그곳은 노인들이 함께 앉아 햇볕을 쬐며 왕성한 힘과 깨끗한 마음 및 삶의 만족으로 지난날을 얘기하며 웃는 시민공원입니다.
하나님의 나라는 어린아이들이 안전하고 즐겁게 웃으며 뛰어놀 수 있는 시민공원입니다… 그곳은 학대받거나 버림받거나 먹지 못하는 아이들이 없

---

[15] James S. Stewart, "Beyond Disillusionment to Faith," in *Best Sermons*, 1962, ed. G. Paul Butler (Princeton: D. Van Nostrand Co., 1962), 24. 이 예화의 전체 내용은 John Killinger, "Geographical or Topographical Illustration" in *Fundamentals of Preaching*, 113-14에 인용되어 있다.

는 곳이며, 그들을 못살게 구는 사람이나 그들을 따돌리고 조롱하여 기어코 울리는 사람도 없는 곳입니다. 하나님 나라는 모든 거리가 아이들에게 안전한, 그런 공원입니다.[16]

유추 형식의 예화는, 하나의 완전한 이야기이든, 단편적 경험이든, 단순한 이미지이든, 우리에게 친숙한 것과 그렇지 않은 것을 동시에 대비시켜 "이것은 저것과 같다"라고 하는 하나의 비유를 만들어 낸다.

앞에서 언급한 대로 유추를 사용함에 있어서 주의할 점은 비유의 준거가 되는 영역을 넘어 소기의 교육 목적을 벗어나는 경우이다. 예를 들어, 많은 설교자는 믿음의 성격을 전달하기 위해 아이들이 탁자나 냉장고에서 부모를 믿고 무조건 뛰어내리는 이야기를 한다. 물론 그들이 말하려는 의도는 부모에 대한 이러한 확실한 신뢰가 하나님에 대한 믿음과 유사한 데가 있다는 것이다.

그러나 이 예화는 의도한 유추의 한계를 넘어 무조건 위험 속으로 뛰어드는 것이 믿음이라거나 또는 부모와 자식간의 관계는 실제적으로 하나님과 사람의 관계와 동일하다는 취지로 전달될 수 있다. 또한 종종 부활에 비유되는 누에가 나비가 되는 과정도 의도와는 달리 부활의 참 뜻을 약화시키거나 부활이 단순한 자연 현상의 산물이라는 잘못된 개념을 전할 수도 있다.

우리가 만일 유추 형식의 예화를 설교에 사용하기로 했다면 그것이 원하는 목적을 성취시켜 줄 적절한 예화인지 어떻게 알 수 있는가?

설교가 데이비드 버트릭은 이러한 예화는 다음 세 가지의 간단한 테스

---

[16] Elizabeth Achtemeier, "Of Children and Streets and the Kingdom," in Best Sermons 1, ed James W. Cox and Kenneth M. Cox (San Francisco: Harper & Row, 1988), 288-89.

트를 해 보아야 한다고 말한다.

① 설교 내용에 담긴 개념과 예화의 내용 사이에는 분명한 유비가 있어야 한다(설교자에게 분명하다고 해서 청중에게도 분명한 것은 아니다. 따라서 설교자는 유추 형식의 예화를 제시함에 있어서 비유의 준거에 대한 일치의 의혹이나 혼란이 없어야 한다).
② 설교 내용의 구조와 예화의 형식 사이에는 일정한 평형이 있어야 한다.
③ 예화는 설교 내용에 "적절"해야 한다(즉 진지하고 중요한 개념은 사소하고 하찮은 예화나 지나치게 감상적인 예화를 사용해서는 안 된다).[17]

버트릭은 다음과 같은 평범한 예화를 사용한 설교에 이 세 가지 요소를 적용해 보았다. 이것은 그리스도로 오신 하나님은 높은 지위와 권력을 가진 자로서가 아니라 가난하고 비천한 자로 우리에게 오시기로 했다는 사상을 명확히 전하려 한다.

한 화랑에 두 개의 그림이 나란히 걸려 있었습니다. 하나는 저 유명한 화가 렘브란트의 그림으로 세계적으로 유명한 한 위대한 지도자의 초상화였습니다. 그러나 다른 그림은 한 무명 작가의 그림으로 허름한 식탁 위에 요리를 기다리고 있는 아스파라가스 한 단이 놓여 있는 어느 농부의 주방을 그린 것이었습니다.
사람들은 어느 그림에 관심을 가질 것 같습니까?
위대한 지도자의 초상화가 아닙니다. 사람들은 아스파라거스 한 단이 놓여 있는 농부의 주방을 그린 그림을 뚫어지게 바라보고 있었습니다. 이와 같

---

[17] Buttrick, *Homiletic*, 133.

이 하나님은 권력을 가진 자나 유명한 자로 올 수도 있었지만 그렇게 하지 않으시고…[18]

버트릭은 세 가지 요소를 감안해 볼 때 이것은 실패한 예화라고 말한다.

왜 그런가?

예화의 내용(농부의 주방)과 신학적 개념(예수님의 탄생) 사이에는 분명한 유비가 있다. 따라서 첫 번째 요소는 만족시킨다. 두 번째 점검 사항에도 문제가 없다. 예화와 개념은 모두 유사한 이중 구조로 형성되어 있다. 둘 다 높고 낮음, 그리고 고귀함과 비천함이라는 대조적 특징을 가진다. 버트릭이 이 예화를 실패라고 본 것은 세 번째 요소 때문이다. 즉 이 예화는 그것이 조명하려는 신학적 개념과 어울리지 않는다는 것이다. "불행히도 설교자는 자신도 모르는 사이에 예수님을 한 묶음의 아스파라거스로 바꾸어 놓았다"라고 그는 주장한다.[19]

이러한 평가는 다소 과장된 것일 수는 있지만 버트릭의 기본적 취지는 정당하며 그의 세 가지 점검 항목 역시 정확하다고 할 수 있다. 유추 형식의 예화는 어떤 개념을 보다 생동감 있게 가르치고 그 개념에 대한 보다 깊은 이해를 제공한다. 버트릭은 예화가 메시지의 왜곡을 초래함으로 혼란이 발생하는 일이 없도록 설교자에게 주의를 당부하고 있는데 이는 적절한 것이다.

2) 실례 형식

앞에서 보았듯이 유추 형식의 예화는 우리가 이해하기 어려운 것 ("A")

---

[18] Ibid., 133-34.
[19] Ibid., 134.

을 우리가 이해할 수 있는 것("B")과 비교함으로(즉 A를 B에 비유함으로) "A"를 이해하도록 돕는다. "A"와 "B"는 다르지만 하나의 유추에 의해 연결된다. 실례 형식의 예화는 다르다. 실례 형식의 예화는 논의 중인 내용과 유사한 삶의 단면을 제시하지 않는다. 대신에 이 형식은 우리가 말하고 있는 삶의 단면을 제시한다. 설교자는 "A"와 "B"를 비교하지 않는다. 대신에 A 자체를 조금 맛보여 준다. 설교자가 예수님을 따르는 것에 대해 말하려 할 때 그것은 무엇과 같다고 말하지 않는다. 대신에 설교자는 우리에게 실제로 예수님을 따르는 사람의 경험을 말해 준다.

설교에서 실례 형식의 예화는 마치 문장 속의 대유법(synecdoche)과 같은 역할을 한다. 대유는 사물의 일부로 전체를 나타내는 기법이다. "배가 파도를 가르며 나아갔다"는 말은 실제로는 배가 대양을 건너갔다는 의미이다. 바다의 일부인 파도라는 말로 바다 전체를 시적으로 표현한 것이다.

대유와 직유의 중요한 차이점 가운데 하나를 살펴보자.

직유는 비유를 하지만 대유는 그렇지 않다. 바다는 파도와 같은 것이 아니다. 파도는 바다의 일부분일 뿐이다. 대유는 사실 "이것은 그것 자체의 본질이다"라고 말한다.

이와 같이 실례 형식의 예화는 "이것은 무엇과 같다"고 하지 않고 "이것은 그것 자체입니다. 이것은 그것의 본질입니다"라고 말한다. 물론 어떤 경험, 어떤 이야기, 어떤 실례도 은혜나 소망, 죄, 사랑, 회개, 용서 또는 믿음과 같은 개념에 대해 우리가 알고 경험한 모든 것을 구체화하지 못한다. 그러나 우리는 우리의 삶 가운데 어느 곳에서 은혜나 소망, 죄, 사랑을 경험하였는지를 제시할 수 있으며 이들이 지향하는 보다 큰 진리에 대한 하나의 표시로서 이러한 경험들을 제시할 수 있다.

실례 형식의 예화는 신학적 개념에 살을 붙이기 때문에 설교에서 매우 중요하다. 유추와 마찬가지로 대유도 개념을 명확히 해 주지만 그것이 주

목적은 아니다. 대유는 지금 현재 청중에게 제시되고 있는 실체에 대해 일종의 대리 경험을 통해 맛을 보게 해준다. 예를 들어, 성화와 같은 교리적 개념에 대해 설명하는 것과 "이것이 우리가 삶 속에서 경험하는 성화의 내용입니다"라고 말할 수 있는 것은 별개이다.

설교자가 사례의 잠재력을 발견할 수 있는 한 가지 좋은 방법은 설교 원고에 신학적 개념이나 청중에 대한 도전 및 주장이 나타나는 곳마다 표시를 하는 것이다. 그런 후 설교자는 "만일 청중이 이 말을 진지하게 받아들인다면 그들의 실제 삶에서 어떠한 결과를 낳을 것인가?"라고 물어보아야 한다. 만일 설교 내용(신학적 개념)이 인간의 삶에서 어떤 결과로 나타날지 알 수 없다면 청중에게 단순한 추상적 방향 제시만 하면 될 것이다. 그러나 일단 청중에게 신학적 개념을 진지하게 받아들여 그대로 믿고 그 말씀대로 살기를 권면한다면 설교자에게는 청중으로 하여금 그 말씀이 자신의 삶에 주는 의미를 구체화할 수 있도록 도와줄 책임이 부여되는 것이다.

다음은 설교에서 전형적으로 발견되는 신학적 진술과 그에 대한 설교자의 질문 내용이다.

> 진술: 창조의 구속사적 의미에서 볼 때 하나님은 인간에게 책임을 지고 사랑하는 동역자가 될 수 있는 기회를 주셨다.
> 질문: 회중 가운데 중앙에 앉아 있는 존의 가족이 이러한 창조의 구속사적 의미에 있어서 하나님과 함께하기로 결정하였다면 그들은 정확히 어떤 일을 해야 하는가?

> 진술: 우리는 주변 어디서나 하나님의 돌보심의 징조를 본다.
> 질문: 어디서? 하나님이 돌보신다는 표지를 제시할 수 있는가?

진술: 예수님은 오늘날에도 여전히 우리 각자에게 "화평케 하는 자는 복이 있나니"라고 말씀하신다.

질문: 이러한 예수님의 말씀은 회중에게 구체적으로 어떻게 다가오는가? 홀로 계신 부모에게는? 학교 선생에게는? 군인에게는? 법률가에게는? 암에 걸린 여인에게는? 눈이 침침하고 기억력이 감퇴되어 가는 노인에게는? 올해 초등학교에 처음 들어간 아이에게는? 이들이 새로운 마음으로 화평케 하는 자가 되기로 결심하였다면 과연 이 말씀은 그들에게 어떤 의미를 주는가? 어떤 식으로 화평케 할 것인가?

진술: 애석하지만 오늘날 우리 시대에도 자신의 이기적 욕심의 산물인 거짓 신, 우상을 섬기는 자가 있다.

질문: 어떤 우상인가? 우리는 그것이 "거짓 신"이라는 것을 어떻게 알 수 있는가? 그들이 "섬김을 받고 있다는" 증거는 무엇인가? 비밀스런 제의나 의식이나 맹세는 무엇이며 어떻게 보아야 하는가? 이러한 것들은 "이기적 욕심의 산물"에 지나지 않는다고 단정하는 이유는 무엇인가?

진술: 십자가에 못박히신 그리스도의 제자로서 우리는 미움을 받고 고통 가운데 있는 모든 사람들, 그리고 잔인한 세상의 희생물이 된 모든 사람들의 편에 서라는 권면을 받았다.

질문: 청중은 이미 나름대로의 방식으로 이러한 일을 하고 있지는 않는가? 있다면 어떤 방식으로인가? 테레사 수녀나 마틴 루터 킹과 같이 이러한 권면을 철저히 실행하고 있는 강력한 사례 외에, 그보다는 덜 극적이지만 그리스도인들이 "고난당하는 자와 함께하는" 의미 있는 방법은 없을까?

물론 이것은 어려운 질문이다. 이것이 바로 많은 설교가 실례 형식의 예화보다 유추 형식을 많이 사용하는 이유이다. 유추는 쉽게 찾을 수 있기 때문이다. 인간의 경험에서 신학적 주장과 개념을 실제로 구현하는 실례를 찾는 것이 훨씬 어렵다. 그러나 이것이 어렵다고 해서 피부에 와 닿는 현실적 경험의 언어들로 신학을 제시해야 할 책임에서 벗어날 수는 없다.

로버트 브라운(Robert E. C. Browne)이 주장한 것 같이 설교자의 임무는 복음을 깨닫고 청중이 교리적 관점에서 삶을 이해할 뿐만 아니라 삶의 관점에서 교리를 이해할 수 있도록 복음을 선포하는 것이다. 그는 "교리가 절대적으로 중요하고 삶은 그것의 중요성을 입증하는 것일 뿐이라는 말은 전적으로 잘못된 것이며 오히려 삶이 절대적으로 중요하며 교리는 삶을 조명할 뿐이다"라고 주장한다.[20]

십자가를 지라는 예수님의 명령을 신학적 주제로 하여 설교를 준비한다고 생각해 보자.

우리는 설교에서 "십자가를 지는 것"은 예기치 못하게 찾아오는 불행을 영웅적으로 견디는 것을 말하는 것이 아니라 다른 사람을 섬기기 위해 스스로 고난을 자청하는 것이라고 말한다. 이 주장에는 분명 그러한 신학적 개념이 포함되어 있다.

그러나 실제적인 삶에서는 어떠한 모습이 될 것인가?

이를 위해서는 아마도 다음과 같은 예화가 필요할 것이다.

지난 주 신문에 자녀 입양에 관한 기사가 실렸습니다. 그 기사는 오늘날의 입양 현실에 대해 비교적 상세하게 알려주고 있습니다. 수많은 부부들이 입양을 원하지만 그들을 "만족시켜 줄 만한" 아이들은 턱없이 모자라기 때

---

[20] Robert E. C. Browne, *The Ministry of the Word* (Philadelphia: Fortress Press, 1958), 39.

문에 대기자는 늘어만 가고 엄청난 법적 비용에다 행정 절차만 복잡해지고 있으며, 그 결과 임시로 아이들을 맡아줄 "대리 부모"에 대한 수요만 늘어나고 있다는 등의 내용이었습니다.

이런 내용과 함께 이 기사는 윌리엄스 가족에 대한 이야기도 전하고 있습니다. 신앙이 돈독하였던 윌리엄스 부부는 지금까지 네 어린이를 입양하여 키웠으나 앞으로 한 명 이상 더 입양할 계획이라고 합니다. 윌리엄스 부부는 입양을 기다리거나 대기자 명단에 올릴 필요도 없었습니다. 왜냐하면 그들이 입양한 아이들은 모두 지체장애우였기 때문입니다. 아들 하나는 심한 정신박약아인데다 나머지 아들과 두 딸 역시 선천적인 장애를 가진 아이들이었습니다.

윌리엄스 부부의 아이들은 전부 입양 기관이 완곡하게 표현한 대로 "마땅히 갈 곳이 없는" 아이들이었습니다. 사실 부모가 되려는 사람이라면 누구나 잘 생기고 영리하며 건강한 아이를 원하는 세상에서 윌리엄스 부부는 아무도 원하지 않는 아이들에게 부모의 사랑을 베풀기로 했던 것입니다. 이 기사는 다음과 같은 윌리엄스 부인의 말을 인용하고 있습니다.

"아이들은 우리에게 가장 큰 기쁨입니다. 그들을 돌보는 것이야말로 우리가 이 땅에 존재하는 이유입니다."

물론 이 예화가 십자가를 지는 것과 관련하여 할 수 있는 말, 그리고 해야 하는 말의 전부라고 할 수는 없다. 예를 들어, 이 기사에는 이 부부의 신앙과 이러한 그들의 행위 사이에 분명한 신학적 연결이 언급되지 않는다. 그러나 만일 십자가를 지는 것이 사실상 다른 사람을 사심 없이 섬기기 위해 고난을 택하는 것이라고 한다면 이 이야기는 실제 삶 속에서 그것을 경험하는 하나의 예가 될 수 있으며 하나의 부분으로 전체를 보여 주는 좋은 실례가 될 것이다.

또한 "너희 빛을 사람 앞에 비춰게 하여 저희로 너희 착한 행실을 보고 하늘에 계신 너희 아버지께 영광을 돌리게 하라"(마 5:16)는 예수님의 말씀을 본문으로 설교를 준비한다고 하자.

오늘날 우리의 실제 삶 속 어느 곳에서 이러한 일을 만날 수 있는가?

또 누군가의 "착한 행실"을 통해 다른 사람이 하나님께 영광을 돌리는 경우를 어디에서 볼 수 있는가?

우리는 이러한 사례로서 도로시 데이(Dorothy Day)의 경험을 설교에 포함할 수 있다. 그는 가톨릭 노동자 운동의 창시자이자 가난한 자와 학대받는 자에 대한 봉사를 통해 평생 하나님을 섬긴 크리스천이다. 다음은 설교에 사용할 실례 형식의 예화이다.

도로시 데이는 종종 자신이 기독교인이 된 것과 소명 의식을 가지게 된 계기에 대해 자신의 어릴 적 경험을 예로 든다. 그녀는 어린 시절 시카고에 살 때 옆집에 사는 친구를 찾아간 적이 있었다. 친구의 아파트 문이 열려 있었기 때문에 그녀는 안으로 들어갔다. 아침을 먹은 접시는 깨끗이 씻겨 싱크대 위에 쌓여 있었다. 그때 그녀는 친구의 어머니인 바레트 여사가 마루에 무릎을 꿇고 앉아 기도를 하고 있는 모습을 보았다. 도로시가 들어오는 소리를 들은 바레트 여사는 잠시 기도를 멈추고 딸이 가게에 갔다고 말해 주었다. 그리고는 다시 기도를 시작하였다. 오랜 세월이 지난 후 도로시 데이는 "그때 나는 기도 중인 바레트 여사로부터 평생 잊지 못할 충격적인 사랑의 감정을 느꼈다"라고 회고하였다.

바레트 여사와의 만남에 대해 언급하고 있는 도로시 데이의 전기 가운데 하나에는 그녀의 아침 기도에 관해 다음과 같이 언급한 대목이 있다. "그것은 그녀가 처음으로 초월적 느낌을 경험한 순간 가운데 하나였다. 삶을 초월하는 무엇인가가 있다는 이러한 의식은 그녀에게 저항할 수 없는 소명감으로 다가왔으며 궁극적으로는 그녀를 교회로 인도하였다…."[21]

또한 다른 사람을 받아들이고 인자하게 대하는 태도가 얼마나 큰 능력이 있는지를 제시하고 싶다면 다음과 같은 예화를 사용할 수 있을 것이다.

메리 안 버드(Mary Ann Bird)는 자신의 회고록 『귓속말 시험』(The Whisper Test)에서 자신의 삶에서 용서하는 말이 얼마나 큰 능력을 가지고 있는지에 대해 말하고 있습니다. 그녀는 선천적으로 여러 신체적 장애를 가진 채 태어났습니다. 한 쪽 귀를 듣지 못하는데다 언청이였으며 추한 얼굴에 코는 굽고 발은 균형이 잡히지 않았습니다. 그녀는 어릴 때 이러한 신체적 장애뿐만 아니라 다른 아이들로부터 심한 정신적 고통도 받았습니다. 그녀의 반 친구들은 "메리 안, 입술이 왜 그래?"라고 놀렸습니다. 그때마다 그녀는 "유리 조각에 다쳐서 그렇다"라고 거짓말을 했습니다.

학교에서 경험했던 최악의 순간은 매년 실시하는 듣기 시험이었습니다. 선생님은 모든 학생을 한 명씩 자기 자리로 불렀습니다. 선생님은 학생에게 자신의 귀를 한 쪽씩 번갈아가며 손으로 막게 한 후 귀에다 "하늘은 맑다"라거나 "너는 새 신을 신었다"와 같은 말을 속삭였습니다. 소위 "귓속말 시험"이었던 것입니다. 선생님의 귓속말을 그대로 따라하면 시험에 통과되었습니다. 창피당하는 것이 싫었던 메리 안은 언제나 부정한 방법으로 시험에 응했습니다. 안 들리는 쪽 귀를 시험할 때는 잘 들리는 귀에 막은 손을 선생님 모르게 찻종 모양으로 오목하게 함으로 잘 들리는 것처럼 대답했던

---

[21] Thomas G. Long, *Testimony: Talking Ourselves into Being Christian* (San Francisco: Jossey Bass, 2004), 81. Robert Ellsberg, as quoted in Gerry McCarthy, "The Social Edge Interview: Author Robert Ellsberg," The Social Edge.Com: A Monthly Social Justice and Faith Magazine, www.thesocialedge.com (November 2003).

것입니다.

어느 해에는 학교에서 가장 인자하신 선생님 가운데 한 분인 레오날드 선생님이 담임으로 오게 되었습니다. 메리 안을 포함하여 모든 학생은 새로 오신 선생님에게 잘 보이고 귀염을 받고 싶어했습니다. 그러던 어느 날 드디어 공포의 듣기 시험을 치르게 되었습니다. 메리 안은 자신의 차례가 되자 선생님 책상으로 불려갔습니다. 메리 안이 손을 찻종 모양으로 오목하게 하자 레오날드 선생님은 속삭이기 위해 가까이 다가왔습니다. 그때 선생님은 그녀에게 "하늘이 맑다"거나 "너는 새 신을 신었다"라는 등의 말을 하지 않았습니다. 메리 안은 그때의 기억에 대해 "선생님은 그토록 내가 기다리던 말, 아마도 하나님이 선생님의 입에 담아 주신 것이 틀림없는 말씀을 속삭였습니다. 그 일곱 마디는 나의 생애를 바꾸어 놓았습니다." 선생님은 그녀의 귀에 "나는 네가 내 사랑하는 딸이었으면 좋겠다"라고 속삭였던 것입니다. 메리 안은 나중에 선생님이 되었습니다. 그녀 역시 내적 아름다움과 풍성한 인자함을 소유한 선생님이 되었던 것입니다.[22]

물론 우리는 이와 같이 감동을 주는 경험도 은혜라는 말에 담긴 심오하고 광대한 의미를 다 제시하지는 못한다는 것을 안다. 그것도 은혜이기는 하나 은혜의 전부는 아니다. 대신에 이러한 경험은 실제적인 한 개인의 삶에 표현된 은혜의 일면을 보여 준다. 그것은 하나의 단면이자 부분으로, 복음의 능력의 한 단면(은혜적 측면)을 감각적으로 느끼게 해 주며 신실한 상상력을 통해 그것(은혜적 측면)이 지향하는 완전한 진리를 향한 순례의 길로 인

---

[22] Mary Ann Bird, *as Quoted in Leonard Sweet, Strong in the Broken Places: A Theological Reverie on the Ministry of George Everett Ross* (Akron, OH: University of Akron Press, 1995), 93. 이 예는 Long, Testimony, 85-86에도 인용되었다.

도해 준다.

실례 형식의 예화는 삶의 한 단면을 가리키며 "이것이 바로 우리가 지금 논의하고 있는 그것의 한 부분"이라고 주장하기 때문에 이러한 예화의 사용에는 복잡한 신학적 문제가 따른다. 우리는 과연 이 어두운 세상에서 정직하게 살아가는 한 인간에 대한 에피소드를 제시하며 "이러한 행위는 복음이 무엇인지를 보여 준다.

우리는 이 사건을 통해 우리가 전하는 바로 그 하나님의 나라를 볼 수 있다"라고 장담할 수 있는가?

대답은 물론 아니오이다. 결코 그럴 수 없는 것이다. 신학자 몰트만(Jurgen Moltmann)은 이렇게 주장한다.

> 기독교의 선포는 이 우주나 역사적 사건에 내재된 유추를 통해 지탱하는 것이 아니다. 타락한 세계나 죄와 사망으로 가득한 역사는 어떠한 메시아적 빛도 스스로 반영할 수 없다.[23]

죄사함, 속박으로부터의 자유, 죄와 사망에 대한 승리 및 하나님과의 연합과 같은 복음의 약속은 어디까지나 약속이다. 약속은 오늘날 우리에게 현재적으로 주어진 것이다. 따라서 만일 그것을 믿고 신뢰한다면 우리의 현재적 삶은 그것에 큰 영향을 받게 될 것이다. 그러나 약속은 미래에 대한 언급이다. 따라서 그것의 완전한 성취는 장차 이루어질 것이다. 그렇다면 복음의 약속은 하나님의 미래에 대한 말씀이라고 할 수 있다. 그것은 모든 피조 세계를 새롭게 하시겠다고 약속하신 하나님에 대한 말씀이며, 그를 기다

---

[23] Jürgen Moltmann, *The Church in the Power of the Spirit: A Contribution to Messianic Ecclesiology* (New York: Harper & Row, 1977), 222.

리고 바라며 소망 가운데 살아가는 사람들의 신앙에 관한 말씀이다.

다시 한번 몰트만의 말을 빌리면, 설교자는 복음의 선포가 "미래를 여는 말씀"임을 깊이 자각하여 복음의 약속을 단지 현세적 삶에 국한된 몇 가지 가능성들에 대한 초라한 선포로 대치하지 않도록 해야 한다.[24] 이러한 현상은 오늘날 복음의 근본적인 약속들을 "적극적 사고"나 심리학적 적응 및 "삶에 대한 창조적 가치관"으로 바꾸어 버린 설교자들에게서 찾아볼 수 있다. 또한 하나님 나라는 올바른 사고와 행동 및 새로운 사회적 조직을 통해 현실화될 수 있다고 생각하는 설교에서도 볼 수 있다.

특히 우리는 앞서 언급한 실례 형식의 예화와 같은 방식을 분별없이 사용한 설교에서도 이러한 현상이 아주 미묘하게 나타나는 것을 발견할 수 있다. 우리는 설교할 때 용서와 화해, 자유함, 승리 및 기도의 응답에 대한 경험을 이야기한다. 또 마땅히 그렇게 해야 한다. 그러나 이것은 결코 청중에게 "당신이 만일, 보다 분명하게 생각하고 부지런히 노력하며 더욱 깊이 믿고 완전하게 신뢰한다면 이러한 것들은 확실히 당신의 것이 될 것이다"라는 식으로 넌지시 비추는 방식이 되어서는 안 된다.

예를 들어, 우리는 치명적 질병으로부터 회복되어 놀라운 치유의 은혜를 주신 하나님께 감사하고 있는 사람의 경험에 대해 제시할 수 있다. 그러나 우리는 비록 그러한 치유의 경험이 없을지라도 육신을 파괴하는 질병이 최종적 선고를 내릴 권세가 없다는 복음의 약속을 굳게 붙들고 사는 신실한 믿음의 소유자가 많다는 사실도 기억해야 한다. 우리는 어떤 면에서 예수께서 수난받으신 성 금요일의 세계에 살고 있다. 이곳에서 그리스도인들은 아직도 요원한 화해를 위해 기도하고 사로잡힌 자의 자유를 소망하며, 여전히 불타고 있는 증오심에 용서의 씨를 뿌려야 하며, 고통과 사망이 기세등등한

---

[24] Ibid., 220.

때일지라도 치유의 기름을 바르며 전심으로 "주 예수여 오시옵소서!"라고 기도해야 한다.

그렇다면 우리는 어떻게 인간이 삶 속에서 경험하는 한 순간을 가리키며 "이것은 내가 말하려는 진리를 보여 준다"라고 장담할 수 있는가?

이것은 오직 그 순간이 새로운 창조를 맛보게 하고 그것을 미리 보여 준다고 생각할 때만이 그렇게 할 수 있을 것이다. 신약성경적 용어를 사용한다면 그것은 장차 도래할 하나님 나라의 "표적과 기사"에 해당한다.

그리스도의 부활, 그리고 성령의 능력으로 그것을 선포하는 행위야말로 가장 확실하고 심오한 표적이라고 할 수 있다. 말씀이 선포되는 믿음의 공동체인 교회 역시 이러한 미래적 나라에 대한 현재적 표적에 해당한다. 몰트만은 다음과 같이 주장한다.

> "메시아적 공동체로서 교회"는 그리스도에 관한 이야기를 나누는 곳이자 자신의 이야기도 함께 나누는 교제 공동체이다. 왜냐하면 공동체의 존재나 교제 및 활동은 모두 자유케 하는 그리스도의 이야기로부터 나왔기 때문이다. 그것은 그리스도에 관한 이야기의 현재적 성취를 통해 자신이 속한 사회의 이야기나 신화로부터 끊임없이 자유함을 얻는, "이야기를 통해 교제하는 공동체"(story-telling fellowship)이다.
> 또한 교회는 하나님 나라의 관점을 통해 이 땅의 사회적 관점으로부터 자유함을 얻는 "소망으로 교제하는 공동체"(fellowship of hope)이다. 결국 교회는 그리스도에 관한 이야기와 그 분의 나라에 대한 소망을 기억함으로 이 세상이 강요하는 충동적인 행동이나 그것에 상응하는 내적 태도로부터 벗어나게 하여 메시아적 특성을 지닌 삶으로 인도하는 교제 공동체이다. 이것은 기독교화된 사회에서 단순히 각 사회 조직을 비판하는 신앙의 자유로 해석되어서는 안 되며 오히려 사회 조직과 한 통속이 되어 있는 교회와 일

부 현대 교회를 향한 비판적 자유에 초점을 맞춘다.

메시아적 공동체는 메시아와 메시아의 말씀에 속한 공동체이다. 이러한 공동체는 교회가 가진 능력으로 이미 메시아 시대의 영역에 속한 가능성들을 실현하였다. 즉 가난한 자에게 그 나라의 복음을 선포하고 낮고 천한 자들에게는 비천한 자들을 높이시리라는 약속을 전하며 소망의 삶을 통해 하나님께 영광을 돌리기 시작한 것이다.[25]

끝으로 우리는 그리스도의 공동체 안에서 함께하는 삶을 통해 실제적이며 미래를 향한 소망의 눈으로 이 세상을 바라보게 한다. 즉, 성령께서는 지금도 이곳에서 역사하고 계시며 불가능을 가능으로 바꾸고 아무것도 믿을 수 없는 곳에 믿음을 주시며 사랑할 만한 것이라고는 전혀 없는 곳에 사랑을 제공하시며 아무런 희망도 없는 곳에 소망을 주신다.[26] 우리는 우주 만물의 구속에 대한 하나님의 약속을 신뢰할 때에 도처에서 고통이 제거되고 적대감이 사라지며 모든 속박의 사슬이 끊어지는 하나님의 승리의 도래에 대한 표적들을 볼 수 있다.

3) 은유 형식

은유의 간단한 형식은 우리에게 친숙한 것을 친숙하지 않은 말로 표현하는 것이다. 예를 들어, 우리는 기차를 "철마"로, 석양을 "빛의 물감"으로, 말을 연속으로 해대는 것을 "속사포"라고 부른다. 유추에서는 어떤 사물이 다른 사물에 비교되지만 은유에서는 전혀 의외의 것이 다른 어떤 것을 의미

---

[25] Ibid., 225.
[26] Ibid., 191.

하게 된다. 유추는 우리가 이해하도록 돕지만 은유는 새로운 의미를 창조하여 그것을 통해 어떤 것의 실체를 새로운 방식으로 경험하도록 돕는다. 유추는 훌륭한 선생의 도구가 되지만 은유는 시인의 도구가 된다.

웬델 베리(Wendell Berry)는 자신의 시 가운데 하나에서 어떻게 겨울의 서리와 비가 언덕 위에 놓인 징검다리의 돌을 옮겨 놓았는지를 묘사하였다. 그는 이 시에서 징검다리를 건너고 있는 자신의 모습(돌이 놓인 위치에 따라 보폭을 때로는 짧게, 때로는 길게, 어떤 곳은 오른쪽으로, 또 어떤 곳은 왼쪽으로 걸음을 옮기는 모습)을 묘사하였다. 이 시의 마지막 구절은 다음과 같다.

"겨울의 끝에서 나는 겨울 날씨의 역사를 따라 춤춘다."[27]

이 말의 의미는 무엇인가?

만일 그가 직유를 사용하였다면, 가령 "여기저기 불규칙하게 놓인 돌을 따라 걷는 것은 춤추는 것과 같다"라고 했다면, 우리는 그가 비교하려는 것이 무엇인지를 쉽게 알았을 것이다. 그러나 그는 그렇게 하지 않고 은유적으로 말했다.

"겨울의 끝에서 나는 겨울 날씨의 역사를 따라 춤춘다."

이것은 그가 댄서가 움직이듯이 움직였다는 말인가 아니면 그가 마음대로 걸은 것이 아니라 돌의 놓인 위치나 모양에 따라 운율적으로 걸었다는 말인가?

혹은 자신의 걸음을 통해 겨울의 힘을 노래하였다는 말인가 아니면 그의 걸음이 일종의 무의식적인 회상이었다는 말인가?

이 모든 것이 다 해당된다는 말인가 아니면 이 외의 다른 무엇이 있다는 말인가?

---

27 Wendell Berry, "A Dance," in *The Collected Poems of Wendell Berry*, 1957-1982 (Berkeley, CA: North Point Press, 1985), 202.

은유의 핵심에는 언제나 이러한 미스터리가 있다. 그것은 우리의 생각을 끊임없이 사고하게 하며 우리가 이미 보았다고 생각하는 것을 여러 가지 방식으로 다시 한번 조명하도록 촉구한다.

예수님의 비유는 대부분 은유 형식의 이야기로 제시된다. 예수님은 비유를 말씀하실 때 "이 짧은 이야기를 통해 하나님 나라에 대한 몇 가지 특징을 설명하겠다"라고 하시지 않으셨다. 그분은 오히려 이렇게 말하셨다.

> 이 이야기를 듣고 그 세계 안에서 살라. 그것의 특징과 상황 속에서 너 자신을 발견하라. 그것이 너의 삶에 주장하는 것이 무엇인지를 느껴라. 그 세계가 너의 세계가 되게 하고 오직 그 후에만 '하나님의 나라'를 말하라.

다드(C. H. Dodd)에 의하면 비유는 은유로부터 나오기 때문에 이러한 비유는 "청중이 활발한 사고를 할 수 있도록 비유의 정확한 의미 적용과 관련하여 수많은 의문의 여지를 남겨둔다."[28]

때때로 설교는 인간의 경험을 은유적 방식으로 사용하기도 한다. 그러나 은유적 방식은 상상력과 다양한 의미를 위해 정확성과 명료성을 희생시키기 때문에 이러한 유형의 예화는 매우 드물게 사용되고 있으며 한편으로는 매우 위험한 방식이기도 하다는 사실에 주의해야 한다. 왜냐하면 은유적 방식은 상상력과 다양한 의미를 위해 정확성과 명료성을 희생시키기 때문이다. 유추 형식의 예화는 제시하고자 하는 개념과 여러 면에서 유사한 삶의 한 단면을 제시한다. 반면에 실례 형식의 예화가 제시하는 삶의 단면은 그것 자체만으로 제시하고자 하는 개념의 일부에 해당한다. 그러나 은유 형식의 예화는 경험과 개념을 나란히 제시한 후 청중에게 상상력을 동원하여

---

28 C. H. Dodd, *The Parables of the Kingdom* (London and Glasgow: Fontana Books, 1961), 16.

그것을 연결하도록 요구한다.

예를 들어, 찰스 라이스(Charles Rice)는 "16층에서"(From the Sixteenth Floor)라는 제목의 설교에서 청중에게 길거리 위에 높이 솟아 있는 16층 창문에서 도시를 바라보게 하였다. 이와 같이 높은 곳에서는 아래에서 일어나는 분주한 일상이 잘 보인다. 사람들은 마치 움직이는 점과 같이 옮겨 다닌다. 병원복을 입은 사람도 보이고 자색 셔츠를 입고 길을 걷는 사람도 보인다. 우리는 "이와 같이 전망이 좋은 창문을 통해 끝없이 매혹적인 협곡에서 잃어버린 얼굴들과 희미해져 가는 아픔을 바라본다."

그러나 우리는 높은 곳에서 보고 있기 때문에 아이러니하게도 개인적인 움직임에 대해서는 잘 인식하지 못하며 오히려 전체적인 흐름이나 보다 큰 동기 및 도덕적 충동에 초점을 맞추게 된다. 우리는 단지 사람들이 움직이는 것만 보는 것이 아니라 그들의 기쁨과 고통, 악의와 운명, 추함과 아름다움을 본다. 라이스의 말처럼 우리는 죽어가는 자와 교활한 자를 불쌍히 여기게 되고 이 도시와 그 곳에 사는 사람들을 위해 기도하게 되는 것이다. 우리의 시선을 이 도시에 한 동안 고정시킨 후 라이스는 잠시 쉬었다가 다음과 같이 설교를 끝맺었다.

> 복음은 예수께서 미천한 나귀를 타고 예루살렘 성으로 들어오신 이야기를 합니다. "가까이 오사 성을 보시고 우시며 이르시되 너도 오늘날 평화에 관한 일을 알았더라면 좋을 뻔하였거니와"(눅 19:41-42). 그리고 얼마 후 예수님은 십자가를 지고 예루살렘 밖 언덕으로 올라가셨습니다. 그는 십자가에 못박히신 채로 예루살렘 성을 내려다보셨습니다.[29]

---

[29] Charles L. Rice, *Interpretation and Imagination: The Preacher and Contemporary Literature* (Philadelphia: Fortress Press, 1970), 126.

"그는 십자가에 못박히신 채로 예루살렘 성을 내려다보셨습니다." 이것이 라이스의 설교의 마지막 구절이었습니다. 그러나 청중에게는 이것이 설교가 끝나는 지점이 아니다. 우리의 마음은 16층에서의 기억으로 되돌아간다. 우리는 우리가 느꼈던 슬픔을 기억하며, 그리고 예수님의 눈물을 기억한다. 우리는 그곳에서 보았던 도시의 광경과 그곳의 고통을 회상하며, 그리고 예루살렘 성을 내려다보시는 예수님의 마음과 그가 느꼈을 고통에 대해 생각한다. 우리는 다시 한번 이 도시의 구원을 위해 기도한다. 그리고 우리의 부르짖음에 대한 응답으로 십자가를 바라본다. 우리는 대부분 놀란다. 우리는 아직도 이 설교가 무엇을 의미하는지 다 알지 못한다. 우리는 설교가 제시하는 여러 가지 진리들을 일일이 열거하기 전에 이미 그것이 가지는 구속적 능력을 느낀다.

다음은 또 하나의 은유 형식의 예화로 패트릭 J. 윌슨(Patrick J. Willson)의 설교에서 발췌한 것이다.

저는 여섯 살 때 최고로 멋진 놀이터에서 놀았습니다. 지금 기억해 보면 그곳은 모두 내 땅처럼 생각되었습니다. 그곳에는 분명히 다른 아이들도 있었을 터인데 말입니다. 지금도 여섯 살된 어린이의 눈으로 바라보면 그 놀이터는 내가 살던 독일 프랑크푸르트에 있는 이층 집 뒤로 끝도 없이 펼쳐져 있습니다. 그러나 사실 그곳은 서너 블록 정도의 크기에 불과하였던 것 같습니다.

제 기억 속의 그곳은 정말 놀라운 것들로 가득한 곳이었습니다. 저는 종종 깨어진 벽돌담을 타고 올라가 카우 보이와 같은 자세로 서 있었습니다. 저는 비스듬히 기울어진 거대한 콘크리트 더미를 헤집고 다니며 나만의 비밀 장소를 한 다스나 발견했습니다. 그곳에는 딸기와 구즈베리, 붉은 까치밥나무가 자라났습니다. 저는 덩굴을 헤쳐 가며 열매를 따 먹느라 옷을 온

통 얼룩으로 물들이곤 했습니다. 저는 여기저기 흩어져 있는 불에 녹은 유리 조각들을 구두 상자에 담았습니다. 아마 여러분은 그곳에서 온갖 것들을 발견할 수 있을 것입니다.

어느 날 저는 땅을 파다가 조그만 청색 고무 자전거를 찾아내었습니다. 먼지를 털어내고 보니 아직도 바퀴가 쓸 만했습니다. 이 작은 청색 자전거는 원래 제 것이었을는지도 모릅니다. 그러나 저는 그렇지 않다는 것을 알았습니다. 그것은 누군가 다른 아이의 것이었습니다. 그것은 이전에 이곳에서 놀던 누군가의 것입니다.

저는 그 어린이에게 무슨 일이 일어났는지 궁금했습니다. 그때 저에게는 내가 알고 추측하며 당연하게 생각하였던 한 사실이 나의 피상적 지식으로부터 벗어나 심오한 깨달음으로 다가왔습니다. 그날 제가 파낸 것은 작은 청색 자전거뿐 아니라 이 땅에 현존하는 악에 대한 인식이었습니다. 우리가 거하는 이 세상 말입니다.

짐작하셨겠지만 여섯 살 시절의 저에게 기쁨의 정원이 되었던 나의 놀이터는 폭탄으로 산산조각이 난 프랑크푸르트 주거지로 제2차 세계대전 이후 수년 동안 복구되지 않고 있었던 것입니다. 제가 뛰어다니며 놀던 담벼락과 콘크리트 더미는 어느 가정집의 잔해였습니다. 딸기와 까치밥나무, 구즈베리는 오래 전에 누군가 심었기 때문에 그곳에서 자랐던 것입니다. 제가 모았던 유리 조각은 불타버린 창문으로, 엄마가 그곳으로 아이들을 내다보며 손을 흔들어 주던 창문이었던 것입니다. 제가 가지고 놀던 작은 청색 자전거는 지금은 사라져버린 어느 집에 살았던 한 아이의 것이었습니다. 저는 이 아이와 그 가족에게 어떠한 일이 일어났는지 몰랐으며 알 수도 없었습니다. 그 순간 제가 알 수 있었던 것은 이 세상에 무서운 일이 일어났으며 나의 놀이터에도 악이 휩쓸고 다녔다는 것이었습니다.

이 정원에는 잡초만 무성했던 것입니다.[30]

월슨 자신의 삶에서 일어난 이 사건은 유추 형식의 예화로 볼 수 있다. 이 정원에 잡초가 있었던 것처럼 세상에는 악이 있다는 것이다. 그러나 이 예화를 단순한 유추로 보기에는 이야기를 전개하는 방식이 지나치게 세부적이고 모호하다. 또한 우리는 이 예화를 실례 형식의 예화로 볼 수도 있다. 만일 윌슨이 악의 존재에 대한 인식에 관한 문제를 다루고 있었다면 이 경험은 좋은 사례가 될 것이다.

그러나 월슨은 한 가지 사상이나 경험만을 조명하려 했던 것은 아니다. 그는 많은 의미를 가진 세상에 대해 제시하고자 했다. 이 세상은 선과 악이 공존하는 곳이며, 사실상 무엇이 선이고 무엇이 악인지 구별하기 힘든 곳이라는 것이다. 그는 이 모든 사상을 전하였으며, 은유적 예화를 통해 그 이상의 것을 제시하였다. 이 설교는 알곡과 가라지의 비유(마 13:24-30)를 본문으로 하고 있으며 청중을 비유의 복잡성과 삶의 복잡성 속으로 동시에 인도한다.

은유 형식의 예화는 많은 의미를 파생시킨다. 아이러니하게도 이것은 은유 형식의 가장 큰 장점이자 가장 큰 위험이기도 하다. 이 형식은 사실 청중을 분산시키고 다양한 갈래의 의미를 제시함으로써 통찰력보다 혼란을 야기한다. 따라서 은유 형식의 예화를 선택할 때에는 신중을 기해야 하며, 청중이 통찰력을 발휘하여 예화와 설교의 나머지 부분과의 관계를 적절히 연결할 수 있도록 정교히 다듬어져야 한다.

그러나 만일 우리가 그것에 대한 설명이나 집중을 위해 이야기 중도에

---

[30] From Patrick J. Willson, "Weeds in Our Garden," 1987년 7월 19일 Shades Valley Presbyterian Church, Birmingham, Ala에서 행한 설교(출판되지 않음).

멈추어야 한다면 결코 비유의 효과는 거두지 못할 것이다. 은유 형식은 풍성함과 다양함 및 살아 있는 신앙의 다면적 특징을 보여줄 수 있지만 때로는 "아하"라는 감탄은커녕 오히려 어리둥절하게 만들어 어깨만 으쓱거리게 할 뿐이다.

3. 문 열기

설교 예화는 이해와 경험이라고 하는 보다 큰 방 속으로 들어가는 출입문과 같다. 설교자는 언제나 예화에 대해 "이 출입문은 모든 청중이 지나갈 만큼 넓게 열려 있는가?"라고 물어보아야 한다.

예를 들어, 압박과 끊임없는 요구 및 생존 경쟁이 치열한 조직 사회에서 윤리적으로 책임을 다하기 위해 고군분투하는 한 사람에 관한 이야기를 택했다고 하자.

과연 이러한 예화가 고등학교 1학년 학생이나, 직장에서 아무리 "끊임없는 요구"를 하더라도 기꺼이 감수하겠다는 각오를 가진 실직자에게는 어떻게 들려질까?

이들이 그 설교를 제대로 듣기나 하겠는가?

대답은 아니오이다. 인수분해 공식 외우는 것만도 골치 아픈 고등학교 1학년 학생이나 다음달 생활비 나올 구멍만 생각하고 있는 실직자는 자신이 조직 사회에서 어떤 의사결정을 할 수 있는 위치에 있다고 생각하지도 않는다.

물론 이 예화에는 일정량의 진리가 있다. 그러나 그것은 어디까지나 일정량일 뿐이다. 사실 사람들은 머릿속에서 다른 사람들의 경험 속으로 들어가 그들이 보고 듣고 배운 것을 자신의 것으로 만드는 놀라운 능력이 있다. 그럼에도 불구하고 설교자가 모든 청중의 필요를 한꺼번에 다 말하고 싶은 나머지 예화의 특성을 전혀 살리지 못하고 지극히 일반화된 삶에 대한 지루한 묘사로 만들어 버린다면 심각한 잘못이 아닐 수 없다. 인생에는 그와 같이 일반화된 것은 없다. 아이러니 하게도 예화는 오히려 이런 삶(this life), 이런 환경(this environment)과 같은 "특수성"이라는 가장 정직한 연결고리에 의존한다. 이와 같이 구체적인 특수성이야말로 보다 많은 청중에게 강력하게 호소하는 능력이 있기 때문이다.

그러나 사실 우리는 우리가 사용하는 예화 자료가 청중의 풍성하고 다양한 경험을 반영하기를 원한다. 이것은 설교의 한 부분이 때때로 하나의 예화만 원하는 것이 아니라 각각 다른 환경의 삶을 다루고 있는 두세 개의 예화를 원한다는 말이 된다. 즉 여러 개의 출입문을 필요로 한다는 말이다. 그러나 경우에 따라서는 다음과 같이 하나의 완전한 예화 대신에 일련의 이미지나 삽화를 사용할 수도 있다.

그러나 우리는 응답 없는 기도에 대해서는 어떻게 해야 합니까?
비를 위해 기도하지만 가뭄은 끝이 나지 않습니다. 평화를 위해 기도하지만 신문의 머리기사는 언제나 전쟁 소식으로 가득합니다. 치유를 위해 기도하지만 엑스레이에는 여전히 검은 흔적이 남아 있습니다. 자식들을 위해 기도하지만 위기는 끊이지 않습니다. 내적 평안을 위해 기도하지만 걱정 근심은 사라지지 않습니다. 빛을 위해 기도하지만 그림자는 더욱 짙게 드리웁니다.
우리는 이와 같이 응답받지 못하는 기도에 대해 어떻게 해야 합니까?

이 설교자는 응답받지 못하는 기도로 갈등하는 사람에 대한 하나의 온전한 예화를 제시하는 대신 일련의 그러한 경험을 간략히 제시하였다. 물론 모든 청중이 치유를 위해 기도하거나 자녀 문제로 기도하지는 않지만 대부분의 청중은 이들 가운데 어느 한 부분에 해당될 가능성이 충분하다.

우리는 예화의 누적되는 효과에도 관심을 가져야 한다. 이번 주 설교에서는 세상 조직에 맞서 윤리적 투쟁을 벌이고 있는 한 사람에 관한 예화가 효과적일 수 있지만 매주 이러한 세상에 대해서만 설교한다면 바깥 세상의 사람들에 대해서는 문을 닫게 될 것이다. 우리가 만일 의도적으로 예화의 영역을 넓히지 않는다면 우리는 언제나 우리와 같은 시각으로 세상을 바라보는 사람들의 경험을 반영한 예화만 찾게 될 것이다.

매력적인 설교로 유명한 한 젊은 여자 목사가 일부 신실한 회중에게 자신의 설교에 대한 평가를 부탁하였다. 그녀는 그들이 자신의 설교에 대해 대체로 호평하는 가운데 예화가 지나치게 젊은 사람들의 갈등이나 이슈 및 경험에 치우친다는 공통된 비판을 듣고 놀랐다. 물론 그것은 그녀가 가장 잘 알고 있는 세계였지만 젊은 세대에 대한 예화가 누적되면서 오히려 예화의 효과는 반감되었던 것이다.

만일 우리가 사용하는 예화의 대부분이 자신의 관심사와 씨름하고 있는 개인들에 관한 것이라면 개인주의적 신앙의 왜곡으로 흐를 소지가 있다. 또한 가족생활에 관한 예화가 대부분이라면 아마도 독신생활은 그리스도인의 규범 밖의 것으로 여길 것이다. 만일 어린이의 경험에 관해 전혀 언급하지 않는다면 복음은 성인들만 위한 것이 되어버릴 것이다. 대부분의 예화가 느낌과 감정에만 초점을 맞춘다면 지성과 의지를 다해 하나님을 섬기는 것은 뜨거운 감정으로 하나님을 섬기는 보다 덜 중요한 것으로 비칠 수 있다. 남자가 곤경에 빠진 여자를 돕는 이야기를 자주 한다면 약자로서의 여성에 대한 진부한 논리만 강화하는 꼴이 될 것이다.

설교의 예화 자료는 시대를 초월하여 세계관을 형성한다. 따라서 우리는 이러한 세계관이 가까이 있는 문화만 반영할 것이 아니라 복음에서 제시한 삶을 반영하도록 주의해야 한다.

4. 자료 찾기

우리는 어디에서 예화를 찾을 수 있는가?
강단은 굶주려 있는 곳이다.
매주 설교에 필요한 예화 자료를 어떻게 모을 수 있는가?
예화 자료가 나오는 출처는 네 가지이다. 즉 설교자 자신의 삶, 설교자의 상상력, 주변 세상 및 대중 매체가 그것이다.

1) 설교자 자신의 삶

때때로 가장 좋은 예화 자료는 우리 자신의 삶의 경험으로부터 나온다. 그러나 과연 강단에서 자신에 대해 이야기하는 것이 적절한가?
현대의 설교학자나 설교를 배우는 학생들은 이 문제에 대해 다양한 대답을 제시한다. 강한 긍정("우리가 제시할 수 있는 가장 훌륭한 도움은 우리 자신의 상처와 무엇이 우리를 구원하고 치유했는지에 대한 설명이다"-살몬)[31]으로부터 "때때로" 그렇다는 조심스런 입장("겸손하게 자기를 드러내는 것은 적절하다-크래독)[32] 및 강한 부정(솔직히 말하자면, 사실 강단에서 자신에 관해 이야기해야 할 아무런 이유도 없다-버트릭)[33]이 있다. 대부분의 설교학자들은 자신을 드러내는 것

---

[31] Bruce C. Salmon, *Storytelling in Preaching: A Guide to the Theory and Practice* (Nashville: Broadman Press, 1988), 54.
[32] Craddock, *Preaching*, 209.
[33] Buttrick, *Homiletic*, 142.

의 유익과 위험성을 모두 인정하는 중간적 입장에 서 있다.

따라서 다음과 같은 몇 가지 중요한 규칙이 나오게 되었다.

결코 자신을 영웅으로 만들지 말라.

지나친 목회적 자신감을 드러내지 말라.

어린이나 배우자로 하여금 난처하게 하지 말라.

강단을 고백하는 장소로 만들지 말라.

청중에게 "목사의 이야기"가 아니라 함께 공감할 수 있는 경험을 이야기하라.

이런 규칙들도 좋지만 보다 중요한 것은 규칙에 대한 나열이 아니라 그 예화를 말하는 의도가 무엇이냐 하는 것이다. 청중은 우리가 말하는 내용 뿐만 아니라 그 이야기를 하는 의도에 대해서도 놀랄 만큼 잘 알고 있다. 만일 우리가 자신의 능력이나 매력을 과시하려 한다면, 청중의 동정을 얻거나 관심을 모으려 한다면, "나는 목사지만 보다시피 나도 사실 인간입니다"라고 말하고자 한다면, 자서전적 자기 중심주의에 도취되어 있다면 대부분의 회중은 우리에 대해 마치 한 권의 책을 읽는 듯 할 것이다. 그러나 우리가 만일 "이것은 우리 삶의 한 측면과 복음이 어떻게 만나는지를 보여줍니다. 그 예로 제 자신에 관한 이야기를 하려 합니다"라고 한다면 청중은 이러한 예화를 통해 자신의 경험을 떠올리는 데 도움을 받을 것이다.

자신이 주인공이 되어 겪는 개인적 경험과 단순한 관찰자의 입장에서 본 것과는 큰 차이가 있다. "지난 주 한 식료품 가게에서 계산하기 위해 기다리는 중 한 아버지와 딸의 대화를 우연히 엿듣게 되었습니다"라는 말로 시작되는 예화는 개인적 경험이지만 설교자가 그 이야기의 주인공 가운데 하나는 아니다. 이러한 예화에서는 자신을 주변 영역에 두고 내레이터로서 일정한 거리를 유지하는 것이 좋다. 그 사건의 중심에 끼어들어 두 부녀의 대화를 통해 설교자 자신이 감동을 받거나, 실망하거나, 화를 내거나, 슬퍼

하기보다 일반적으로는 그 이야기를 통해 청중 스스로 영향을 받을 수 있도록 객관적 입장에서 서술하는 것이 더욱 효과적이다.[34]

2) 설교자의 상상력

이것은 설교자가 하나의 규칙만 준수한다면 충분히 예화의 밑바탕이 될 수 있다. 즉 설교자는 청중에게 이 예화는 하나의 허구라는 사실을 반드시 알려주어야 한다는 것이다. 그렇다고 굳이 "여러분 조심하시기 바랍니다. 이 이야기는 날조된 것입니다"라는 식의 세련되지 못한 모습을 보여서는 안 된다. "…라고 가정해 봅시다"나 "…라고 생각해 봅시다" 또는 "…라면 어떨까요"라고 시작하는 것으로 충분하다.

이런 규칙이 왜 필요한가?

예를 들어, 실제로 낙심하여 상담을 받기 위해 우리를 찾아온 어떤 사람에 관한 사실을 말하는 것과 사실이 아님에도 다른 어떤 도시에서 낙심하여 상담을 받기 위해 어떤 사람이 찾아온 것처럼 없는 사실을 사실인양 말하는 것은 어떤 차이가 있는가?

후자와 같은 이야기는 실제로 얼마든지 일어날 수도 있는 일이며 또 그 이야기를 함으로 해서 신뢰가 깨어지는 것도 아니다. 우리가 지어낸 예화를 말할 때 반드시 회중에게 그 사실을 알려야 하는 이유는 모든 설교의 출처는 진실해야 하기 때문이다. 우리의 설교는 많은 결함이 있을 수 있다. 청중의 관심을 끌지 못하고 조직적이지 못하며 솔직히 여러 면에서 실수할 때도 있지만 이러한 결함들은 용인될 수 있다.

그러나 복음을 전하는 설교자가 거짓을 말하는 것은 결코 용납되지 않

---

[34] Cf. Craddock, *Preaching*, 208-09.

는다. 예화가 허구임을 밝히지 않는 것은 하나의 작은 기만에 불과한 것처럼 보이지만 설교가 바탕이 되는 진실이라는 본질적인 요소에 치명적인 흠집을 내게 되는 것이다.

3) 주변 세상

20세기 후반의 유명한 설교자 어니스트 T. 캠벨(Ernest T. Campbell)은 설교자가 매일의 삶에서 만나는 풍부한 예화 자료를 기록할 수 있도록 항상 작은 수첩을 가지고 다니라고 강력히 권한다. 오늘날 전자 수첩을 사용하는 사람도 많지만 캠벨의 충고는 두 가지 면에서 유익하다.

첫째, 경험이나 통찰력을 기록해 둠으로 예화의 재료들을 놓치지 않는다는 것이다.
둘째, 이렇게 예화를 기록하는 습관은 설교자로 하여금 일상에서 일어나는 일에 대해 더욱 주의 깊게 살펴보게 한다는 것이다.

대부분의 예화집이나 인터넷 설교가 지닌 가장 큰 문제점은 너무나 진부하고 틀에 박힌 이야기라서 청중의 현실 세계와는 동떨어져 있으며 때로는 지나치게 감상적이라는 것이다(어떤 설교자는 "글래드스톤과 웰링톤 공작의 이야기"나 "어린 에디의 이야기"에 대해 감정적 분위기를 요구한다). 이런 예화보다는 오히려 일상생활에서 나온 이미지나 관용구 또는 경험으로 설교를 채우는 것이 더 낫다.

예를 들면 은행 간판에서 얻는 메시지, 한 줄의 노래 가사, 쇼핑몰에서 본 한 장면, 입소문이 난 비디오, 고등학교 스탠드에서 나눈 대화 등이 있을 것이다. 설교의 역할 가운데 하나는 그리스도인으로 하여금 주변의 삶을 민음의 눈으로 바라보게 하고 주변 세상에서 일어나는 모든 일들을 통해 그러한 생각에 대한 예행 연습을 해보게 하는 것이다.

그러나 우리가 만일 설교 예화를 찾기 위해 매일 밖으로 나가야만 한다면 그것은 참으로 끔찍한 삶이 될 것이다. 또한 모든 경험에 대해 "이것을 설교에 활용할 수 있을까?"라고 묻는다는 것도 서글픈 실리주의이며 심지어 비윤리적일 수도 있다. 우리의 모든 삶이 설교제조 공장이 되는 것을 막는 중요한 방법은 우리가 찾는 것이 무엇인지를 매우 구체적으로 아는 것이다.

예를 들어, 우리가 만일 "친절"에 관한 설교를 준비하고 있다면 그것에 대해 관심을 가질 것이고 이와 같이 앞선 관심은 그러한 생각을 우리 마음의 창조적인 영역 속으로 불어넣어 줄 것이다. 따라서 우리의 분주한 일상 가운데 하마터면 놓쳤을 수도 있는 사소한 일들, 가령 상점 점원의 태도나 버스 안에서의 작은 도움, 식탁에서 한 접시 더 내어놓는 것 등은 모두 친절이라는 개념과 연결될 것이다. 이와 같이 우리가 찾고 있는 것이 무엇인지를 안다면 그것을 발견할 기회는 더 많아진다(그리고 캠벨의 말처럼 우리가 그것을 즉시 기록해 두지 않는다면 쉽게 잊어버리게 될 것이다).

4) 대중 매체

우리는 텔레비전, 영화, 연극, 신문, 인터넷, 소셜 미디어, 잡지, 서적, 및 기타 대중 매체를 통해 주변 세상에 대해 광범위하게 접할 수 있다. 목회자는 신학적 자료든 비신학적 자료든, 정기적인 독서 및 탐구 습관을 가지는 것이 매우 중요하다. 많은 목회자가 과중한 사역으로 "비본질적"인 독서나 사색에 시간을 빼앗기지 않으려는 경향이 있다는 것은 참으로 실망스러운 일이다.

그러나 사실 소설이나 희곡, 단편, 문화적 분석 및 여타 문학 작품을 읽는 것은 오늘날 목회 사역에 있어서 결코 비본질적인 일이 아니다. 아직도 중요한 사상을 구두로 전하는 문화도 있지만 오늘날 대부분의 사역자들은 인쇄물을 통해 사고하는 세계에서 사역하고 있다. 이와 같은 시대에 광범위한 독서를 하지 않는 설교자는 마치 책을 읽지 않는 의사나 변호사나 선생과 같이 시대에 뒤떨어지게 될 것이다. 현명한 설교자는 독서하는 것을 주어진 사역의 일부로 생각하고 독서하는 시간을 따로 정하여 철저히 지킨다.

독서는 다양한 정보 제공과 함께 사역에 활력을 불어넣어 주며 설교에도 몇 가지 구체적인 유익을 준다.

첫째, 독서를 통해 연극의 한 장면이나 소설에 나오는 에피소드 및 사건 기사 등 설교 예화로 사용할 수 있는 자료에 접근할 수 있다.

둘째, 독서는 우리의 창조성을 고양하고 언어와 문장력을 다듬어 준다. 예를 들어, 좋은 연극의 한 장면은 효과적인 대화법에 관해 가르침을 준다. 왜냐하면 극작가나 설교자는 적어도 인간의 경험을 간결한 구두 형식으로 표현한다는 점에서는 동일한 일을 수행하고 있기 때문이다. 단편 작가와 설교자는 짧은 시간 안에 효과적인 의사전달을 해야 한다는 점에서 또 하나의 같은 일을 하고 있다. 이와 같이 연극이나 단편 소설을 읽는 것은 설사 설교에 직접 인용하지 않는다 하더라도 설교의 발전에 도움이 된다.

인터넷 역시 적절히 사용하기만 하면 설교에 매우 효과적인 연구 수단이 된다. 다만 필요한 자료를 찾는 데 세심한 주의를 기울여야 하며 특히 이미 완성된 설교 자료를 찾으려는 유혹을 거부해야 할 것이다.

아무리 부지런한 설교자라 하더라도 읽고 싶은 모든 것을 읽을 수는 없다. 그러나 회중 가운데는 대개 광범위하게 독서하는 사람들이 있으며 이들은 설교 사역의 좋은 파트너가 될 수 있다. 이러한 사람이 누구인지 잘 살펴서 필요한 자료를 알려준다면 풍성한 자료를 얻을 수 있을 것이다.

제9장 설교와 표절

표절의 중심에는 감추려는 마음이 있다.
_ 리처드 포스너(Richard Posner), 『표절에 관한 작은 책』(The Little Book of Plagiarism)

설교는 그림을 그리는 것과 같다. 우리는 그림에 적힌 화가의 이름을 볼 때 이 예술가의 스타일과 안목을 형성한 수많은 창의적 영향력이 있었을 것이라는 사실을 인정하면서도 적어도 캔버스의 모든 채색 작업은 그의 붓을 통해 이루어졌을 것이라고 생각한다. 만일 그가 다른 사람에게 돈을 주고 그림을 그리게 한 후 자신의 이름을 적었다면 우리는 속으로 반칙이라고 외칠 것이다. 화가와 그의 그림은 분명히 잘못되었다는 것이다.
_ 크레이그 브라이언 라슨(Craig Brian Larson), 『표절, 표절』(Plagiarism, Shmagiarism)

제9장

설교와 표절

　수년 전, 필자의 설교학 강의를 듣는 학생 가운데 한 명이 매우 힘들어 했다. 그가 발표한 설교는 힘이 없고 체계적이지 못하며 신학적 주석학적 뒷받침이 부족했다. 그는 자신의 설교가 기대에 부응하지 못했다는 생각에 좌절하고 당황했다. 그러나 그는 이 과목에서 자신을 구제할 수 있는 마지막 기회에 놀랄 만큼 심오하고 시적인 설교로 우리 모두를 당황하게 했다. 그것은 생각지도 않은 탁월한 설교였다.
　사실 지나치게 훌륭한 설교였다. 안타깝지만 의심이 든 나는 그가 사용한 표현 가운데 한 구절을 검색 엔진을 통해 확인해 보았다. 유감스럽게도 어느 교회 홈페이지의 수개월 전 담임목사 설교 사이트에 그의 설교 전문이 올라와 있었다. 불행한 일이지만 명백한 표절이었다. 그러나 이야기는 이것이 전부가 아니다. 조사해 보니 그런 사례는 수십 건 있었다.
　확실히 그런 방식의 설교를 찾는 설교자가 그 학생 뿐만은 아니었다. 다른 많은 설교자도 대부분 출처를 밝히지 않은 채 원래의 설교에서 한두 문장이나 페이지 전체를 퍼와 온라인에 게재했다. 예기치 못한 반전은 대부분 베낀 이 설교가 유명 신앙 저널에 나오는 칼럼의 한 부분을 차지했다는 사실이다. 나는 마우스를 몇 차례 클릭하는 것으로 설교 도둑이 우글거리는 범죄 현장을 밝혀낸 것이다.

설교를 훔치는 행위가 새로운 것은 아니지만 이러한 현상이 확산일로에 있으며 그것에 기름을 부은 것은 인터넷이라는 증거는 충분하다. 교회 홈페이지에서 언제든지 퍼올 수 있는 수천 편의 설교는 물론 수십 개의 상업용 사이트에서 결제만 하면 완성된 설교, 예화, 개요, 영상 및 파워 포인트를 얼마든지 입수할 수 있다. 이러한 사이트를 운영하는 자들은 자신의 고객이 설교를 퍼오는 것에 대해 양심의 가책을 느낄 것이라는 사실을 당연히 알고 있으며 따라서 다음과 같은 문구를 삽입하는 경우도 많다.

> 우리는 당신이 표절을 우려하고 있다는 사실을 압니다. 그러나 이 설교의 저자는 여러분이 그것을 활용하기를 원합니다. 뿐만 아니라 이 설교는 여러분의 상상력을 자극하여 창의적 설교를 만들어내기를 원합니다. 여러분은 단지 그 작업을 하는 것입니다.[1]

자신의 설교를 온라인에 팔려고 내놓은 한 목사는 「기독교」(Christianity)라는 영국 신문에 "나의 실탄이 여러분의 총에 맞는다면 그것을 사용하라"[2]고 했으며 크레이그 B. 라슨(Craig Brian Larson)은 "프리칭투데이"(PreachingToday.com)에서 강단의 표절에 대해 언급하며 "척 스윈들(Chuck Swindoll)이

---

[1] 나는 최근 다른 설교자와 마찬가지로 놀라운 경험을 한 바 있다. 수년 전에 작성했던 설교 일부가 나도 모르는 사이에 동의도 없이 웹사이트에 "판매용 설교"로 올라와 있었던 것이다. 많은 사람들이 생각하는 것과 달리 저자가 자신이 출판한 자료에 대한 권리를 항상 가지는 것은 아니며 이러한 설교에 대한 출판권도 저자에게 있는 것이 아니다. 그러나 사실 그것은 여전히 "나의 설교"이며, 다른 설교자가 그 자료에서 아이디어를 얻거나 일부 내용을 차용하는 것은 무방하겠지만 출처도 밝히지 않은 채 전적으로 자신의 설교인 것처럼 한다면 유감스러울 것이다.

[2] Rick Warren, as quoted in Thomas White and John Yeats, Franchising McChurch: Feeding Our Obsession with Easy Christianity (Colorado Springs: David C. Cook, 2009), 115.

좋은 설교를 시작하면 나도 그럴 것이다"³라는 한 설교자의 말을 인용한다. 한 동료의 말처럼 설교자가 지속적인 강단의 굶주림을 채우지 못해 절망하고 있을 때 "인터넷은 골목마다 마약상을 세워두고 있다."

그러나 인터넷은 공급책일 뿐만 아니라 때로는 경찰 단속반이 되기도 한다. 많은 설교자가 설교를 훔치고 있으나 훌륭한 웹 크롤러 및 검색 엔진을 통해 감시하는 자도 많다. 4년 전 주일 아침 일찍 워싱턴 D.C.에 있는 한 교회의 목회 간호사는 그날 담임목사가 선포할 설교 제목을 인터넷에서 찾던 중 맨해튼에 있는 한 교회 웹사이트에서 꼭 같은 제목을 발견하였다. 그녀는 뉴욕의 설교를 출력하여 예배에 참석했으나 그날 아침 강단에서 거의 동일한 설교를 들을 수 있었다. 이것은 강단 표절이 목회자의 오랜 관행임을 보여 주는 첫 번째 증거였으며 이 사건으로 온 회중은 혼동에 빠졌다.

이 교회와 담임목사의 유명세로 인해 이 소동은 전국적 뉴스가 되었으나 설교자가 구글에 사로잡힌 사례는 겉으로 드러나지 않았을 뿐이지 얼마나 많은지 모른다. 거의 모든 공동체는 목회자가 설교를 도용한 문제로 교회가 분열되고 목회자가 사임까지는 아니라도 난처한 상황에 빠진 이야기로 가득하다.

장차 교회는 광범위한 데이터베이스 및 인터넷을 구석구석 수색할 수 있는 강력한 소프트웨어 프로그램으로 학생의 논문과 다른 자료의 언어적 유사성을 비교해 가며 표절과 싸우고 있는 대학(교)의 전략을 채택해야 할 것이다. 앞으로 새로운 청빙이나 임용을 원하는 목회자는 자신의 설교에 대한 일종의 표절 확인 장치로서 이러한 소프트웨어의 점검을 받아야 할 시대

---

[3] Craig Brian Larson, "Plagiarism, Shmagiarism: The Why and When of Giving Credit," *Preaching Today*, accessed at http://www.preachingtoday.com/skills/themes/purity/200503.48.html

가 올는지 모른다.

다른 사람의 설교 전체 또는 일부를 아무런 설명 없이 가져오는 설교의 윤리를 어떻게 보아야 하는가?

우리는 "도둑질하지 말지니라"는 계명을 인용하여 간단히 해결하려는 유혹에 빠지기 쉽다. 그러나 강단 표절에 관한 문제는 생각처럼 간단한 문제가 아니다.

첫째, 인터넷이라는 실체는 단순한 기술의 발전이 아니다.

음원 산업의 예에서 볼 수 있듯이 인터넷의 사용은 저작권 및 정보사용을 어떻게 이해할 것인가에 대한 중요한 문화적 전환이 따른다.

하나의 문화적 공간이나 시점에서 획득한 저작성 원리가 반드시 다른 곳에도 적용되는 것은 아니다(예를 들면, 마태복음에는 원자료인 마가복음에서 가져온 내용이라는 주석이 한 군데도 없다). 일각에서는 표절에 대한 판단의 원천이 되는 지적 재산과 관련된 모든 개념은 급속히 정체를 드러내고 있는 포스트 계몽 시대, 모더니스트의 착각이라는 주장이 제기되고 있다. 사람은 언어로 새로운 것을 만들어내며, 따라서 그것을 소유한다는 발상은 모든 문학적 창작은(알려지거나 알려지지 않은, 또는 인정되거나 인정되지 않은) 기존의 구전 및 문학적 및 행위의 혼합이라는 증거에 직면하여 약화된다는 것이다. 이제 우리는 자세히 살펴보면 모든 것이 일종의 표절이기 때문에 표절에 대한 모든 개념은 사라졌다는 일종의 포스트모더니스트 "오픈 소스" 시대에 돌입했다.

수년 전 「하퍼스 매거진」(*Harper's Magazine*)은 이러한 주장을 제기한 소설가 조나단 레뎀(Jonathan Lethem)의 탁월한 에세이를 실었다. 그는 이렇게 말했다.

모든 글은 광활한 입체 음향을 통과한 문화적 언어와 인용문, 참고 문헌 및 모방 글을 짜깁기한 것이다. 이 인용문은… 인용 부호 없이 인용된다.

이어서 레뎀은 자신의 주장을 입증하기 위해 에세이 끝부분에서 독자에게 사실 자신의 글은 모두 다른 자료에서 가져온 것이라고 말한다(이 인용문은 결국 레뎀의 것이 아니라 로널드 바르테스[Roland Barthes]의 글에서 퍼왔다는 것이다).

일부 목회자는 이 오픈 소스 주장의 신학적 버전을 제시한다. 즉 모든 설교는 하나님으로부터 온 것이기 때문에 원하는 자는 누구든지 그것을 사용할 수 있다는 것이다.

설교자는 자신의 설교가 다른 사람의 입을 통해 전파될 때 하나님의 영광을 찬미하는 것 외에 무엇을 할 수 있겠는가?

더구나 하나님이 주신 말씀이 온 인터넷에 깔려 있어 손쉽게 얻을 수 있는 상황에서 독창성은 지나치게 과대평가된 미덕이며 교만일 수 있다는 것이다. 이런 설교자들에게 있어서 목표는 전달자 자신에 대한 감동을 만들어내는 것이다.

그러나 설교가 어디서 나오는지 누가 관심을 가지겠는가?

신시네티포도원교회(Cincinnati Vineyard, Community Church)의 스티브 쇼그린(Steve Sjogren)은 "목회자닷컴"(Pastors.com)에 올린 한 에세이에서 "독창적이 되려고 하지 말고 효과적이 되라"고 촉구한다. 그는 계속해서 이렇게 말한다.

우리는 전달자로서 완전히 독창적이 될 수 있다면 참으로 큰 자부심을 가질 수 있다… 나에게 격려가 되는 사람들(미국에서 가장 훌륭한 전달자들)은 자신의 자료의 70%를 다른 사람으로부터 얻는다.

기억하라.

솔로몬은 '해 아래 새 것이 없나니'라고 했다.

독창성이라는 선물을 자랑하는 것은 "디지 길레스피 설교 이론"(Dizzy Gillespie Theory of Preaching)으로 불린다. 길레스피는 젊은 색소폰 연주가 필 우즈(Phil Woods)가 유명 색소폰 연주가인 찰리 버드 파커(Charles Bird Parker)의 스타일을 훔친 혐의로 비난을 받고 있다는 소식을 듣고 그를 옹호했다.

"우리는 은사를 훔칠 수 없다. 버드는 세상에 자신의 음악을 선사했으며 우리가 그것을 들을 수 있다면 그것을 가지는 것이다."

다른 사람은 강단 표절의 범위를 완화해야 한다는 보다 실제적인 주장을 한다. 훌륭한 설교를 빌리는 행위는 초라한 설교로 회중을 마비시키는 것보다 훨씬 낫다는 것이다. 우리 마을의 한 목회자는 인터넷 설교를 오려 붙여 자신의 이름으로 유인물을 돌리다가 발각된 후 회개하고 회중으로부터 두 번째 기회를 부여받았다.

그러나 걱정이 된 한 지체가 당시 「뉴욕 타임스」(New York Times)의 선데이 매거진에서 "도덕가"(The Ethicist)라는 인기 칼럼을 통해 독자에게 실제적인 윤리적 조언을 했던 랜디 코헨(Randy Cohen)에게 편지를 썼다. 이 편지는 자초지종을 설명한 후 코헨의 조언을 구했다. 코헨은 출처를 밝히지 않고 다른 사람의 설교를 도용했을 뿐 아니라 그것을 자신의 이름으로 유포한 목사에 대해 가차 없이 비난했다.

그러나 그는 "어쩌면 설교 작성은 목회자의 직무 요건에 해당되지 않을 수 있다"라고 말한다. 목사가 되는 것은 여러 가지 많은 은사를 요구하지만 한 사람이 모든 은사를 풍성히 가질 수는 없다는 것이다.

만일 다른 부분에는 모두 탁월한 목사가 글 쓰는 은사만 없다면 그의 교구는 담임목사가 보다 재능 있는 다른 저자의 심오하고 감동을 주는 말씀을 전달하는 것을 듣는 것이 나을 것이다.

정말 그런가?
재능이 없는 목사는 설교 작성을 멈추고 회중에게 다른 재능 있는 자의 설교를 전달해야 하는가?
놀랍게도 코헨은 어거스틴과 같은 권위자의 말을 인용하며 이 질문에 동의한다. 어거스틴은 이렇게 말했다.

어거스틴은 이렇게 말했다. '전달은 잘 하지만 전달할 내용을 작성하지 못하는 사람들이 있다는 것은 사실이다. 그런 사람이 다른 사람의 지혜롭고 탁월한 자료를 얻어 외운 후 사람들을 속일 생각 없이 전한다면 비난할 수 없을 것이다.'

표절 문제를 더욱 복잡하게 만드는 것은 주로 구전 문화의 회중, 가령 아프리카계 미국인 교회 및 애팔래치아 백인 교회는 "예수님의 장례"(Jesus' Funeral)나 "카드 설교"(The Deck of Cards, 설교자가 상징적인 카드를 동시에 나누어 줌으로써 각자에 대한 성경적 암시를 제시하는 설교)와 같은 유명한 "세트피스"(set piece) 설교를 반복하는 전통을 보존하고 존중한다. 그런 설교는 대중 행위예술에 해당하며 작성의 독창성은 문제가 되지 않는다. 많은 청중은 이 설교를 여러 차례 들었으며 재즈의 반복 선율을 들을 때처럼 주로 기존의 자료를 어떤 즉흥적 방식으로 연출하는지에 관심을 가진다.
따라서 강단 표절을 둘러싼 윤리는 간단하지 않지만 두 가지 요소에 초점을 맞춘다면 상당히 명확한 접근이 가능하다고 생각한다.

첫 번째 요소는 정직성이다.

리처드 A. 포스너(Richard A. Posner)는 『표절에 관한 작은 책』(*The Little Book of Plagiarism*)에서 "표절은 지적 사기의 일종"이라고 주장한다.[4] 포스너는 계속해서 모든 표절 행위에 나타나는 사기의 두 가지 핵심 요소에 대해 언급한다.

첫째, 누군가 무엇을 복사한 후에 (명시적으로든 암시적으로든, 의도적이든 실수든) 그것이 자신의 원래적 글이라고 주장하는 것이다.

둘째, 이러한 기만이 독자(또는 청중)로 하여금 사실을 알았을 경우와 전혀 다른 반응을 보이게 하는 것이다.

따라서 만일 설교자가 소설이나 영화 또는 다른 설교에서 한 문장이나 문단 또는 이야기를 인용한 후 그것이 빌려온 자료임을 회중에게 알리지 않았다면 표절의 첫 번째 요소가 드러난 것이다. 물론 설교는 학기말 리포트가 아니기 때문에 모든 출처를 밝혀야 할 의무는 없다. 간단히 "한 성경학자가 말하기를… "이나 "어느 목사님이 이렇게 말했습니다… "라고 언급하면 된다. 상세한 출처는 청중에게 얼마나 유익한가에 따라 덧붙일 수 있다. 그 구절이 루터나 앤 라못(Anne Lamott) 또는 월터 브루그만(Walter Brueggemann)의 말이라는 사실을 아는 것이 청중에게 필요하다고 판단되면 알려주면 된다.

출처를 밝히는 것은 윤리적으로 떳떳한 삶을 유지하기 위한 목적 때문만은 아니다. 그것 역시 복음 증거의 일부이기 때문이다. 어떤 설교도 홀로 존재할 수 없으며 "구름 같은 증거"의 한 자리를 차지한다. 복음 선포는 새

---

4 Richard Posner, *The Little Book of Plagiarism* (New York: Pantheon, 2007), 104.

로운 것을 만들어내는 영민함이나 능력에서 나오는 것이 아니다. 다른 사람의 말을 빌려와 자신의 설교가 공유된 지혜의 심오한 우물에서 길어온 것임을 보여 주는 것 자체는 기독교 증거의 한 부분이다. 이러한 사실은 "내가 받은 것을 먼저 너희에게 전하였노니"(고전 15:3)라는 바울의 신선한 고백을 통해서도 잘 드러난다.

그러나 포스너가 말하는 사기의 둘째 요소, 즉 설교자의 기만이 청중으로 하여금 사실을 알았을 때와 전혀 다른 반응을 보이게 하는 경우의 표절 사기에 대해서는 어떤가?

아마도 설교는 어떤 의사 전달의 형태보다 더 화자와 청중, 설교자와 회중을 결속하는 신뢰의 끈에 의존할 것이다. 훌륭한 설교는 결점이 없는 논리적 시나 완벽한 논증에 있는 것이 아니라 진리에 대한 열정에 사로잡혀 확신을 가지고 선포하는 데 있다. 청중을 기만하는 방식으로 진리에 접근하는 태도는 진리의 확산을 막고 증거를 방해하는 행위이다. 우리는 목회자가 표절 설교에 사로잡힌 교회의 회중이 느낄 환멸과 배신감을 증거로 제시할 수 있다.

설교는 다른 의사 소통의 형태와 마찬가지로 쌍방 간의 암묵적 합의에 의존한다. 코미디 채널의 "데일리 쇼"(The Daily Show)나 NBC의 "새터데이 나이트 라이브"(Saturday Night Live)는 뉴스 패러디를 방영할 때 출연자가 "지금부터 하는 말 가운데 어떤 것은 사실이지만 어떤 것은 풍자입니다"라는 말을 할 필요가 없다. 시청자는 이미 그런 사실을 알고 있다. 그것은 암묵적으로 합의된 상황이다.

버지니아 주 갤럭스(Galax, Virginia)에 있는 오순절 교회 부흥목사가 카드를 뽑아 나누어 주며 "나는 에이스가 나오면 하나님은 한 분이시라는 사실을 상기합니다…"라고 말할 때 청중은 설교자가 각본대로 하고 있다는 사실을 알고 있다. 그것은 기정 사실이며 결코 기만이 아니다. 그러나 주일

날 아침 강단에 선 설교자가 인터넷에서 퍼 온 자료로 설교한다면 회중과의 암묵적 합의를 위반한 것이다.

이 말이 사실인지를 확인하기 위해서는 설교자가 사실을 말할 경우 어떻게 될 것인지 물어보면 된다.

만일 설교자가 다음과 같이 말한다면 어떻게 되겠는가?

"여러분, 나는 지난 주에 바빠서 설교 준비할 시간이 없었습니다. 솔직히 말해 나는 그런 창의적 능력이 없습니다. 따라서 이 시간에는 인터넷에서 찾아낸 자료로 설교하겠습니다."

돌변한 분위기는 설교에 대한 암묵적 합의가 파기되었음을 보여 준다. 표절 설교자가 하나님의 말씀에 대한 실없는 말을 자유롭게 하면서도 설교의 출처를 사실대로 밝히지 못하고 자신의 말인 것처럼 하는 것은 이런 이유 때문이다. 어거스틴이 설교자는 다른 사람의 말을 기억하면 더욱 훌륭한 선포자가 될 수 있다고 말한 것은 사실이다. 그러나 그는 "그들에게 기만하려는 의도가 없어야 한다"라는 조건을 덧붙인다는 사실을 주목해야 한다.

정직성에 이어 초점을 맞추어야할 **두 번째** 요소는 현장성(immediacy)이다.

확실히 강단에는 "세트피스" 설교 및 반복해서 조명해야 할 주제가 필요할 때가 있지만 결국 설교는 지금 이 곳에서 이 사람들에게 주시는 하나님의 말씀이다. 설교는 영감이 아니라 궁극적으로 선포에 관한 것이다.

> 이 글이 오늘 너희 귀에 응하였느니라(눅 4:21).

앞서 살펴본 대로 몰트만(Moltmann)은 설교 행위를 어떤 사람이 회중에서 일어나 하나님의 백성 앞에 서서 그리스도의 이름으로 말하고 행동하는 것이라고 말한다. 몰트만은 "교회는 자신의 말이나 생각을 듣고 싶어 하지 않는다. 교회는 그리스도의 음성을 듣고 싶어 한다."[5] 즉, 하나님의 백성은 그리스도께서 지금 그들에게 말씀하시는 것을 듣고 싶어한다.

이러한 몰트만의 묘사는 영광스럽지만 고통스러운 설교자의 자리를 보여 준다. 설교자는 회중으로부터 나와 강단에 선다. 자신의 설교를 하는 설교자만이 한 발은 회중의 삶에 한 발은 성경 본문에 담그고 선 사람이다. 아무리 화려해도 빌려온 설교는 "오늘날 주께서 우리에게 주시는 말씀이 있는가?"라는 모든 회중의 외침에 부응할 수 없다.

이것은 설교는 반드시 독창적이어야 한다는 말과는 다르다. 모든 설교자는 다른 사람의 자료를 빌려오며 또한 그렇게 해야 한다. 빚진 자와 도둑은 다르다. 모든 설교자는 오랜 세월 내려온 성경학자, 신학자 및 신실한 증인들의 어깨 위에 서 있다. 우리는 회중에게 독창적 에세이의 빚을 지고 있지 않다. 설교자가 그들에게 진 빚은 신선한 해석 행위이다.

물론 애매한 부분이 있으며 따라서 판단이 필요하다.

설교자가 제인 독스(Jane Doaks)의 설교에서 탁월한 프레드 크래독(Fred Craddock)의 이야기를 발견한다면 출처를 밝힐 때 크래독과 함께 독스에 대해서도 언급해야 하는가?

바바라 룬드블라드(Barbara Lundblad)의 탁월한 설교를 읽은 설교자가 한 단어도 차용하지 않고 다만 설교의 구조만 채택했다면 룬드블라드에 대해 언급해야 하는가?

"그분은 오래 전 갈릴리를 거니실 때처럼 이름도 없고 얼굴도 모르는 사람으로 우리에게 다가오십니다"라는 문장은 사실상 저작권이 소멸한 문

---

[5] Jürgen Moltmannach, *The Church in the Power of the Spirit: A Contribution to Messianic Ecclesiology* (New York: Harper and Row, 1977), 303.

화의 일부로 보아야 하는가, 아니면 슈바이츠가 원저자임을 밝혀야 하는가?
 진리를 말하려는 설교자, 성도의 교제를 귀하게 생각하는 설교자, 신실한 공동체의 신뢰를 유지하려는 설교자, 즉 윤리적 순수성을 지닌 설교자는 이러한 문제들과 씨름해야 하며 할 수 있는 한 최선의 판단을 내려야 한다. 그러나 편의주의에 입각한 강단 표절은 어디서 가져온 자료이든 자신의 것이라고 주장할 것이다. 그러나 이처럼 훔친 설교는 잠시 반짝일 수 있지만 결국 모조품으로 밝혀질 것이며 설교자는 하나님의 잔치상을 영양가 없는 패스트푸드로 가득하게 채울 것이다.

제10장 책상에서 강단으로

질문 : 배우들은 청중에게 감동을 주는 데 비해 설교자는 왜 회중을 냉담하게 만들까요?
대답 : 배우들은 가상적인 것을 진실인 것처럼 말하지만 설교자는 종종 진실을 가상적인 것처럼 말하기 때문이지요.

_ 캔터베리 대주교와 영국의 배우 토마스 베터톤(Thomas Betterton)과의 대화 중에서

제10장

책상에서 강단으로

"글로 기록된 설교"라는 말은 용어 자체에 모순을 안고 있다. 물론 많은 설교는 설교되기 전에 글로 기록되며 어떤 것은 설교가 끝난 후 기록되기도 한다. 그러나 설교는 글로 나타내는 것이 아니라 말로 전하는 것이다. 정의에 의하면 설교는 구두로 전달되는 사건이다. 이런 특징은 매우 중요하다. 왜냐하면 말과 글은 단지 두 개의 별개 채널일 뿐 아니라 동일한 전달 체계이기 때문이다. 구두로 전달된 말과 기록된 말은 효과 면에서 전혀 다르다.

한 가지 차이점은 말은 많은 사람에게 할 수 있지만 글은 개인이나 기껏해야 몇 명의 사람들에게만 전달된다는 것이다. 사도 바울은 서신서 가운데 하나에서 "예수 그리스도 안에서 빌립보에 사는 믿는 성도들에게"라고 하였다. 그러나 글로 기록된 형태로는 "모든 성도들에게" 동시에 읽혀질 수 없고, 각자가 개인적으로만 이 편지를 읽을 수 있다. 그러나 이 편지를 빌립보교회 성도들에게 큰 소리로 읽는다면 즉 말로 한다면, 공동체는 함께 그것을 듣는 경험을 하는 것이다.

실제로 선포된 말씀은 공동체를 형성하는 능력이 있다. "선포"와 "회중"은 상호적 용어이다. 우리는 회중에게 말씀을 선포한다는 것은 사실이지만 청중은 선포된 말씀을 통해 회중이 된다는 것 또한 사실이다. 월터 J. 옹(Walter J. Ong)은 이 두 단어에 대해 다음과 같이 주장한다.

> 연사가 청중을 향하여 말을 할 때 일반적으로 청중과 연사는 하나가 된다. 만일 연사가 청중에게 나눠준 유인물을 읽으라고 한다면 청중은 각자 자신만의 독서의 세계로 들어가고 청중의 일체감은 깨어져 버릴 것이며, 이러한 일체감은 연사가 말을 시작해야만 다시 회복될 것이다. 글을 쓰는 것과 인쇄물은 다르다. 독자라는 말에는 "청중"에 해당하는 집합 명사나 개념이 없다. 예를 들어, "이 잡지는 2백만 명의 독자층을 가지고 있다"에서 독자층(readership)과 같은 단어는 사실 매우 추상적인 개념이라고 할 수 있다.[1]

더구나 말하는 행위는 글을 쓰는 것과 달리 그것을 듣는 사람들이 쳐다보는 앞에서 일어난다. 설사 "내가 나 자신에게 말할 때에도" 내가 두 사람인 것처럼 해야 한다.[2] 글 쓰는 사람은 나중에 그 글을 읽을 사람들을 머릿속에 떠올릴 수 있다. 그러나 말하는 사람은 굳이 청중을 떠올릴 필요가 없다. 그들은 말하는 순간에 이미 그곳에 있으며 그들의 존재는 커뮤니케이션을 형성하는 능력이 된다. 설교자는 결코 작가가 원고를 "소유"하는 것과 똑 같은 방식으로 설교를 "소유"하지는 않는다. 설교를 위해 강대상에 서는 순간 우리는 이미 무엇을 말할 것인가에 대해 대부분 알고 있으며 설사 완성된 원고를 강대상에 올려놓았다 할지라도 실제로 설교를 손이나 마음에 가지고 있는 것은 아니다. 설교는 우리의 입을 열고 청중이 귀를 열 때 비로

---

[1] Walter J. Ong, *Orality and Literacy: The Technologizing of the Word* (London: Methuen, 1982), 74.
[2] Ibid., 176.

소 가능한 것이다. 사람들은 "우리의 설교"라고 부를는지 모르겠지만 설교는 결코 우리에게만 속한 것은 아니다. 그것은 청취를 통해 설교를 형성하도록 돕는 청중에게도 속한 것이다. 신학적으로 말하면 설교란 교회 전체의 사역이며 단순히 설교자의 일만은 아니다.

1. 쓰기에서 말하기로

우리는 앞 장에서 설교자가 설교를 준비할 때 거쳐야 할 몇 가지 중요한 단계에 대해 살펴보았다. 그것은 성경 본문에 대한 석의, 형식 만들기 및 예화 자료 사용에 대한 결정과 같은 것들이다. 이러한 활동들은 전통적으로 "설교 준비"의 전부라고 생각되어 왔지만 구두 전달이라는 설교의 특성을 감안할 때 이러한 단계들은 모두 설교를 위한 예비적 준비라고 하는 것이 보다 정확한 표현일 것이다. 이러한 예비적 활동들은 대부분 읽고 쓰는 것이기 때문에 이제 마지막 단계는 책상에서 강단으로 향하는 과정, 즉 글로 전하는 것에서 말로 전하는 것으로 옮기는 과정이다.

설교를 말로 전하기 위해 준비하는 과정에서 첫 번째로 결정해야 하는 일은 기록글로 쓴 자료 또는 전자수첩 가운데 어떠한 자료를 강단으로 가지고 갈 것인가 하는 것이다. 여기에는 세 가지 방법이 있다. 그것은 완전한 원고를 들고 가는 방법, 간단한 노트(메모)나 개요만 들고 가는 방법 및 아무것도 가지고 가지 않는 방법이다. 많은 사람들은 나름대로의 우수성을 주장하며 이들 방법 중 하나를 선택한다. 그러나 사실은 이 세 가지 방법 모두 바람직하며 똑같이 효과적이다. 이러한 결정을 내릴 때 먼저 생각해야 할 것은 어느 방법에 내재된 장점을 저울질하기보다 전체적인 목적에 부합되는가를 따져보아야 한다. 우리는 설교할 때 다른 사람에게 무엇인가 중요한 말을 하고 싶어하며 우리가 신속하게 강대상으로 중요하게 말을 전달하고자 하지만 그러한 행동이 뒷받침할 수 있어야 한다. 다른 사람에게 중요한 말을 하고 싶다면 다음 세 가지의 중요한 요소가 상호 협력하여야 한다.

첫째, 말씀을 전하는 "설교자"가 있어야 한다.
둘째, "중요한 메시지"가 전달되어야 한다.
셋째, "청중"은 이 사건의 능동적인 참여자가 되어야 한다.

글로 쓴 자료는 어떻게 설교자와 메시지 및 청중의 이러한 상호 작용을 더욱 강화하거나 방해하는가?

먼저, 완전한 원고를 사용하는 것은 확실히 설교 내용에 강조점을 두며 메시지의 손상 없이 그대로 보존되게 한다. 이러한 장점은 결코 작은 것이 아니다. 설교를 위해 미리 세심하게 선택한 적절한 단어나 구절 및 이미지는 하나의 사역 행위에 속하며 즉석에서 단어를 찾느라 엉뚱한 단어를 급조하는 것보다 훨씬 바람직하다. 회중이 잘 알아들을 수 있는 용어를 주의해서 선택하고 설교를 사려 깊게 구성하는 것은 청중에 대한 우리의 책임을 신실하게 다하는 하나의 방법이다.

한편으로 스크립트 전체를 읽어 내려가기만 하는 것은 설교자와 청중의 상호 작용을 방해하는 결과를 초래한다. 설교자가 청중보다 종이 뭉치나 스크린을 향해 설교하는 것을 듣는다는 것은 끔찍한 일이 아닐 수 없다. 그러나 많은 설교자들은 자신의 설교를 보다 생동감 있고 효과적으로 읽는 방법을 배워 청중과의 상호 작용의 손실을 최소화하고 있다.

또한 원고의 각 페이지를 일련의 노트와 같이 활용할 수 있도록 구성하기도 한다. 각 줄을 마치 시의 연처럼 꾸미거나 설교의 각 부분 사이에 공간을 두기도 하며 예화 자료에는 괄호를 치고 핵심 구절에는 밑줄을 긋거나 굵은 글로 강조한다. 요소요소마다 작은 제목을 달거나 여백을 두기도 하며 설교의 흐름을 한 눈에 파악하고 가능한 빈 공간이 없도록 다른 표시를 하기도 한다.

이와는 정반대의 경우로 아예 원고를 사용하지 않는 방법은 전적으로 설교자에게 강조점을 두며 어느 정도는 청중의 참여에 강조점을 둔다. 원고가 전혀 없이 설교한다는 것은 결코 쉬운 일이 아니다. 그러나 이 방법은 청중과의 사이에 원고라고 하는 "장막" 없이 직접 이야기하는 것이기 때문에 진정성과 직접성을 가진다는 것은 부인할 수 없는 사실이다.

그러나 만일 설교가 단순히 기억한 것을 암송하는 식이 되거나 또는 이야기가 엉성하거나 두서가 없거나 내용이 빈약하다면 이러한 장점은 아무런 소용도 없다. 어떤 설교자는 메모 없이 설교하는 능력을 개발하려고 애쓰는데 그것은 종종 청중이 이 방법에 매료되기 때문이다. 그러나 기독교적 차원에서 볼 때 설교자의 자기 과시적 웅변 능력은 진정한 가치를 갖지 못한다. 교회는 결국 설교자의 현현에 대한 경험이 필요한 것이 아니라 설교자를 통해 제시되는 기독교적 신앙에 대한 주장이 필요한 것이다. 만일 원고를 사용하지 않으려다 설교 내용을 놓친다면 결국 모든 것을 잃게 되는 것이다.

메모나 도표를 원고로 사용하는 것은 앞의 두 방식을 절충한 중간적 선택으로, 충실한 설교 내용과 설교자의 존재 및 청중과의 상호작용이라는 세 가지 요소의 균형을 맞추려 했다. 이 방법은 핵심 단어를 모은 리스트와 같이 단순하거나 완전한 문장으로 정교하게 개요를 작성하기도 한다. 어떤 설교자는 메모나 개요를 유일한 원고로 준비하지만 어떤 설교자는 원고 전문과 그것을 요약한 개요를 함께 준비한다. 다시 한번 말하지만 이러한 방법이 안고 있는 위험성은 언어를 사용할 때 정확성을 잃어버릴 염려가 있다는 것이다.

어떤 방법을 선택할 것이냐 하는 것은 설교자와 설교자의 재능, 선포할 설교의 종류 및 구체적인 설교의 시점이나 정황에 달려 있다. 어떤 설교자에게 원고는 마치 자석과 같아서 설교자 자신과 그가 가진 모든 에너지를 강단으로 빨아들이며 회중과는 멀어지게 만든다. 그러나 어떤 설교자에게는 겨우 공허한 반복이나 부적절한 애드립(ad-lip)만 남발하는 원고에 지나지 않는 경우도 있다. 설교 전문을 기록한 원고로 설교하는 설교자라 하더라도 야영지에서의 예배나 장례식 예배에는 몇 줄의 메모만 기록한 노트나 원고가 전혀 없는 설교를 하고 싶을 것이다.

우리는 "오늘, 이곳에서" 설교할 때 이곳에 앉은 청중이 직접 복음을 듣고 있다는 생각을 하도록 복음을 증거하려 한다. 우리가 이러한 목적을 분명히 알고 있는 한 우리는 간단한 메모나 전문을 기록한 원고나 다른 어떤 형태라도 자유롭게 사용해 보면서 자신의 설교 사역에 가장 적절한 방법을 찾으면 될 것이다.

2. 인용

책이나 수필, 노래 및 희곡 등으로부터의 인용은 설교에 매우 도움이 될 때가 있다. 인용은 글로 기록된 형태로부터 말로 전달되는 사건으로 바꾸는 것이기 때문에 특별한 주의가 요구된다 (앞 장에서 살펴 본 설교 표절에 대한 논의 참조). 우리는 자료를 설교에 인용하기 전에 우선 그것이 설교의 목적을 성취하는 가장 좋은 방법인가를 고려해 보아야 한다. 일반적으로 말해서 인용을 하는 이유는 두 가지밖에 없다. 하나는 그 말을 한 사람에 대한 신뢰성이고 또 하나는 그 말이 가지는 능력 때문이다. 다음은 찬양의 가사로부터 인용한 것이다.

고난의 잔을 마셔야 한다면
당신의 명령을 좇아
어떠한 고통의 찌꺼기라도 마시겠나이다.
사랑의 손길로 베풀어 주신 모든 것을
일말의 주저함도 없이
감사함으로 받겠나이다.³

이 인용문은 가사 자체의 내용도 감동적이지만 본회퍼(Dietrich Bonhoeffer)가 독일의 수용소에서 처형되기 불과 몇 달 전에 지은 것임을 알 때 더욱 강력한 힘을 가지게 된다. 이 찬양을 고백한 사람은 가사의 내용만큼이나 중요하다.

그러나 다음 예를 살펴보자.

이것은 요한복음의 첫 부분에 관한 설교의 한 부분이다.

만일 우리가 신약성경에서 가장 아름답고 감동적인 구절을 찾는다면 요한복음의 첫 부분-서언-을 들 수 있을 것입니다. 이 구절은 위대한 시적 능력으로 승화된 찬양이며 그것의 이미지는 우리의 마음 깊이 새겨듭니다. 이 구절에 대해 신약학자 레이먼드 브라운(Raymond Brown)은 "만일 요한복음이 신약성경에서 가장 큰 값어치가 나가는 진주에 해당한다면 서언은 이 복음서 가운데도 진주입니다.… 요한이 기록한 복음의 상징물로 독수리를 택한 것은 이 복음서의 서두에 제시된 천국의 비행에 관한 내용 때문입니

---

3 Dietrich Bonhoeffer, "New Year, 1945," in *Letters and Papers from Prison*, ed. Eberhard Bethge, trans. Reginald H. Fuller (New York: Macmillan Co., 1953), 249.

다"라고 설명했다.[4]

여기서 설교자는 다음과 같은 식으로 말하면서 저명한 학자의 말을 인용하였다.

"성경학자인 레이먼드 브라운과 같은 사람도 제가 말씀드리고 있는 관점과 같은 주장을 하였습니다."

그러나 권위 있는 다른 사람의 말을 이와 같이 인용할 때는 한 가지 조심해야 할 일이 있다. 그것은 설교에서 진실한 설교자의 말보다 더 직접적인 신뢰감을 주는 것은 없다는 것이다. 만일 우리가 전하는 메시지가 "여러분은 제 말을 믿지 않을는지 모르지만 어거스틴도 이렇게 말했고, 루터나 노리치의 줄리안, 바르트, 도로시 데이, 아인슈타인도 이렇게 말했습니다"라는 뜻을 함축하고 있다면, 안타깝게도 우리는 그리스도의 공동체가 부여한 설교 사역이라고 하는 권위 있는 은사를 과소평가하고 심지어 무시하는 처사가 될 것이다.

때때로 누구에게서 인용하였는가보다 인용문의 내용이 진술을 효과적으로 만든다. 다음은 한 예이다.

우리가 마음을 편협하게 가짐으로 신경이 날카로워진다면 그것은 잘못이다. 이와 같이 논쟁을 종식시키기 위해 성경을 찾는다면 그것은 잘못된 것이다. 성경은 열린 것이다.… 성경은 특정 문제에 대한 구체적인 충고를 하기 위해 찾아가서 물어보는 신탁이 아니다. 성경은 인간적 상황에서 부딪치는 모든 모호함과 불가항력 및 미해결의 문제에 대한 지혜의 샘물이다.…

---

[4] Raymond E. Brown, *The Gospel According to John*, Ⅰ-ⅩⅡ The Anchor Bible, vol. 29 (Garden City, N.Y.: Doubleday & Co., 1966), 18, 『요한복음Ⅰ.Ⅱ』(CLC 刊, 2013).

성경은 갈등을 치유하고 평안을 주지만 쉽게 얻어지는 것은 아니다. 성경은 방향을 가리키는 팻말이지 말뚝이 아니다.[5]

이 인용문이 힘이 있는 것은 그것을 진술하는 방식 때문이지 윌리엄 코핀(William Solane Coffin)이 어쩌다가 그 말을 했기 때문은 아니다. 이런 인용문을 인용할 때에는 가능한 무리가 가지 않도록 청중에게 그것이 다른 사람의 말이라는 것 정도는 알려주어야 한다. 만일 청중이 윌리엄 코핀에 대해 알고 있거나 인용문의 출처에 대해 밝히거나 출처의 신빙성을 제시하고 싶다면 간단히 "윌리엄 코핀은 말하기를…"이라고 말하면 된다. 그렇지 않으면 "어느 목사가 말한 바와 같이…"나 "누군가 말했듯이…"라고 할 수도 있다. 말로써 너무 자세한 주석을 다는 것(윌리엄 코핀은 "사랑에 대한 용기"라는 제목의 설교집에서 말하기를…)은 오히려 분위기를 저해하고 인용문 자체가 가진 힘을 손상시키는 결과를 초래할 수 있다.

인용에 관한 한 가지 원리는 그것을 강단으로 가져가는 순간에 그것의 효과가 반감된다는 것이다. 인용문은 우리가 그것을 처음 읽었을 때 받은 만큼 청중에게 영향력을 끼치지는 못한다. 그렇기 때문에 설교의 인용문은 삼가서 사용해야 하며 꼭 필요한 때 필요한 부분만 인용해야 한다. 예를 들어, 만일 우리가 소설 속 인물의 자극적인 말을 인용하고 싶다면 그 배경을 제시하기 위해 소설 전부를 읽기보다 스스로 그 상황에 들어가 자신의 말로 인용문을 제시하여야 한다.

---

5   William Sloane Coffin, *The Courage to Love* (San Francisco: Harper & Row, 1982), 7-8.

3. 리듬 찾기

설교는 큰 소리로 연습해야 하는가?

설교자들은 이 질문에 쉽게 대답하지 못하고 난처해한다. 연습이란 말은 공연이나 연극적인 냄새가 풍기기 때문이다.

우리가 설교 내용을 알고 설교에서 말할 내용에 대해 믿고 있다면 왜 그것을 연습해야 하는가?

실제로 강단에 바로 서서 처음으로 설교하는 것이 보다 진실한 것이 아닐까?

그러나 큰 소리로 설교를 읽는 연습을 하는 가장 중요한 목적은 연기자로서의 배역을 돋보이게 하려는 것이 아니다. 그와는 반대로 우리 자신이 청중의 입장이 되어보기 위함이다. 사실 우리가 우리의 설교를 큰 소리로 읽을 때 그것을 듣는 첫 번째 청중은 바로 우리 자신이 된다. 우리는 비로소 객관적 입장이 되어 이 일이 우리에 관한 것이 아니라 설교와 청중에 관한 하나의 이벤트임을 깨닫기 시작한다. 설교학자 자나 칠더스(Jana Childers)는 이에 관해 다음과 같이 주장하였다.

> 이론적으로 볼 때 연극이나 설교에 있어서 공연이란 말은 자신을 하나의 전달수단으로 사용한다는 의미를 가진다. 즉 이러한 전달 수단을 필요로 하는 메시지나 사상 또는 경험을 위하여 훈련된 음성과 동작(몸)을 제공하는 것이다.… 사실 많은 배우들은 이러한 훈련이 과장되고 부풀어 있는 자신을 교정하고 바로잡아 주었다는 사실을 발견하였다.[6]

---

6 Jana Childers, *Performing the Word: Preaching as Theatre* (Nashville: Abingdon Press, 1998), 49.

우리는 자신의 설교를 직접 들음으로써 연구 기록이나 설교 원고로는 전혀 알 수 없는 설교의 리듬과 흐름 및 시간 조절(타이밍)에 대해 인식하게 된다. 우리는 아마도 종이 위에서는 멋있게 보이는 문장도 막상 말로 하면 복잡해서 어색한 느낌을 주는 경우도 있다는 것을 알게 될 것이다. 우리가 말하는 것을 청중이 이해하기 쉽도록 하기 위해서는 이런 문장을 보다 짧은 구어체 표현으로 나누어야 할 것이다. 또한 "우리 마을의 여러 가지 문제들"과 같은 묘사도 구어체에서는 전혀 생기가 없는 밋밋한 표현으로 들릴 것이다. 이러한 문장은 "녹슨 문과 함께 버려진 공장, 집도 없이 고가도로 밑에서 엄마 곁에 꾸부리고 잠든 아이, 밀실에 숨겨둔 보드카 술병"과 같이 보다 귀를 자극하는 이미지가 필요하다.

우리는 설교를 큰 소리로 읽음으로써 어느 부분에서 청중에게 생각할 시간을 가지도록 잠시 쉬어야 하며 어느 부분에서 말을 더 빨리하거나 느리게 해야 청중이 그 부분에서 힘을 느낄 것인지를 알게 된다. 우리는 "그 신장은 여섯 규빗 한 뼘이요"라는 구절을 마치 그의 키가 실제로는 얼마 되지 않은 것처럼 조그만 목소리로 무덤덤하게 말하는 자신의 음성을 듣는다.[7] 우리가 만일 청중을 자신이 말하는 이야기 속으로 끌어들이려면 그것을 읽지 않고도 술술 말할 수 있을 정도로 잘 알아야 한다. 설교를 크게 읽는 연습을 하면서 상상력을 통해 그것을 듣는 사람들의 얼굴을 떠올릴 때 우리의 언어는 보다 직접적이 되고 청중의 삶과 직결될 것이며 은혜는 더욱 풍성히 넘칠 것이다.

또한 이러한 설교 연습은 그것을 자신의 것으로 만들게 한다. 우리는 그것을 다 기억하지는 못하지만 "마음속에" 새김으로 실제 설교 현장에서 청중과 함께, 그리고 그들을 위해 보다 많은 것을 보여줄 수 있다.

---

[7] Charles L. Bartow, *The Preaching Moment* (Nashville: Abingdon Press, 1980), 37.

4. 진실을 말하기

이제 설교할 시간이 되었다.

우리가 그곳에 서면 회중은 말씀을 듣기 위해 기다린다. 어떻게 말해야 할까?

확실한 자신감에 차서 말해야 하는가 아니면 부드럽게 초청하는 자세로 말해야 하는가?

자신을 메시지의 열정적인 힘에 사로잡히도록 할 것인가 아니면 몸짓이나 동작을 자제하고 말만 전할 것인가?

많은 회중과 눈을 마주칠 것인가 아니면 혹시 청중은 자신을 응시하는 것에 불편을 느끼지는 않을까?

악센트나 콧소리, 말할 때 안경이 흘러내리는 것, 그리고 "느부갓네살"과 같은 단어를 말할 때 항상 더듬거리는 이유 등, 우리는 설교할 때 이런 것들에 신경을 써야 하는가?

설교할 때 음성이나 동작은 아무런 문제가 되지 않는다는 말은 확실히 잘못된 것이다. 이러한 것들은 분명히 설교에 큰 영향을 미치며, 이에 관한 훌륭한 안내서들은 설교자가 몸짓이나 음성을 조절하는 기교에 많은 도움이 된다.[8] 그러나 말할 때의 흠이나 특유의 버릇과 같은 것은 우리가 생각하는 만큼 큰 흠이 되지는 않는다는 사실을 알면 걱정이 덜 될 것이다.

음성이 너무 낮아 듣기에 불편하거나 알아듣기 힘들 만큼 발음이 분명

---

[8] Charles L. Bartow, *The Preaching Moment: Al Fasol, A guide to Self-Improvement in Sermon Delievery* (Grand Rapids: Baker Book House, 1983); Richard F. Ward, *Speaking from the Heart: Preaching with Passion* (Nashville: Abingdon Press, 1992), *and Speaking of the Holy: The Art of Communication in Preaching* (St. Louis: Chalice Press, 2001); Childers, *Performing the Word*; 다소 오래된 책이기는 하지만 여전히 가치 있는 Robert White Kirkpatrick, *The Creative Delivery of Sermons* (New York: Macmillan Co., 1944)를 참조하라.

치 못하거나 제스처가 지나치게 메시지에 어울리지 않는다면, 이것은 확실히 심각한 문제이며 특별한 주의를 요한다. 그러나 청중은 말을 급하게 하거나 더듬거리는 것과 같이 우리가 대부분 가지고 있는 문제에 대해 금방 익숙해져 불편 없는 삶으로 받아들이게 된다. 청중은 그런 결점 가운데 어떤 것은 점차 사랑하게 되고 어떤 것은 즐기며 나머지는 걸러버린다. 그것도 은혜이다.

때때로 설교자는 강단에서 "자연스러워야 한다"라는 어설픈 충고를 받는다. 이러한 충고에 대해 로버트 커크패트릭(Robert Kirkpatrick)은 "카메라 앞에서 잔뜩 긴장해 있는 사람에게 사진사의 충고가 아무런 소용이 없듯 별 도움이 되지 않는다"라며 비판적 입장을 나타내었다.[9] 우리는 자연스러운 느낌이 들지 않을 때 자연스러워질 수 없다. 설교자라고 신경과민이나 긴장, 우울함이 없을 수는 없으며 이러한 컨디션은 설교에 영향을 미친다. 그러나 설교자나 청중은 이러한 것들을 조절할 수 있으며 또 실제로 그렇게 하고 있다.

그러나 설교의 전달과 외형적으로 나타나는 설교자의 모습과 관련하여 배워야 할 더욱 깊은 진리가 있다. 그것은 우리가 만일 설교 사역을 충실히 수행하고자 한다면, 우리가 사랑하는 사람들과 함께 또 그들을 위해 복음을 정직하게 전하고자 한다면, 결국 이러한 것들은 시간이 지나면 드러나게 된다는 것이다.

또한 우리가 사역에 대해 근본적으로 싫증을 느끼거나, 청중을 경멸하거나 우월하다고 느끼거나, 우리가 전하는 내용에 대해 냉소적이거나, 자신을 인상적이거나 매력적으로 보이려 하거나, 또는 다른 소명을 원한다면, 그러한 사실 역시 언젠가는 드러나게 된다는 것이다. 매주 사랑하는 마음으

---

[9] Kirkpatrick, *The Creative Delivery of Sermons*, 11.

로 진리를 말하는 사람은 정말 사랑으로 진리를 전하는 사람처럼 보이며 그런 사람처럼 말한다. 결국 아무것도 감출 수 없는 것이다.

제11장 순례자의 여정에서 나누는 대화

그렇다면 이제 당신은 어떻게 하겠는가? 당신은 설교 사역에 수종을 들었다. 이제 설교의 성공이나 실패는 당신에게 달린 것이 아니다. 설교는 항상 그래왔듯이 하나님의 장중에-하나님의 크신 능력의 손길에-달려 있다. 작고 보잘것없는 겨자씨 하나가 큰 나무가 되었다는 비유를 생각해 보라. 여러분 모두는 하나님이 여러분의 보잘 것 없는 설교를 받으시고 그 속에서 성도들에게 위로와 확신과 성장을 가져다 줄 겨자씨를 찾으신다는 사실을 알아야 한다.

_ 머조리 휴이트 수코키(Marjorie Hewitt Suchocki), 『속삭이는 말씀』(The Whispered Word)

제11장

순례자의 여정에서 나누는 대화

지나간 시대에 많은 그리스도인은 성지를 향한 순례의 길을 갈 때 순례의 여정에서 함께 이야기를 나누었다. 그들은 놀랍고 슬픈 이야기, 심지어 귀에 거슬리는 이야기도 함께 나누었다. 그들은 길가 여관의 식탁에서 떡을 떼고 거친 포도주를 마시며 자신의 두려움과 야망, 신앙과 실패, 비밀스러운 기쁨과 감추어 두었던 의심에 대해 이야기하였다. 순례의 여정이 시작되면 그들의 목적지는 모두 같으며 여정이 마치면 그들은 그동안 함께 했던 삶을 나누었다.

이제 우리는 지금까지 함께 걸어왔던 여정의 마지막 지점에 이르렀다. 나와 여러분, 그리고 우리와 함께한 많은 사람들이 이 여행을 하는 동안 대화를 나누었다고 생각한다. 나는 여러분이 필자의 목소리와 설교자를 가르치는 사역에 종사하는 많은 다른 사람들의 목소리를 들었으리라 믿는다. 또한 여러분이 자신의 목소리도 들었기를 바란다. 여러분의 의문이나 확인, 도전, 이의 제기는 모두 스스로에게 좋은 교훈이 되었을 것이라고 믿는다.

중세의 순례 여정에서 잘 알려진 노선 가운데 하나는 스페인의 위험한 지역을 지나 콤포스텔라(Compostela)의 성 야고보 대성당으로 이어지는 길이다. 순례자들은 그 도시에 다가가면 모든 시선을 수평선에 모으고 긴 여정의 최종 목적지인 대성당의 탑을 찾기에 바빴다. 멀리서 성당을 처음 발견한 사람은 "찾았다!"(My joy!)라고 소리쳤으며 그 즉시 순례단의 "왕"(king)으로 불렸다. 사실 오늘날 많은 사람들이 왕이라는 뜻의 성(King, Leroy, Koenig, Rex)을 가지게 된 것은 대부분 순례자 조상의 날카로운 눈 덕분이라고 할 수 있다.[1]

우리는 설교 사역에 대한 보다 깊은 이해를 향한 순례의 길을 함께 걸어왔기 때문에 어쩌면 여러분은 멀리 떨어져 있는 목적지를 찾아 수평선을 바라보고 있을는지 모른다. 참으로 바라기는 여러분이 그것을 맨 먼저 발견하고 "찾았다!"라고 소리치며 기뻐한다면 더없이 감사할 따름이다.

1. 설교에 관한 전승적 지식

설교자들이 모여 이야기를 나누면 항상 제기되는 일정한 주제가 있다. 크든 작든, 실제적이든 이론적이든, 설교에 관한 몇 가지 질문은 끊임없이 반복 제기되며 그 때마다 새로운 각도에서 다루어진다. 이러한 질문에 대한 영원한 해답이란 있을 수 없지만 설교자들 사이에서 점차 진화되어온 전승적 지식(Lore)은 있다.

"…에 대해 어떻게 하겠습니까?," "나의 경험에 의하면…," "…을 해보셨습니까?," "…을 알고 있습니까?," "무엇을 하든… 하지 마십시오"와 같은 것들이다. 이런 것들은 모두 설교자가 순례자의 여정에서 자신의 설교 기법에 대한 전승적 지식에 관한 언급이다. 우리의 여정에서 이 마지막 부

---

[1] James A. Michener, *Iberia: Spanish Travels and Reflections* (New York: Random House, 1968), 892.

분은 이처럼 반복되는 질문에 대해 살펴보면서 끝없는 대화로 들어가는 시간이 될 것이다.

1) 설교 준비는 언제부터 하는 것이 좋은가

설교자가 설교 계획을 세우는 방식은 매우 다양하다. 어떤 설교자는 잘 정돈된 마음으로 달력과 성서일과의 도움을 받아 매월의 계획을 세운다. 몇몇 설교자는 내년도 설교 계획을 구상하기 위해 일주일 정도의 연구 휴가를 내기도 한다. 그러나 대부분의 설교자는 철저한 훈련이 되지 않아 이번 주 설교가 끝난 직후부터 다음 주 설교를 준비한다.

설교자마다 한꺼번에 5-6편의 설교를 동시에 준비할 수 있다면 최상의 지혜라고 할 수 있을 것이다. 가장 좋은 방법은 앞으로 할 6편의 설교를 담을 각각의 파일을 준비하는 것이다. 각 파일은 선택된 성경 본문과 함께 각 설교의 전체적 방향을 알 수 있도록 충분한 주해 작업이 선행되어야 한다. 그런 후에 설교자는 이들 파일을 주기적으로 열람하여 숙지함으로써 다음 주 설교의 주제를 마음에 계속 담아두고 있어야 한다.

여기에 신문에 나온 자료나 소설에서 인용한 내용, 목회적 경험 및 기타 여러 가지 아이디어가 첨가될 수 있을 것이다. 이렇게 하여 설교할 때가 되면 이미 파일은 유익한 자료로 가득 차 있다. 한 편의 설교가 완성되면 새로운 설교 파일이 들어와 맨 끝자리를 차지하게 된다. 이전의 설교학자들은 이러한 방법을 "설교 정원"이라고 불렀다. 이것은 여러 설교에 대한 주석 작업을 필요로 하기 때문에 이러한 체계를 세우는 것은 여간 힘든 일이 아니다. 그러나 일단 정원이 만들어지고 나면 일상적인 수고를 통해 조금씩만 가꾸고 돌보아도 된다.

2) 앞으로 사용할 예화 자료를 어떻게 보관할 것인가

같은 말이지만 이것 역시 설교자마다 습관이 다르다. 어떤 사람은 정교한 파일 시스템(컴퓨터 본체에 복사 또는 전자기기)을 사용한다. 설교자는 설교의 자료가 될 만한 이야기나 사건을 만나면 주제별로 분류하여 해당되는 파일에 수록한다. 이것은 적절한 보관 방법이기는 하나 사실 좋은 설교 자료는 쉽게 분류하기 어렵다는 문제점도 있다. 예를 들어, 자신의 부에 싫증을 느낀 한 부자가 전 재산을 100달러짜리 지폐로 바꾸어 복잡한 고속도로에 뿌리는 바람에 뒤따르던 운전사들이 모두 차를 버려둔 채 돈을 주우러 다녔다는 신문 기사는 분류하기가 쉽지 않다. 이런 이야기는 여러 가지 주제에 "관련"되기 때문에 어느 파일로 분류해야 할지 판단하기 어렵다.

그래서 어떤 설교자는 예화를 전혀 분류하지 않는다. 대신에 모든 예화를 한 곳에 모아두었다가 설교할 때마다 설교 내용과 모아둔 예화 자료 가운데 우연히 일치하는 것이 있는지 찾는다. 절충안은 자료를 가능한 적절한 위치에 파일별로 분류하여 적절한 위치에 보관하되 항목마다 요약된 제목을 기록한 후 다른 파일로 보관하는 방법이다. 완성된 파일은 자료를 순서대로 보관할 수 있으며, 제목은 자료를 무작위로 찾아야 할 때 유용하게 사용된다.

3) 설교와 디지털 기술에 대해서는 어떻게 생각하는가

어떤 면에서 설교와 디지털 기술에 대한 전망은 아침에 나온 것이 오후에 구식이 될 만큼 급속히 변하고 있다. 거의 30년 전, 이 책의 초판이 나올 때 일부 회중은 스크린으로 예배를 드렸으나 당시 디지털 혁명이 우리를 어디까지 데려갈지 아는 사람은 거의 없었다. 여러 대륙에 걸친 수천 개의

"위성" 지교회를 가진 오늘날 설교자는 고화질의 영상이나 홀로그램을 통해 여러 강단에 동시에 나타날 수 있다. 어떤 회중은 설교는 자주 들으면서도 설교자를 본 적은 거의 없는 경우도 있을 수 있다.

오늘날 영상 예배보다 더 만연한 것은 영상과 언어를 기술적으로 잘 결합한 설교들이다. 기성 세대의 설교자는 아이디어와 예화를 위해 서적과 잡지를 찾았다. 마찬가지로 오늘날 설교자는 설교에 사용할 동영상을 위해 웹사이트를 뒤적인다. 영상으로 예배를 풍성케 할 "영상팀"을 가진 대형 교회 목사인 아담 해밀톤(Adam Hamilton)은 『말씀의 속박을 풀어주라』(Unleashing the Word)라는 책에서 설교 영상을 사용할 때 주의할 사항에 대해 몇 가지 조언을 한다. 그의 실무적 지혜는 기존 설교학 책에 나오는 설교 예화의 적절한 길이에 대한 지침과 유사하다.

> 설교에 사용되는 동영상은 대체로 1분 30초-2분을 넘지 않아야 한다. 우리가 사용하는 대부분의 동영상은 1분 이하이다. 이것은 비디오 인터뷰를 편집하는 데 더 많은 시간을 들여야 한다는 뜻이다. 그러나 이것조차 짧을수록 좋다. 약 30분간의 설교를 생각하면서 설교 시간의 1/10에 해당하는 3분 정도의 동영상을 준비한다면, 예외는 있겠지만 대체로 비디오 하나에 너무 많은 시간을 투자하는 것이다.[2]

오늘날 일부 설교자와 회중에게 영상이 없는 설교는 상상하기 어렵다. 다른 설교자와 회중에게 그런 방식은 생각조차 할 수 없으며 그들의 전례 및 설교의 정체성에 대해서는 "스크린을 사용하지 않는" 사람들로 구별하

---

[2] Adam Hamilton, *Unleashing the Word: Preaching with Relevance, Purpose, and Passion* (Nashville: Abingdon Press, 2009), 53.

기까지 한다. 우리가 설교에 시청각을 활용하는 방식은 시험 항해하는 수준에 와 있다. 우리는 영상을 사용하고 첨단 기법을 활용하는 기술적인 부분에 관해서는 많은 것을 배웠다. 그러나 커뮤니케이션 및 신학적 함축에 대해서는 이제 배우는 단계에 불과하다.

여러 면에서 설교는 가르치는 일과 유사하다. 오늘날 많은(대다수는 아닐지라도) 선생들은 수업 시간에 시청각 기술을 활용하고 있지만 이 새로운 교육 기법의 완전한 잠재성 및 위험성은 여전히 존재한다. 나는 한 주립의과대학교 총장과 이야기할 기회가 있었는데 그는 나에게 그 학교의 많은 교수들이 파워 포인트의 잠재력에 매력을 느껴 의학 사진 및 용어 설명이 담긴 슬라이드로 강의했는데 학생들이 파워 포인트를 끄고 "직접 말하라"고 요구하는 탄원서를 돌려 교수진이 많이 놀랐다고 말했다. 문제는 파워 포인트 자체가 아니라 그것을 사용하는 방식이었다. 교수는 학급의 상호 작용보다 스크린에 집중했으며 학생들은 교수가 다시 자신들에게 관심을 가지고 집중해 주기를 바란 것이다.

말과 시청각이 결합된 설교는 충분히 확산되었으며 오랫동안 함께 했기 때문에 이 행위는 일상화되었다고 말할 수 있다. 그러나 비록 실험 단계에 있다고 하더라도 몇 가지 지식은 알아둘 필요가 있을 것이다.

첫째, 스크린에 의한 영상은 실로 강력하지만 말보다 강력하지는 않다.
인간의 의사소통 가운데 사랑으로 진리를 담대히 말하는 것만큼 강력한 것은 없다. 일부 설교자, 특히 자신감이 부족한 자는 직관적으로 스크린을 사용한 동영상이 자신의 말보다 흥미롭고 설득력 있을 것이라고 생각한다. 영상이 강력한 호소력과 정보 전달력을 가진 것은 사실이지만 언어에 견줄 수는 없다.

한 가지 이유는 영상은 단조롭고 문자적이라는 것이다. 보이는 것이

전부이다. 야구팬은 종종 경기를 라디오로 듣는 것과 TV로 보는 것의 차이에 대해 언급한다. TV는 실제로 행동을 볼 수 있어 좋지만 많은 사람은 라디오 중계를 듣는 것이 더 재미있다고 말한다. 왜냐하면 TV는 시청에 필요한 모든 것을 주지만 라디오 청취자는 상상력을 발휘하여 행위를 창조하기 때문이다. 말은 시청각과 달리 청중에게 상상력을 발휘하게 한다는 사실을 설교자는 기억해야 한다.

둘째, 설교에서 영상의 용도는 말을 대신하는 것이 아니라 그것을 뒷받침하는 것이다. 즉, 설교에서 이미지에 대한 최상의 활용법은 그것으로 언어를 대체하는 것이 아니라 언어에 도움이 되게 하는 것이다.

예를 들어, 나는 최근 설교자가 가치 있는 문화적 이미지의 위험에 대해 언급한 설교를 들었다. 그녀는 우리의 문화는 신체적 매력이나 젊음에 완전히 현혹되어 있기 때문에 젊거나 날씬하거나 잘생기거나 아름답지 못한 것은 가치 있는 것으로 받아들이지 않는다고 주장했다. 만일 이 설교자가 스크린을 사용했다면 자신의 말을 뒷받침하기 위해 잡지 표지에 나오는 이미지나 "이 크림을 사용하면 세월이 사라질 것"이라는 상업 광고의 짧은 동영상이 필요했을 것이다.

셋째, 설교자와 스크린이 아니라 설교자와 청중 사이에 넘치는 열정을 유지하라.

우리 모두는 슬라이드가 비춰는 가운데 화자가 스크린을 쳐다보며 설명하거나 별도의 유인물을 읽어내려 가는 파워 포인트 프레젠테이션 장면을 본 적이 있을 것이다. 스크린 위의 자료가 하는 역할은 잠시 나타나 설교자의 말을 뒷받침하는 것으로 충분하다.

이것은 설교에서 제시된 내용이 영상을 요구한 것이지 영상이 설교 내용을 요구한 것이 아니라는 뜻이다. 또한 이것은 스크린의 영상이 청중이나 설교자의 기분 전환을 위한 것이 아니라 설교자로부터 청중으로 흘러가는 에너지의 확산을 위한 것이라는 의미이기도 하다.

또 하나 주의할 점은 이것이다. 제5장의 설교 형태에 관한 논의에서 우리는 예전의 개요 작성 방식이 엄격한 선형적 방식에 기초한다는 사실에 대해 경고한 바 있다. 이상하게도 파워 포인트 컴퓨터 프로그램도 마찬가지이다. 스크린을 비추는 슬라이드를 쌓는 방식은 최근 기법을 반영한 것이지만 사실 이런 프로그램은 여러 면에서 예전 슬라이드 쇼를 새롭게 단장한 것으로 기존의 3대지 개요보다 더 강력한 "다음은… 다음은… 다음은"과 같은 선형적 형태의 개요를 자동적으로 강요하게 될 것이다.

선형적 방식을 극복하기 위해 고안된 프레지(Prezi)와 같은 프로그램조차 소기의 효과를 거두지 못하고 있다. 이런 프로그램은 보다 유연하고 역동적인 이미지 전환이 가능하지만 "이것은… 그리고 이것은… 이제 이것은…"의 흐름은 여전히 유지될 것이다.

넷째, 적게 사용할수록 좋다.

이 지혜는 미디어 설교 경험이 풍부한 아담 해밀톤에게서 온다. 그는 이렇게 주장한다.

> 나는 일부 구성원이 "나는 컴퓨터와 비디오 영사기에 대한 모든 능력을 가지고 있다. 따라서 나는 그것을 사용해야 한다"라는 철학을 가진 것처럼 보이는 모임에 참석한 적이 있다. 가장 효과적인 설교자는 다음과 같은 원리를 적용했다. "무엇을 할 수 있다고 해서 그것을 해도 좋다는 것은 아니다."

바꾸어 말하면 "적을수록 좋다"는 것이다.[3]

4) 설교는 제목이 있어야 하는가, 그렇다면 어떤 제목이어야 하는가

설교에는 제목이 있어야 한다는 법은 없다. 사실 많은 잘못된 설교는 설교가 완성되기도 전에(웹사이트에 공시하거나 교회 주보나 공보에 게시하기 위해) 설교자가 미리 제목을 붙임으로 양산되었으며, 그 결과 성경 본문에 대한 자세한 석의를 통해 설교는 제목과는 다른 방향으로 가게 되는 것이다. 본문과 미리 발표된 제목과의 주도권 싸움에서 이기는 쪽은 언제나 제목이며 설교는 그것에 비해 초라한 모습을 띠고 있다.

그럼에도 불구하고 대부분의 설교는 제목이 있으며 이것은 우리가 제목의 목적에 대해 한 번 곰곰이 생각해 볼 필요가 있음을 보여 준다. 어떤 사람은 제목에 어느 정도 복음 전도의 목적이 있다고 주장한다. 그 이유는 교회를 찾아 방황하는 사람들이 토요일 주보를 통해 듣고 싶은 설교 제목을 찾아다니기 때문이라는 것이다. 필자도 이 말에는 미심쩍은 데가 있다고 생각하지만 만일 몇 사람이라도 교회 주보를 통해 마음에 드는 제목을 찾고 있다면 설교자가 이런 호기심 많은 사람들을 끌어들이기 위해 번지르르한 제목을 붙이는 것이야말로 더더욱 불행한 일이 아닐 수 없다.

제목의 주요 기능은 설교의 방향을 미리 제시하는 역할을 한다. 사람들은 제목을 보는 즉시 어떤 설교가 될 것인지에 대해 추측하기 시작한다. 본 설교의 서론과 마찬가지로 설교의 제목도 하나의 약속을 함축한다. 만일 "고난에 대한 하나님의 응답"이라고 하는 제목을 붙였다면 적어도 그 응답에 관한 이야기를 할 것이라는 약속을 한 것이다.

---

[3] Ibid., 50.

평신도 설교가인 호머 K. 뷰얼라인(Homer K. Buerlein)은 어떤 설교 제목은 너무 많은 것을 제시한다고 불평한다. 이러한 제목은 설교에 관해 약속을 하는 것이 아니라 설교를 통째로 주어버린 꼴이 된다. 뷰얼라인은 "하나님에 대한 사랑과 이웃에 대한 사랑을 통한 기독교의 실천"(Practicing Christianity through Love of God and Humanity)이라는 제목에 대한 논평에서 다음과 같이 말하였다.

> 이 제목을 통해 설교자가 무엇을 말하려고 하는지는 명약관화하다. 예를 들면, 진정한 그리스도인은 이웃을 사랑하지 않으면서 하나님을 사랑할 수 없으며 그 반대의 경우도 마찬가지이다. 설교에는 의심할 바 없이 각각의 사랑에 대한 여러 가지 사례들이 제시될 것이다.[4]

그렇다면 가장 좋은 설교 제목은 아마도 너무 많은 것을 약속하거나 지나치게 많은 내용을 제시하지 않으면서, 사람들에게 설교의 방향을 제시하고 적극적으로 들을 자세를 갖추게 하는 것이 될 것이다. "회개"나 "용서를 배우라"와 같이 간단한 제목도 좋고, 윌리엄 뮤엘(William Muel)의 "하나님에게는 자존심이 없다"(God Has No Pride)[5]나 어니스트 T. 캠벨(Ernest T. Campbell)의 "문을 열어둔 방에 갇힌 자"(Locked in a Room with Open Doors)[6]와 같이 호기심을 자아내면서 솔직한 제목도 좋다. 이러한 제목들은 청중의 입장에서 기대감과 함께 준비를 갖추게 한다.

---

[4] Homer K. Buerlein, *How to Preach More Powerful Sermons* (Philadelphia: Westminster Press, 1984, 1986), 25.

[5] William Muehl, *All the Damned Angels* (Philadelphia: Pilgrim Press, 1972), 15.

[6] Ernest T. Campbell, *Locked in a Room with Open Doors* (Waco, Tax.: Word Books, 1974), 20.

5) 설교는 얼마나 길어야 하는가

모든 설교는 더도 말고 덜도 말고 설교가 끝날 때까지 길어야 한다고 말하고 싶지만 문제는 그렇게 간단하지 않다. 설교는 다양한 크기의 메시지를 무조건 구어 형태로 찍어내는 것이 아니다. 설교는 의식적(ritual) 행위이며 이러한 의식에는 내적 페이스와 타이밍이 있어 자체적으로 속도와 시간을 조절한다. 설교는 구어 장르이며 그것의 길이에 대한 공동체의 기대가 있다.

예를 들어, 길거리에서 우연히 만난 한 이웃이 "재미있는 농담이 있는데 시간되시겠습니까?"라고 했다고 하자.

당신은 특별히 바쁘지 않은데다 웃을 마음도 내키어 고개를 끄덕였다. 그러자 이웃은 "두 선원이 뭍에서 떠나…"라고 시작하더니 한 시간 반이 지나도 끝날 생각을 하지 않았다.

당신은 얼마나 당황하겠는가?

처음에 시간이 있다고 한 것은 짧고 재미있는 이야기를 기대하기 때문이었다. 물론 농담은 한 시간 이상해서는 안 된다는 규칙은 없다. 일주일이라도 할 수는 있다. 그러나 우리 문화에서 소위 "농담"이라고 하는 구어 장르는 짧고 유머가 있는 이야기를 뜻한다. 따라서 의식적 행사에서 농담가의 역할을 맡은 사람은 이러한 제약에 따라야 하며 그렇지 않을 경우 청중의 원성을 듣게 될 것이다.

회중은 하나의 의식으로서 설교의 길이에 대한 기대치가 있다. 이러한 기대치는 과거의 경험이나 예배의 특별한 성격 및 동시대 문화의 일반적인 시간 개념 등 다양한 요소에 의해 결정된다. 회중 가운데는 설교가 10분만에 끝나기를 바라는 사람도 있고, 45분이나 한 시간은 되어야 한다고 생각하는 사람도 있다. 설교가 너무 짧으면 회중은 내용과 관계없이 "진정한"

설교를 들었다고 생각하지 않는다. 설교가 기대치보다 길어지면 회중은 점차 지쳐 나중에는 아예 듣지 않으려 할 것이다.

설교자는 이러한 회중의 기대를 진지하게 고려해야 하지만 그것에 꼭 구애받을 필요는 없다. 사실 설교에 대한 회중의 의식적 개념이 강하기는 하지만 유동성이 전혀 없는 것은 아니다. 예를 들어, 이전의 설교자가 설교의 중요성을 인식하지 못하고 25년 동안 설교 대신 2분짜리 "그날의 명상"만을 제시하였다면 아무리 회중이 그 정도의 기대감을 갖고 있다고 하더라도 그러한 틀에 갇혀서는 안 될 것이다. 이 경우 설교자가 18분이나 20분 정도 설교한다면 처음에는 다소 반발이 있겠지만 전혀 놀랄 필요가 없다. 틀림없이 회중은 그에 따라 점차 기대치를 조절해 나갈 것이다.

또 하나 문제가 되는 것은 청중이 기대하는 시간보다 길어지는 특별한 경우의 설교이다. 가령 평상시보다 15분이 더 소요되는 설교를 해야 할 경우, 만일 회중에게 아무런 사전 예고도 없이 무작정 길게 설교한다면 회중은 그 시간만큼 힘들어할 것이다. 물론 우리는 서두에 "오늘 설교는 길어질 것이니 그리 아시기 바랍니다"라고 말할 수도 있지만 그렇게 되면 분명 청중은 불만에 차 흐트러진 자세로 앉아 괴로워할 것이다. 그보다는 오히려 청중에게 이번 설교는 다소 예외적인 설교가 될 것임을 알림으로써 시간이 길어질는지도 모른다는 암시만 주는 것이 더욱 효과적이다. 아마도 설교자는 그 설교가 길어질 수밖에 없는 타당한 이유가 있을 것이다. 따라서 단순히 "이 설교는 길어질 것입니다"라고 말하는 대신 다음과 같은 이유를 제시할 수 있을 것이다.

오늘 읽은 본문 말씀에서 예수님은 부자 관원에게 "네 소유를 다 팔아 가난한 자들에게 나누어 주라"고 하셨습니다. 우리는 대부분 이 말씀이 관원에게 하신 명령이라고 생각하며 다행으로 여깁니다.

그러나 정말 그렇습니까?
우리는 "모든 소유를 팔아라"고 하시는 명령을 받지 않았습니까?
우리는 소유에 대해 어떤 책임이 있습니까?
이것은 쉬운 문제가 아니며 대답도 쉽지 않습니다. 이 문제는 신중하고 깊게 생각해 보아야 합니다. 우리는 오늘 여느 때와 달리 우리의 신앙이 우리에게 요구하는 것에 대해 진지하고 차분히 숙고해 보고자 합니다.

이 설교자는 설교의 길이에 대해 한 마디도 하지 않았지만 이 설교가 평소와는 다를 것임을 분명히 암시하고 있다. 물론 이렇게 한다고 해서 청중이 지루해하지 않을 것이라는 보장은 없다. 그러나 적어도 그날의 설교가 길어질 이유에 대해서만은 그들에게 솔직하게 알려준 것이다.

어떤 설교학자는 사람들의 주의력을 집중하는 시간이 TV의 영향으로 현저히 줄어들었기 때문에 그 결과, 보다 짧고 에피소드적이며 보다 시각적인 설교가 요구된다고 말한다. 그 말에도 일리가 없는 것은 아니지만 아무래도 설교에 대한 전자 매체의 파괴적 영향에 대해 과대평가한 듯하다. 사실, 이 시대의 피상적이고 천박한 커뮤니케이션은 그만큼 긴급하고 중요한 말에 대한 갈급함을 보여 준다. 설교가 매스미디어의 요란하고 가식적인 스타일을 따라가기 시작한다면 이와 같이 긴급하고 중요한 말을 할 수 있는 절호의 기회를 포기하는 것이 되고 말 것이다.

6) 강단에서 벗어나 회중에게 다가가는 것은 효과적인가

어떤 면에서 한 점의 가구에 해당하는 강대상은 커뮤니케이션 과정에서 방해가 될 수 있다. 강대상이 너무 크거나 높거나 멀리 있으면 설교자와 청중 사이의 친밀성이나 신체적 접촉에 얼마든지 방해가 될 수 있다. 그 결과 많은 설교자들은 강대상을 뒤로 물리고 앞으로 나오거나 심지어 회중 사이로 돌아다니기도 한다.

이런 방법은 설교자로 하여금 회중에게 다가가게 하고 보다 직접적인 커뮤니케이션을 가능하게 하지만 설교자는 강대상을 벗어나기 전에 다음 몇 가지 사항을 고려해 보아야 할 것이다.

첫째, 강단은 원고를 두는 자리나 설교자의 다리를 감추기 위한 막이 아니라(그러한 실용적 용도로도 사용되고 있지만) 말씀 임재의 상징이다. 설교자는 강단에 섬으로써 "나는 지금 이 귀중한 직무를 임시로 맡아 수종하고 있습니다"라고 하는 무언의 메시지를 전달하고 있는 것이다. 대부분의 목사들은 성찬 테이블을 떠나 성만찬을 베풀지 않으며 세례반(font)이나 지정된 장소를 떠나 세례식을 거행하지 않는다. 마찬가지로 설교자는 강단의 상징적 힘을 고려해야 한다.

둘째, 설교자는 성도들과의 신체적 접촉의 중요성에 대해 과대평가하는 경향이 있다. 유명한 방송 프로그램인 프레리 홈 컴패니언(Prairie Home Companion)의 개리슨 케일러(Garrison Keillor)는 언젠가 "설교자는 사람들이 원하는 것보다 훨씬 많이 눈을 마주치려고 애쓰는 사람이다"라고 비꼰 적이 있다. 우리는 종종 설교할 때 주어지는 상징적 능력을 잊을 때가 있다. 우리에게는 부드럽고 친밀하게 보이는 것도 청중에게는 엄청난 강요나 협박 또는 개인적 영역에 대한 침범이 될 수도 있다는 사실을 잊어서는 안 된다.

7) 어린이를 위한 설교는 좋은 생각인가

　어떤 사람은 어린이 설교는 어린이에 대한 맹목적 사랑에 홀딱 빠진 현대 정신의 불행한 결과라고 주장한다. 어린이를 위해 특별히 설교를 준비하는 것은 65세 이상 되는 사람들을 위해 별도로 설교를 준비하는 것이나 같다는 것이다. 더구나 어린이 설교는 진부하고 도덕적이며 어른들 앞에서 잘 보이려는 몇몇 어린이들에게 관대한 경향이 있다. 이것은 다소 지나친 주장이라고 할 수 있으나 그럼에도 불구하고 고려해 볼 여지는 있다.

　사실 가장 이상적인 것은 어린이를 포함한 모든 회중이 설교를 포함한 모든 예배의 과정에 참여할 수 있는 온전한 예배를 구축하는 것이다. 이것은 예배의 언어가 아이들 수준에 맞추어져야 한다는 것이 아니라 어린이의 요구나 능력에 대한 세심한 고려가 필요하다는 것이다. 예를 들어, 설교에는 어린이의 세계에도 통할 수 있는 내용이 포함될 수 있으며 또 포함해야 한다. 회중 가운데 어린이들은 그 부분의 설교에 직접 동참할 수 있으며 그들이 이해할 수 없는 다른 부분에 대해서도 보다 융통성 있게 직관적으로 들을 것이다.

　그러나 실제적인 문제는 이러한 이상을 성취하기가 매우 어렵다는 것이다. 어린이는 아마도 예배의 전 영역에 동참하기에 가장 어려운 그룹일 것이다. 따라서 어린이 설교와 관련하여 가장 이상적이라고 생각했던 방법은 결국 진정한 다세대 예배의 구축에 실패했다는 솔직한 고백이라고 할 수밖에 없는 것이다. 물론 많은 회중을 위해 어린이 설교는 좋은 것이다. 그러나 이것은 어디까지나 포괄적인 형식의 전체 예배를 지속적으로 추구하는 것을 대신하지 않는 한에서 그렇다. 더욱이 어린이가 예배드릴 때 설교 외의 것에도 얼마든지 특별한 관심을 줄 수 있다. 사실 설교가 예배의 가장 중요한 유일한 요소라는 주장은 예배에 관한 오해만 증폭시킬 뿐이다. 따라서 설교 외에 어린이 기도나 찬송, 교독문 또는 봉헌 시간을 포함시킴으로 이와 같이 편협한 제의적 초점을 극복할 수 있다.

그러나 우리가 어린이 설교를 하기로 했다면 다음과 같은 점에 주의를 해야 한다.

① 진정한 설교가 되어야 한다. 말하자면 복음의 선포가 되어야 하며 틀에 박힌 도덕적 교훈이 되어서는 안 된다.
② 어린이를 향한 것이어야 하며, 어린이를 통해 실제로는 어른들에게 전달하는 식이 되어서는 안 된다.
③ 어린이는 모두 같은 획일적인 집단이라고 가정해서는 안 된다. 어린 시절의 인식 능력은 급속히 변하며, 따라서 "어린이 수준에서 말한다"는 것은 있을 수 없다. 어린이 수준도 다양하기 때문이다. 예를 들어, 흔히 사용하는 "실물 교훈"(어린이 여러분! 이 안경은 성경과 같습니다)은 나이가 어느 정도 된 어린이에게만 있는, 사물을 추상적으로 생각하는 능력에 의존한다. 어떤 어린이 설교는 요점을 제시하기보다 성경 이야기를 포함하여 단순히 이야기만 하는 것이 필요한 경우도 있을 것이다. "요점"을 이해하는 데에도 추상적 사고의 능력이 요구되기 때문이다.
④ 어린이에게 결론을 상상에 맡기는 식의 설교는 조심해야 한다. 이런 식의 설교는 부모들을 근심시킬 뿐 아니라 아이들을 당황하게 만들 수 있기 때문이다. 때로는 어린이의 진지한 반응이 어른들에게 재미와 웃음을 주기도 하지만 갑자기 큰 소리로 웃게 되면 그 어린이는 순간적으로 당황하고 놀랄 수도 있다.

8) 설교가 메마르다고 느낄 때 어떻게 해야 하는가

설교자라면 누구나 자신의 설교가 메마르다고 생각될 때가 있다. 즉 평상시보다 설교하는 것이 고통스럽고 창조성이 고갈된 듯한 느낌이 드는 시기가 있다. 이러한 때는 결코 놀라거나 실망할 필요가 없다. 여러 면에서 볼 때 가장 좋은 방법은 모든 설교자에게는 이러한 시기가 있으며 언제든지 찾아올 수 있다는 것을 깨닫고 계속해서 나아가야 한다는 것이다.

그러나 설교가 메마른 때가 자주 있다는 것은 신앙의 성장에 있어서 영적인 문제가 있음을 말해 준다. 이때 가장 좋은 방법은 설교 기법을 어떻게 해보려고 조바심을 낼 것이 아니라 복음에 대한 이해나 헌신에 있어서 새로운 방향을 모색해 보는 것이다. 어떤 설교자는 설교가 생동감을 잃어가고 있다고 생각하면 일련의 새로운 이슈나 교리 또는 자주 읽지 않았던 본문에 대해 연속적인 설교를 시작한다. 이러한 방식은 설교를 준비하면서 읽고 연구하며 씨름하고 기도하지 않을 수 없는 새로운 국면으로 인도한다.

9) 설교 스타일상의 결함에 대해서는 어떻게 할 것인가

우리가 부지런히 세심한 주의를 기울이지 않는다면 우리의 설교는 항상 비슷한 내용으로 시작할 것이다. 우리는 자신이 설교할 때마다 늘 같은 말, 뻔히 예상할 수 있는 형식을 사용하거나 특징적인 언어 구조를 사용하고 있음을 발견할 것이다. 어떤 설교자는 거의 모든 설교를 최근에 일어난 이야기로 시작한다. 다른 설교자는 청중을 끌어들이기 위해 수사학적 질문(이 오래된 본문이 오늘날 우리에게 무엇이라고 말합니까?)을 지나치게 많이 사용한다. 또 어떤 설교자는 특별히 좋아하는 문구가 있다("사랑하는 여러분," "평화와 정의에 관한 한," "성령 충만한 그리스도인").

이러한 패턴은 우리의 것이며 우리가 생각하고 말하는 방식을 반영하기 때문에 알아차리기 어렵다. 때때로 우리는 몇 주 지난 설교 원고나 테이프를 다시 보다가 이러한 요소를 발견하기도 한다. 이런 일을 지체하게 되면 자신의 설교에 대한 비판적 안목의 필요성에 대해 더욱 소원해질 것이다.

그러나 그보다 좋은 방법은 편집 재능을 갖춘 자로 자신의 설교를 객관적 입장에서 보아줄 만한 사람(주로 회중이 아닌 동료나 가까운 친구)에게 설교 견본을 보여 주고 자주 반복되는 기법이나 진부한 표현 형식이나 언어를 샅샅이 찾게 하는 것이다. 물론 이것은 부담스러운 방법이기는 하나 설교의 활력을 되찾기 위해서라면 그만한 위험은 감내할 만한 가치가 있다.

10) 목회적 설교와 예언자적 설교 사이의 균형을 유지해야 하는가

설교자는 어떤 설교는 개인적 필요나 이슈에 초점을 맞추고 있는가 하면 공적인 이슈나 사회적 관심사에 보다 많은 초점을 맞추고 있는 설교도 있다는 것을 안다. 설교자는 기독교 신앙은 이 두 가지 이슈 모두에 대한 것임을 정확히 알고 있기 때문에 설교에서 둘 사이의 균형을 유지하려고 한다.

그러나 마치 개인적 이슈는 사회적 상황과는 별개이며 사회적 이슈 역시 개인과는 무관한 것인 양 "목회적" 설교와 "예언자적" 설교를 지나치게 구분하는 것은 분명 잘못이다. 복음은 사회와 분리된 개인에게 말씀한 후 다시 방향을 돌려 정치 세계와 사회 조직에 대해 그와는 다른 말씀을 하는 것이 아니다. 복음은 인간의 삶의 모든 영역에 대해 말씀한다. 즉 정치나 사회 등 복잡하고 다양하게 연결되어 있는 삶의 상호 관계 속에서 최선을 다하고 있는 개인들에 대한 말씀이다.

우리는 제2장에서 설교자가 성경으로 갈 때 회중과 함께 가며, 본문에서 들은 것은 그 설교를 들을 사람들의 상황에 영향을 받는다고 배웠다. 설교자가 꼭 알아야 할 중요한 사실이 한 가지 있는데 그것은 자신이 개인적, 정치적 영역을 포함하여 모든 삶의 실재 가운데 거하는 회중을 대신하여 성경 앞에 선다는 것이다.

예를 들어, 정부의 인종 차별 정책에 맞서 수고하며 고통 가운데서도 담대히 말씀을 전파하였던 남아프리카공화국의 한 목사님은 회중을 대신하여 요한계시록 13장 11-18절로부터 다음과 같은 말씀을 들었다. 본문은 어린양처럼 생겼으나 용처럼 말하는 짐승에 관한 말씀이다.

요한은 이 짐승이 어린양처럼 생겼으나 용처럼 말한다고 경고합니다. 그는 평화가 없는 곳에 평화! 평화! 라고 외칩니다. 그는 아무런 싸움이나 희생도 없는 화해를 부르짖습니다. 어린양처럼 보이는 용은 한편으로는 무고한 자를 죽이려는 또 하나의 "피할 수 없는" 결정을 내리는 와중에도 박해자의 고뇌에 대한 동정으로 가득합니다. 그러나 가난하고 불쌍한 자의 부르짖음에 대한 하나님의 음성은 들리지 않습니다. 들리는 것은, 교회의 죄는 고백해서 용서를 받는 대신 역사에 의해 묻혀야 한다고 믿는 사람들의 음성입니다.
그것은 인종 차별 정책이 불가피하게 끝난 후 어느 날 남아프리카공화국의 백인들에게 일어날지도 모르는 일에 대해 염려하는 사람들의 목소리입니다. 그들은 지금 남아프리카공화국의 흑인들이 무슨 일을 당하고 있는지에 대해서는 전혀 관심도 없는 사람들입니다. 그것은 마치 어린양처럼 생겼으나 용의 음성처럼 말합니다. 그것은 우리의 아이들이 길거리를 피로 물들이고 있는 지금도 "인종차별정책은 기독교 정책이다!"라고 강변하는 목소리입니다. 그러나 진실은 그것을 능가하며 결코 억압될 수 없는 것입니다.

인종차별정책은 기독교적인 것이 아닙니다. 그것은 신성모독이자 우상이며, 이단 사상일 뿐입니다.[7]

이 설교자와 그의 회중은 자신들이 점하고 있는 역사적 위치 때문에 억압하는 정부 권력에 대한 진실하고 강력한 말씀을 본문으로부터 들었던 것이다. 이것은 분명히 정치적, 예언자적 말씀이지만 한편으로는 목회적 말씀이기도 하다. 이 말씀은 이와 같은 공포 속에서 매일을 살아가야 하는 사람들의 마음을 격려하고 힘을 북돋워주며 영혼에 생기를 주는 말씀이다.

다음은 이와 다른 상황 하에서 어떤 설교자가 성도를 대신하여 용서받지 못한 종에 관한 비유의 말씀(마 18:23-25) 앞에 섰을 때 들은 것이다.

우리는 이러한 죄를 여러분과 나 모두가 범하고 있다는 사실을 잊고 있습니다. 우리도 모두 빚진 자이기 때문입니다. 이제 잠시 시간을 내어 지난 수개월 동안의 자신의 삶을 돌아보시기 바랍니다.
남편이나 아내, 또는 부모나 자식에게 마음 상하게 하는 말을 한 적이 없습니까?
아무도 알기를 원하지 않는 그런 행위는 없었습니까?
순전히 이기심에서 나온 행위는 없습니까?
직장에서 쉬운 일만 찾아다니지는 않았습니까?
다른 사람들이 당황해하거나 고통을 당하는 것을 즐기지는 않았습니까?
매달 잘못한 숫자를 열두 달로 곱하고 거기다 지금까지 살아 온 햇수로 곱해 보시기 바랍니다.

---

7   Allan A. Boesak, *Comfort and Protest: Reflections on the Apocalypse of John of Patmos* (Philadelphia: Westminster Press, 1987), 105.

예수님께서 자비를 베풀지 않은 종에게 그처럼 엄청나고 감당할 수 없는 빚을 탕감해 주신 의미를 이해하시겠습니까?[8]

성경을 통해 들은 이 말씀은 분명히 남아프리카공화국의 설교자가 들었던 말씀보다 훨씬 더 내적이며 덜 정치적이다. 이 말씀은 개인적 성찰이나 자기반성적 이미지가 가득하다. 그러나 여기서조차도 단순한 개인적 삶의 차원을 넘어 가족, 직장, 사회적 책임이라는 보다 조직적인 세계로 연결되는 요소들이 있다.

따라서 우리는 임의로 설교를 목회적 범주와 예언자적 범주로 나누기보다 삶의 전 영역을 고스란히 성경으로 가져가 성경을 통해 들은 그것에 관한 진리를 전해야 한다. 우리의 설교는 때로는 목회적 색채를, 때로는 예언자적 색채를 띠기도 하지만, 이것은 결코 두 종류의 설교로 분명히 구분될 수 있는 것이 아니다. 그럴지라도 우리는 성경의 온전한 증거에 침묵하려는 어쩔 수 없는 경향과 끊임없이 맞서야 한다. 이 말은 솔직히 인정하자면, 우리 가운데 많은 사람은 복음을 인격적이고 내적이며, 개인주의적 방향으로 끌고 가는 경향이 있다는 것이다. 이에 관해 월터 브루그만(Walter Brueggemann)은 다음과 같이 말했다.

우리가 보다 큰 공적인 세계에 대한 책임이나 그것과 충돌할 필요가 전혀 없는, 말하자면 순화되고 길들여진 영역 속에나 존재하는 자기만의 세계를 자유로이 상상하며 만들어낼 수 있다고 생각하는 주관성이야말로 훌륭한 설교와 상반되는 경향이라고 할 수 있다. 우리 가운데 만연되어 있는 이와

---

8 Ronald D. Sisk, "How to Forgive," in *Best Sermons* 1, ed. James W. Cox (San Francisco: Harper & Row, 1988), 312.

같이 강력한 속임수는 행복을 보장해 주는 것 같지만 사실상 우리의 인간됨을 형성하고 있는 보다 중요한 공적 이슈들로부터의 퇴각을 의미한다.[9]

무엇보다도 이것이 의미하는 바는 우리의 직접적인 관심사가 비록 직장이나 가정, 학교 및 여러 개인적 위기에만 국한된 편협한 상황 하에서 설교하고 있다 할지라도 남아프리카공화국이나 이라크, 르완다와 같은 세계와는 무관하다고 할 수는 없다는 것이다. 우리는 우리의 신실함을 인하여, 또는 악의 세력과의 악한 협력을 통하여, 정권이나 권력과의 싸움에 개입되어 있다. 우리는 설교를 위해 본문으로 갈 때 이 모든 상황을 가져가야 하며, 어떠한 위험을 무릅쓰고라도 복음이 들려주는 모든 것을 온전히 증거해야 한다.

순례자의 여정에서의 고별사

태초부터 있는 생명의 말씀에 관하여는 우리가 들은 바요 눈으로 본 바요
주목하고 우리 손으로 만진 바라 이 생명이 나타내신 바 된지라
이 영원한 생명을 우리가 보았고 증거하여 너희에게 전하노니
이는 아버지와 함께 계시다가 우리에게 나타내신 바 된 자니라(요일 1:1-2).

---

[9] Walter Brueggemann, "The Social Nature of the Biblical Text for Preaching," in *Praching as a Social Act: Theology and Practice*, ed. Arthur Van Seters (Nashville: Abingdon Press, 1988), 147.

| 부록 A |
태풍의 눈

에드먼드 스티멀(Edmund Steimle)[1]

성탄 전야 설교(눅 2:1-20)

나는 50여 년 전 태풍 하젤(Hazel)이 펜실베이니아 동부를 덮쳐 우리가 사는 필라델피아 전역을 휩쓸고 간 때를 결코 잊을 수 없습니다. 하젤은 내륙으로 진입하며 세력이 약화되는 대부분의 태풍과 달리 기세가 꺾이기는커녕 더욱 세찬 비바람을 뿌렸으며 나무가 뿌리째 뽑히고 나뭇가지가 공중에 날아다니며 전선이 길 위로 떨어져 불꽃을 일으키는 엄청난 위력을 드러내었습니다. 참으로 두려운 장면이었습니다.

그러다 갑자기 비바람이 잦아들고 소강 상태에 접어들었으며 얼마 있지 않아 모든 것이 조용해졌습니다. 잎사귀 하나 움직이지 않았습니다. 잠시나마 햇빛까지 비춰었습니다. 그것은 태풍의 눈이었습니다.

"모든 것이 조용했으며 모든 것이 밝았습니다."

이어서 다시 큰 혼란이 시작되었습니다. 나뭇가지와 나무들이 넘어지고 엄청난 폭풍이 몰아쳤습니다. 그러나 우리는 태풍의 눈을 경험했습니다.

---

[1] Edmund A. Steimle, "The Eye of the Storm," in Thomas Long and Cornelius Plantinga, eds., *A Chorus of Witnesses: Model Sermons for Today's Preacher* (Grand Rapids: Eerdmans, 1994), 237-242.

그것은 참으로 숨 막히는 순간이었습니다.

성탄 전야는 마치 태풍의 눈을 경험하는 것과 같은, 그런 시간입니다. 적어도 첫 번째 성탄의 밤은 그러했습니다. 누가는 "[마리아가] 첫아들을 낳아 강보로 싸서 구유에 뉘었으니 이는 여관에 있을 곳이 없음이러라"고 했습니다. 오늘날 말구유의 아기 예수상과 장식은 그런 고요함을 보여줍니다.

"어둠에 묻힌 밤"은 참으로 고요하고 환한 밤이었습니다. 마리아는… 마취제도 없이 해산의 고통을 겪은 후 쉬고 있습니다. 아기는… 강보에 싸인 채 평화롭게 잠들었습니다. 적어도 우리는 그렇게 생각하고 싶어 합니다. 그것은 "고요한 밤, 거룩한 밤"입니다. 물론, 9개월간 포근하고 안락한 모태에서 지내다 이 새롭고 낯선 환경에 마주한 아기는 두 손을 움켜쥔 채 붉은 자줏빛을 띈 얼굴로 울고 있는지 모릅니다. 그러나 아닙니다.

아기가 항거하다 지쳐 잠이 들었다고 생각해봅시다.

"온 세상이 조용하고 환한… 고요한 밤 거룩한 밤…" 참으로 태풍의 눈과 같은 순간입니다.

확실히 그는 탄생을 전후한 태풍의 중심에 오셨습니다.

지나간 태풍은 어떠했습니까?

마음으로 생각하는 모든 계획이 항상 악한 백성에 대한 하나님의 진노가 드러난 홍수로부터 금송아지에 대한 진노, 예루살렘의 멸망과 바벨론 포로, 하나님으로부터 달아나려고 몸부림쳤던 요나, 바리새인의 편협한 율법주의 및 로마의 압제가 이어졌습니다. 그는 이처럼 지나간 태풍의 눈에 오셨습니다.

이 "고요한 밤 거룩한 밤" 후에는 어떤 일이 일어났습니까?

이어진 태풍은 어떤 것이었습니까?

구유에 뉘어 잠든 아기를 죽이기 위해 혈안이 된 헤롯은 죄 없는 두 살 아래 남자 아이들을 학살했습니다. 아이가 성장한 후에는 가족이 그를 미친 사람으로 취급했으며 처음으로 말씀을 전하기 위해 찾은 고향 회당에서는 주민들에 의해 쫓겨나야 했습니다. 이어서 악한 도당은 그를 제거하려 했고 성난 군중은 성 금요일에 그의 피를 보겠다고 부르짖었습니다.

이 아기는 결국 어떻게 되었습니까?

그에게 사형 선고가 내려졌습니다.

우리가 성탄절에 종종 잊고 있는 사실은 이 사랑스러운 탄생 이야기, 즉 구유, 목자, 한 밤중 천사들의 합창, 별을 따라와 값비싼 선물을 내놓은 박사들이 아이들의 이야기가 아니라는 사실입니다. 만일 여러분이 성탄은 아이들이 만들어가는 이야기라고 생각한다면 여러분은 오늘밤 교회에 속한 지체가 될 수 없습니다. 이것은 성인 그리스도인을 위한 어른 이야기입니다. 오, 물론 아이들은 그들의 성탄이 어떠하든 그리스도께서 나신 자체만으로도 기뻐해야 할 것입니다. 그러나 이 이야기는 초기 기독교 공동체 내의 성인 지체가 다른 성인 지체를 위해 기록한 것입니다.

뿐만 아니라 이 이야기는 부활 이후의 이야기입니다. 즉, 부활 이후의 전승을 통해 형성되었다는 것입니다.

이 이야기가 어디서부터 시작되었는지 누가 알겠습니까?

이 이야기는 예수께서 부활하신 후 그분의 죽음과 부활을 목도한 성인 그리스도인이 그분의 탄생에 대해 묵상할 때 흑인 영가처럼 생겨난 것입니다. 그들은 탄생에 앞서 일어났던 태풍에 대해 알고 있습니다. 그들은 이어지는 태풍에 대해서는 보다 직접적인 체험을 통해 더욱 잘 알고 있습니다. 그들은 "어린 시절의 낭만적 환상"에 휩쓸리지 않았습니다. 태풍의 눈 한 가운데 서 있는 자처럼 그들은 지나간 태풍과 다가올 태풍에 대해 잘 알고 있었던 것입니다.

오늘 밤 이곳에 참석한 여러분과 나는 우리를 둘러싼 태풍에 둔감하거나 잊지 말아야 할 것입니다. 왜냐하면 그렇게 될 경우 우리는 핵심을 놓칠 수 있기 때문입니다. 오늘밤 우리는 이 "고요한 밤, 거룩한 밤"에 우리를 둘러싼 태풍을 잊지 말아야 할 것입니다.

우리는 우리가 사는 세계 도처에서 일어나고 있는 혼동과 파괴를 알고 있습니다. 중동과 남아프리카 및 북 아일랜드에는 폭력이 끊이지 아니하고 제3세계는 기아 문제로 허덕이고 있습니다. 국내적으로는 노상 강도와 실업 문제(정신적 수동적 폭력), 빈민가 대책, 인종 차별이 끊이지 않고 도심은 빈곤과 인플레이션에 지쳐 허덕이고 있지만 도심 밖에서 살고 있는 우리는 대부분 사회적 무관심(더 이상 나태함이라는 기존의 단어로 설명하기 어려운 대중적 무관심)으로 일관하고 있습니다. 더구나 우리는 우리 모두를 두렵게 하는 불확실한 미래에 대해 알고 있습니다.

다른 날 밤과 마찬가지로 이 성탄의 밤에도 사람들은 죽어가고 있습니다. 여러분도 언젠가, 어느 날 밤에는 이 땅을 떠날 것이며 나도 마찬가지입니다. 그전에, 누구도 떨쳐버릴 수 없는 깊은 고독과 끊임없이 떠오르는 절망의 망령이 찾아올 것입니다. 그러나 우리는 세계 평화, 인플레이션의 종식, 가정 불화, 아무런 목적 없이 표류하는 나라들, 우리와 우리의 미래를 위한 문제를 놓을 수 없습니다.

중요한 것은 우리가 이 성탄 전야에 이 모든 것들에 대해 둔감하거나 잊어서는 안 된다는 것입니다. 태풍의 중심에 서 있는 사람처럼 우리는 이 모든 것들에 대해 알고 있습니다.

만일 여러분이 이 밤에 이 모든 것에 대해 잊고 싶다면… 좋습니다!

그렇다면 집으로 돌아가 빙 크로스비(Bing Crosby)의 화이트 크리스마스나 들으십시오.

그런 장소는 많습니다.

그러나 이곳은 그런 곳이 아닙니다!

성탄에 대해 다른 어떤 메시지를 듣기 원합니까?

어떤 평화가 듣고 싶습니까?

어떤 소망을 원합니까?

이것이 망각이라면(실제로는 잊을 수 없지만) 우리는 성탄 이야기를 많은 사람들이 생각하는 것처럼 과거에 대한 일종의 향수로 전락시키고 감상적 탐닉에 빠진 것이거나, 아니면 성탄 전야에 대해 수많은 사람들이 붙들고 있는 것과 같은 깊은 절망의 나락으로 떨어진 것입니다.

그렇지 않습니다. 성경은(하나님을 찬양합시다) 진리를 보여줍니다. 성경은 아기의 탄생을 태풍의 눈으로 보았습니다. 그것은 우리가 잘 알고 있는 평화, 즉 갈등과 고통과 고난과 폭력과 혼동으로부터 벗어난 평화가 아니기 때문에 우리의 지혜로는 도저히 헤아릴 수 없습니다. 그것은 태풍의 눈 한 가운데 자리 잡고 있는 고요함처럼 모든 이해를 초월하는 평화입니다.

따라서 이 시간, 고요하고 거룩한 이 밤에 우리는 폭력과 파괴와 절망의 태풍이 최종 결정권을 가진 자가 아니라는 확신에서 나온 소망으로 기뻐합니다. 하나님이 최종결정권자이십니다.

그러므로 즐거워합시다… 캐럴을 부릅시다… 그리고 아름다운 옛 이야기에 귀를 기울이고 촛불을 켭시다… 가족과 친구, 그리고 하늘 위에 계신 하나님, 만유 안에 거하시며 이 "고요하고 거룩한 밤"에 이 아기를 통해 기적적으로 우리에게 다가오신 그분과 함께 기뻐합시다.

| 부록 B |
분실물 센터

바바라 브라운 테일러(Barbara Brown Tayor)

너희 중에 어떤 사람이 양 백 마리가 있는데 그 중의 하나를 잃으면 아흔아홉 마리를 들에 두고 그 잃은 것을 찾아내기까지 찾아다니지 아니하겠느냐 또 찾아낸즉 즐거워 어깨에 메고(눅 15:4-5).

누가복음 15장은 "복음 중의 복음"이라고 할 수 있습니다. 잃은 양과 잃은 드라크마에 대한 비유로 시작하여 탕자 비유로 끝나는 본문은 모두 기쁜 소식이 아닐 수 없습니다. 잃었던 것은 모두 다시 찾았습니다. 잃었던 양은 양떼로 돌아왔고 잃었던 드라크마는 주인의 손에 들어왔으며 잃었던 아들은 아버지께로 돌아와 밤새 즐거운 잔치가 벌어졌습니다. 확실히 하나님이 우리를 찾아내시는 솜씨는 우리가 길을 잃는 기술보다 좋다는 사실이 드러났으며 땅에서는 물론 하늘에서도 기쁨이 넘쳤습니다.

우리는 자신이 수혜자의 입장이라고 생각해서 이 이야기를 좋아합니다. 나는 잃은 양 비유를 **나에** 관한 이야기라고 생각하며 듣습니다. 나는 길을 잃고 헤매다 지친 불쌍한 양이며 사랑하는 구주의 어깨에 메어 돌아오며 감사와 안도감에 다시는 방황하지 않겠노라고 결심하는 양입니다. 또는 나는 어두운 세상 한 구석에 누워 결코 나를 포기하지 않을 선한 여자가 밝은 곳으로 쓸어주기를 기다리는 동전입니다.

이것은 나에 관한 이야기이며 나는 이 이야기를 좋아합니다. 그러나 원래 이 본문은 결코 청중에게 기쁜 소식이 아니었습니다.

15장 서두에 예수님은 죄인, 즉 나병환자, 세리, 창녀와 함께 지내며 그들과 대화할 뿐만 아니라 같이 음식을 먹음으로 유대의 음식 규례를 무시했다는 이유로 바리새인으로부터 세 번째로 비난을 받습니다. 부정한 집에서 식사하는 것도 불만이었지만 마치 주인이 손님을 환대하듯 "영접"함으로써 상궤를 벗어났다는 것입니다. 두말할 필요 없이 죄인들은 이러한 대우에 마음이 끌렸을 것입니다. 이 사람이 무슨 말을 하든, 그들은 더 듣고 싶어 했습니다. 그들은 그에게 다가왔으나 바리새인과 서기관들은 분노를 누를 수 없었습니다.

오늘날 관점에서 볼 때, 왜 이런 소동이 벌어졌는지 이해하기 어렵습니다. 선한 목자이신 예수님은 자신의 일을 하신 것뿐입니다. 선한 여자로서 예수님은 단지 오는 사람 모두를 밝은 곳으로 쓸어내었음을 분명히 하신 것뿐이지만 나의 평등한 마음은 그가 만난 모든 불행한 영혼의 자리로 나아갑니다. 그리고 다시 한 번 나는 품위 있는 죄인의 자리를 상상합니다.

"결국 세리가 끔찍할 것이 무엇인가?

아름다움 마음씨를 가진 창녀도 마찬가지 아닌가?"

과거에 대한 향수를 불러일으키는 이야기인 한 문제될 것이 없다는 것입니다. 그러나 이 이야기가 우리의 현재와 미래에 초점을 맞추고 있다면 보다 깊은 성찰이 필요할 것입니다.

우선 이 이야기는 실제 인물을 다루고 있습니다. 실제 바리새인과 실제 죄인들이 실제 예수님과 얼굴을 마주하고 있다는 것입니다. 여러분에게는 그들이 어떻게 비쳤는지 모르겠지만 나는 블러바드에 있는 혈액은행 앞에서 자신의 피를 팔려고 기다리는 주정뱅이들과 함께 앉아 계신 예수님의 모습, 또는 교도서 앞에서 독수리처럼 배회하는 보석 보증인과 함께 담소하시는 예수님의 모습을 상상해 봅니다. 나는 폰스 드 레온 애비뉴(Ponce de

Leon Avenue)에 있는 마제스틱 디너(Majestic Diner)에 들어서면서 두 부스 건너 저편에서 마약상, 자동차 강도, 에이즈에 걸린 창녀에게 치즈 오믈렛을 사 주는 예수님의 모습을 상상해 봅니다.

나는 이 모습을 본 아이들이 "저기 계신 분이 우리가 생각하는 그분이 맞나요?" 또는 "아빠는 왜 저 분과 함께 있는 자들과 같은 사람들을 멀리 하라고 말씀하셨나요?"라고 묻는 장면을 떠올려 봅니다. 계속해서 나는 아이들에게 건강한 자에게는 의원이 필요없다거나 선한 목자는 아흔 아홉 마리 양보다 잃은 양 한 마리를 더 돌보신다는 사실에 대해 설명하려 하지만 말이 목구멍에 걸려 나오지 않는 상상을 합니다.

나는 그들에게 오늘 아침의 비유에 대해 말해 줄 수 있겠지만 그들이 메시지를 이해할 수 있을지는 모르겠습니다. 즉, 길을 잃고 방황하는 것이 하나님 보시기에는 귀한 것이며, 하늘에서는 그들의 선한 행위가 옆에 있는 식탁에서 계속되고 있는 것으로 추정되는 회개보다 덜 기쁘다는 것입니다.

그런 말을 아이들에게 어떻게 하겠습니까?

그것은 아이들에게 차라리 길을 잃고 방황하라고 말하는 것과 같을 것입니다.

어쨌든 이것이 바로 바리새인과 서기관들이 처한 상황이라는 것입니다. 그들은 하나님을 두려워하는 신자들이며, 믿음의 삶에 대한 말만 하지 않는 헌신된 제자들입니다. 그들은 그런 삶을 살며 하나님의 율법을 존중하고 철저히 지키는 자들입니다. 그것은 쉬운 삶은 아니지만 그들은 기꺼이 그렇게 살려고 노력합니다. 왜냐하면 그들은 모범을 보이려 하기 때문입니다. 그들은 세상적 삶에 대한 건전한 대안을 제시하고 사람들에게 하나님의 뜻대로 사는 것이 가능하며 즐거운 일임을 보여 주려 합니다.

그들은 죄인에 대해 무관심한 것은 아니지만 그들을 돕는 최선의 방법은 그들에게 높은 표준을 제시하고 그것을 달성하도록 촉구하며 그들의 잘못이 무엇인지 깨닫게 함으로써 최선을 다하는 사람이 되기까지 도전을 주는 것이라고 생각합니다. 어떤 사람은 그렇게 할 수 있는 자질이 있지만 불행히도 그렇지 못한 사람도 있습니다. 양자가 함께 한다고 해서 상황이 나아질 것은 없습니다.

이것이 백성에게 어필하는 메시지입니다. 그것은 분명한 원리를 제시하고 그것을 지키는 자에게 보상하며 승자에게는 배운 자, 고용자 및 의인의 반열로 인정하며 패자는 계속해서 시도하도록 돌려보냅니다. 그들은 자신과 같은 부류에 충실하며 정체성이 분명합니다. 하나님이 그들에 대해 알고 계시며 관심을 가지고 계시는 한, 의인은 자신이 하늘에서 기뻐할 이유를 주었다는 사실을 알고 있으며 죄인은 그들이 하나님의 마음을 아프게 한 사실을 알고 있습니다.

그런데 예수님은 오셔서 이러한 체계를 무시하고, 죄인을 특별한 존재로 다루시며 그들도 다른 사람과 마찬가지로 중요한 존재임을 자각하게 하신 것입니다. 예수께서 그들과 사귀신다는 것은 그들을 용서하셨다는 것이며 따라서 그들은 어떤 면에서 더 잘하려는 동기를 빼앗긴 것입니다.

예수님이 값없이 주신 것을 바리새인에게 살 이유가 무엇이겠습니까?

그들은 무리에게서 떠나 마음대로 살기만 하면 됩니다. 선한 목자께서 아흔 아홉을 뒤로 한 채 그들을 찾아오실 것이기 때문입니다. 이것은 나쁜 목양이자 잘못된 목회입니다. 그것은 잘못된 신학입니다.

여러분이 죄인을 받아들이고 의인을 혼낸다면, 즉 체계를 거꾸로 돌린다면 믿음의 공동체가 어떻게 되겠습니까?

선한 백성은 어떻게 되며 우리는 어떻게 되겠습니까?

본문의 두 비유는 문제가 많으며 어느 것도 예수님의 의도가 아닌 것처럼 보입니다. 그의 설명에 따르면 이 비유들은 회개한 한 명에 대한 하늘의 기쁨에 관한 이야기이지만 내가 아는 한 잃은 양은 회개하지 않았으며 잃은 동전도 마찬가지입니다. 그들은 발견되었을 뿐입니다. 그것도 그들이 옳은 일을 해서가 아니라 누군가가 그들을 찾기로 결심하고 찾아 나섰기 때문입니다. 회복된 그들은 자신에 대해서가 아니라 하나님의 행위에 감사했습니다. 회개가 끼어들 곳이 있습니까?

    세 가지 가능성을 생각할 수 있습니다.

    첫째, 이것은 전적으로 예수님이 길 가시다가 지어낸 이야기이며 혼선이 빚어졌을 뿐이라는 것입니다. 따라서 이 이야기는 본문에 있는 대로 받아들이되 우리는 세부적인 내용에까지 집착할 필요가 없다는 것입니다.

    둘째, 예수님은 정확히 본문에 있는 대로 말씀하셨으며 우리가 스스로 생각해내기를 원하셨으나, 이처럼 열린 결말이 편집자로 하여금 독자의 오해를 방지하기 위한 추가적 설명을 덧붙이게 했다는 것입니다.

    셋째, 본문은 잃은 양과 잃은 드라크마에 대한 비유가 아니라 선한 목자와 부지런한 청소부에 대한 비유라는 것입니다.

    예수님은 "너희 중에 어떤 사람이 양 백 마리가 있는데"라고 말씀하셨습니다. 예수님은 바리새인을 양에 비유한 것이 아니라 돌보는 양떼를 버려둔 채 광야에서 헤매는 양을 찾아 나선 목자에 비유하셨습니다.

    이 이야기를 이러한 관점에서 접근하면서 목자에 대한 것보다 양이 어떻게 될 것인지에 초점을 맞춘다는 것은 흥미롭지 않습니까?

    만일 여러분이 세 번째 가능성을 받아들이고자 한다면, 즉 목자가 되고 싶다면, 이 이야기는 다르게 들리기 시작할 것입니다. 예수님의 말씀은 강조점이 달라질 것입니다. 이 이야기의 쟁점은 회개가 아니라 기뻐함이 될 것입니다. 이 이야기의 구성은 우리의 악한 행위를 고치는 것에 초점을 맞추기보다 찾아다님, 쓸어 모음, 찾아냄과 기뻐함을 중심으로 이어질 것입니다. 그리고 이 초청은 예수님을 통해 지속적으로 이어질 구원과 회복에 대한 것이 아니라 하나님의 양떼를 모으고 하나님의 특별한 소유를 회복시키는 사역에 예수님이 동참하는 식이 될 것입니다.

이 이야기는 잃은 자가 발견되기 위해서는 특정 조건을 충족해야 한다거나 그들은 우리가 찾아내기 전에 일정한 자격을 갖추어야 한다는 식의 사고에 의문을 드러냅니다. 이 이야기는 강력한 등불에 대한 우리의 고상한 표준을 바꾸고 훌륭한 빗자루에 대한 "모범"을 완전히 뒤바꾸어 놓습니다. 이것은 찾는 기쁨에 관한 이야기입니다.

수년 전 여름 나와 나의 남편 에드(Ed)는 열다섯 명의 일행 및 인솔자와 함께 열흘간의 광야 여정에 나섰습니다. 우리는 그전까지 서로 모르는 사이였습니다. 미국 전역에서 온갖 사람들이 모였으며, 날이 갈수록 모든 사람이 동일하게 창조된 것은 아니라는 사실이 분명해졌습니다. 우리 가운데 어떤 사람은 행동이 빠르고 어떤 사람은 느렸습니다. 우리는 서로 격려하는 가운데 우리의 신속함은 일행 가운데 가장 늦은 사람과 같을 수밖에 없다는 사실을 깨달았습니다.

그녀의 이름은 패트(Pat)였습니다. 그녀는 일행 가운데 가장 연장자이자 몸도 무겁고 가장 무례한 사람이었습니다. 패트는 일행에 뒤쳐져 혼자 걷기를 좋아했습니다. 그러나 그 편이 차라리 나았습니다. 그녀는 남의 대화를 듣다가 문법, 지리, 역사, 식물학 또는 자신이 아는 어떤 주제든 끼어들어 지적하는 유쾌하지 못한 버릇이 있었습니다.

그녀는 점심 시간에도 끝까지 앉아 있었으며 재촉을 받으면 몸이 아프다고 협박하기 일쑤였습니다. 그녀에게는 인솔자가 멈추어서는 곳마다 뜨겁거나 땅이 젖었거나 가파른 곳이었습니다. 그러나 그녀는 어떻게든 털썩 주저앉아 "참아보겠다"라고 말했습니다.

다섯째 날쯤 되었을 때 우리는 완전히 길을 잃고 거의 10시간 동안 세 개의 산을 넘어 야영지에 도착했습니다. 우리가 도착한 후에(비가 오는 가운데 어둡고 인적이 드문 곳이었습니다) 패트가 보이지 않았습니다. 확인한 결과 패트는 자신을 보살피기 위해 뒤쪽에 남아 있던 사람에게 돌을 던지며 혼자 내버려 두라고 말한 후 오후 내내 보이지 않았다는 사실을 알았습니다.

그는 순순히 그녀의 말을 들었으나 그로 인해 여덟 시간이나 그녀가 보이지 않았던 것입니다. 우리는 모두 온 몸을 흠뻑 젖은 채 매우 지쳐 있었으며 아무도 그녀를 찾기 위해 방금 넘어온 산을 되돌아갈 엄두를 내지 못했습니다. 그러나 그것이 인솔자가 할 일이었으며 그는 그렇게 했습니다. 따뜻한 수프와 옷가지 및 구급함을 챙긴 그는 급히 어두움 속으로 사라졌으며 남은 일행은 상념에 사로 잡혔습니다. 우리는 일행이나 지도자나 친구 없이 사막에서 길을 잃으면 어떻게 될 것인가라는 생각을 가능한 하지 않으려 했습니다.

우리는 자정 무렵까지 잠을 이루지 못하고 우두커니 있었습니다. 그때 패트가 목자와 함께 비틀거리며 들어왔습니다. 오후 내내 그녀가 안중에도 없었던 우리는 모두 나와 그녀를 추켜세우며 끌어안고 반겼으며 따뜻한 초콜릿 잔을 손에 쥐어주고 오트밀 쿠키를 주머니에 넣어주었습니다. 아무도 그녀에게 지금부터 착한 사람이 될 것인지, 또는 이제라도 교훈을 깨달았는지 물어볼 생각을 하지 않았습니다. 반가움이 앞서 그런 것을 살필 겨를이 없었던 것입니다. 어둠 속에 홀로 있을 그녀를 생각하며 우리가 길을 잃은 것 같았는데 그녀를 찾으니 우리를 찾은 것이나 같았습니다.

패트에 대해 물어본다면 정작 자신은 이 모든 일에 무관심한 것처럼 행동했습니다. 그러나 다음날 아침이 되자 그녀는 누구보다 먼저 일어나 옷을 입고 따라나섰습니다. 그날부터 그녀는 무리의 일원이 되었습니다. 모든 사람이 좋아하는 지체라고 말할 수는 없지만 확실히 그녀는 무리의 한 부분이었습니다.

　아마도 이러한 변화를 초래한 것은 그녀가 길을 잃었기 때문이었을 것입니다(팻 자신은 당시에 조금도 무섭지 않았다고 말하지만). 그러나 곰곰이 생각해 보면 이러한 변화에 가장 큰 영향을 준 것은 그녀를 찾아낸 사실일 것입니다. 그녀를 달라지게 한 것은 그녀에 대한 환대와 자신이 무리의 일원이 되었다는 확신일 것입니다. 그러나 어쨌든 회개의 흔적은 찾을 수 없으며 우리에게서나 기쁨으로부터 그녀의 회개를 구별하기는 어렵습니다. 우리는 그 사건 이후 서로를 살피며 번갈아가며 페트와 함께 걸었습니다. 어느 날 밤에는 그녀가 갑자기 노래를 불러 우리를 놀라게 했으며 함께 흘러간 노래를 부르기도 했습니다.

　우리 가운데는 목자가 되어야 할 사람도 있고 잃은 양이 될 사람도 있을 것입니다. 그러나 나는 열심히 찾고 발견되는 가운데 잃은 양의 상태를 이용하려는 것처럼 보이는 사람이 있다는 생각을 지울 수 없습니다. 나는 이런 사람들은 잃은 양일 뿐만 아니라 악한 자라고 믿고 싶습니다. 그래야만 그들을 제외하고 나의 상심을 덜어낼 수 있기 때문입니다. 나는 선한 사람에게만 집중하고 싶습니다. 발견되기를 원하거나 찾아다니기에 바쁜 사람들 말입니다.

　나는 이처럼 선한 자들을 무시하고 결국 "죄송합니다"라고 말할 한 죄인을 우선하는 하늘에 대해 생각합니다. 그리고 이러한 하나님의 자비에 대해 따지고 싶습니다. 그때에 나는 누군가 뒤에서 내 이름을 부르는 것을 듣습니다. 그는 큰 손으로 내 목덜미를 붙잡고 공중에 들어 올린 후 부드러운 풀밭과 햇빛과 집의 향기가 나는 산등성이를 가로질러 내려놓습니다. 나는 이렇게 **발견된** 것에 너무 놀라고 안도해서 가슴이 벅차 터지는 것 같습니다. 그리고 어디선가 천사들의 기뻐하는 소리가 크게 들립니다.

| 부록 C |
왜 걱정합니까? (행 17:16-23)

클리어퍼스 J. 라루 (Cleophus J. LaRue)

캘리포니아의 팰러 앨토(Palo Alto)에 있는 한 최신 식당 정문에는 "다이어트에 맞지 않는 식당"이라는 글귀가 붙어 있는 것을 볼 수 있습니다. 이처럼 눈에 띄는 노골적 경고는 나에게 특정 요구가 어울리지 않는 장소가 있으며 특정 호소가 먹히지 않는 때가 있다는 사실을 보여 주었습니다. 아무리 고상하고 가치 있으며 고무적인 내용이라도 그것에 대한 언급이 어울리지 않는 시간과 장소가 있다는 것입니다. 마찬가지로 오늘날 우리도 이 본문에 대해 "복음에 맞지 않는 장소"라는 유사한 경고를 붙일 수 있습니다. 우리가 사도행전을 참된 역사적 문헌으로 보든 정교한 헬라 문학의 한 조각으로 보든, 아덴에서 복음은 전혀 어울리지 않는 "엉뚱한 소리"처럼 들린다는 것입니다.

서론:

흥미롭게도 이 설교는 "비유 형식"(이 형식에 대해서는 제8장의 논의 참조)의 예화로 시작한다. 스스로 "다이어트에 맞지 않는 식당"이라고 광고한 팰러 앨토의 식당은 "복음에 맞지 않는 장소"로 제시된 1세기 아덴과 유사하다는 것이다. 이 서론은 복음 선포는 종종 환경에 대한 극복을 통해 수행되어야 한다는 설교 전체의 주제에 대한 제목을 선정한 후(제7장의 설교 서론의 목적에 대한 논의 참조), 역시 약간의 긴장을 조성한다. 청중은 "무슨 의미인가? 아덴이 왜 복음에 나쁜 곳인가?"라고 놀라며 설교자에 무엇이라고 말할 것인지를 기다린다.

연결구(침묵):

이제 설교에 대한 소개가 끝났으며 설교자는 1단계(#1)로 들어가려고 한다. 이곳에서는 설교의 방향이 바뀌며 "연결구"가 삽입되기도 한다(제7장의 "연결구"에 대한 논의 참조). 라루(LaRue)는 "아덴이 어떻게 복음에 맞지 않는 장소인가"에 대해, 또는 "아덴이 복음에 적합하지 않은 이유는 무엇보다도…"라고 말했어야 한다. 그러나 라루는 이러한 언어적 연결구 대신 잠시 침묵한다. 그는 청중이 이미 "어떻게 아덴이 복음에 맞지 않는 장소인가"라는 의문을 허공에서 만들어냄으로써 설교자가 그것을 연결구로 표현해야 할 필요성을 제거했다고 생각한다. 그가 옳다면 잠깐의 쉼은 이러한 전환에 효과적 영향을 미칠 것이다.

아덴은 복음을 모두 듣고 보았습니다. 바울 시대에 이처럼 위대하고 자부심 가득한 도시는 여전히 로마 제국의 문화적 지적 수도로 여겼습니다. 이곳은 예술, 문학 및 학문에 조예가 깊은 도시입니다. 이곳은 오랜 명성과 영웅들을 유지해 왔으며 따라서 새로운 것이나 최신 유행에 영향을 받지 않았습니다. 이곳은 소크라테스, 아리스토텔레스 및 플라톤이 기거하며 가르쳤던 곳입니다. 또한 지금도 플라톤 아카데

1단계:

라루는 아덴이 복음에 맞지 않는 장소인 이유를 세 가지로 제시한다. 이곳 1단계에서는 첫 번째 이유, 즉 아덴은 복음을 모두 듣고 보았으며 따라서 "기독교 복음"에 의해 영향을 받은 것으로 보이지 않는다는 것이다.

그가 어떤 식으로 "아덴은 복음을 모두 듣고 보았습니다"라는 주제문과 함께 이 단계(#1)를 시작하는지에 주목해 보라.

미(Academy of Plato), 아리스토텔레스의 학원(Lyceum of Aristotle), 스토아 학파 제노의 강당(porch of Zeno) 및 에피쿠로스 정원(garden of Epicurus)은 지금도 성전으로 여깁니다. 아덴의 시인들의 음성은 문명 사회 전체로 퍼졌으며 아덴의 예술가들의 붓은 아덴의 거리와 신전을 신들의 형상으로 채웠습니다. 아덴에서는 거리를 걸을 때 남자나 여자를 만나기보다 신을 만나기 쉽다는 말이 있습니다. 아덴의 수많은 건축물 및 예술 작품은 이전 영광과 찬란함에 대한 무언의 증언입니다. 누가는 바울이 철학자들의 영역에서 그들과 대면하여 선 장면에 대해 길게 제시하지만 갑자기 부상한 기독교 복음은 여전히 그곳과 전혀 어울리지 않는 것처럼 보입니다. 복음은 아덴과 맞지 않는 것처럼 보입니다. 복음은 아덴과 같은 부류가 아닌 것처럼 보입니다. 아덴은 복음에 맞지 않는 장소입니다.

복음이 발을 잘못 들여놓았다는 사실을 더욱 확실히 보여 주는 것이 있습니다….

이 문장은 주제를 명시하고 이 단계에서 이어질 내용에 대한 청중의 컴퍼스 방위를 제시한다.

또한 이 단계는 어떻게 "아덴은 복음에 맞지 않는 곳"이라는 구절로 끝나는지 살펴보라. 물론 이것은 서론에서 제시한 주제이며 설교 전체에서 다룰 주제이다. 라루는 이 단계의 끝 부분을 기술적으로 마무리함으로써 청중을 붙들어놓는 동시에 그들이 설교의 흐름을 좇아올 수 있도록 돕는다.

연결구:
라루는 여기서 연결구를 통해 설교가 2단계로 옮겨갈 것임을 보여 준다. 그의 방식에 주목하라. 그가 "복음이 발을 잘못 들여놓았다는 사실을 더욱 확실히 보여 주는 것이 있습니다…"라고 말할 때 설교는 앞으로, 그리고 아래로 향한다. 설교가 앞을 향한다는 것은 이 연결구가 아덴이 "복음에 맞지 않는 장소"인 이유에 대해

앞서 들은 첫 번째 이유(#1)에 이어 이제 두 번째 이유(#2)를 제시할 것임을 보여 주기 때문이다. 또한 이 연결구는 "더욱 확실히…"라는 수식어를 사용함으로써 설교를 아래로 진행하게 한다. 다시 말하면 설교자는 청중에게 두 번째 이유(#2)는 단순히 기어를 한 단계 전진하는 것으로 끝나지 않고 아덴이 복음에 맞지 않는 장소인 이유에 대해 더욱 악화된 논거를 강조하고 긴장을 강화한다는 사실을 보여 준다.

…그것은 바울이 처음에 어떻게 아덴에 오게 되었는지를 살펴봄으로써 가능합니다. 아덴은 일시적 기착지입니다. 그는 면밀히 심사숙고한 선교 계획에 의해 그곳에 도착한 것이 아닙니다. 그는 다른 지역에서 하나님이 불러서 맡기신 일이 여의치 않자 행선지를 바꾸기 위해 우연히 그곳에 들른 것입니다. 사역은 바울이 기도하거나 계획한 것과 달리 순조롭지 않았습니다. 바울은 정해진 일정에 따라 아덴에 도착한 것이 아니라 한쪽 날개와 예기치 않게 발생한 상황을 타개하기 위한 기도라는 다른 쪽 날개에 의해 그곳을 찾았습니다. 바울은 신선하고 호감이 가는 모습이 아니라 지저분하고 추하고 흐트러진 모습, 노정에 지쳐 상처 입고 비탄에 빠진 상태로

2단계:

여기서 라루는 아덴이 복음에 적합한 장소가 될 수 없는 두 번째 이유를 제시한다. 즉, 복음은 이 도시에 우연히 도착했다는 것이다. 이 복음은 "한쪽에는 날개, 한족에는 기도"를 통해 이곳에 도착했으며 "노정에 지친" 복음 전도자를 통해 제시되었다.

이 성에 들어왔습니다. 바울은 이미 우울한 상태에 있었기 때문에 이 성에서 목도한 광경에 이내 짜증이 났습니다. 그는 아름다운 예술 작품으로 가득한 성이 아니라 우상으로 가득한 성을 보고 있습니다.

그렇습니다. 그는 더 나은 기분으로 올 수도 있었습니다. 물론 바울이 헬레니즘 지식인의 본고장에서 발견한 예술 작품에 대해 처음부터 심미적 관점에서 감상하는 체했다면 보다 나은 환대를 받을 수 있었을 것입니다. 그러나 루스드라에서 돌로 침을 당하고 빌립보 감옥에 수감되었으며 데살로니가에서 위협을 당하고 베뢰아에서 추적을 당한 상태에 동역자들이 아덴 근교에 떨어뜨려 놓았다면 확실히 관광할 분위기는 아닐 것입니다.

믿음 안에서 한 형제자매 된 여러분이여, 여기서 한 가지 덧붙여 말하자면 우리는 종종 인생에서 가장 힘들고 어려운 상황에 처할 때 최선을 다한다는 것입니다. 우리는 삶이 힘들고 짐이 무거울 때 최선을 다하며, 삶을 포기하고 싶을 만큼 아무런 소망도 없다고 할 그때에 최상의 사역을 수행하기도 합니다. 여러분도 바울처럼 이러한 상황에 처했을 때 자신의 처지를 한탄하지 말고 머리를 들고 가슴을 펴고 하나님이 맡기신 사역에 최선을 다하시기 바랍니다.

설교 삽입구:

여기서 라루는 삽입구적 언급을 위해 지금까지 앞만 향해 달려온 설교를 잠시 멈춘다. 어떤 면에서 이 삽입구는 기술적인 의미에서 설교에 포함되지 않는다고 할 수 있다. "우리는 종종 인생에서 가장 힘들고 어려운 상황에 처할 때 최선을 다한다"라는 구절은 설교의 흐름에서 벗어난 목회적 통찰력이다. 설교자는 잠시 설교에서 벗어나 한 조각의 지식을 제공한다. 그러나 우리는 아직 이 설교가 어디로 가고 있는지 모르지만 그곳에 도착하면 라

따라서 바울은 어떤 대단한 계획 때문이 아니라 우연히 아덴으로 오게 되었습니다. 그는 자신의 삶을 가득 채운 불확실성, 긴장 및 불안감에도 불구하고 예수 그리스도를 위한 사역에 매진하였습니다. 그러나 그의 주장과 설교는 아덴에서 환영을 받지 못했습니다. 아덴 사람들은 바울의 말을 처음 들었을 때 조롱과 멸시조로 물었습니다.
"이 말쟁이가 무슨 말을 하고자 하느냐?" 자신의 주장을 피상적인 방식으로 제시하기 위해 단어를 주워 담는 말쟁이가 무슨 말을 하려는가라는 것입니다. 하나님의 세계적 복음 전도자, 첫 번째 신학자, 예수 그리스도의 가장 위대한 설교자가 아덴에서 이기지 못할 싸움이라는 것을 알면서도 싸움을 걸어온 촌뜨기가 되었습니다. 심지어 아레오바고 법정에서 연설을 허락받았을 때도 그의 설교는 효과적이지 못했습니다. 알지 못하는 신, 하나님에 대한 강력한 설교 후에도 광범위한 회심이나 승리로 가득한 외침이 없었습니다. 바울의 설교가 아덴에서 어떤 영향을 주었는지 묘사하기 위해 누가가 선택한 어휘는 '전부'나 '다수'가 아니라 '일부'("몇 사람")입니다. 누가는 "어떤 사람"은 조롱하고 어떤 사람은 그의 말을 다시 듣겠다고 하였으나

루가 이 삽입구를 통해 설교의 결론에 대해 예시한 사실을 알게 될 것이다.

3단계:

이 단계에서 라루는 아덴이 복음에 맞지 않는 세 번째 이유를 제시한다. 즉, 기독교 복음전도자는 첫 번째 단추조차 끼우지 못했다는 것이다. 바울은 "하나님의 세계적 복음 전도자, 첫 번째 신학자, 예수 그리스도의 가장 위대한 설교자"였으나 이런 바울도 아덴에서 멸시받았다.

"몇 사람"만이 그를 믿었다고 말합니다. 바울은 거만한 도시 아덴에 있었습니다. 그는 그곳에 갈 의도가 없었으며 기분도 좋은 상태가 아니었습니다. 그는 환영을 받지 못했으며 그의 설교는 별로였습니다. 그러나 우리의 질문은 분명합니다. 즉, 왜 걱정하느냐라는 것입니다.
왜 그런 문제로 힘들어 합니까? 아덴 사람들은 복음을 듣는데 관심이 없습니다. 이곳은 복음에 맞지 않는 곳입니다. 여러분은 단지 그들에게 하나님의 관점으로부터 나온 삶을 보여 주기 위해 애쓰고 있을 뿐입니다. 여러분은 왜 모든 것을 안다고 생각하는 이 잘못된 아덴 사람을 떠나 여러분이 환영받을 수 있는 고린도로 가지 않느냐라는 것입니다.
그러나 그렇게 쉽게 포기하지 마십시오. 아덴에는 기쁜 소식이 있기 때문입니다….

누가행전 전체에 흐르고 있는 공통적인 주제는 보편적 구원 개념입니다. 이 개념은

연결구:
우리는 여기서 매우 정교하고 확장된 연결구의 한 예를 볼 수 있다. 지금까지 우리는 아덴이 복음에 맞지 않는 장소임을 보여 주는 세 가지의 강력하고 집약적인 근거에 대해 들었으나 이제 설교는 방향을 바꾸려 한다.

이 연결구가 하는 첫 번째 역할은 세 가지 이유를 반복하는 것이다. 아덴은 "거만한 도시"이며, 바울은 그곳에 갈 계획이 없었고 기분도 좋은 상태가 아니며 그의 설교도 환영을 받지 못했다. 라루는 "왜 걱정합니까"라는 질문을 통해 지금까지 진척된 설교를 요약한다. 그러나 이 연결구의 역할은 설교가 어디까지 이르렀느냐에 대한 요약으로 그치는 것이 아니라 앞으로의 향방에 대해 보여 준다. 지금까지 이 설교는 부정적인 방향으로-아래로, 아래로, 아래로-진행해 왔으나 이제 위를 향해 중요한 전환을 이룰 것이다. 청중은 "그러나 그렇게 쉽게 포기 하지 마십시오. 아덴에는 기쁜 소식이 있기 때문입니다…"라는 구절을 통해 이 설교가 희망적인 내용의 중요한 방향전환을 할 것이라는 통고를 받는다.

4단계:
다소 긴 이 단계에서 라루는 누가행전 전

가난한 자와 소외된 자에게 복음을 전하신 예수님에 의해 시작되고 예언적 계승자들에 의해 재개되었습니다. 따라서 사도행전에서는 가난한 과부와 총독, 간수, 선원, 상인, 군인, 왕 및 철학자들에게 선포되었습니다. 환영을 받지 못한 아덴에서도 복음의 메시지는 분명합니다. 즉, 복음은 모든 사람에게 전파되어야 한다는 것입니다. 바울은 달갑지 않은 장소, 이상적이지 않은 상황에서 복음을 전해야 했으며 우리도 마찬가지입니다. 이것은 전적으로 하나님의 보편적 구원 때문입니다.

복음은 받아들이는 자가 일부일지라도 모든 사람에게 전파되어야 합니다. 나는 종종 자신이 이 시대의 가장 믿음이 좋은 사람이라고 믿는 사람들이 복음의 보편적 호소에 대해 믿지 않는 것처럼 보인다는 사실에 대해 우려합니다. 나는 자신이 기독교 증거의 유일한 상속인이라고 자부하는 자들이 이 복음에서 떠나 소수의 어리석은 자들의 구미에나 맞을 부분적이고 사적인 종교적 소망으로 돌아선 것처럼 보인다는 사실에 대해 염려합니다.

복음은 모든 사람에게 전파되어야 합니다. 수천 명의 영혼이 교회로 돌아왔던 오순절 예루살렘에서 사역할 때는 누구라도 그렇게 말할 수 있습니다. 그러나 복음에 무관심한 아덴의 완악한 거리에서 사역할 때 그런 말을 하기는 쉽지 않습니다. 누군가는 아덴으로 가야 합니다. 그곳은 여러분 체의 맥락에서 자신의 사도행전 본문에 대한 주석에 의존한다. 그는 자신의 본문이 이러한 문헌들의 중요한 신학적 주제, 즉 예수 그리스도를 통한 구원의 보편적 제공, 특히 "이 복음은 비록 일부만 받아들일지라도 모든 사람에게 전파되어야 한다"는 주제와 관련된다는 것을 알고 있다. 라루는 이 복음을 선포하라는 부르심을 받은 자가 청중이라고 말한다. 또한 이 단계는 설교의 흐름을 이어가는 동시에 성경의 권위에 확실한 닻을 내린 설교의 가치를 보여 준다. 한 편의 설교 본문은 보다 광범위한 문맥 안에서 조명되어야 하며 신학적인 검증을 받아야 한다는 개념에 대해서는 제3장, 특히 기본적 주석 절차(Basic Exegetical Process)의 "E" 및 "I" 단계에서 살펴보았다.

을 이상한 사람으로 생각하여 쳐다보지도 않고 여러분을 면전에서 비웃을 것이며 핍박할 것입니다. 누군가는 이처럼 열악한 상황에서 복음을 전해야 합니다.

이 복음은 모든 사람에게 전파되어야 합니다. 복음은 보편적 호소와 능력을 가지고 있습니다. 그러나 복음의 역사나 효력을 발휘하게 하는 것은 우리에게 달려 있지 않습니다. 우리는 그것을 전하기만 하면 됩니다. 그런 능력은 우리가 아니라 하나님께 있습니다. 우리 중에는 복음이 스스로 어려운 상황을 헤쳐 나갈 것이라는 사실을 믿지 않는 것처럼 행동하는 사람이 있습니다. 그러나 아덴이든 예루살렘이든, 복음은 모든 사람에게 전파되어야 합니다.

우리가 해야 할 일은 하나님이 예수 그리스도를 통해 우리에게 행하신 기쁜 소식, 21세기를 사는 현대인조차 변화시킬 수 있는 복음의 능력을 전하는 것입니다. 복음은 받아들이는 자가 일부일지라도 모든 사람에게 선포되어야 합니다.

비록…

연결구:

이것은 한 단어로 이루어진 연결구이다. 라루는 "비록"이라는 단어를 사용함으로써 목소리를 낮추고 다소 조심스러운 어조로 조절한다. 이것은 청중에게 설교가 다시 한 번 방향 전환을 하고 있다는 사

… 오늘날 우리는 마이크로소프트사 연구원인 린다 스톤(Rinda Stone)이 CPA(지속적인 부분적 관심[continuous partial attention])라고 말한 시대에 살고 있어 말씀에 관심을 집중하게 하는 것이 점차 어려워지겠지만 그럼에도 불구하고 그렇게 해야 합니다. 우리는 현대 기술 덕택에 어느 한 곳에 집중하지 않고도 휴대폰을 통해 대화하거나 아이들에게 말하거나 이메일에 답할 수 있습니다. 관심을 온전히 집중하는 것이 어려운 만큼 청중의 관심을 끌기도 어려워졌습니다.

최근 미국에서 패스트푸드의 확산에 대한 발표로 그동안 많은 사람이 가지고 있던 의구심-기독교의 십자가는 세상 사람에게 보다 광범위하게 인식된 맥도날드의 황금 아치로 대체되었다-이 사실로 확인되었기 때문에 이러한 집중은 더욱 어려워질 것입니다. "내 모습 이대로"라는 찬송가 가사는 "당신은 오늘 쉴 자격이 있다"라는 로고로 대체되었습니다. 설교를 듣게 하는 일은 메타 담화에 대한 거부 및 진리(truth)를 대문자 T로 표기하는 포스트모던 시대의 함축으로 인해 더욱 어려워질 것입니다.

실을 보여 준다. 그는 앞 단계에서 제시된 희망적 전환에 대한 청중의 반발을 내다보는 단계로 진입하려 한다.

5단계:
이 단계에서 라루는 오늘날 복음에 대한 저항 및 문화의 한 부분에 대해 묘사한다. 그렇게 함으로써 라루는 "복음에 맞지 않는" 고대 아덴과 오늘날의 상황에 대한 암묵적 대칭을 제시한다.

그러나…

연결구:

"그러나"는 한 단어로 이루어진 또 하나의 연결구이다. 그러나 이 한 단어가 얼마나 많은 역할을 수행하는지 주목하라. 설교는 4단계에서 위를 향한 거대한 흐름을 시작한 후 5단계에서 다시 한번 아래로 향한다. 이곳에 제시된 "그러나"라는 단어는 이러한 하향 추세를 멈출 뿐만 아니라 설교가 다시 한번 위로 향할 것이라는 사실을 보여 준다. 이것이 바로 다음 단계에서 제시될 내용이다.

…아주 오래된 이야기를 전하는 행위는 능력이 있기 때문에 우리는 말하지 않을 수 없습니다. 우리는 종종 심오하고 근본적인 선포만 원하는 경향이 있지만 나는 신학생에게 기본적 이야기를 제대로 전하는 방식을 장려합니다. 십자가에 달려 돌아가신 분에 대한 오래된 이야기를 전할 때 놀라운 역사와 기적이 나타나기 때문입니다.

그들에게 예수 그리스도를 전하십시오. 그가 베들레헴에서 나시고 나사렛에서 자라셨으며 요단에서 세례를 받으시고 광야에서 시험 당하시고 갈릴리에서 말씀을 전파하시고 겟세마네 동산에서 잡히시고 가이사의 법정에서 심문을 받으시고 갈보리의 십자가에서 돌아가시고 요셉의 무덤에서 부활하신 사실을 전하십시오. 여러분

6단계 및 결말:

이것은 설교의 다음 단계일 뿐만 아니라 마지막 단계, 즉 결론 부분이다(결론에 대한 논의는 제7장 참조). 설교자는 점증적으로 발전하는 설교를 통해 복음은 비록 일부만 받아들일지라도 모든 사람에게 선포되어야 하며 청중은 이러한 선포를 위해 부르심을 받은 자라고 주장한다. 앞으로 살펴보겠지만 이 설교 전체의 기능은 이러한 부르심을 받은 청중을 격려하는 것이며 그것은 곧 본서의 결말 부분이 추구하는 목적이기도 하다.

앞서 주제에서 벗어난 내용으로 분류했던 삽입구가 이제 이 결론 단계의 한 부분으로 재부상한다는 사실에 주목하라.

또한 마지막 문단의 "베들레헴에서 나시

이 전할 것은 바로 이 말씀입니다. 좋을 때에도 그것을 전하고 나쁠 때에도 그것을 전하십시오. 모든 일이 잘 풀릴 때에도 그것을 전하고 상황이 좋지 않을 때에도 그것을 전하십시오. 죄인들이 의롭다함을 받을 때까지 그 말씀을 전하십시오. 지옥을 두려워할 때까지 그 말씀을 전하십시오. 예수님이 영광을 받으실 때까지 그 말씀을 전하십시오. 하나님이 만족하실 때까지 그 말씀을 전하십시오.
아멘.

고 나사렛에서 자라셨으며 요단에서 세례를 받으시고…"라는 운율적 구절에 주목하라.

이러한 특징은 특히 아프리카계 미국인 설교에서 "달리라"(run)는 설교의 한 요소로 잘 알려져 있다. 이 설교의 수사학적 능력 가운데 하나는 감정적 호소에 대한 강조이다.

우리가 이 탁월한 설교를 끝까지 해냈기에, 이제 이 설교를 되돌아보며 초점과 기능(초점과 기능에 대한 논의는 제5장 참조)을 진술하고 전반적 구성 또는 형식(형식에 대한 논의는 제5장 및 제6장 참조)에 대해 살펴볼 것이다.

초점: 복음은 보편적이기에 우리는 그것을 선포하라고 부름받는다. 심지어 그것에 저항하며 거부하며, 아주 소수의 몇 사람만 받아들일지라도 말이다.

기능: 상황이나 환경과 상관없이, 모든 사람들에게 복음을 증거하도록 부름받은 이들을 격려하는 것.

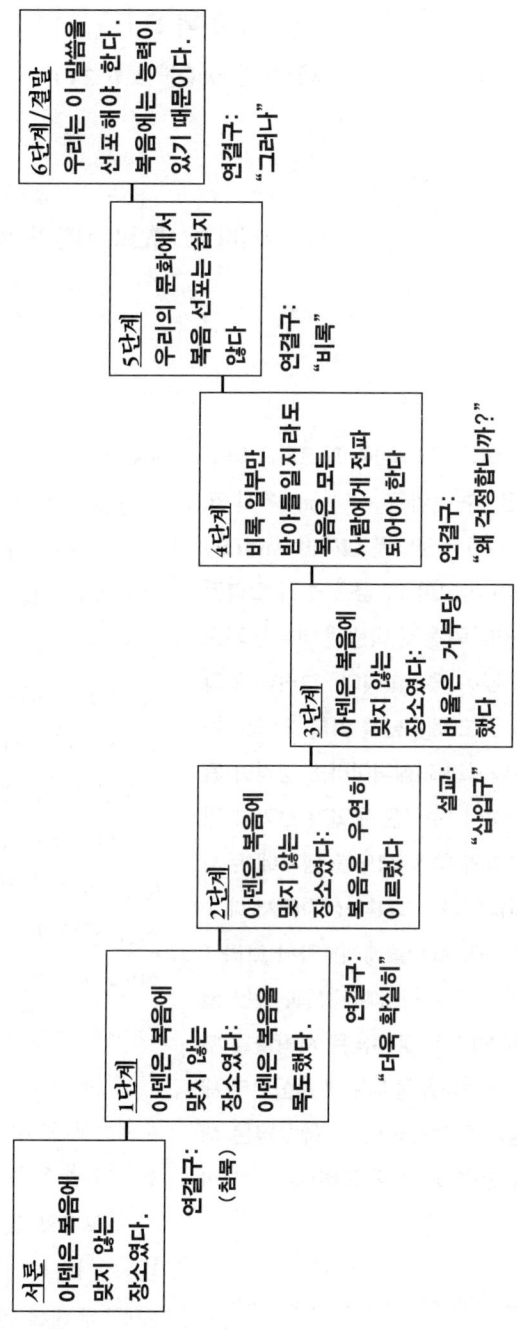

| 부록 D |

특수 효과(행 2:1-21)

진저 E. 게인즈 시렐리(Ginger E. Gaines-Cirelli)

"교회를 잊어라. 예수님을 따르라." 이것은 수년 전 「뉴스위크」(Newsweek)지 표지 제목입니다.[1] 앤드류 설리반(Andrew Sullivan)이 기고한 이 글은 소위 오염된 "제도권 교회"의 온갖 비행에 대해 날카로운 지적을 많이 제시합니다. 그러나 우리가 교회를 잊고 예수님을 따를 수 있다는 개념은 지나치게 피상적이라는 생각이 듭니다. 확실히 예수님은 우리가 보거나 경험하는 교회의 특정 제도를 염두에 두지 않았을 것입니다. 그러나 성경에서 예수님은 끊임없이 사람들에게 "와서 보라," "따라오라"고 말씀하시며 자신과 같은 일을 하게 하십니다. 예수님은 사람들을 부르시고 보내시며 삶을 나누게 하심으로 새로운 공동체를 만드십니다. 예수님은 행동하는 유대인이자 순회 랍비로서 당시

서론:

이 설교의 시작은 복잡한 면도 있지만 의미는 분명하다. 설교자는 몇 가지 단계의 의미를 하나씩 적용해 가며 설교를 전개한다.

첫 번째 단계는 "교회를 잊어라. 예수님을 따르라"고 하는 다소 충격적인 구절로 구성된다. 이 시점에서 청중은 이것이 설교자의 관점이라고 추측할 수밖에 없으며 당황스럽지만 진지한 관심을 가진다. "교회를 잊어라"는 것이 설교자의 본심인가? 우리는 귀를 쫑그리지 않을 수 없다. 가이네스-키렐리(Gaines-Cirelli)는 즉시 이것은 설교자의 의견이 아니라 「뉴스위크」(Newsweek)지 기고자의 생각이라는 사실을 알려 준다. 두 번째 단계는 잡지 기고자의 생각에 대한 충분한 고찰이다. 가이네스 키렐리는 기고자의 "훌륭한 지적"에 대해 언급하며 제도권 교회가 타

---

[1] Andrew Sullivan, "The Forgotten Jesus," Newsweek, 159/15 (April 9, 2012), 26-31.

"조직화된 종교" 안에서 행하시고 가르치셨으며 성전 생활에 동참하셨습니다. 그는 당시의 종교적 전통 안에서 자행되는 불의를 지적하고 책망하셨지만 그것을 포기하지는 않으셨습니다. 예수님을 따른다는 것은 본질적으로 공동체의 일원이 되는 것을 말합니다. 왜냐하면 이것이 그가 보여 주신 모범일 뿐만 아니라 예수께서 떠나실 때 말씀하신 대로 우리는 이 땅에서 예수님의 손과 발과 음성-그리스도의 몸-이 되어 계속해서 일을 수행해야 하기 때문입니다. 이것은 우리의 힘으로 할 수 있는 일이 아닙니다. 그리스도의 몸이 된다는 것은 수많은 은사를 필요로 하는 일입니다.

"교회를 잊어라"고 하는 「뉴스위크」지의 선포는 종종 우리를 유혹합니다….

결국 교회는 하나의 "망가지고 훼손된 인간적 조직"이라는 것입니다. 그러나 오

락했다는 사실에 대해서는 어떤 "반론"도 제기하지 않는다. 그러나 잠깐 동안의 동의에 이어 설교자는 반론에 들어간다. "교회를 잊어라. 예수님을 따르라"는 개념은 지나치게 피상적이며, 당시 예수님은 "조직화된 교회" 안에 계셨으며 사실상 사람들을 불러 자신의 사역을 수행하기 위한 공동체를 만드셨다는 사실을 고려하지 않았다는 것이다.

이어서 설교자는 한 마디로 "우리는 교회를 잊어야 하는가?"라는 도발적 질문을 제기한다. 그는 자신의 생각을 진술했지만 이 문제의 양면성을 인정한다. 이 서론은 우리를 설교의 나머지 부분으로, 즉 이 서두의 질문에 대한 대답을 시도한다.

연결구:

설교자는 앞서 서론에서 교회는 필요하다는 확신을 진술한 바 있다. 그러나 이제 그는 청중을 자신의 관점에 대한 반추의 장으로 끌어들인다. 이 연결구는 이러한 사색적 전환을 꾀한다. 이것은 지금부터 설교가 뒷걸음질 칠 것이며 "교회를 잊어라"는 태도가 실제로 "유혹"이 될 것이라는 사실을 보여 준다.

1단계:

이 단계는 두 가지 목소리를 낸다는 점에

늘날 이 자리에 있는 사람 가운데 어느 정도 망가지고 훼손되지 않은 사람이 누가 있겠습니까? 옛 속담에도 있듯이 우리는 완전한 교회를 찾아 가고 싶지만 우리가 찾았다고 생각하는 순간 불완전한 교회가 되고 말 것입니다. 체스터턴(G. K. Chesterton)에 관해 다음과 같은 유명한 일화가 있습니다. 한번은 「런던타임즈」(*Londontimes*)가 유명한 작가들에게 "오늘날 세계에서 가장 잘못된 것이 무엇입니까?"라는 설문을 보낸 적이 있습니다. 체스터턴의 대답은 간단했습니다.

"선생님, 나 자신입니다. 체스터턴."[2]

교회처럼 결점이 많은 우리는 예수님이 강한 자와 건강한 자를 위한 트로피 케이스가 아니라 병든 자와 상한 자를 위한 치유와 구원의 기지로서의 사명에 대해 분명히 하셨다는 사실을 기억해야 할 것입니다. 하나님께 감사합시다. 왜냐하면 이것은 여러분과 제가 있기에 적합한 자리라는 의미이기 때문입니다. 우리 모두는 그리스도 안에서 공동체라는 이 혼란한 실체 안에 들어와 있습니다. 우리가 치유의 은혜를 받고-때로는 교회의 혼란 때문에-더욱 인간답고 참을성 있으며 관대하며 용감할 수 있는 기회를 부여 받은 것은 모두 이러한 상황 속에서입니다. 우리는 때때로 이서, 또는 한 음성으로 두 가지 마음을 나타낸다는 점에서 논쟁 모드를 구현한다. 서두에 제시된 첫 번째 음성은 "예, 우리는 '망가지고 훼손된 인간적 조직'인 교회를 잊어야 합니다"라고 말한다.

그러나 두 번째 음성은 "하지만 기다리십시오.… 교회가 문제가 있는 것은 사실이지만 우리도 마찬가지입니다"라고 말한다. 예수님은 언제나 믿음의 공동체가 "병든 자와 상한 자를 위한 구원의 기지"가 되기를 원하신다. 이러한 공동체에서만이 우리가 함께 하기에 "적합한" 곳이다. 우리는 오직 이런 공동체 안에서만 은혜를 받을 수 있으며 인간다운 삶을 위한 도전을 받을 수 있다.

---

2 https://www.chesterton.org/wrong-with-world

곳에서의 실천을 바탕으로 다른 곳에서도 시행할 수 있습니다.

조직 이론을 배우는 학생들은 조직이 설립자나 그룹의 환경이나 인격 또는 행위에 깊은 영향을 받는다는 사실을 알 것입니다. 말하자면 처음에 일어난 사건은 좋은 의미에서건 나쁜 의미에서건 소위 공동체의 DNA에 지대한 영향을 미친다는 것입니다. 이것은 우리에게 기쁜 소식입니다. 왜냐하면 제도권 교회의 타락에도 불구하고 오늘날 우리는 좋은 DNA를 가지고 있다는 사실을 알고 있기 때문입니다. 우리는 하나님과 이스라엘의 언약적 관계라는 상황에서 시작된 교회가 예수 그리스도의 인격과 사역에 의해 새로워지고 회복되었으며, 성령을 부어주심으로 말미암아 생명

연결구(침묵):

설교는 이곳에서 변화를 모색한다. 설교자는 자신의 입장과 「뉴스위크」지 기고자의 입장 간의 내적 논쟁의 두 번째 국면으로 진입할 준비를 한다. 그는 여기서 "우리는 이 문제를 또 하나의 다른 관점에서 살펴볼 수 있습니다"와 같은 전환을 알리는 공식적인 연결구를 사용할 수도 있었다. 그러나 이런 내적 논쟁은 독백과 같은 특징이 있기 때문에 가이네스-키렐리는 공식적 연결구 대신 잠깐의 휴지를 통해 논쟁의 전환을 꾀한다.

2단계

1단계에서 설교자는 우리는 "교회를 잊어야 하는가"라는 문제에 대한 내적 논쟁을 시작했다. 이 첫 번째 단계에서 논쟁의 구조는 부정적 내용(교회는 망가졌으므로 잊어야 한다)으로부터 긍정적 내용(그러나 이러한 망가짐은 망가진 우리에게 유익이 된다)으로 옮겨간다. 그러나 2단계에는 이러한 순서가 뒤바뀐다. 이제 설교자는 긍정적인 내용(예수님으로 인해 교회는 좋은 DNA를 가지게 되었다. 이것이 오순절 이야기의 내용이다. 성령이 "모든 육체"에 임한 것이다)으로부터

력 있는 공동체를 형성한 사실을 알고 있습니다. 교회는 이와 같은 좋은 토양에서 시작되었습니다. 교회의 DNA는 풍성하고 다양하게 임했습니다. 오늘 본문에서 성령이 임하실 때 그곳에는 "천하 각국"으로부터 온 사람들이 있었으며 이 사건을 해석하기 위해 베드로가 인용한 요엘의 예언에는 남자와 여자, 젊은이와 늙은이 및-사회의 변방에 위치한 자들로 이해되는-"종들"에 대한 언급이 나타나기 때문입니다. 하나님의 영은 "모든 육체"에 임했습니다. 영접하는 자에게 성령이 부어질 때 기사와 징조가 나타날 것입니다. 사람들은 서로의 말을 알아듣고 이해할 것입니다. 그들을 분열시켰던 요인은 극복되었습니다. 인간적 생각으로는 이해할 수 없는 연합이 일어난 것입니다. 이것이 우리의 DNA입니다….

이러한 관점에서 비추어 볼 때 교회와 세상의 타락은 더욱 실망스러워 보입니다. 어쨌든 그로부터 2천 년 이상이 지났으나 우리는 여전히 상처와 소외 및 극단적 분열로 신음하고 있습니다. 무너진 사법 제도, 인종적 및 민족적 분열, 나이지리아에서 발생한 무슬림과 기독교의 유혈 전쟁, 외견상 갈등의 끝이 보이지 않는 팔레스타인과 이스라엘의 대립, 모든 지역에서 종교적 긴장을 조성하는 이슬람국가무장세력(ISIS), 어디서나 내편과 네편으로 나뉘어 싸움이 끊이지 않는 교회와 이에 진저

부정적 내용(그러므로 실망은 더욱 크다. 2천 년이 지난 지금에도 교회는 여전히 DNA에 반발하고 있다. 그러므로 "교회를 잊으라")으로 옮겨간다.

리 난 성도들은 "교회를 잊어라"고 외칩니다.

연결구(침묵):

지금은 설교에서 중요한 순간이며 따라서 설교의 구조에서 중요한 지점이다. 기억하라. 앞서의 두 단계에서 설교자는 교회에 대한 자신의 신학적 관점과 「뉴스위크」지 기고자의 생각에 동의하는 실제적 유혹 사이의 내적 논쟁에 들어갔으며 교회에 실망한 우리는 단념했다. 설교자는 부정적 내용으로부터 긍정적 내용으로 진행하며 잠시 긍정적 내용을 이어가던 중 갑자기 부정적 내용으로 다시 옮겨가는 구성 방식으로 논쟁을 제시한다. 따라서 첫 번째 두 단계가 끝난 후 청중은 설교자와 함께 교회에 대한 실망을 공유한 상태로 남는다.

이제는 어떤가?

설교자는 이 시점에서 매력적인 신학적 전환을 시도할 것이다. 그리고 이 전환은 강력한 연결구에 의해 제시될 필요가 있다. 설교자는 "지금 우리는 이 아침에 교회에 있습니다. 그러나 우리는 '교회를 잊어라'는 말을 하고 싶은 유혹을 받고 있습니다. 우리는 어떻게 해야 할까요?"와 같은 공식적인 연결구를 사용할 수도 있지만 그렇게 하지 않는다. 대신에 가이네스-키렐리는 잠시 전달을 멈추는 침묵이라는 연결구를 택했습니다. 설교의 중요한 순간에 아무 말도 하지 않기 때문에 이 침묵은 설교가 방향 전환을 할 것이라는 다른 암시로 채워져야 한다. 이 침묵은 평상시보다 길어야 하며 따라서 설교자가 몸을 약간 트는 동작이 필요하다. 설교자는 이러한 신체적 행동을 통해 우리가 이 문제에 대한 내적 논쟁 및 독백 형식에서 벗어날 것임을 보여 주어야 한다.

3단계:

이 단계에서 설교자는 자신이 "교회를 갱신"하겠다는 충동을 느꼈다고 말한다. 물론 이것은 청중도 이러한 충동을 느낄 때가 있을 것이라는 사실을 보여 준다.

기독교 목사로서 나는 종종 교회를 갱신하는 일이 내 손에 달려 있다고 믿고 싶은 유혹에 빠질 때가 있음을 고백합니다. 소위 "나는 (그리스도나 다른 무엇이 없어도) 모든 것을 할 수 있다"라는 망령에 사로잡힌 문화에 사는 우리는 솔직히 이런 유혹을 받습니다. 나는 내 힘으로 보다 밝은 미래를 향한 길을 개척할 수 있으며… 나는 최선을 다하기만 하면 원하는 것을 얻을 수 있으며… 나는 자신을 구원할 수 있다는 것입니다. 개인주의와 자만심이 곳곳에 침투해 있습니다. 뿐만 아니라 우리는 우리가 무엇이든 할 수 있고 무엇이든 통제할 수 있으며 무엇이든 바꿀 수 있다고 느끼게 하는 놀라운 기술을 발전시켰습니다. 나는 "가상의" 것을 실제로 경험하는 것이 가능하다는 말을 들었습니다. 이것이 바로 우리가 자신이 원하는 현실을 통제하거나 만들어낼 수 있다고 생각하는 유혹에 빠지는 이유입니다.

나는 매년 예배 계획을 세울 때마다 성전 뒤에 있는 강력한 선풍기로 급하고 강한 바람 같은 소리를 내고 수많은 촛불을 켜서 불길이 타오르게 하는 특수 효과를 통해 오순절 현상을 재현하고 싶다는 충동을 느낍니다.… 그러나 나는 이런 시나리오는 일어날 수 없다는 사실을 압니다. 그것은 어느 면에서 상호 배타적이라고 할 수 있습니다.… 나는 내가 정말 원하는 특수 효과는 바람과 불을 만들어내는 할리우드식 연출이 아니라는 사실을 깨닫습니다. 내가 정말 원하는 것은 실제적인 오순절의 기적입니다.

- 모든 사람이 나이, 성별, 인종, 성향과 관계없이 성령의 은사를 받으며, 이러한 은사는 그들로 하여금 하나님의 이상을 보게 하며 하나님의 꿈을 꾸게 합니다….
- 우리와 전혀 다른 사람들이 우리가 알아들을 수 있는 말을 합니다.
- 우리와 전혀 다른 사람들이 다른 사람의 심오한 말을 알아 듣고 이해할 수 있습니다.
- 예수님의 구원적 사랑을 경험한 자들이 자신의 경험을 다른 사람과 나눌 용기를 가집니다.

이것이 바로 내가 여러분과 온 교회 및 온 세상을 위해 진정으로 원하는 "특수 효과"

4단계:

4단계는 실례 형식(Example-style)의 예화이다(이 형식에 대해서는 제8장 참조). 이 실례에서 가니에스-키렐리는 오순절 예배를 기획할 때 어떻게 (앞 단계에서 제시된) 자신의 "교회 갱생" 충동이 구체화되는지 묘사한다. 이것은 청중에게 3단계에서 제시된 개념에 대한 "실례"를 제공할 뿐만 아니라 성경 본문과 오순절 예배 행사를 하나로 묶는다. 키렐리는 이전 단계에서 언급한 내용에 대한 사례를 제시했기 때문에 별도의 연결구는 필요 없다.

입니다.

나는 때때로 이것이 나에게 달려 있다는 망상에 빠져 애쓰기도 합니다. 그러나…

연결구:

앞서의 두 단계에서 설교자는 "교회 갱생" 충동에 대해 언급하고 이러한 욕구가 오순절 예배계획에서 어떤 모습으로 나타나는지에 대한 사례를 제시했다. 이제 그는 성경 본문의 도움을 받아, 우리가 교회를 갱신할 수 있다는 생각에 대한 반론을 제시하려 한다. 설교자가 어떻게 이 짧은 연결구를 이용하고 있는지 주목하라. 우리는 설교자와 여정을 함께 해 오면서 그가 묘사한 것과 동일한 "특수 효과"를 기대했으나 이제 그는 "그러나"라는 단어에 의해 강조된 "망상"이라는 단어를 통해 지금까지의 여정이 잘못되었으며 이제 새로운 궤도로 진입하려고 한다는 사실을 보여 준다.

…사도행전 2장에서 볼 수 있는 이러한 기적들은 인간의 재능-새로운 전달 기법을 고안한 사람이나 혁신적 프로그램을 개발한 목사, 또는 위대한 역사나 탁월한 성도를 보유한 회중- 에 의해 일어나는 것이 아닙니다. 오순절은 하나님의 값없는 은혜를 통해 일어났으며 또한 일어나고 있

5단계:

이제 설교자는 설교와 관련된 중요한 이중적 신학적 주장을 제시하려 한다. 즉 교회의 오순절 경험은 하나님의 능력에 대한 것이며 교회를 갱신하거나 특수 효과로 오순절을 재현하려는 우리의 노력에 대한 것이 아니라는 것이다. 우리의 역할

습니다. 지금도 오순절은 하나님의 값없는 은혜와 예수님의 사랑 및 성령의 임재를 통해 일어나고 있습니다. 하나님의 효력은 사람들이 감동을 받을 뿐만 아니라 삶이 변화되고 능력을 받으며 자유를 얻고 생명을 회복하며 새로운 공동체의 일원이 될 만큼 특별합니다. 나는 이런 일을 일어나게 할 능력이 없습니다. 우리 교회도 이런 기적을 일으킬 수 없습니다. 나는 이런 일이 내 손에 달려 있지 않으며 하나님이 직접 오순절을 체험하게 하신다는 사실을 잘 알고 있습니다. 그때나 지금이나 마찬가지입니다.

그러나…

…이것은 여러분과 내가 아무런 책임이 없다거나 아무런 할 일이 없다는 말이 아닙니다. 만일 제자들이 예루살렘에 머물며 기다리라는 예수님의 명령을 무시하고

은 마음을 열어 이러한 경험에 받아들이고 삶으로 반응하는 것이다. 설교자는 이 주장의 전반부, 즉 하나님이 오순절에 무슨 일을 행하셨는지를 보여 준다.

연결구:
앞 단계에서 가이네스-키렐리는 오순절을 사람의 노력이 아닌 하나님의 행위로 묘사했다. 이제 그는 동전의 다른 면, 즉 이러한 하나님의 전능한 행위는 인간의 책임을 제거하지 않는다는 사실에 대해 진술하고 싶어 한다. 그는 "그러나"라는 한 단어 연결구를 통해 이러한 사실을 보여 주고자 한다.

6단계:
이제 이 단계에서 설교자는 신학적 주장의 후반부, 즉 오순절은 우리의 행위가 아니라 하나님의 행위에 의한 것이지만

자신의 일을 좇아갔다면 오순절 기적은 일어나지 않았을 것입니다. 만일 사도들과 여자들 및 그들과 함께 한 다른 제자들이 마음을 열어 성령의 임재라는 낯설고 놀라운 기적을 받아들이지 않았다면 오순절 기적은 일어나지 않았을 것입니다(행 1:12-14). 그들이 마음을 열 수 있었던 것은 오로지 기도에 힘썼기 때문이었습니다(행 1:14). 만일 급하고 강한 바람 같은 소리를 듣고, 제자들이 자기의 방언으로 말하는 것을 들은 자들이 호기심과 열린 마음으로 반응하지 않았다면 이런 기적이 일어나지 않았을 것입니다. 이 모든 일이 보여주는 것은 예수님의 말씀이 우리를 초청하고 지침을 제시하며 성령께서 언제나 우리를 강권하시며 능력의 원천이 되실지라도 어떻게 반응할 것인지에 대해서는 우리가 결정해야 한다는 것입니다. 첫 번째 오순절에서 어떤 이들은 "조롱"하였으며 이 사건을 황당한 일로 생각했습니다. 그러나 다른 많은 사람들-약 삼천 명-은 예수 운동에 동참하기로 결심하는 반응을 보였습니다. "그들이 사도의 가르침을 받아 서로 교제하고 떡을 떼며 오로지 기도하기를 힘쓰니라"(행 2:42). 그들은 우리가 교회라고 말하는 공동체의 일원이 되었습니다.

우리에게 여전히 책임이 있다는 주장을 제시한다. 우리는 마음을 열어 오순절을 경험한 후 예수 운동을 "조롱"하거나 동참하는 결정을 해야 한다.

연결구(침묵):
이제 설교는 결론으로 향한다. 청중은 이 비행기가 착륙을 준비 중이라는 사실을 감지한다. 남은 것은 지금까지의 내용을 종합하는 마지막 단계이다. 이것은 설교의 새로운 방향 제시가 아니라 여정의 완성이며 따라서 설교자는 잠시 침묵하는 방식을 택한 것이다.

교회를 포기한다는 것은 세상을 더욱 온전하고 평화롭게 또는 정의롭게 되도록 도우러 간다는 것이 아닙니다. 중요한 것은 우리가-진정한 DNA, 사랑, 모범, 은혜, 다양성 속의 통일성 및 거룩하신 성삼위 하나님의 능력에 기초한-교회가 되는 것입니다. 하나님을 꿈꾸는 사람은 이 소명에 대해 다음과 같이 말합니다.

7단계:
이 설교는 서두에 제기한 주도면밀한 질문, 즉 우리는 "교회를 잊을 것인가 말 것인가?"라는 질문에 대해 오순절 이야기는 무엇이라고 말하는지가 대해 설명한다. 이 마지막 단계에서 설교자는 모든 줄거리를 연결하여 이 질문에 대한 요약적 대답을 제시한다. 즉 교회를 포기할 것이 아니라 우리가 교회가 되어 하나님의 새로운 백성이 됨으로써 하나님의 오순절 능력에 반응할 수 있다는 것이다. 설교자가 청중이 이 주장을 이해할 뿐만 아니라 그대로 믿고 살기를 원한다는 사실은 이 설교가 감정적 고조로 끝난다는 사실을 통해서 알 수 있다.

…속에서 타오르는 성령의 불의 신비에 굴복하며… 편재하는 하나님의 말씀에 더욱 충성하여 말씀의 중심인 그리스도의 마음과 신비 속으로 들어가며 평화와 기쁨과 담대함과 열정적 사랑으로 모든 것을 태우고 정화하는 불꽃을 피우라.³

---

3 Brennan Manning, *The Furious Longing of God* (Colorado Springs, CO: David C. Cook, 2009), 125.

바로 본론으로 들어간다면, 우리는 모두 하나님의 사랑으로 불 피울 만큼 가까이 나아가거나 우리가 상상할 수도 이해할 수도 없는 관계와 행동 속으로 몰아갈 광풍에 사로잡힐 것인지 결정을 해야 한다는 것입니다. 우리는 모두 조롱하는 자들과 함께 물러서거나 조롱하는 자들의 비웃음에도 불구하고 우리의 마음을 열고 받아들인 그리스도 안에서의 새로운 삶 속으로 한 걸음 더 나아가는 결정을 해야 합니다. 우리는 참으로 예수님을 따를 것인지, 말하자면 여러분과 나처럼 결점 많은 사람들로 가득한 교회와 하나가 되어 뒤섞여 살 것인지 결정해야 합니다.

여러분과 나는 특수 효과를 만들 필요가 없습니다. 여러분 자신이 하나님의 특수 효과입니다. 우리가 하나님의 특수 효과입니다! 하나님은 우리를 가장 훌륭한 특수 효과로 만들었습니다. 스타워즈, 매트릭스, 반지의 제왕 및 어벤저스보다 나은 특수 효과입니다. 가장 훌륭한 특수 효과는 성령이 충만히 임재하여 우리의 마음과 생각의 작은 균열에까지 스며들어 상한 마음을 회복하고 냉소적인 생각을 부드럽게 하며 여기저기서 여러분과 나와 같은 사람들을 신실하고 정직하며 사랑이 많고 은혜가 풍성한 교회로 형성하고 새롭게 할 때입니다. 이런 교회는 아무도 잊을 수 없으며… 잊고 싶지도 않을 것입니다.

이제 우리는 이 탁월한 설교를 되돌아보며 초점과 기능(초점과 기능에 대한 논의는 제5장 참조)을 진술하고 전반적 구성 또는 형식(형식에 대한 논의는 제5장 및 제6장 참조)에 대해 살펴볼 것이다.

초점: 우리는 교회에 실망하며 교회를 떠나고 싶다는 유혹을 느끼지만 오순절은 교회의 능력과 생명이 우리의 일이 아니라 하나님의 일임을 보여 준다. 우리는 하나님의 능력에 복종해야 하며 예수님을 따르겠다는 반응을 보여야 한다.

기능: 오순절의 하나님을 받아들이고 이러한 반응을 보이도록 격려하기 위한 메시지이다.

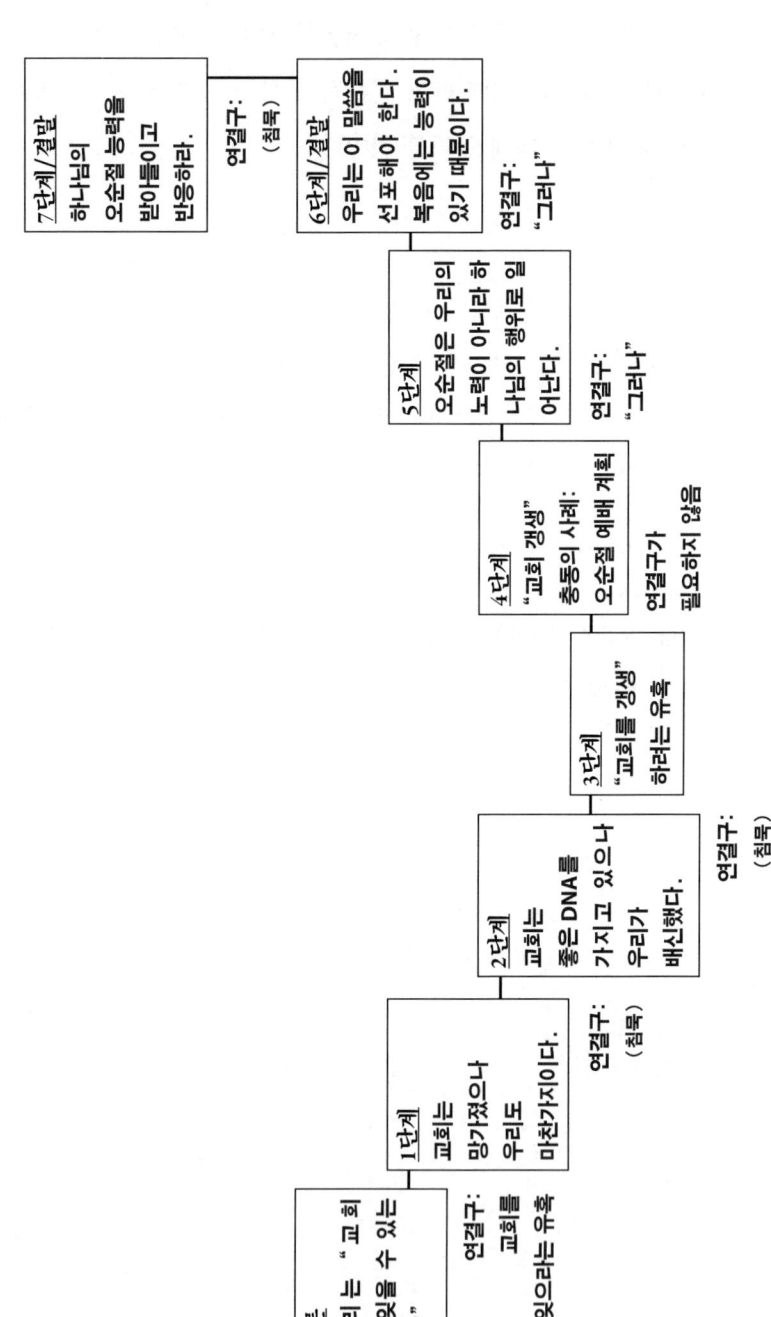